中国特色城镇化研究中心研究成果
东吴智库研究成果

日本近代城市发展研究

RIBEN JINDAI CHENGSHI FAZHAN YANJIU

姚传德 • 著

（1868—1930）

苏州大学出版社
Soochow University Press

图书在版编目(CIP)数据

日本近代城市发展研究:1868～1930/姚传德著
.—苏州:苏州大学出版社,2015.12
 ISBN 978-7-5672-1619-8

Ⅰ.①日… Ⅱ.①姚… Ⅲ.①城市史—研究—日本—1868～1930 Ⅳ.①K313.9

中国版本图书馆 CIP 数据核字(2015)第 308390 号

书　　名:	日本近代城市发展研究(1868—1930)
著　　者:	姚传德
策　　划:	刘　海
责任编辑:	刘　海
装帧设计:	吴　钰
出版发行:	苏州大学出版社(Soochow University Press)
出 版 人:	张建初
社　　址:	苏州市十梓街1号　邮编:215006
印　　刷:	苏州工业园区美柯乐制版印务有限责任公司
网　　址:	www.sudapress.com　QQ:64826224
E-mail　:	Liuwang@suda.edu.cn
邮购热线:	0512-67480030
销售热线:	0512-65225020
开　　本:	700 mm×1 000 mm　1/16　印张:20.5　字数:336千
版　　次:	2015年12月第1版
印　　次:	2015年12月第1次印刷
书　　号:	ISBN 978-7-5672-1619-8
定　　价:	68.00元

凡购本社图书发现印装错误,请与本社联系调换。服务热线:0512-65225020

奈良时代行政区划

日本国古今区划图

日本国行政区划

前　言

城市的产生距今已经有5000多年的历史,但是城市化是最近200多年间的事。人类进入农业时代不久,因为定居的生活、剩余财富的增多、社会分工的发展、国家的产生,城市也随之产生。但在整个农业时代,乡村是整个社会生活的主体和社会财富的主要来源,也是人口的主要聚集地。虽然政治中心与文化中心存在于城市之中,但那时的城市是依附于乡村而存在的。

17世纪下半叶,英国发生了工业革命,自此,人类开始走向工业时代。工业生产是一种加工活动,是对自然的物质施加物理与化学的变化来改造自然、获取物质财富的一种生产活动,人类由此更多地突破了自然的限制。工业生产的集聚性使得交通发达、人口相对稠密的地区以及拥有自然资源的地区出现了生产的集中与人口的集中,工业时代的城市由此产生。同农业时代的城市不同的是,工业时代的城市既是生活基地,也是生产基地。进入工业时代之后,由于人类消费生活内容的丰富与提高,工业生产成为人类财富的主要来源。因为动力革命,工业时代的生产能力比农业时代提高了成千上万倍。在工业时代,农业尽管仍是基础产业,但已变成了次要的产业,在当今,像美国这样高度工业化的国家,农业人口只占总人口的3%左右。由于人类的生产与生活基地转移到了城市,所以,工业化时代同时也即是城市化的时代,城市化的程度也就成为现代化的几个主要指标之一和当今衡量一个国家发展水平的几个主要标准之一。

城市化首先出现在工业革命的发源地英国。到1911年,英国的城市人口已经占到总人口比重的78.1%,标志着城市化的全面完成。同期的德国,其城市人口的比重也上升到60%,基本完成了城市化工作。法国由于大革命时代的极端政策,政局动荡,经济发展缓慢,一直到1931年,城市人口比重才上升到51.4%。美国经济虽然发展迅速,1910年其工业产值已经占世界工业总产值的35%,但是由于美国此前忙于开发广袤的西部地区,城市化

进展速度较慢。一直到西部开发基本完成后,城市化水平才迅速攀升。1900年,美国的城市人口比重为35.1%,1910年便急剧上升至45.6%,到1930年达到了56.1%,基本完成了城市化的任务。

亚洲最早进行城市化的国家是最先迈开近代化步伐的日本。1868年明治政府成立后展开了近代化运动。1880年以后,日本开始了工业革命。从封建时代承袭下来的城市在明治初期因为政策调整经历了短暂的萧条之后,开始高速发展。1879年,其城市人口所占比重不过为11%,到1898年便增加到18%,1908年达到25%,1920年增加到32%。这一比例虽然远远不及英、法、美、德等几个当时世界上最发达的国家,但在世界上已经走在前列。而且日本在明治维新以后人口急剧增加,从1887年的3870万人增加到1921年的5678万人,净增加了1808万人口,增长率为46%。所以,如果扣除总人口急剧增加这个因素,日本城市化的速度也是相当可观的。日本全面完成城市化任务是在第二次世界大战以后的经济高速增长时期。

中国城市化的真正展开是1979年改革开放以后的事情,到2014年,中国的城镇人口占总人口比重已经达到54.77%。

从世界范围来看,由于城市化的历史短暂,因而城市学的发展历史也就非常短暂。西方国家在18到19世纪之交才开始了城市问题的研究,到20世纪初方才出现城市史学。

中国因为城市化开始较晚,城市学诞生就更晚。一直到20世纪80年代才逐渐有学者投入这一问题的研究,到90年代逐渐走向兴盛。进入21世纪以来,由于中国开始了高速城市化,城市问题不断产生,这一领域的研究迅速成为显学,受到社会各界的重视。

日本由于城市化起步较晚,因而对城市问题研究开展得也比较迟。早在明治时代后期,个别受社会主义思想影响的学者如片山潜、安部矶雄等人零星地开始了城市问题的研究,主要是关注工人运动与工人的生活。进入大正年间后,著名学者兼官僚关一对日本城市土地住宅问题进行了研究。此外,铃木武雄与藤田武夫对日本城市财政问题也进行了个别的研究。

二战后,美国学者给日本带来了从社会学的角度研究城市问题的方法,该方法重视基于史实的细致的分析与论证。在美国学者的影响下,日本诞生了一批城市社会学的研究专家,如矶村英一、铃木荣太郎、贺喜佐卫门、铃木二郎、安田三郎、仓泽进、矢崎武夫等,日本的城市学研究开始走向繁荣。日本历史学家投入到城市史研究领域则是较晚的事情。到20世纪60年代,随着经济的高速发展,日本也进入了高速城市化阶段,城市问题日趋严重,诸如工业污染问题、垃圾处理问题、居住问题、交通拥挤,尤其是工业污染问题变得十分突出,发生了多起伤人事件,"城市病"引起了整个日本社会的广泛关注。在这样的背景之下,日本的历史学家们开始了对城市问题的研究。柴田德卫从历史学以及国际比较的视角对日本城市发展过程以及当时所面临的城市问题进行了研究,写就了《现代都市论》;宫本宪一将城市经济、城市问题、城市政策三者结合起来进行研究,写就了《从都市问题到都市政策》。进入70年代后,从事城市史研究的学者如坂本忠次、桥本哲哉、石塚裕道、小路田泰直、大石嘉一郎、成田龙一、原田敬一等大量涌现,并出现了一大批颇有价值的研究成果。从城市规划史的角度对日本近代城市发展进行研究的则有石田赖房、藤森照信、越泽明等人。

　　由于城市学研究起步较晚,因而对城市学研究领域并没有一个明确的界定。城市学的理论虽然五花八门,但是缺乏一个为本学科大部分人所接受的高屋建瓴的理论体系。日本学者对日本城市发展史的研究也是这样,尽管各有所重,也各有一定之理,但不免以偏概全;而且大部分研究都是现象的阐述与史实的分析。在对近代日本城市发展的研究中,有些学者重视政府的作用,有些学者则强调大都市圈的作用,有些学者更倾向于研究地方都市,还有些学者强调地方自治体的作用等。

　　中国国内对日本城市学的研究尚处于初级阶段。杜建人的《日本城市研究》对日本城市化进程、城市制度、城市土地政策、城市生活环境等进行了集中的论述。赵光瑞的《日本城市化模式与中国的选择》探讨了日本城市化的机理以及空间演化模式,并对中国的城市化道路进行了讨论。张季风的《日本国土综合开发论》通过研究第二次世界大战后日本国土综合开发政策及其功效,阐明了高速城市化时期日本政府的国家发展战略。江波、史晓婷的《日本城市与城市文化》从文化的视角对日本的城市发展史以及城市体系、城市构成与空间分布进行了分析。这些专著都或多或少地涉及了近代日本城市的发展,但不是专门的研究日本近现代城市发展史的著作。此外,曹康、杨栋梁、祝曙光、谭纵波、马约生等人对日本的城市规划、城市交通等问题也进行了一些具体的研究。总体而言,中国国内对日本城市史的研究还极其薄弱。

　　目前,中国的城市化已经进入了一个新的阶段,经过改革开放40多年来的发展,中国在城市化方面取得了很大的成绩,沿海发达地区的很多城市在硬件建设方面同欧美发达国家以及日本已经相差无几,但是在城市软件

建设方面,如城市管理机制、环境保护机制、人员素养等方面,同发达国家还有很大的距离。目前,中国国内各城市都出现了交通拥堵、房地产价格居高不下、环境污染等严重的城市病。为了解决这些问题,使中国下一阶段的城市发展走上健康的轨道,我们必须学习发达国家城市建设的经验,只有这样,我们才能少走弯路。日本与中国一衣带水,同属东亚文化圈,而且同样人多地少,所以日本在城市建设方面的经验尤其值得中国借鉴学习。

由于城市学是一门新的学科,学科体系尚未完善,而且,近代城市生产与生活的内容与丰富程度也是农业时代、农村生活无法比拟的,因此,目前城市研究的内容也就非常庞杂,五花八门,难以一统。笔者以为,所谓城市是"市"与"城"这对矛盾的结合体。从今天意义上说,所谓"市"是指城市的发展,意味着人口的集中与经济等方面的发展;所谓"城",则是指城市的秩序。在城市发展过程中,发展与秩序永远是一对矛盾的两个方面。在发展初期,城市是无序的,但发展到一定时期,诸如交通拥挤、环境污染、传染病、居住拥挤、房地产价格虚高、功能区分布不合理等问题就会越来越严重,为了维持正常的生产与生活,人类必然要对城市的发展进行规范,采取各种措施解决交通、污染、居住、贫富分化、区域划分等问题,从而使城市发展在更高的层次上达到一种协调与平衡。当然这个平衡永远是暂时的,因为,未来新一轮的发展又会破坏这个平衡,之后,人类会再度努力使其达到平衡,这就是城市发展的规律。所以,发展与秩序是城市发展的主要矛盾,只有抓住这一矛盾,才能纲举目张,才能从历史的角度厘清城市发展的线索,这就是笔者研究日本近现代城市发展的思路。

本书共五章。第一章,主要分析介绍日本近代以前的城市发展历程、明治政府建立近代国家的过程、近代以前欧美城市的发展过程,以揭示日本近代城市发展的国内与国际环境。第二章主要分析介绍日本近代城市经济的发展、城市人口的集中、城市民众的生活、三大都市圈的发展以及城市问题,主要揭示日本近代城市发展的状况。第三章以京阪神都市圈为中心分析日本都市圈以轨道交通为骨干的交通体系的形成以及轨道交通的经营体制,以揭示日本解决都市圈内繁重交通问题的历程。第四章主要分析介绍日本近代城市管理组织体系的形成以及日本城市规划制度的演变,以揭示近代日本政府规范城市发展的政策方针的演变与完善过程。最后一章对全书进行总结,并结合日本近代城市发展的经验与教训,对中国目前进行的城市化提出一些启示性的建议。

目 录

第一章　日本近代城市化的历史背景 …………………………… 1
　第一节　日本古代的城市 ……………………………………… 1
　　一、日本古代城市的起源 …………………………………… 1
　　二、平城京时代的城市 ……………………………………… 3
　　三、平安京时代的城市 ……………………………………… 7
　　四、镰仓、室町幕府时代的城市 …………………………… 10
　　五、德川幕府时代的城市 …………………………………… 19
　第二节　明治时代城市发展的社会环境 …………………… 36
　　一、消除封建割据,建立统一的中央集权制的国家机构 … 36
　　二、改革封建身份制度,宣布四民平等 …………………… 39
　第三节　近代以前西方城市建设与规划的演变 …………… 51
　　一、古代中世纪欧洲的城市发展 …………………………… 51
　　二、近代欧美城市的发展 …………………………………… 58
　　三、欧美近代城市病与城市规划 …………………………… 71

第二章　日本近代城市化的进程 ………………………………… 75
　第一节　近代经济的发展 …………………………………… 75
　　一、殖产兴业期间的产业发展状况 ………………………… 76
　　二、官办企业的民营化 ……………………………………… 77
　　三、产业革命与近代经济结构的形成 ……………………… 80
　第二节　城市人口的增长 …………………………………… 92
　　一、明治初年的日本城市人口分布状况 …………………… 92
　　二、明治三十年日本城市人口分布状况 …………………… 94
　　三、近代日本城市与农村人口比例的演变 ………………… 95
　　四、城市工厂结构与职工人数的变化 ……………………… 100

第三节 三大都市圈以及地方城市的发展 …………………… 102
   一、京滨都市圈的形成 ………………………………………… 103
   二、阪神都市圈的形成 ………………………………………… 124
   三、京都、名古屋以及其他地方城市的发展 ………………… 132
  第四节 近代日本城市居民的生活 …………………………… 148
   一、普通居民的居住 …………………………………………… 149
   二、普通工人的工作与生活 …………………………………… 155
   三、肆虐的火灾与各种传染病 ………………………………… 159
   四、结核病与公害 ……………………………………………… 168

第三章 日本都市圈内轨道交通的发展 ………………………… 172
  第一节 日本全国铁路网的形成 ……………………………… 172
  第二节 三大都市圈内轨道交通网的形成 ………………… 177
   一、东京都市圈内轨道交通的发展 …………………………… 179
   二、京阪神都市圈内轨道交通的发展 ………………………… 185
   三、名古屋都市圈内轨道交通的发展 ………………………… 205

第四章 日本近代城市管理机制的演变 …………………………… 208
  第一节 近代地方自治体制的建立 …………………………… 208
   一、自由民权运动 ……………………………………………… 209
   二、地方自治的前奏——"三新法"的实施 ………………… 212
   三、地方自治制度的确立 ……………………………………… 218
   四、君主立宪体制的基本确立与演变 ………………………… 227
  第二节 日本近代城市规划制度的演变与城市改造 ……… 234
   一、近代城市规划的开端——东京银座炼瓦街的改造 …… 235
   二、东京防火改造以及民间区域开发活动 …………………… 245
   三、自主城市化道路的形成——东京市区改造计划 ……… 253
   四、《都市计划法》的诞生 …………………………………… 271
   五、东京震灾复兴计划 ………………………………………… 280

第五章 日本近代城市化发展的特点与启示 …………………… 291
  第一节 日本近代城市化发展的主要特点 ………………… 291
   一、政府主导的自上而下的城市化发展道路 ……………… 291
   二、先经济后民生的城市发展方式 …………………………… 294
   三、民营轨道交通引领城市化 ………………………………… 295

四、都市圈发展模式 …………………………………………… 297
　　五、由欧化到自主的探索过程 ………………………………… 298
　第二节　日本近代城市化对中国的启示 ………………………… 299
　　一、城市建设应该本着务实的原则,融合东西方文化的长处 …… 299
　　二、应以轨道交通作为城市发展的先导 ……………………… 300
　　三、城市建设规划应该具有长期性 …………………………… 301
　　四、完善社会保障体系 ………………………………………… 302
主要参考文献 …………………………………………………………… 303
后记 ……………………………………………………………………… 312

第一章 日本近代城市化的历史背景

城市化是随着近代化、工业化的推进而出现的,所以,尽管城市的产生由来已久,但严格说来,城市化是近代社会的产物。然而,城市化也不是空中楼阁,它受各国的文化传统、各国近代化的模式以及当时世界流行的城市建设思想等因素的影响。日本近代的城市化也不例外,它是受到日本封建时代的文化以及城市布局与建设风格、明治维新开创的社会经济基础以及19世纪末20世纪初期世界城市化潮流的影响而产生的。

第一节 日本古代的城市

一、日本古代城市的起源

在古代东亚的儒家文化圈内,日本因为自然环境等因素,是最为落后的国家,一直到3至4世纪才出现国家,形成具有一定规模的城市则更晚。

城市的前身是村落。人类走向定居始于农业时代,在农业时代,生产的需要以及食物来源的固定化要求人类有固定的住所,人类因此走向了定居,开始建造供居住、储藏、娱乐等用的房舍,村落也因此出现。

日本的人类活动痕迹出现较晚,直到距今12000年前,日本方才进入新石器时代,也就是在绳纹时代①,才开始了农耕生产。在绳纹时代中后期,人类开始走向定居。在日本,目前已知最早的人类定居遗迹出现在距今5500年前,当时的村落大约有20到30户,房屋建筑为竖穴型,即一半在地下、一半在地表。当时人们穿着用兽皮以及植物纤维编成的衣物,开始佩戴

---

① 绳纹时代是指距今12000年到公元前3世纪,在日本历史上属于旧石器时代,因为此时出土的陶器表面带有绳刻成的纹饰,因而这段时期被称为"绳纹时代"。

饰品。从当时的墓葬来看,此时的日本尚未有明显的阶级分化迹象,还处于财产公有的原始部落时代,迷信巫术,盛行自然崇拜。

国家出现之后,开始产生城市。公元前3世纪到公元2世纪,日本历史上称之为"弥生时代",主要是因为此时的代表性陶器出土于东京的弥生町。这期间在中国大陆高度发达的古代文明影响下,日本迅速进入了铁器时代,农业生产水平大大提高,剩余产品增多,从墓葬来看,此时的日本已经出现了贫富分化。同时也因为剩余产品的增多以及争夺土地水源等,村落之间经常发生战争,部落联盟逐渐走向地域国家。此时的日本开始了同大陆国家间的外交往来。中国的史籍《后汉书》以及《三国志》都有关于日本这一时期社会经济状况的记载。该时期日本处于列国纷争时代,有很多地域性的小国,各地出现的多达1087座前方后圆的巨大坟墓也印证了这一情况。在居住方面,出现了一直流传至今的干栏式建筑,只是此时这类建筑主要是用来存贮粮食,还没有成为住房的主流。在各国的中心地带都有较大的居住群落,防御工事明显加强,出现了数道城壕工事,城壕工事内外居民的身份地位也不相同,这应该是日本最初的城市。据《三国志·魏志·倭人传》记载,当时日本已经出现了农业、手工业的分工,并且手工业工艺具有相当高的水平,已经可以加工珍珠、玛瑙等饰品,还能织造美丽的"异文杂锦"。这一时期也有了一定的商业流通,日本各地域国家都存在大小集市以互通有无。就社会状况而言,当时日本最大的国家——邪马台国等级森严,"大人"为据统治地位的贵族阶级,"下人"为普通民众,地位有似农奴。还有一种类似奴隶的可以买卖或者赠送的"奴婢"、"生口"。该国还有不成文的法律。

此时在行政体制上,存在于畿内(今奈良县一带)的大和政权极力模仿中国中央集权的郡县体制,为了打破地方各部落联盟割据的局面,在各地设立"县"制,后演变为"国"。由中央任命最高行政长官——"县主"或者"国造",但是这些人都出身贵族,所以同中国的郡县制相比只是形似而已,不过这在当时也是一种进步。

国府所在地是各地方的政治、经济与文化中心。大和政权的中心在今天的奈良以及周边地区。在7世纪以前,大和政权的都城经常迁徙,一度也曾经脱离大和地区,迁到本州西部的长门以及九州的筑前。但大部分时间,尤其是中后期,主要在今天的奈良以及周边地区移动。

据日本学者考证,在大和的轻(今奈良橿原市),有着日本最古老的都城,当时是应神天皇主政。随后一度迁到今天大阪的难波,不久又迁回大和。都城的经常迁徙反映出部落社会的特征,此时,都城的建筑显然还很简单,皇宫同普通豪农的住宅也只是程度的差异,尚无本质的区别,无非是在外围筑有土垒、石墙、壕沟而已。① 此时都城的所在地经常变化,几乎每代天皇都要变更首都,日本学者认为这主要是因为母系氏族社会从母居的遗风所致。②

到大化改新前的推古天皇时代,由于圣德太子主政,都城开始有在大和飞鸟地区固定化的倾向,中间也偶有外迁。皇极天皇时期,为了在飞鸟修建板盖宫,召集四方工匠,花了四个月的时间才得以完工。这次修建的宫室是板顶,外有十二道宫门,且配有士兵把守;同时也修建了很多规模宏大的佛教寺院,诸如法隆寺等。另外,贵族开始向首都集中,居所也不同于农村普通贫民的竖穴房屋,而是干燥、凉爽的高脚屋。不仅贵族的衣着流行中国大陆的款式,日常生活用品也向大陆国家看齐。这样,该城就成为与农村风貌迥异的城市。

二、平城京时代的城市

646年的"大化改新"力图打破地方氏姓贵族对土地和人民的控制,依靠建立中央集权的官僚体制,以实现"公地公民制"。在中央设立太政官制以总揽全局,下设八省。在地方设有国、郡、里这样一套行政机构,置有中央政府任命的国司、郡司、里长。这一时期的日本总共有60多个国。官员分30个等级,系量才录用。当时中央贵族占有中央很重要的官职以及国司的职位,而地方贵族也占有地方政府的重要职位,可任郡司、里长,皆系终身任职,且能世袭。思想上采用地域性的神道、全国性的佛教以及儒家思想并以此维持国家的稳定。在土地制度上,用班田授受法与租庸调、徭役制度,将土地与人民置于中央政府的控制之下。将全国的人口编入户籍,每6年编制一次户籍。法律上将民众分为良民与贱民,良民系由原来的部落民转化而来,是生产的主力,也是班田制与租调庸制的对象。贱民系原来的公私奴婢,有五种类型,数量不大,也班给少量的土地。所以,大化改新尽管希望打破地方割据,建立中国式的"一君万民"的中央集权的政治经济体制,但是因

---

① 大類伸、鳥羽正雄:『日本城郭史』,東京:雄山閣,1977年,第66頁。
② 喜田貞吉:『帝都』,東京:学術普及会,1939年,第1—22頁。

为氏姓贵族在中央与地方有着强大的势力,改革进行得并不彻底,很多方面都大打折扣。比如五位以上的贵族拥有位田、职田,免除徭役赋税等。寺田、神田也免除租税,宅地与园地可以永久持有,并可以买卖。这就为后来"寄进"庄园制的兴起、武士政权的登台埋下了伏笔。

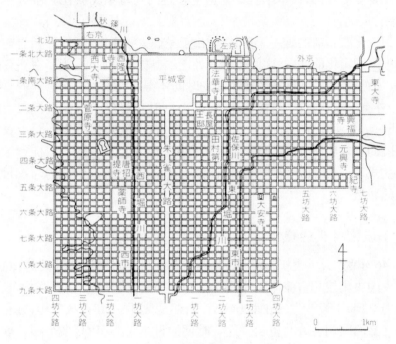

平城京

当然,改革终究还是部分地加强了中央的权力,中央对各地人力与物力的控制因此而大大增强,同时为了适应这一新的形势,在中央也需要建立一套庞大的行政机构,这样就需要有一个永久性的首都所在地。694年,持统天皇在飞鸟修建藤原京(大和国高市郡鸭公村,今奈良橿原市),该城模仿唐朝的长安,宫城位于正北面,一条纵贯南北的朱雀大街将京城分成左右两京,同长安一样设东、西两市,总共有96街坊,畿内各地的中央贵族根据品级以及人口由朝廷授予宅地。在京城,商品经济并不发达,虽然有市,但那只是贵族交换生活必需品的场所。

由于飞鸟地区三面环山,相对狭窄,所以在710年,元明天皇将都城迁往交通更加便利、视野更加开阔且距离旧都不远的奈良,在那儿营造了平城京。期间的741年、744年、745年又曾分别迁都恭仁、难波、近江,最终还是迁回平城京。到794年,迁都至京都的平安京。在营造平城京的时候,所有的贵族及其家属以及从属于他们的下人,还有很多寺院等都迁往奈良。与此同时,一些在东市、西市从事买卖的百姓,从事营造寺庙佛像的匠人,进行调、庸运输的农民以及打算在城市谋生的、没有土地的流浪人士等都聚集到了新的京城。据日本学者泽田吾一的研究,平城京最盛时期的人口达到了20万左右。①

当然,平城京不是一个因为商品经济发展而自然形成的城市,它完全是依赖行政力量而建成的国都,所以官僚贵族的势力占绝对统治地位。据统计,这一时期五位以上的贵族有130人,官吏的数量则有10000多人。民众不是隶属于政府,就是从属于寺庙。

平城京格局与藤原京相类,但有所发展。整个都城呈棋盘状,正北面是朱雀门,正南面是罗城门,一条宽达150尺的朱雀大街将两个城门连接起来。城内分南北9条、东西8坊,每坊分16个区,都城的东西南北各5公里。都城周围修建有城墙。

政治中心位于朱雀门的北面,左右两京为市,从藤原京迁来的寺院也建于此地。著名的东大寺及其佛像就建成于此时。同藤原京一样,凡是愿意在京城居住的贵族、官僚、庶民等,都班给宅基地。由于都城面积只有藤原京的一半,所以建筑比较密集。

贵族的宅基地,三位以上为一町,五位以上为半町,初位以上为四分之一町。三位以上的贵族房屋,其大门可以朝向都城内大路。宅基地基本都是正方形,房屋一般都面南而建。居室与寝室分开。有瓦顶,也有板顶以及柏树皮顶。仓库与作坊一般都是草顶。庭院被墙壁或篱笆围起来,里面广植树木草坪。庶民的宅基地面积只有十六分之一町,甚至三十二分之一町。屋子狭小,一人一坪,仅够容身。一般都是草顶,建有木板地床,上铺席子。也有些贫困的人家没有地床,直接用芦席、竹席铺在地上。

由于政府重视提倡,在平城京修建了很多寺庙,寺庙都相当雄伟,尤其是皇家寺院——东大寺,它号称国内佛教的"本山"。再加上很多私家寺庙,到720年,平城京总共有48所寺院,当时僧侣们拥有很高的社会地位。

在服饰方面,根据阶层的区别,官员们拥有礼服、朝服、制服这三个层

---

① 沢田吾一:『奈良朝時代民政経済の数的研究』第十七章,東京:柏書房,1972年。

次。男子着冠佩玉、女子挽发,但是庶民还是穿戴古老的简单的服饰。①

由此可以看出,就城市而言,无论是在物质层面,如建筑风格与建筑布局、服饰等,还是在精神层面,天皇政府在推行大陆国家(中国)的体制与思想方面,可谓不遗余力。同1000多年后的明治维新一样,大化改新也是自上而下的改革。一般都是先在贵族阶级中推行新的政策,由他们起表率作用,而后逐渐推向全社会。从以后的日本社会发展来看,这次革新虽然不尽如人意,但还是起了相当大的作用,由于接受了东亚最先进的文化,日本遂成为儒家文化圈的一员,而有别于北方的蒙古与南方的泰国、菲律宾等地区。这也从一个方面证明了模仿是后进赶先进的捷径。

不过,由于是依靠政治力量构建的城市,迁到城市里的贵族们有很多还不太适应城市生活,而且他们的女眷大都住在乡下,所以贵族们在每年的五月和八月各有15天的假期,这时他们一般都会归乡。另外,城市人口在近郊或者城里被分配了区分田,所以,城市尚未与农村完全分离。

专业技术匠人一般也都分有区分地,他们被免去了全部或者部分调、庸以及其他杂役,在一定时间内去作坊做工,贡献他们的技术。此外,还有一部分通过徭役征调来的、从事土木建筑等技术含量不高的农民工。不过在奈良时代后期,也大量使用从市场雇佣来的临时工。

由于人口与财富的集中以及社会需要的多样化,原料、官作坊的多余产品和贵族的剩余产品等开始通过市场进行交换,因而城市商品经济取得了一定的发展,雇佣劳动者也日渐增多,从而导致了社会身份制度的松动。

虽然也有半个月开一次的东、西两市,但整个平城京的经济基础主要依赖租税,而不是商品经济。在市场活动的行商也不是专业商人,他们在市场休息的时段内仍然以从事农业为主。市场上的商业活动主要是以物易物,但也使用货币,尤其是在畿内地区。由于模仿中国唐朝铸造了日本最早的货币——和铜开珎,东、西两市也在政府市司的监督下,各种商品被明码标价,所以京城周边地区的民众接受了这种便利的交换中介物。另外,对于临时雇工也用货币支付薪酬。但由于铸币的出现是人为催化而产生的,所以在地方仍然是以物易物。总之,整个日本当时还处于自然经济阶段。②

各地方的国府是各地方的中心,一般都位于交通便利且利于防守的地

---

① 大井重二郎:『上代の帝都』,京都:立命館出版部,1944年,184—185頁。
② 千田稔監修:『平城京』,東京:平凡社,2010年。

方。同平城京一样,一般也采用棋盘型设计,只是规模更小。国府所在地一般建有国厅、国分寺、总社、军团、国学等,外围有土垒、壕沟等防御设施,城市中间也存在很多耕地,所以它们并非是今天意义上的市镇。官员、僧侣、军队等是国府所在地的主要消费群体,其中也有定期与不定期的市场,都置于国厅的管理之下。至于那种恒久的市场,当时尚未产生。

地方都市同平城京一样都是在行政力量的动员下兴建的。地方都市中,在规模以及重要性方面仅次于平城京的是国防重地、位于北九州的太宰府,该府在对外关系中的地位非常重要,是九州一带的中心地,防御工事非常齐备。观音寺是九州的宗教中心,当地还建有学业院等。①

连接畿内与四方的大道分东海、东山、北陆、山阴、山阳、南海、西海诸道,其中连接九州太宰府的山阳道是大路,东海道、东山道是中等道路,其他是小路。路上都设有大小不一的驿站,由各地国司管理,委任地方人士为驿站长,给予驿田以充工费。从事服务工作的"驿子"免除其他徭役。②

日本是岛国,自古以来海运比陆上交通更重要,所以,很多地方如难波、大津、博多等,既是重要的地方统治中心,也是相当繁荣的良港。尤其是北九州的博多,由于承担着同大陆交流的功能,十分繁荣,政府还在那儿设立了专门接待外国使臣的鸿胪馆等外交机构。③

三、平安京时代的城市

大化改新后,在政府的倡导与组织下,日本大规模吸收了大陆传入的先进生产技术,因而农业、手工业生产都得到了很大的发展,人口增长很快。但是贫富分化也加大,同时由于大化改新的缺陷,律令体制开始出现混乱。由于户籍编制繁琐难行、班田数量不足、各级贵族与寺院都占有私田、农民负担加重等因素,贵族大量开垦土地或者圈占荒地,而农民为逃避租税都寄进到贵族的门下,成为贵族名下的农奴。为了自保,很多小贵族也寄进到大贵族的名下。如此层层寄进,公地公民制度严重动摇,而私家庄园则日渐扩大,逐渐成为主要的生产方式。天皇政府尽管采取了不少措施,但是因为遭到贵族世家尤其是大贵族藤原氏的极力反对和阻挠而失败。迁都平安京就

---

① 平野邦雄、飯田久雄:『福岡県の歴史』,東京:山川出版社,昭和四十九年,第27—38頁。
② 坂本太郎:『上代駅制の研究』,東京:至文堂,1928年,第1—106頁。
③ 大島延次郎:『日本都市発達史』,東京:宝文館,1954年,第152—156頁。

是当时天皇政府挽救皇权的措施之一。

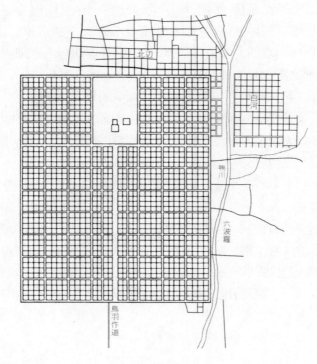

平安京

为了摆脱大贵族以及寺院势力的牵制,天皇政府在794年决定迁都位于京都盆地的平安京,理由是那儿经济更富裕、视野更开阔、风景更优美、位置更重要,交通也更便利。平安京规划为东西1580丈,南北1753丈,分580余町。皇族、贵族、官僚以及匠人、隶属的农民、商人、服役的农民、流浪者等大量举家搬迁到新的都城。新都城的居民租税较轻。日本学者估计平安京的居民在10万到20万之间。政府还规定原来平城京的寺院不得随迁。

为营造新都城,政府组织了多达150余人的指挥机构,从各地雇佣了24000多人夫。新都的规划同平城京一样,连街道的名称都基本相同,也有朱雀大街、东市、西市,只是规模略大。至于宫城则由五位以上的贵族以及各地国司负责提供人夫营造。平安京也修筑了城墙以及壕沟,主要起内外分隔的作用,而不是用于防卫。

朱雀大街宽28丈,与朱雀大街平行的街道宽8丈到12丈不等。8丈以上为大路,4丈为小路。从北面宫城开始东西向分为9条。横纵交叉构成坊,每坊分 16 町,4 町为 1 保。

宫城也称大内,东西长 394 丈,南北长 460 丈。开有 14 道城门,正殿是太极殿。为唐风建筑,柱子漆成红色,屋顶都铺上了绿釉瓦,显得雄伟壮丽。而位于宫城东北的天皇住所则以紫宸殿为中心,采用的是日本式建筑,用白木、扁柏树皮做屋顶,显得素朴幽静,别有韵味。

左京有大学寮、右京有谷仓院。在其南面有左京职、右京职。在大学寮的东面有天皇的游乐之地——神泉苑。在七条有接待国外使节的鸿胪馆,其后面有政府经办、每半月开张一次的东、西两市。整个京城各功能区井然有序,排列整齐。

贵族的宅地一般为方一町(约 9917 平方米,1 公顷左右),都用围墙和篱笆围成院落。同平城京时代一样,只有高官贵族有资格将家屋的大门朝向大路。庭院的建设比奈良时代有很大进步,受佛教的影响,一般在院落内部开挖水池,池中有小岛,一般都是背向用土垒成的围墙,院子地面一般铺上白沙。院子里的各个建筑之间用回廊相连。居住的房屋已经是典型的干栏式建筑。

在城市管理方面,东、西两京设有与地方国司相同级别的管理人员,各坊设有坊长,各保设置刀祢,收税征兵以户籍为基础进行。庶民间普遍设立五保制度,5 户为 1 保,设有保长。保长有警察、收税、劝农等连带责任,还要协助管理民众的迁徙出入、流浪者的流动以及犯罪的预防工作。五保制度后来也推行到贵族住宅区,只是贵族一般让自己的家人当保长。

宫城周边以及朱雀大街都雇人清扫,普通道路由面向道路的人家清扫,路旁要种植行道树。病倒在路边的行人也要送到施乐院等处予以救助等。总之,当时官方为了都城的卫生也颁布了一些措施,设置了一些机构。

同平城京一样,平安京的经济主要依靠租税。各地租税由国司负责运往京城。居住在城里的亲王贵族依据官位从政府领取粮米。此外,贵族还被授予了位田,有些贵族还被授予了封户,他们可以享用封户租子的一半以及调庸的全额。

手工业者原来从属于各官衙、贵族或寺院,自产自销。有余力时,也接受外来订货。到律令时代后期,手工业者逐渐取得了独立身份,开始独立经营、谋生。

平安京由于规划过于庞大,政府财力有限,再加上当时对虾夷进行征讨需要大量的经费,所以很多城市建设计划没有完成。另外,迁都平安京的目

的是为了摆脱贵族寺院势力的挟制,但是很多贵族不久就在东山山麓一带营造新的山庄与寺庙。由于贫富分化,很多失去土地的贫民也流入城市,因为生活无着,经常放火泄愤,导致平安京火灾频发。五户连保制后来也越来越松懈,最终失去了作用。

在人口分布方面,按照计划,左右京要均衡分布,但是由于右京地势低洼,而且日本也引入了中国左尊右卑的观念,结果,贵族与贫民都纷纷左迁。最后,右京就出现了很多荒地,政府只好鼓励民众种植水芹、莲藕等。

同样,由于人口分布不均,东市比西市要繁荣。之后,随着律令体制的逐渐崩溃、政府控制的减弱,官办垄断的东、西两市也逐渐衰落,在很多坊、町,因应市民生活的需要,开始出现很多自由独立的商铺,由地方来京与从京城到地方去的商人日渐增多,再加上生产力的发展,各地贵族将庄园内生产的物品运到京城消费,所以平安京的市场也日趋繁荣,与此同时,官商也就逐渐向市民转化。①

另外,由于生产能力的提高与人口的增多,各地市场也日渐繁荣,在西边的太宰府以及东北的镇守府,还有各地方的国府所在地,市场逐渐趋于定期化。同时还出现了专业商人,如行商、坐商等。在京都通往濑户内海的淀川沿岸以及濑户内海沿岸,出现了很多港口集市,而九州的太宰府是众多港口集市的核心。由于中国宋朝的钱币大量流入,钱币逐渐成为日本市场交换的主要媒介。而在东北部各条道路上,也出现了很多永久化的集市。②

四、镰仓、室町幕府时代的城市

(一) 镰仓幕府时代

大化改新后的政治体制原本就是同氏族贵族妥协而形成的一种混合制度。虽然加强了以天皇为首的中央权力,但原有的氏姓贵族无论是在中央还是地方仍然拥有较大的势力。进入10世纪以后,在平城京时代就开始出现的庄园到此时已经泛滥至各地,中央政府的控制能力大大削弱。各地开始出现庄园与盗匪之间以及庄园之间的战争,各地庄园为了自保,开始将一部分家人与庄民武装起来,通过前文所说的层层寄进的方式,在主从关系之下,逐渐形成了较大的、有割据性质的武士集团。经过一番纵横捭阖、此消

---

① 村山修一:『平安京』,東京:至文堂,1966年,第9—10頁。
② 宮本又次:『日本商業史概論』,東京:世界思想社,1954年,第40—55頁。

彼长的血腥的淘汰战争之后,逐渐形成了关东源氏、近畿的平氏、东北部奥州的藤原氏等大的武士集团。最终,关东源氏家族的源赖朝战胜群雄,于1192年被天皇授予"征夷大将军"的名号,在关东的镰仓建立了镰仓幕府,一直到1333年,镰仓幕府灭亡。源赖朝建立的是武家政权,通过主从关系,他将全国的武士都变成了自己的从属。他在镰仓建立了一整套统治全国武士的制度,同时,在天皇的"许可"下,还获得了向各国派遣"守护"、向各庄园派遣"地头"以及每段土地收五升兵粮的权利。守护负责统率本地的武士以及维持地方治安;地头是庄园监管人,督促庄园主缴纳租税以及维持地方治安。这些守护与地头都是臣服于源赖朝的武士——"御家人"。这些御家人要定期到京都或者镰仓承担警备以及战时出征的义务,但是武器、费用都要由自己承担。御家人都保有原有的土地以及因战功而赏赐的土地,他们必须无条件地效忠并服从源赖朝。自此日本由原始部落联盟色彩浓厚的、不彻底的律令制度真正转向了典型的等级分封制度,封建制度由此全面确立。而天皇只是精神上的国家最高领导,政治上只是个摆设,其权力被大大削弱。

由于关东是源赖朝家族的大本营,幕府的直辖领地主要集中在关东地区,所以,权衡再三,源赖朝将幕府设在了镰仓。这里原本是一个小渔村,三面环山,一面靠海。幕府的三大机构——管理御家人的"侍所"、处理政务与财政事务的"公文所"(后改为政所)、处理司法纠纷的"问注所"都设于此。定期来镰仓担任警备以及叙职的各地武士以及他们的家人是镰仓的主要居住群体。

随着幕府的开设,在幕府的直接参与与鼓励下,镰仓也兴建了大量的寺院。鹤冈八幡宫是幕府官庙,幕府的重大仪式都在此地举行。这里还有号称镰仓五山的——建长寺、圆觉寺、寿福寺、净智寺、净妙寺以及其他寺院。

为了维持武家以及寺院的各种需要,从中西部发达地区迁来了大批的匠人、商人。他们的店铺及宅第同幕府各衙门、武士宅地、寺院等一起形成了镰仓的市容。与平城京、平安京相比而言,避居东方的镰仓更加不是因为商品经济发展而形成的都市,加之区域狭窄,人口比不上前述二京,在镰仓幕府灭亡之后,这儿因为缺乏经济支持,又回归到了渔村的状态。不过从日本学者对当时禁酒令的调查以及地震火灾所造成的人员伤亡来看,应该有近10万人口。所以,在整个镰仓时代,因为政治方面的因素,镰仓的繁荣倒也可以媲美天皇所在的京都。

与京都相比,镰仓由于城市的社会结构不同以及地形地貌复杂,因而不是一个规整的、规划出来的城市。没有京都那样严格的条坊制度,各类人群的居住也比较自由,不像后来德川幕府时代的城市那样显示出很强的等级制度的特征。

虽然没有明确的区分,但各阶层的生活居住也有其重心所在。镰仓东北部是将军以及幕府重臣、御家人的衙门所在地及居住场所,北部丘陵地带是寺院集中地区,南部海滨地区是商人的居住所在地以及商业区,西北部主要是各色匠人居住区。

到幕府的中后期,在镰仓开始设立独立的管理官员,有专门管理市政的"保检断奉行"和"地奉行",前者是奉幕府之命进行巡检,后者则管理道路修筑以及房屋买卖之事。幕府的官员——奉行,主要负责维护城市治安。当时的镰仓是实行宵禁的,各十字路口夜间都生有篝火,民众报警时,都必须打火把来见。此外,奉行还要管理街头流浪者,使他们归农;并负责监督寺庙僧侣的风纪、管理街头的卫生整洁等问题。

对于市场,幕府管理也比较严格,对镰仓商人的数量,幕府有着严格的限制。幕府也制定了种种措施保证供给,防止粮价以及生活必需品价格的猛涨。①

总之,镰仓是依靠庄园租税而生活、武家占主导地位的、因政治而生的城市。

与此同时,京都尽管丧失了政治中心的地位,但是经过四个世纪的经营,再加上天皇的存在以及位于京都盆地与近畿发达地区,所以它依旧承担着文化、宗教以及经济中心的角色。

由于天皇政权失去了管理京都的权力,京都走向自由发展,不再按照条坊制,而是沿着贺茂川两岸由北向南发展。

以往摄关与院政时期留下的法成寺与法膳寺以及律令时代的太极殿,都走向破败。依附公家生活的匠人因为贫困,很多沦为盗贼。镰仓幕府成立后,幕府在京都设置的六波罗探题也对某些重要建筑进行了修缮,并在夜间于主要十字路口点亮篝火,派人巡夜,以维持治安。

商业、手工业方面,由于公家与贵族集团的衰落,隶属于他们的工匠逐渐走向独立,开始独立经营,普通人的经济生活则成为京都的主要经济活

---

① 中丸和伯:『神奈川県の歴史』,東京:山川出版社,昭和五十六年,第62—113頁。

动。为了经营的安全，这些工匠也经常组成行业组织"座"，还购置了武器，以防强盗。与此同时，他们开始负担租税，所缴纳的税收逐渐成为京都统治者的主要财政收入。①

镰仓时代，在连接镰仓与京都的道路上设有驿站，由当地的豪族经营。由于两大中心之间人员来往频繁，所以在沿线兴起了很多"宿场町"。当时镰仓到京都一般要半个月左右的行程，但如果是急报，在驿站间昼夜用乘马传递，仅需四天就可以送达。

镰仓时代的京都以及镰仓同以前的平城京、平安京在性质上没有什么不同，都是依赖贡租、依靠政权的力量而兴起的城市。但是，就整个日本全国而言，由于生产力的发展，牛耕、肥料的使用以及双季稻栽培的普遍化，农村剩余产品增多，人口大量增加，商业、手工业也发展起来，所以出现了很多新的现象。

首先，在乡村集落出现了后世城下町的萌芽。由于律令制度的瓦解，社会失去了秩序，一个村落聚集在首领——名主周围，为了自保，名主会带领族人以及村民在地形险要处修建堡垒，以备防盗之用。同后世城下町比较而言，这些堡垒规模较小，工事相对简陋。同时，名主也会武装一部分庄民。另外，前文已说过，为寻求经济与人身安全，寄进制庄园遍地开花。

其次，由于商业的发展，各地都出现了一月三次的定期集市。市场一般都设在领主的辖区内，领主保障交易的安全与买卖的公平，而商人则给领主带来本地缺少的远方来的产品以及领主需要的货币。当然，这样的集市是无法产生专业商人的。

第三，在京都等商业、手工业发达地区开始出现商业行会——座。当时在九州的博多出现了"油座"、"绢座"、"盐座"等商人的同业行会。在京都也出现了"釜座"、"干鱼座"等行会组织。

第四，港口开始出现较为发达的集市。北九州的博多当时有1800多户，近畿一带的大津有2853户。另外也出现了经营高利贷、酒庄的商人与名主。②

---

① 赤秀俊松、山本四郎：『京都府の歴史』，東京：山川出版社，昭和五十六年，第62—72頁。
② 大島延次郎：『日本都市発達史』，東京：宝文館，1954年，第110—111頁。

（二）室町幕府时代

1274年、1281年元朝大军两次征讨日本虽然失败,却动摇了镰仓幕府的统治。战后,幕府没有土地与财力论功行赏,导致幕府的御家人对幕府产生了广泛的不满。御家人经济困难,幕府也拿不出好的解决办法。此外执掌幕府权柄的北条家族任人唯亲,全国一半的守护都由北条家族的人出任,再加上幕府的腐败,如最后一任将军北条高时荒淫而不理幕政,进一步导致御家人同幕府离心离德。最后,在各方反幕力量的推动下,京都的后醍醐天皇复出,建立了"建武"政权,镰仓幕府灭亡。但是建武政权不能适应新的形势,而是试图恢复以往的律令制度,最终被立足于武家政治的原幕府大将足利尊氏打败。1336年,足利尊氏在京都的室町建立了室町幕府。1338年,足利尊氏从天皇那里得到了"征夷大将军"的名号。

室町幕府在1368年三代将军足利义满执政后达到鼎盛。它陆续打败了不服从幕府的地方守护,使全国出现了稳定繁荣的局面。室町幕府与镰仓幕府不同,它不是建立在严格的主从关系之上而形成的武士政权,而是各支地方势力联盟妥协的产物,所以室町幕府从一开始就是一个弱势的政权,在它掌权的大部分时间内都存在地方动乱。

辅助将军执政的"管领"由三个家族的守护担任,京都守卫以及诉讼侍所长官"所司"由另外四个家族轮流担任。幕府还设立了管理财政以及行政事务的"政所",管理幕府文书并审理诉讼等事务的"问注所"等。幕府还直辖一支军队叫"奉公众"。幕府不仅在镰仓设置了"镰仓府",管理关东十国,同时,在各地还设有守护。在九州与东北设有九州探题、奥州探题、出羽探题。

室町幕府虽然比较弱势,但是天皇政府的权力基本上都被其剥夺,镰仓时代的二元政治也因之转化为武家政治。

在室町幕府时代,地方守护的势力不可遏制地膨胀起来。室町时代的守护除了延续镰仓幕府时期的权力之外,又增加了处理领地纠纷以及执行幕府诉讼裁决的权力。至1368年,更获得了任职所在地半数年贡以及半数土地的所有权力,其领国内公家、私家庄园的土地都成为他们掠夺的对象,庄园制度走向瓦解。这样,守护就拥有了地方政治、经济、军事大权,同时守护一职逐渐世袭,从而发展成为一方诸侯。

室町幕府的直辖领地数量不多,且比较分散。为了弥补收入的不足,幕府就按土地征收"段钱",按房屋征收"栋别钱"。在这些措施遭到各地守护抵制的情况下,幕府只能着眼于商业税与交通税,另外又开辟了同明朝的对外贸易,以补开支的不足。

在室町时期,城市无论是数量还是规模,都取得了前所未有的发展,开始出现独立的市民,并出现了有自治倾向的独立城市。

京都随着室町幕府的建立再度成为政治中心。北部为皇宫以及幕府各机构所在地,宫廷贵族以及官僚的住宅也多集中于此,南部主要是中下层民众的住宅区与商业店铺区。此时的京都,由于幕府力量衰弱,市民的力量走强,商业活动也相当活跃。幕府由于经济困难,便在京都通向四方的七个出入口设置了收费关卡。幕府还经常向酒类经营者以及高利贷者融资,作为回报,便任用经营酒仓、土屋的商人来管理幕府财政,并垄断酒的贸易。由于商业的发展,市民阶层逐渐成长为独立力量,所以京都文化也脱离贵族、寺院而日趋世俗化。

幕府依靠酒仓、土屋也带来了严重的后果,受高利贷压迫的民众以及下级武士经常发动要求减免高利贷的"德政"运动,他们时常占领土仓与酒屋以及神社等,让幕府疲于应付。1467年开始的"应仁之乱",以京都作为主战场,持续了11年,大半个京都毁于战火。此后,幕府的统治与威望一落千丈,以致京都盗贼横行,将军只能东躲西藏,市民只好联合起来,购置武器,进行自治自保。

至于镰仓,原本周边经济就不发达,在镰仓幕府时代,只因其为政治中心,才带来了一时的繁荣。进入室町幕府之后,由于政治中心迁往京都,此地就成为区域政治中心。到1455年,由于驻扎此地的关东管领——足利成氏不服从幕府命令,遭到幕府讨伐战败,结果,镰仓被幕府军烧成白地。再加上其地形狭窄偏僻,到江户初年(17世纪初)已经沦为不折不扣的乡村地带。

值得注意的是,以寺庙神社为中心的市场有一定的发展,尤其是在经济发达、人口众多的畿内、奈良一带。奈良自从迁都后,转化为宗教中心,东大寺、兴福寺香火极为兴旺,在众多寺社门前出现了相当大的市场。比如兴福寺内有七八千僧人,外加七八千町人。奈良的寺社仍然拥有很多庄园,尤其是兴福寺,其庄园遍及畿内各地,势力之大以至于武家势力也不能擅入。①

---

① 豊田武、原田伴彦、矢守一彦:『日本の封建都市』,東京:文一綜合出版,昭和五十七年,第81—165頁。

(三)室町时代城下町的兴起与自由都市的出现

由于室町幕府的弱势,再加上应仁之乱后,幕府丧失了对全国的统治能力,各地方的守护势力膨胀,开始区域性的权力集中,出现了地方割据的局面。在这些地方政权的统治中心所在地就形成了城下町。

经过一番征战后,守护大名将领域内的土豪民众都纳入到了自己的统治之下。领域内的中小领主都变成了守护大名的从属,并进入城下町居住。同时小的防御城池减少,而中心城下町的规模随之扩大。

之所以能够形成区域性的统一与集权,还是同农业生产的发展、商品经济的发达、人口的增加等有关。村落以推选出的名主和庄屋为头,大名通过他们行使统治权力,比如征发租税徭役等。而村庄相互间也会联合起来同大名的恶政抗争,在战乱之际会组织村民进行自卫。所以,各村落也有一定的自治性质。

各地大名为了增加生产以提高年贡数量,都非常注意发展生产,比如兴修水利设施、提倡新的栽培方法、推广新的农作物品种等。这些也都直接促进了农业生产的发展,从而带动了商业的发展。各地的集市由以前的一个月举办三次增加到 15 世纪中期的一个月举办六次。市场上也出现了很多土仓,经营批发以及高利贷业务。

各地大名为了增加收入,也都鼓励商业的发展,保护市场交易的安全与公平,并欢迎外地商人到自己的领地内贸易。

大名为了防范外敌的不时入侵,命令从属于自己的武士集中到城下町居住,经常进行集中的军事训练。高级武士拥有称为"知行地"的封地,但是普通武士则只能依赖大名提供的俸禄过活,从而成为单纯的消费者。与此同时,武士的家属、商人、工匠、部分农民等也随之居住到城下町。旅馆、店铺、寺院等都构成了城下町的空间内容。据日本学者的研究,城下町以地旷人稀的关东与中部地区最多。而在畿内一带,由于传统势力强大,庄园较多,寺庙的门前町较为突出,同时因为大名势力弱小,因而出现了很多自治城市,商业、手工业更加发达。

城下町中,比较典型的有后北条氏的小田原、武田氏的甲府、中部地区的今川氏的骏府、上杉氏的春日山、织田氏的清洲、大内氏的山口、岛津氏的鹿儿岛等。越后的春日山有 3 万多人(1570),周防的山口有 1 万多人(1577),清洲有 7500 多人(1580)。

城下町的结构,一般说来,大名居住的城堡是中心地带,它们一般都位于山麓地带或者平原的高丘上,有丰富的水源。围绕着中央城堡构成若干个同心圆。一般长宽有两三个町①到五六个町。但是也有规模很大的,小田原东西有 15 到 16 个町,南北有 10 个町。有些城下町的城和町分开。有些城则被町围在中央,武士在城与町之间居住。由于这一时期出现了火枪,所以,中心城堡一般建有厚厚的围墙,这些围墙通常用夯土或者石头砌成,墙体涂成白色,屋顶铺设瓦片,以期经久耐用。

在城下町之外也修建了一些作为防卫的支城,一般规模较小,工事也比较简陋。少的有数个,多的有 120 个。

此时的城下町尚无明确的规划,各阶层的居住也没有明确的地域划分,但是阶层等级非常分明。武士中,拥有知行地的为上层武士,御家人与被官是中级武士,足轻、小者、中间为下级武士。普通人中,上层为地主、问屋、土仓,其次为工商业者、农民,最下层为徒弟、手代、小作人、下人。此外还有艺人、轿夫、算命占卜者、异国人、贱民等。另外,僧侣也分了好多等级。这是后来居住区域化的主要因素。

为了防止敌人的间谍刺探、火灾以及土豪的反抗、百姓的造反等,各大名对城下町进行了严格的管理。有些城下町对于外来人口出入一律进行登记,有些实施宵禁,有些禁止在十字路口卖艺或者进行相扑活动,还有些则禁止妓女在路边招呼客人、禁止夜间泡温泉、禁止留宿流浪者与身份不明者等。

大名为了发展经济、满足需求、补充武器弹药等,鼓励商业的发展。在领地内,他们鼓励农业、手工业的发展,统一度量衡,修缮道路,建立驿站等,这些都促进了领地内经济的发展与商业的繁荣。

在城下町的入口,一般都是市场与旅馆区,这里住有大量的行商,大名欢迎他们的到来,而且负责维护市场秩序,保障交易的安全。城下町一般都废除了过去庄园经济时代的商业垄断组织——座,实行自由贸易。大名一般通过被称为"商人司"、"商人头"等的御用商人对市场进行管理,由他们负责征收役钱、场地费并划分交易地段等,他们起着现代城管的作用。同时他们还负责对领国内的市场进行管理。他们身份特殊,虽然不是武士建制,

---

① 此处的町为长度单位,约 120 米左右。

但在战时要率领家族的壮丁参加战争。①

在群雄割据的时代,同欧洲一样,日本也出现了自由都市。尽管藩国林立,彼此设立关卡,而且不允许领国内民众随意向他国迁徙,禁止同他国人通婚,禁止雇佣他国人士,彼此防范等,但各藩国鼓励本国商人出国,也欢迎别国商人入国。由于割据导致全国性的交通受到阻碍,路上交通甚为不便。但是贸易活动又是各国所需要的,因此,凭借地利之便,靠近畿内一带的港口就发展起来。而且这一带属于幕府以及寺院的势力范围,管理相对宽松,因而兴起了很多有自治色彩的城市。

京都在应仁之乱以前,市民的力量就相当强大。大乱之后,京都开始自然发展,有些地方发展起了市场,有些地方发展起了作坊,这样,京都就由律令制度的城市向商业、手工业的"町"过渡。在管理方面,一般以道路的分割为标志,五至六町为一区,实行邻保制度。组织的主体都是开设有店铺的小业主,也包括若干手工业者以及没落的公家役人。最有影响力的一般都是财大气粗的开设酒仓、土屋的金融业主。他们自己维持治安,进行节日仪式的安排,也处理地租、房租一类的纠纷。各区之间在节日仪式方面也会进行合作,由各区域组织的长老会面协商,并上奏天皇,取得许可。这使京都俨然成为市民控制的城市。

畿内一带经济文化发达,人口众多,传统势力强,勤王意识浓厚,民众只知效忠天皇,因而难以发展出强大的大名势力。在幕府势力衰颓到连京都都无法管理之后,此地环境变得更加宽松。很多寺社门前町在发展起来之后,也或多或少地产生了町人自治组织。前文说过的奈良的东大寺、兴福寺、春日寺的门前町就是如此,鼎盛时期,人口达到了2万多人。这些地方大都组织了同业行会,一般大事都由商人集体商议,交由市政管理人员决定实施。

港口城市堺原本就相当繁荣,在应仁之乱后,因为国内的贸易、货物中转与海外贸易,再加上是"倭寇"的大本营等因素,这里聚集了大量财富,很快又恢复了昔日的昌盛,人口最多时超过2万人。

堺的市街以交易市场与汤屋町为核心,一条中央大路将市街分为南北两部分,南庄家屋密集,非常繁荣,北庄则间或有很多农田。各町都有"年寄众"

---

① 矢守一彦:『城下町のかたち』,東京:築摩書房,1988年。豊田武、原田伴彦、矢守一彦:『日本の封建都市』,東京:文一綜合出版,昭和五十七年。

与"町代"这样的组织,都选举出了 36 位有实力的町人组成"会和众",行使管理与防御的职责。城市设有木门,挖有壕沟环绕,商人自己携带武器或者雇人进行防卫。但是在强大的大名来袭时,堺市市民也只有按命令缴纳赋课以自保。此外,在附近的摄津、平野、尼崎等城都产生了市民自治组织。①

但是这些自治城市缺乏广大的市场,难以对抗强大的地方大名势力,最终在织丰统一过程中相继丧失了自治权力。

五、德川幕府时代的城市

(一) 德川时代封建体制的特征

1600 年,在关原之战后,德川家康取得了优势地位,使全日本的大名都成为自己的臣属。1603 年,德川家康从天皇那里取得了"征夷大将军"的名号,在江户建立了德川幕府。

鉴于室町幕府时代尾大不掉、内轻外中的弊病,德川家康加强了幕府本身的力量。幕府本身有 400 万石的领地,所属家臣——旗本武士拥有 300 万石的领地,两者相加拥有 700 万石的领地,占全日本 3000 万石领地的四分之一。同时,幕府垄断了金银矿的开采与货币铸造,并控制了江户、大阪、京都等大城市的商业税收。此外,德州幕府还将亲信配置于各战略要地,以监视地方大名。旗本与御家人可以组成 10 万军队。这是当时任何一个大名都无法与之抗衡的。幕府还制定了参觐交代制,要求所有大名必须轮流在江户与领地各驻扎一年,妻子儿女都要常住江户,还要承担幕府的军役与重大工程。又发布"一国一城令",要求所有大名领国只能保留一座城池。当然,大名在领地内有行政、经济、军事全权。如此强大的经济与军事力量,再加上一系列的制度保障,使日本在德川幕府统治近三百年的时间内,国家相对稳定,没有发生大的战乱。

德川幕府时代,为了挟天子以令诸侯,仍然在表面承认天皇的权威,给予天皇 10 万石的封地,以供日常开支,并颁布《禁中并公家诸法度》,对天皇朝廷以及同诸侯的关系进行多种限制。

这一时期,日本全国人众被分为士、农、工、商四个等级。

士为武士,为四等级之首,连带家属,占日本人口的十分之一。其中武

---

① 豊田武:『堺:商人の進出と都市の自由』,東京:至文堂,1957 年,第 1—15 頁。

士之间也分等级,多达20多级。最低一级为没有主君与俸禄的浪人。武士有带刀以及拥有对其有冒犯的普通民众实施"格杀勿论"的权力。

农村的农民是封建经济的基础,所以幕府制定了严格的制度,通过检地与户口调查确立了一户一作人制度。农民除了要交纳各种杂税苛捐之外,没有就业、迁徙、出卖土地等自由,幕府还在村落实施邻里"五人组"联保制度,执行没收武器的"刀狩"制度。没有土地的佃农称为"水吞",没有参加村政的权利。

工商业者,大都居住于城下町,人数不多。只有拥有资产的"地主"、拥有房舍的"家持"才能参与町的管理事务与选举工作。

四个等级的人士在衣食住行方面都有诸多规矩,不得僭越;连日常用语都有严格的规定。

在四个等级之外,日本尚有一个特殊的群体——贱民,他们被称为"秽多"、"非人",在居住、职业、通婚自由方面都受到了严格的限制。

为了维护强调忠孝、义理、奉公等观念的儒家思想以及神道佛教,幕府禁止基督教传播,并严厉锁国。对外交往被限制在长崎的出岛,只有中国人、朝鲜人、荷兰人可以在这里同日本进行贸易。

总之,德川幕府建立的是一种以主从关系为核心的封建等级制度,其把一切都固定化、僵化。但这其中也有一些积极的变化,那就是德川幕府确立了全国的统一秩序,废除了以前林立的关卡、兴修了很多全国性的道路、统一了货币等,这些都有利于社会经济的进一步发展。

另外,德川幕府的封建等级制度并不同于西方:

首先,在思想上,德川幕府以世俗功利的儒家思想为主导,以神道与佛教辅助。这同等级封建制国家一般以宗教思想为主导不同。

其次,雇佣劳动普遍存在。在经济上,德川幕府承认商品经济的发展,大商人同各藩的诸侯以及幕府与旗本御家人关系密切。而且在农村,庄园制度已经瓦解,农村已经以小农经济为基础。

第三,在政治上,从全国而言,德川幕府时期等级封建制度占绝对统治地位,但是从藩国内部来看,政治的最终落脚点是乡村农民与城下町的町人。普通农民虽然没有自由,但是有地的农民与有资产的町人可以参与村、町事务的处理,而且也并不绝对禁止迁徙与职业的转换。这也同中世纪西方僵化的封建政治不同。

所以,就日本幕府时代的社会体制而言,其思想结构类似于中国,在政治、经济结构方面,既有类似于欧洲中世纪的成分,也有类似中国古代社会的成分,从这一点来说,有的中国学者将其称为半欧半亚不为无理。①

(二) 德川幕府时代城市的发展

德川幕府时代的日本存在有260多个封国,在每个大名的封国内部,城下町是该封国的政治、经济、文化、军事等方面的中心。就日本全国而言,江户、大阪、京都又是当时全日本的中心。

因为四公六民或者六公四民的租税,领国的一半收入都被集中到了城下町,供大名以及家臣团消费。商人、手工业者等也被集中到城下町。这样,城下町就自然成为领国的经济中心与消费中心。

由于德川幕府严格执行《一国一城令》,很多大名经过权衡,将城下町搬迁到了领国的重心所在地,一般都是交通便利、地域开阔、便于掌控整个领国的地方,而不一定是地理上的中心。战国以前留下的枝城基本被废弃,但也有很多枝城作为经济贸易中心继续保持繁荣。

由于维持城下町的经济对于大名而言非常重要,所以,大名都注重完善城下町与领国其他地方的交通建设,以城下町为中心,向四面八方新修筑了很多道路。此外,还迁徙大量商人到城下町,给予他们很多特权,免除他们的地税,鼓励商业的发展,设置了很多米盐市场,组织同业行会,废除领国内的关卡。为了便于防守,城下町一般都建于内陆,但是为了保障交通与商业的往来,一般都附设有一个外港,比如静冈与清水凑、鹤冈与酒田港、金泽与金石港、福井城与三国港、仙台与盐釜、姬路与饰磨津等。

由于德川幕府的幕藩体制是一个既有割据又有统一的机制,所以,它的经济发展既有地方性,也有全国性。首先在各藩国,各诸侯将领国近半的财富与大量的人口集中到城下町,因而商品需求量极大,为了购买生活必需品,城下町居住的人众需要大量的货币。其次,由于参觐交代制,各国大名需要两年一度带领大量随从到江户觐见将军,而藩国的生产物品有限,这就需要更多的货币。近畿以西以及靠日本海的北陆地区和东北地区的大名都将大阪作为转运中心,他们先将藩国生产的米与土特产转运到大阪,换成在江户生活所需的物品以及货币,然后再前往江户。大阪于是就成了最大的转运中心,各藩都在大阪建有库房,并派出人员长期驻扎料理。大阪随之出

---

① 王家骅:《半欧洲半亚细亚的日本晚期封建社会》,见《世界历史》1982年6期。

现了很多从事运输、汇兑的商人与手工业者,并成为"天下的厨房"。①而江户也因为参觐交代制,集中了大量拥有高消费能力的人口,成为最大的消费城市。

日本在16世纪后期的人口大约为1800万,到18世纪前半期达到3000万左右,城市人口大约占一成到一成五,其中城下町人口占绝大多数。就江户的情况而言,日本学者吉田东伍根据幕府末年输入江户的粮食为140万石,又据当时仅仅对市民的户口调查显示,市民人口在1725年左右为50多万,再加上武士及其家人、役人以及贱民,认为当时江户的人口超过了100万。②而1801年,伦敦只有86万人口,巴黎为54万人口,维也纳为25万,柏林为17万。③

19世纪前后,作为城下町,金泽大约有10余万人口,名古屋也有10万左右,鹿儿岛有7万左右,广岛有7万,仙台也有6万多。其他的,德岛、福井、秋田在4万左右,福冈、甲府、彦根、鸟取、高知、会津若松、松江、米泽、姬路、高田、高冈、山形、弘前等在2万到3万左右。

港口城市中,人口最多的自然是大阪。在1625年,其人口为24.9万多,1783年达到49.9万。以后,由于城市饥荒,幕府采取疏散人口政策,到幕末时期,下降到32万。传统港口城市——堺,在1751年人口为5万,长崎约4万左右,其他的,兵库、尾道有2万左右,河港——伏见有3万多人,日本海沿岸的酒田、敦贺、小浜、新潟、青森等在1万—2万之间。

作为三都之一的京都,作为老的经济文化中心,在织丰统一以及德川幕府时期又恢复了繁荣,整个幕府时期,其人口在40万—50万。

宿泊町也就是驿站城市,由于幕府以江户为中心向四面八方修建了五条街道——东海道、中山道、奥州道、甲州道、日光街道,这些道路沿路都有驿站,因而有些驿站因其区位优势也发展了起来,不过,宿泊町一般规模不大,有1万—2万人。

此外在一些寺庙神社附近也兴起了一些门前町,不过规模都不太大。

---

① 藤本篤、前田豊邦、馬田綾子、堀田暁生:『大阪府の歴史』,東京:山川出版社,2006年,第164—186頁。

② 関山直太郎:『近世日本の人口構造』,東京:吉川弘文館,1958年,第153—186頁。

③ 日本学者认为当时江户是世界上最大的城市。其实,中国的北京在明朝天启年间人口就已经超过200万。清朝乾隆年间,在北京,仅仅八旗子弟就多达56万之众。

(三) 德川幕府时代城市的管理体系

1. 城下町的建设

关原之战后,胜利的德川家康一方将反对派大名联盟的首领石田成三、小西行长处死,同时对于反对派联盟的大名给予没收、削减封地等处分。德川家康将这些土地转封给了自己所属的有功的大名与家人、臣属,总计有630万石之多,占全日本耕地总收获量的五分之一。德川家康还根据与自己的亲疏关系,将臣属于自己的大名分为亲藩、谱代、外样三个等级。其中亲藩是与德川幕府有血缘关系并在将军绝嗣时有权继任将军的大名;谱代则是在关原之战前就已经臣属于德川家康的大名,有权参与幕政;外样则是关原之战后臣属于德川家康的大名。德川家康将亲藩、谱代大名安排在战略要地以及繁华地区,对外样大名进行监视。外样大名一般都地处偏僻,而且无权参与幕府政事。

与此同时,前文说过,德川家康为了削弱大名的实力,避免地方势力坐大,颁布了《一国一城令》,规定大名必须放弃、平毁领国内的其他城池,只能保留一座城池。

德川家康的这些政策使日本的政治版图出现了很大的变化。尽管日本当时是等级封建制社会,统治者调动人力、物力的能力没有中央集权制国家强大,但是此举对以后日本的经济发展、城市发展仍然造成了很大的影响。

伴随着这些政策的强有力的实施,出现了很多转封的大名,同时在很多领国内也出现了新城下町的建设工程。

同以往一样,大名在转封之际一般都将自己的家臣团带走,还有一些公职人员也必须随行。为了尽快在当地扎根,同时也为了生活便利以稳定军心,必须迁徙大量的町人。对于普通町人,有些地方为生计所迫是自愿相随,大部分地方则是被强制跟随。

早在德川幕府之前,此类事例已经屡见不鲜,最典型的莫过于丰臣秀吉大阪城的修建。当年,丰臣秀吉看中大阪位于关西平原的中心位置,且有在淀川出海口的绝佳位置,决定在大阪为自己营造一个根据地。他在营建大阪城的同时,命令南面港口城市——堺的居民搬迁到大阪,从而将大阪由原来的石川本愿寺寺前的一个小小门前町塑造成了日本屈指可数的特大型城下町。

再如原来在北陆春日山城、1607年被移封到福岛的崛久太郎,他在福岛营建高田城的时候,将原来的城下町的居民全部搬迁到福岛。伊达政宗在移封到仙台的时候,也将原来岩出山的居民全部迁到仙台。

为了尽快形成对领国的经济控制,强化新的城下町经济功能,大名在进行人口搬迁的同时,也进行经济集中。很多诸侯在移动的时候,也将不少集市一并移动。比如有些诸侯规定,只有城下町才有酿酒的权利,其他地区一律不得酿酒。

作为配套措施,在交通方面,由于一国一城制度的规定,所以,大名必须改变领国内原有的交通结构,以城下町为中心,营造新的交通网。除了新修改建道路之外,由于水运非常重要,因而又大力疏浚河道、港湾,建造新的码头,以吸引商人船舶入港,甚至拆除附近其他港口的设施,逼迫商人船舶入泊新的港口。

在为新的城下町聚集人口、形成人气方面,大名的措施是软硬兼施,除了上述威逼措施之外,还采取了很多利诱的手段。比如当时很多商人为大名经常颁布豁免债务以及高利贷的所谓"德政"类政策所苦,经常倾家荡产。为了吸引商人的到来,大名特地宣布在城下町不实行"德政"类政策。很多大名还规定搬迁到城下町居住的商家一律免除宅地税。还有些大名在城下町免除市场税、废除专卖垄断等,以营造一个自由交易的氛围。在初期,几乎所有大名的城下町都实施自由贸易政策,鼓励外地商人入住或来此交易,以繁荣市场。

城下町的建设,有些是平毁原来的建筑,完全建一座新的城下町;有些则利用原来的町或以其为核心,在周边建设发展,或紧连其发展建设。有些城下町周围有土墙、壕沟这样的防御工事。但很多新的城下町则只在位于中心地区的大名的住宅——天守阁与侍从室周围设有城墙与壕沟。城堡的修建,一般是将天然地形与人工改造相结合,易守难攻。而且为了显示大名的威严以及便于行使对领国的统治权,很多城下町都修建在平原的中心部位,如大阪、和歌山、彦根、姬路、冈山、仙台、弘前等。

城下町的规划一般依据地形,采取正四边形或者长方形,呈棋盘状,所以,町内直角相交的道路很多。为了防御敌人长驱直入,有些还有意识使道路弯曲,或者设置丁字路,以利防守。过境道路通过城下町时,一般都不通向城下町的大门,而是在一定距离之外曲折通过。城下町的主要街道一般为三到四间宽。①

大名的中心城堡一般设有三道城墙,在城墙的堡垒上建有供瞭望、防守、

---

① 大類伸、鳥羽正雄:『日本城郭史』,東京:雄山閣,1977年,第550—558頁。矢守一彦:『城下町のかたち』,東京:築摩書房,1988年。

储藏兵器与粮食的城楼,城楼一般都涂以白色。其中最主要、最高的城楼称为"天守阁",通常是三层三重,也有五层八重的。为了表现领主的威严,主城楼都修得巍峨壮丽。最中心的部位一般用于存放兵器与粮食,用夯土墙;由内向外的第二道城郭内是大名居住地;第三道城郭内是政厅所在地。

2. 城下町的格局

在居住方面,城下町的结构显示出典型的封建等级制的特点。在居住区域的划分上,一般分为"侍屋敷"(武士居住区)、"寺社区"以及"门前町"、"町屋"(普通商人工匠等居住区)。

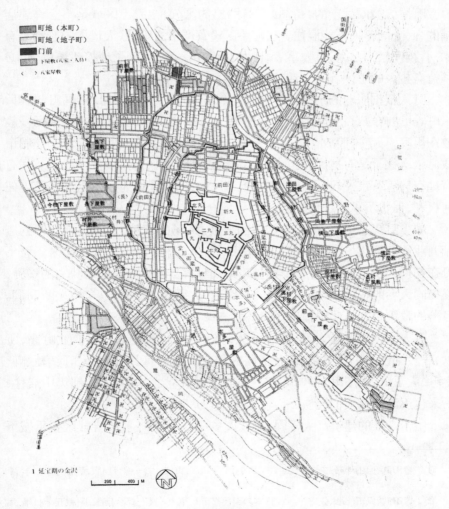

金泽城下町

在"侍屋敷"内，武士一般根据身份禄米的差异而居住于不同面积、不同区域的住房。重臣住在外壕以内，一般都有庭院。普通武士则集体驻扎在"町屋"的外侧，以时刻防御外敌来袭。由于武士团分工很细致，有骑兵、步兵、火枪兵、弓箭兵、御膳兵等，且分别驻扎在不同的区域，所以，尽管大部分城下町武士的数量远比町人要少，但是居住的面积远比町人区大。据日本学者的研究，在江户，武士町的面积占总面积的三分之二以上，长冈也有三分之二，在人口较为稀少的北陆地区的金泽，武士町的面积是町人区面积的三倍。西南的鹿儿岛是七分之四，熊本是四分之三。①

町屋区域同武士的"侍屋敷"有严格的区分，在武士区域是不容许建店铺的，武士同町人不能混住。在町屋区设置严格的管理，大道上一般都设有木门，夜间禁止出入，有要事者，比如生病请医生、生孩子请接生婆等，也必须持有相关的手续、证明方能出入。

町人根据职业的不同集中居住，具体有两替町、吴服町、传马町、盐町、米町、油屋町、八百屋町、茶町、纸屋町、木材町等。散发气味的鱼市场一般放在里町，马市一般放在大路的末端。大商人居住在中心部位，他们控制市政。依次往下是有房产的小商人、工匠、租地者、租房者、秽多（贱民）。只有有地有房者有市民权，但同时也承担市民的义务，无地无房者以及贱民无任何权利，但也不承担任何义务。

城下町兴起之后，由于生产力的发展、市场的繁荣，供应日常需要的店铺商业逐渐取代了定期不定期的集市，米、鱼、蔬菜等市场繁荣起来。城下町在初期为了招商，实行自由贸易政策，但是，当地大商人随着势力的增强，逐渐同大名的权力相结合，驱赶外来客商，实行区域专卖，以牟取垄断利润。各藩的政策也都是奖励输出，限制输入。②

町人区中尚有匠人町，由于匠人町对于门面的要求没有商业町高，所以，一般都设在小巷里面，或者道路的尽头。它们有瓦町、金屋町、磨屋町、土町、大工町、锅屋町、桶屋町等。在城下町成立之初，匠人们都集中居住，后来也逐渐与商人们混住。

由于寺社的建筑高大坚固，而且人多嘈杂，大名一般将寺社区置于城下

---

① 豊田武、原田伴彦、矢守一彦：『日本の封建都市』，東京：文一綜合出版，昭和五十七年，第125頁。

② 豊田武、原田伴彦、矢守一彦：『日本の封建都市』，東京：文一綜合出版，昭和五十七年，第217—219頁。

町的外围，作为一道防御屏障。城下町寺社的数量，据统计，姬路有68所，高田有30所，弘前有20所。

在日本古代社会，除了士、农、工、商四个等级之外，不属于"民"的尚有贱民系列的"非人"、"秽多"。他们一般居住在城下町的最外围，尽管城下町在膨胀发展，但这一群体始终在最外围。他们一般从事一些军用品的制造以及耕作工作，此外还做监狱看守、囚犯的押解、刽子手、城市卫生等工作。他们由专门的首领管理。江湖艺人入城，要先取得他们头领的容许。有些藩将他们的部落同刑场一起设置于城下町的入口处，起第一道防线的作用，以防卫敌人以及农民的"一揆"（暴动）来袭。

除了武士之外，幕府设有町奉行与寺社奉行，从事町以及寺社的管理。在町奉行之下，町设有专门的町役人组织。町役人的首领一般都是豪商，且与幕府关系密切，属于特权商人，因而被町奉行选中为首脑，且经常世袭。在商业发达的町，町役人也由拥有房地产的町人选举产生。町内最基层的组织是五人组或十人组，每组有组头。五人组在成员有婚姻、养子、继承、遗言、废嫡等事务时要出席，以作为公证。遇组内成员有作奸犯科之事时，负有连带责任。

町人见到武士必须下马，在武士通过时必须摘下顶戴头巾。不得过所谓奢侈的生活，不得住两层以上的住房等。另外，还不许结党，禁止向他国迁徙等等。城下町所谓免除房地产税的政策也是不彻底的，有些地方在城下町建立初期为了招商采取了这些优待措施，到城下町形成气候之后就改变了政策。还有些地方，商人虽然免除了房地产税，但是还有其他徭役负担。

（四）江户与大阪

在德川幕府时代，江户与大阪是两个类型不同的城市。江户是武家町，在城市发展与管理方面显示出典型的封建等级制特征；而大阪是市民町，在商品经济的影响下，在城市布局与管理方面有着更多的近代因素。

在室町幕府中期，由太田道灌正式营造江户城，由于这里背靠关东平原，水陆交通方便，便开始发展。1591年，德川家康移居江户，在他的苦心经营下，江户逐渐成为关东地区的中心。1600年以后，随着德川幕府统治秩序的确立，江户成为全国的政治中心。江户除了幕府直辖的八万旗本以及两万御家人之外，还因为参觐交代制，集中了全国300诸侯的二分之一。又由于大名的妻子以及侍卫等都要留驻江户，因而江户集中了全日本好几

成的财富。相应地,大批寻求生计与发展的商人、工匠也相继到来,从而导致江户畸形发展,江户遂成为世界上屈指可数的巨大城市。

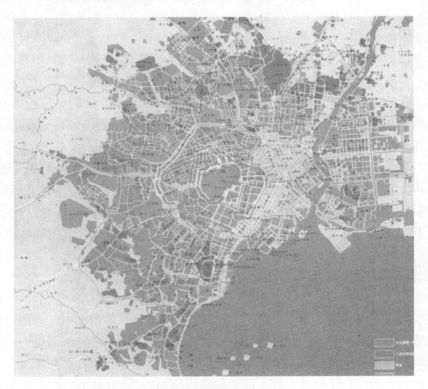

幕府末期的江户

全国各地的大名都在江户修建住宅,考虑到居住、玩赏、隐居、火灾等因素,大名的住宅一般都在3处以上,有上屋敷、中屋敷、下屋敷、藏屋敷、抱屋敷等。像因州鸟取的池田家就造了10处,长州的毛利家建了9处,纪州的德川家置了8处。大藩在江户的常住人口多达七八千人,小藩也有数百人。

幕府对各藩藩主根据其封地的大小给予一定的宅地。营造面积最大的是尾张藩,有21万坪,最小的为麻生藩,有1800坪。在住宅的修造方面,藩主们哪怕再困难也力争豪华,尤其重视外观。幕府的旗本因为财力比不上大名,住宅相对俭朴。

由于诸藩互相攀比,导致天下不堪重负,地方民众不断反抗。幕府中期以后,由于火灾频发,很多奢华住宅都化为灰烬,幕府以此为契机,屡下节俭令,限制大名新建宅邸的规格、高度、装饰等。

武家的住宅主要集中在江户的西北部,也就是山手一带,这一带地势较高,靠近山地,风景优美。市民主要集中在东南部地区,这一带地势低洼,易发水患,但地价低廉,而且由于靠近河川,交通便利,适合做生意。

至于町人的房屋,幕府为了维持等级秩序,以禁止奢侈为名,只让町人建两层以下房屋,且只能用板顶草顶。后来因为大火频发,尤其是1657年的大火,死亡数万人,幕府才开始提倡"土藏造",也就是板筑夯土墙中置有板芯,使用瓦顶,墙壁大都涂成黑色。这种房屋有一定防火功能,且比较美观,之后逐渐在商业区日本桥一带流行开来。不过普通町人的住宅仍然是简陋的草房、板房。江户还有很多面向出租户的长屋,更是狭小简陋,仅能容身,多家共用一个厕所、水井,排污设施缺乏,卫生条件极差。①

江户的五条街道都以日本桥为起点。街路的宽度为五间。在品川、板桥、内藤新宿、千住都设有木门,有道路奉行管辖。又开了五个港口,日本桥成为人员与物资的集散地,整个城市以水路交通为主。

陆上交通方面,在江户市街,只有武士可以乘马,普通市民只能步行。至于轿子,原来也规定只有武士阶层才能使用,后来扩大到病人、老人、小儿、妇人。但是由于城市扩大,违反规定的人很多,屡禁不止。到幕末,轿子就是江户市民普遍的交通方式。货运当时用牛车或用大八车(人力车),马是驮物而用的。一直到1866年马车才被作为运输工具使用。

在面积方面,武家地面积在幕末时代有11692591坪,寺社为2661747坪,町为2696000坪(20%)。可见,武家土地占绝对优势。②

由于关东落后,江户的主要物资都从遥远的关西运来,因此大阪到江户的船运非常发达,有很多船运屋——巡船。1782年后,幕府鼓励成立"仲间"行会组织,以减少弊病。行会在幕府财政困难之际经常献金,商人因此聚集了大量财富。

在管理方面,武家一般由大目付、目付管理。寺社由寺社奉行管理,町地由町奉行管理。三个系统平时独立,但在遇到涉及各方的问题时也会联合办公。町奉行是管理町人的,一般由旗本担任,有3000石俸禄,一般为3名。随着江户的扩大,町也逐渐增加,在1714年有933町,1792年1168町,1847年1685町。一般情况下,一町有90户,350人左右。

---

① 関野克:『日本住宅小史』,東京:相模書房,1942年,第87頁。
② 幸田成友:『江戸と大阪』,東京:富山房,1942年,第147頁。

在町奉行之下设有"与力"、"同心","与力"的禄米是200石,"同心"俸禄微薄,所以另外给予一些土地作为弥补。尽管奉行人选屡屡更换,但是"与力"、"同心"经常世袭。他们同各町民的自治组织配合,行使对町民的管理权力,维持秩序。武家地设什番,分为幕府设的公议什番、大名设的大名什番、旗本共同设的组合什番,其中旗本的组合什番有669所。町地设"自身番",每町一所,在1853年有1016所。番头一般由商人担任,住在町的木门附近,晚上10点关闭木门。此外还承担其他日常事务,如处理火警、防范盗贼等。町奉行之下是町年寄,一般为世袭。町年寄之下为管理一町乃至二十町的町名主或町役人。然后是终端组织——市民五人组,由成员选举产生,一般都是由大商人或者有影响力的人出任。

明历三年(1657)发生大火灾,万石以上大名的房舍被烧掉500余座,旗本是770余座,寺社是350多座,町屋是400余町。烧死人口数万,伤者不计其数。幕府以此为契机进行了街道改造,以大目付北条安房守和新番头渡边半右卫门为首制定改造计划,主要是拓宽道路,将日本桥大道(原为5尺八寸)拓宽到10间(一间为1.8米),本町大道拓宽到7间(原为6尺5寸),其他的是5间、6间,1间的叫大巷道。普通巷道都在这以下了。又拓宽了芝、浅草地方的壕沟,拓宽了神田川,修建了京桥、铁炮洲、赤坂、小石川、小日向的防火墙(板芯外涂泥巴,上加瓦片盖住),并设置了18处广小路作为防火设施。另外迁移了不少大名的住宅以及寺社,架设了很多桥梁,使江户市街面积比以前扩大了数倍,这以后基本上没有再扩展。后来,只要发生火灾,幕府的措施都是将大名、旗本的住宅向外移动。而市街地也随之膨胀,到幕末,达到了2000余町。由于没有采取根本性的措施,火灾仍然频繁发生。幕府也成立了消防队——町火消(1658),驻扎于江户的四个地方,以随时出动;并命令大名、旗本要承担其房舍周边地区的救火任务。同时将在隅田川以西地区的町人区以每20町为一个单位,组织48个小组,每4到9组为一个单位,从事救火工作。但总体而言,在防火方面,幕府一直没有采取根本性的解决措施。一直到明治年间进行了大规模的防火改造,这个问题才基本解决。

在江户,旗本、御家人带上家属至少有20万—30万人,各大名与家臣以及家属也有30万—40万,町人有50万—60万人。①

---

① 儿玉幸多、杉山博:『東京との歴史』,東京:山川出版社,昭和五十七年,第148—248頁。幸田成友:『江戸と大阪』,東京:富山房,1942年。

第一章 日本近代城市化的历史背景

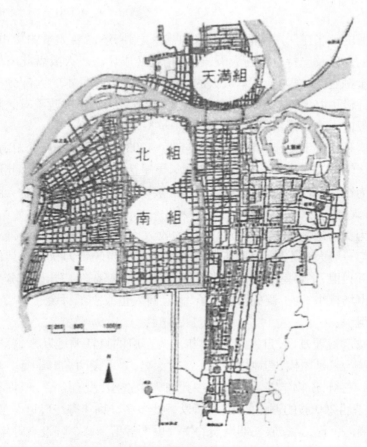

幕府时期的大阪三乡

大阪与江户不同，大阪属于经济中心，因而町人占压倒性多数。武士主要来自各藩管理设在大阪的库房以及买卖事务的人员，数量有限。

自从德川幕府建立、政治中心迁往关东地区以后，大阪反而获得了巨大的发展。当时关东地区比较落后，所需要的大部分物资都要从关西转运。而当时的陆路交通非常不便，在物资运输方面，海上交通占了绝对优势。江户到大阪的航线为南海路，大阪到长崎的航线为西海路，从下关经过日本海到松前（北海道）为北海路，奥州到江户为东海路。由于当时的航海条件，再加上大阪的物资集散功能，西北日本乃至北海道运往江户的物资都要经过大阪，再转运到江户，所以，当时大阪的货物吞吐量尤其是米的运输量极大，据日本学者统计，在高峰时段达到3000万石，占当时日本全国米产量的一

成左右。

各藩的大名在江户生活,除了米的需求之外,还需要大量的货币,他们将藩内的米以及土特产运到大阪,在这儿兑换成现银。大阪就此发展起了发达的金融业务,成为全日本最大的金融中心。当时日本的大部分藩国都在大阪开设了办事处、仓库,从事中转汇兑业务。大名在财政艰难之际也经常向大阪商人融资借贷。

在这种情况下,大阪就迅速发展起来。1703年达到了601个町,家屋数为17279间,人口有35万多。在1738年更是达到52.6万多人。此后虽然幕府因为饥荒、城市米骚动等原因强力疏散城市人口,但到幕末时大阪仍然有30万人口。

因为货物运输与金融兑换等方面的收入,大阪的大商人鸿池善右卫门的财富与一般大名无异,而且还被授予了武士专属的带刀权力。其他像天王寺屋五兵卫、平野屋五兵卫等皆富可敌国,他们都在江户开设了分店。由于国内市场狭小,为了避免恶性竞争,大阪商人也成立了行会——二十四组一类的组织。

在城市管理方面,自大阪1619年成为幕府的直辖领地以来,幕府任命的最高统治者是城代,其地位相当于谱代大名,其下设两名町奉行。町奉行的下面分三组,设物年寄。物年寄在大商人中选出,没有薪资,但拥有货船300艘、茶船200艘的调拨使用权,所以好处多多。物年寄一般世袭担任,但是由于商海沉浮,某家族长期世袭的情况也不常见。每个町设有町年寄,他们不是役人,也没有薪资,只是可以免除徭役而已,还可以得到町中给予的一些礼金等。大阪的商人一般不愿意被选为町年寄,而是让店伙计出任。由此可见,町年寄权威不大、油水不多。町年寄选举一般在有房地产的町人中进行,按得票多少,最后由物年寄定夺,上报町奉行。显然,在大阪城市的基层组织方面,地方自治色彩更加浓厚,在这一点上,大阪同江户以及其他城下町不同。[①] 当然,同其他城下町一样,大阪也处于幕府封建势力的强力控制之下。

(五)德川幕府统治后期的社会矛盾

进入18世纪中期以后,德川幕府统治下的社会危机开始呈现,而且愈演愈烈。

---

① 横山三好:『大阪都市形成の歴史』,京都:文理閣,2011年,第50—181頁。

在农村,德川幕府统治初期实行德政,执行轻徭薄赋的政策,农村租税大部为四公六民,农民的经济负担大大减轻。各藩也都注意开垦荒地、兴修水利。再加上社会稳定,因而这一时期的农村经济有了很大的发展。与此同时,商品经济也发展起来。尽管藩政府力图垄断商业贸易,将集市以及某些产品的制造集中到城下町,但是,由于民众需要的增长,各地还是出现了大小不等的集市,集市旁边也出现了很多固定的店铺。各藩政府也只能由压制逐渐转向驰禁、解禁。由于商品经济的发展,在近畿的很多地方也出现了很多分散的手工工场。与此同时,农村也出现了两极分化的现象,尽管土地不许买卖,但是,兼并土地的现象还是普遍出现。到幕府时代中后期,随着财政问题的加剧,幕府开始加强对农民的盘剥,逐渐由四公六民增加到五公五民,最后上升到六公四民,这使农民的生存能力大大下降。借高利贷的现象普遍出现,使贫民原本艰难的生活更是雪上加霜。由于实行长子继承制,不仅贫民家庭,中等人家的二子、三子等也开始离开家庭前往城市谋生,从而导致城市人口大增。但是到18世纪中期以后,由于城市频繁出现饥民暴动,幕府开始在城市执行强制疏散人口的措施,逼使饥民归乡。这使得农村社会矛盾日益激化,农民"一揆"开始频繁爆发。

而城市在经历了幕府初期的大发展后,也出现了深刻的社会经济危机。就人口而言,江户在18世纪中期的享保年间达到100万以后就停止了增长。冈山的町人口在1667年为28000余人,1707年达到30600余人后就逐渐下降,到1768年为23000余人,1812年减少到21000余人,1868年明治维新前夕更下降到2万余人。① 福井在江户初期人数超过4万,也是屈指可数的大城下町,但是以后逐渐下降,到德川幕府中期下降到3万余人,到1847年,总人口为33000余人,而町人只有2万人。② 作为北陆地区最大城下町的金泽在1657年人口为68000余人,1710年为64000余,1843年为5万多人。其他如浜松、大垣等城下町以及堺、长崎等商业城市也都是如此。

但是,也有人口增加的城市,尽管增加数量较少、增长较慢。比如萨摩藩首府鹿儿岛,1772年总人口为59000余人,到1826年达到72000余人。久留米在1699年为8000多人,到1858年为11000多人。富山在1676年总人口为23000余人,到1841年为26000余人。

---

① 谷口澄夫:『岡山県の歴史』,東京:山川出版社,昭和五十五年,第95頁。
② 印牧邦雄:『福井県の歴史』,東京:山川出版社,昭和五十一年,第126頁。

诸如下关、新潟等地则因为海路交通的变化,人口急剧增长。新潟在1680年为2500户,到1843年达到5754户,下关到19世纪前中叶也达到2万多人。①

在阶级关系方面,城市两极分化现象加剧。城市里拥有房地产的人减少,租房户大大增加。在长崎和堺,租房客达到80%,大部分城下町的这一比例在50%—70%之间。在城市出现了很多大的房地产主,他们专门靠租房赢得巨额收入。由于幕府与各藩都出现财政困难,所以,除了多征地租、加强专卖等之外,就是克扣武士的俸禄,从而导致了武士阶级的穷困。很多武士不得不变卖或抵押家产、向商人借高利贷。有些武士被逼无奈,只得接受商人的订货,从事家庭手工业,有些武士夜间掩脸在路边从事买卖交易。在有些藩,连高级武士也在后院种桑养蚕制丝,然后卖给批发商。武士的贫困也激化了他们同领主的矛盾,以致有些武士恨主如仇。

与此同时,城市骚乱与抢米风潮也日益增多,从18世纪中期开始到幕府垮台,有记载的城市抢米风潮有200多次。1781年因为水旱蝗灾,出现大饥馑,米价上涨6倍,江户出现大规模的饥民暴动,米店、问屋以及富豪的住宅被打砸。参加暴动的人群中,也有相当数量的役人、浪人。到19世纪中期暴动达到了高潮,最著名的就是1837年大阪大盐平八郎的暴动,这次暴动虽然一天内就被镇压,但是迅速蔓延到摄津、越后、周防等地,影响极大。

为了挽救危机,幕府也曾经进行了数次改革,如1716年的享保改革、1787年的宽政改革、1841年的天保改革。改革内容无非是厉行节俭、提高地租、废除行会、疏散城市人口等。这些改革虽然也曾收到了一时的功效,部分缓解了社会矛盾,但是没有也不可能从根本上解决问题。

1854年,在美国的武力胁迫下,日本开埠。之后,由于外贸输出增加,再加上日本的金银比价同国际没有接轨,西方人在日本大做黄金投机买卖,物价更是有增无已,社会矛盾趋于激化。

西洋殖民势力的入侵打破了日本原有的社会平衡,围绕着如何处理同西方国家的关系、如何捍卫民族独立,权力结构多元化的日本社会出现了激烈的争议,朝廷、幕府、各藩国、各阶层的意见都不一致。再加上幕府内部又出现了围绕将军继承问题的争吵,政治局势开始动荡。尊王攘夷派、公武合体派、倒幕派等纷纷登台,幕府逐渐失去了对局面的控制。

---

① 矢崎武夫:『日本都市の発展過程』,東京:弘文堂,昭和四十九年,第240—244页。

第一章　日本近代城市化的历史背景

在幕府统治摇摇欲坠之际，也出现了一股积极的势力。东亚文明的现代性以及东亚社会在思想上以世俗功利的儒家思想为核心、以多神信仰的佛教以及其他宗教为辅助的一种思想结构，使得东亚社会比较容易认识到西方文明的先进性，并且很快就能够找到一条正确的现代化之路[①]；东亚在农业经济领域以租佃经济为主导，在手工业、商业领域以雇佣关系为核心，这就使得东亚社会对资本主义的雇佣生产方式并不陌生，转变起来也较为便捷；东亚国家在政治上有一套强有力的行政机构，使得东亚社会有很强的动员人力与物力的能力，也使得整个社会能够在政府的领导下全力以赴地、以运动的方式走现代化之路。日本在思想上与经济上同中国等东亚国家差别甚小，只是在政治上尚未形成一个统一的集权的中央政权，尽管如此，其藩国内区域性的行政统一已经形成，并形成了一套现代性很强的、有效的行政机构，一个中央集权的统一国家已经是呼之欲出。

因为东亚文明的现代性，所以尽管日本社会在如何对付西方现代势力入侵、如何捍卫民族独立方面意见不一，但是从理性的世界观出发，无论是幕府还是大多数大名，在很快认识到西方的先进以及自身的落后之后，便开始了学习西方、开国进取，通过现代化来强大自己以捍卫民族独立的道路。

在这种情况下，西南一带一直受幕府压制的外样大名，利用社会矛盾激化、幕府统治者疲于应付的时机，开始了大规模的富藩强兵活动。以萨摩、长州、土佐等藩为首，他们积极同西洋近代势力接触，派出留学生，同时引进西方的机器设备，开办纺织厂，并积极开展对外贸易。在军备方面，引进洋枪洋炮，用西法训练军队，创办近代兵工厂，试验枪炮轮船的制造工作等，成绩斐然。这一系列措施既改变了藩内的财政状况，又增强了本藩的实力。更重要的是由于日本的割据环境，西南诸藩变成了近代化势力的根据地，在富藩强兵的活动中成长出了一批近代化派，如高杉晋作、木户孝允、大久保利通、伊藤博文等人，他们利用幕末的风云变幻，纵横捭阖，结成了萨摩、长州、土佐、肥前四藩联盟，并联手倒幕，最终在1868年推翻了德川幕府的统治，建立了由现代化派控制的明治政权，日本的历史由此进入了近代，一个

[①] 姚传德：《东亚文明的现代性》，见《中国文化研究》（中国台湾东海大学主办）1999年第229期。姚传德：《林语堂论儒释道与中国文化》，见《苏州大学学报》2005年第2期。

新的时期开始了,日本的城市发展也进入了一个全新的阶段。①

第二节 明治时代城市发展的社会环境

明治维新是日本历史上一次划时代的变革。明治政府以近代化为目标,通过废藩置县,消除了延续近千年的封建割据,建立了统一的中央集权的国家;通过废除俸禄、改革封建身份制度,建立了法律面前人人平等的近代公民社会;通过废除封建土地制度,建立了近代租税体系,确立了统一国家的财政体制;通过殖产兴业政策,为近代工商业经济的发展创造了良好的环境,同时也为近代城市化打下了坚实的社会基础。

一、消除封建割据,建立统一的中央集权制的国家机构

近代城市得以顺利发展的一个重要条件是国家的统一与政局的稳定,这也是一个国家实现近代化的前提条件。所以,明治政府成立伊始便将废除封建割据、建立统一的中央集权的国家政权作为首要任务来实施。

在646年"大化改新"之际,日本天皇政权本想仿效中国唐朝,建立一个中央集权制的国家,却由于日本当时尚处于部落联盟向阶级社会过渡时代,经济文化等都非常落后,所以虽然律令制度在短期内也曾经一度加强了天皇政府的权力,但最终还是被庄园制度、武家割据所取代。到德川幕府时代,经过近千年的发展,日本在农业领域确立了小农经济,在藩国内实现了政治的统一。尽管还是割据状态,但幕府对地方诸侯的控制也空前加强,统一的中央集权的国家呼之欲出,这为明治时代统一国家的建立奠定了基础。

1868年1月,以萨摩、长州两藩的近代化派为首的新政府以天皇的名义发布了"王政复古"的号令,也就是废除幕府制度,回归"大化改新"时由天皇亲理万机、一切大权归中央的制度。尽管这时日本政府的实权由萨长改革派控制,但是天皇的存在以及"王政复古"的口号,在当时的社会环境下,确实也为中央集权制国家的建立提供了一个名正言顺的理由,减轻了很多阻力。

1868年4月,新政府又颁布了施政纲领——《五条誓文》,誓文的内容有:第一,广兴会议,万机决于公论。第二,上下一心,大展经纶。第三,公卿与武家同心,以至于庶民,须使各遂其志,人心不倦。第四,破旧来之陋习,

---

① 姚传德:《东亚现代化之路》,中国台湾:传胜出版社,2000年。

立基于天地之公道。第五,求知于世界,大振皇基。① 同时天皇发布亲笔谕示,宣称要亲自"经营天下,安抚汝等亿兆,欲开拓万里波涛,布国威于四方"②。其中的"万机决于公论"、"破旧有之陋习"、"求知于世界"、"开拓万里波涛"预示着新政府的施政走向,必将左右着日本近代历史的发展。

经过一年多的时间,明治政府陆续清除了幕府残余势力的反抗,确立了在全国的统治。但是,当时新政府的基础还是很不稳固的。比如,全国各地的领地收入是3000万石,而新政府只是没收了幕府的领地800万石,设置了8府12县,而在这些土地上征收的地税还不及当时开支的十分之一。各藩诸侯仍然维持着地方割据,拥有各地方的政权、财权、军权等。为了国家的近代化,为了对抗西方殖民势力的入侵,必须建立强大的、统一的、中央集权的国家政权。

首先,迁都东京。由于幕府的残余势力主要集中在关东一带,为了利用天皇的权威、就近镇压安抚,有必要迁都关东。而且为了开发相对后进的关东地区,避免江户急剧衰落,也需要迁都关东。于是,新政府在1868年9月将江户改名为东京,准备迁都。同时举行了明治天皇登基大典,正式改元"明治",此语出自《易经·说卦篇》"圣人南面而听天下,向明而治",表示了国家一切将要更新、国家将要走向近代化的决心。无论是明治天皇驾临东京,还是后来明治天皇巡幸东北地区,政府都不惜代价,大张旗鼓,仪仗庞大而隆重,以灌输"皇国皇民"的意识,在民众心中树立以天皇为中心的形象。1869年2月,明治政府获得了与日本有外交关系的西方各国的承认。

其次,奉还版籍。这是废藩置县的前奏曲,日本的近260个大名大都是乱世为王,后来因为德川幕府的承认,才获得了存在的合法性。现在天皇亲政,幕府被推翻,原先大名存在的合法性失去了,需要由天皇政府重新确认。所以,作为废藩的第一步,以木户孝允为首的集权派力主各大名要将所辖区域的版图户籍人口先归还天皇,再由天皇重新确认。这一主张表面上看确实是冠冕堂皇,诸侯没有任何反对的理由。于是,在改革派的动员下,由率先倒幕的四大强藩的藩主带头于1869年3月上书天皇奉还版籍,希望天皇重新分封,以确认他们统治的合法性。在他们的带动下,其他藩主也纷纷提出了版籍奉还的奏请,到1869年7月已经达到236个藩。新政府趁势宣布

---

① 維新史資料編纂会:『維新史』,第五卷,東京:吉川弘文館,1983年,第384—391頁。
② 大久保利謙:『近代史史料』,東京:吉川弘文館,1965年,第51頁。

接受各藩奉还版籍的请求,并命令尚未奉还版籍的 14 个藩也要依样办理。然后新政府本着"王土王民"的原则,取消了藩主对藩土地与人民的所有权,但是藩仍然保留,原来的藩主被任命为藩知事,藩政服从中央。旧藩主只能领取全藩收入的十分之一为家禄。士族的俸禄也被大幅削减。中央政府的权力由此得到了加强。

第三,废藩置县。从 1870 年起,一部分小藩由于财政困难,实在难以维持,便主动奏请废藩①。而新政府为了维持政府的运作,应对当时纷乱的局面,也急待统一财权与兵权。但这是一件艰难的工作,稍一不慎,便会重新爆发内战,甚至颠覆新政府。新政府首先在改革派内部取得了意见的一致,然后由萨、长、土三藩派遣精兵组成天皇的"亲兵","亲兵"有步、骑、炮三军约 1 万多人,此为政府所辖的最初的常备军。然后,木户孝允、大久保利通、西乡隆盛、伊藤博文等人经过周密策划,于 1871 年 8 月 29 日诏令在京的 56 个藩知事,宣布废藩置县,理由是只有"政令归一"才能"内以保安亿兆,外以与各国对峙"。具体做法是,免去旧藩主藩知事的官职,旧藩主一律迁居东京,藩兵一律解散,由国家按照所辖领地的大小提供优厚的俸禄,原来各藩负担的所有债务(大约 3700 多万日元)改由政府承担。在政府的软硬兼施之下,为了自身的利益起见,经过反复权衡,各藩藩主不得不服从中央,同意废藩。新政府于 1872 年 1 月重新划分行政区域,将全国分为 1 使(北海道开拓使)、3 府(东京、京都、大阪)、72 县。明治政府重新任命的一批府知事与县知事走马上任。② 县以下都是一些自然村落以及一些因为地域关系结成的地域共同体,由名主、庄屋、年寄等村役人作为封建社会的基层组织,负责年贡的征收缴纳以及其他村政事务。维新之后,为了打破地域隔阂,明治四年,首先颁布户籍法,将所有国民的居住位置明确化;同时废除了名主、庄屋、年寄,越过以前的町村界限,设置大区、小区,在区内兴办跨传统村落的学校、警察组织。大区设置有居民选举出的户长与副户长,小区设小长。这些机构成为明治政府庞大行政机构的末端,贯彻执行政府的命令。但是在水利、山林、祭祀等方面,各村尚有很大的自治权力。1878 年颁布了"三新法",即《府县会规则》、《地方税规则》、《郡区町村编制法》,取消小区,设郡。在郡之下,复活了原来的町村,郡长有监督地方町长与户长的权力。同

---

① 田中彰:『日本歴史』,第 24 卷,東京:小学館 1976 年,第 155 頁。
② 維新史資料編纂会:『維新史』,第五卷,東京:吉川弘文館,1983 年,第 776—785 頁。

时,也承认町长与村长由地方自行选举,但是又根据个人的地租缴纳量,对选举人进行了财产资格限制,给予了地主政治方面的特权。但由于区町村的财源仍然归入各府县,所以自治并不全面。

总之,废藩置县后,日本实现了真正的国家统一,一个中央集权制的国家由此建立。1888年,在明治宪法颁布前夕,又将1872年划定的行政区域合并为1都、1道、2府、43县。

明治政府领导人兵不血刃,以最小的代价、最优的方式完成了国家的统一,这在世界历史上是不多见的。尽管是大势所趋,但是明治新政府领导人的才能智慧确实值得称道。

这一时期的日本在政府官制方面,随着局势的发展经历了一个演变的过程。新政府成立初期,因为列藩割据,且新政府成员对于西方的三权分立以及日本需要什么样的制度尚不太了解,所以1868年6月颁布的《政体书》仅仅是一个理想主义的设计:设太政官,总揽政务,对天皇负责;太政官下设立法、司法、行政各自分离的三套机构。但是改革派很快就发现行不通,所以在实际处理政务时,权力仍然集中在改革派手中。奉还版籍之后,随着政府权力的增大,又进行了一次官制改革,设立了神祇官,并在太政大臣之下设立民部、大藏、兵部、刑部、外务、宫内6个省,此外还有大学校(管理文教)、弹正台(管理司法、警察)等,中央官制逐渐健全。废藩置县后,1871年9月,又改革官制,设正院、左院、右院,其中正院最高,掌握立法、行政、司法等方面的决策大权。正院下设8省,即大藏、工部、兵部、司法、宫内、外务、文部、神祇。这样,中央官制基本完善,实权也基本上掌握在了改革派手中。尽管后来还有一些变动,比如1873年大久保的内务省集权体制,但从总体而言,万变不离其宗,一直到明治宪法颁布以前的20年间,明治政府的领导人从办事效率的角度,始终坚持权集中央的方式。应该说正是这一高度集中且有效的权力形式保证了明治时代政局的稳定,从而使政府能够有效地调集全国的人力、物力展开近代化活动,同时也为近代城市化创造了一个良好的政治环境。

二、改革封建身份制度,宣布四民平等

等级身份制度是封建社会的典型特征,废除这一制度是近代化的目标,而且也只有废除这一制度,才能出现市民社会,才能发展出近代的城市。在

废除封建等级身份制度方面,明治政府由简到繁,主要采取了两个方面的措施,其一是废除封建等级身份制度,其二是改革封建俸禄制度。

(一) 废除封建等级身份制度

在废除封建身份制度方面,明治政府采取了由易到难、逐步推进的策略。

在1869年奉还版籍时,明治政府趁势取消了大名和公卿的称谓,将其全部称为"华族",同时将各藩的武士都改称为"士族",并废除了藩主与士族之间的主从关系。无论华族、士族都要听从政府的命令,都是天皇的臣民,他们效忠的对象只有一位,那就是天皇。1871年10月,宣布废除"秽多"、"非人"的贱民称呼,将贱民一律纳入平民的行列,同平民享有同等的权利,即"身份、职业皆与平民同等对待"①。1872年3月,又宣布皇族、华族、士族、平民一律平等,在法律上拥有同等的权利。随后废除了武士佩戴刀剑以及"格杀勿论"的权力。各阶层之间均享有通婚、就业、迁徙等方面的自由。以后又相继颁布了禁止贩卖人口、僧侣可以娶妻等政策。这些政策应该说是积极的、进步的,为社会近代化与城市化创造了一个良好的环境。虽然这些措施也保留了皇族、华族的部分特权,但是毕竟有利于社会的平稳过渡,有利于其后各项改革的顺利快速推进。

(二) 改革封建俸禄制度,彻底消灭武士阶级

这是一项艰难而且充满危险的改革。俸禄是武士赖以生存的物质来源,也是封建武士最重要的一项特权。武士不善生计,如果废除其安身立命的唯一依靠,极有可能酿成社会动乱。但就当时明治政府的财政状况而言,却是非改革不可。

在明治初期,武士有40.8万多户,共189.2万多人,占日本总人口的十六分之一。华族、士族的各种俸禄支出占1871年度政府财政预算的31.8%。明治政府成立之初,百废待兴,财政极其紧张,大藏省不堪重负,一直坚决主张对此进行改革。

为了不致激起社会动乱,明治政府采取的方针是逐步推进,其政策既坚决,又非常策略、灵活。

第一,削减俸禄。从1870年1月起,明治政府就开始改革禄制,削减俸禄,总额达到800万石以上,而幕府末期的俸禄总数为1300万石,削减幅度

---

① 大久保利謙:『近代史史料』,東京:吉川弘文館,1965年,第69頁。

达五分之三，全部俸禄只剩下 492 万石。①

第二，给愿意从业改行的士族发放赏金。1871 年初，政府出台新的政策规定，凡是愿意改行从业的士族，由政府发给相当于 5 年俸禄的赏金，一次性付清，以此作为其创业资金。政策试行之后，大约有 4000 多士族领取了赏金 122 万元。虽然人数不多，但是开启了一个新的发展方向。

第三，鼓励士族"奉还"家禄，政府给予一定的奖励。在 1874 年到 1876 年三年间，有近四分之一的士族奉还了家禄，总共 110 万石，政府发给产业资金，一半为现金，一半为公债，公债利息为 8 分。同时，将俸禄由禄米支付改为货币支付。

第四，以一次性的公债代替俸禄。1876 年 8 月，政府公布《金禄公债条例》，政府一次性地支付给金禄公债，偿付期为 5 到 14 年，利息为 5%—7%。公债总额为 17400 多万日元，每年支付的利息为 1100 多万日元。这样，日本政府用赎买的方式彻底解决了俸禄问题。接受金禄公债的华族与士族有 313500 多人，其中旧藩主最高者得到 130 多万日元的公债，平均是 10 万日元。旧公卿平均得到 1 万多日元，而普通士族平均只有 500 日元。②

随着俸禄问题的解决，武士阶级也就不复存在了。

华族将他们手中的公债大量投资银行、铁路、工商业等等，金禄公债变成了资本原始积累的资金。比如排名第一的 1876 年成立的拥有巨额资金的第 15 国立银行主要就是由华族的公债券创办的，前三位出资人的出资数额依次是岛津家 767000 日元、前田家 692000 日元、毛利家 642000 日元。名列第三位的东京第 44 银行、第四位的山口银行、第 110 银行等也都是依靠士族的公债券兴办的。③ 据统计，全部国立银行中，74.3% 的股东为华族与士族。此外，华族还向铁路与纺织行业投资，比如 1881 年创办的日本铁道会社、1882 年由涩泽荣一牵头创办的大阪纺织公司，华族都是主要股东。

至于下层武士的出路，政府除优先录用他们担任官吏、教师、警察等公职之外，还出台优惠政策，鼓励并安排他们赴北海道从事农垦戍边。同时，内地各府县也向士族低价出卖土地。政府还鼓励士族向工商业发展，成为产业工人等。尽管也有少数士族铤而走险，走上反政府的道路，但是总体而

---

① 楫西光速：《日本资本主义的发展》（中译本），商务印书馆，1863 年版，第 28 页。
② 楫西光速（ほか）：『日本資本主義の成立(2)』，東京：東京大学出版会，第 333 頁。
③ 万峰：《日本资本主义史研究》，长沙：湖南人民出版社，1984 年，第 77 页。

言,明治政府废除封建俸禄、消灭武士阶级的政策是进步的,也是成功的,它成功地割除了国家肌体上的毒瘤,有利于近代公民社会的形成,也有利于经济的发展。

在废除封建等级制度、消灭武士阶级的基础上,明治政府建立了一套近代的军事与警察制度。在宣布四民平等之后,明治政府于1873年1月颁布了《征兵令》,规定凡是年满20岁的男子,不论身份,只要身体合格,就必须服兵役。制度制定初期,还规定有钱者可以出钱找人替服兵役以及某些情况下免服兵役等不平等的条款。后经过多次修正,到1883年,在修改条例中规定,凡是适龄公民,人人皆有服兵役的义务。与此同时,也参照西方国家于1874年建立了一套警察体系。①

(三) 改革封建土地制度,建立近代土地私有制与地税体制

土地私有以及土地自由买卖既是近代城市化的基础,也是经济近代化的基础。

德川时代,土地为大名、领主所有,农民没有土地所有权,更谈不上买卖土地。为了确立近代土地制度,明治政府渐进地采取了一系列改革的措施。

1869年初,明治政府便宣布容许农民私人占有土地。1871年,又废除了关于农作物栽培品种的限制,准许水旱田自由种植作物。从1872年起,开始在东京实施,进而推进到全国范围,宣布给一切私有土地颁发土地证,承认土地所有权。至于无主地,则收归国有。明治政府完成了承认土地私有最实质性的工作。1872年2月,正式宣布废除德川时代制定的"永世不得买卖土地"的禁令,明确规定土地可以自由买卖。1872年还宣布了农民有就业与迁徙自由。

1873年7月,在土地私有权确立之后,经过细致的论证,明治政府颁布了《地税改革条例》。该条例主要有三点内容:第一,不分水旱田,一律按地价的3%征收地税,废除实物地租,地税统一以货币支付,不因丰年灾年而增减。这样做简化了收税程序,统一了收税标准。第二,所有土地所有者都必须缴纳地税。幕府时代的年贡按村摊派,最后落到了土地耕种者的身上。新法则规定完全按"一地一主"的原则承担税收,这是对个人土地私有制的肯定与保护,从而废除了以前的村庄连带责任制,使旧的村落共同体走向瓦解。第三,除地税外,所有附加税不得超过地税的三分之一。经过折算后,

---

① 伊文成、马家骏:《明治维新史》,沈阳:辽宁教育出版社,1987年,第362—379页。

这时的税收相当于收获量的三分之一,同世界其他近代国家相比虽然是相当沉重的负担,但是相对德川时代六公四民的比例,人民的负担是大大减轻了。至1877年,地税又降至地价的2.5%,附加税降至地税的五分之一,也就是地价的0.5%。①

从1873年开始,各地陆续进行耕地的丈量估价工作,到1877年完成了原定目标的60%,山林原野的丈量估价从1877年开始进行,到1881年基本完成。全国民有地的地价估价为16.4亿日元。从丈量土地、确定土地所有权到土地估价、颁发土地证、编制土地清册等,内容复杂,工作量庞大,在如此短的时间内能够完成,确实反映了明治政府的蓬勃朝气。

对于地税改革,学界有不同看法,批评的意见认为农民负担没有减轻多少,从兼并土地大量出现的情况来看,地税改革更有利于地主阶级等。但如果从历史发展角度来看,当时的地税改革,可以肯定的是,它确立了近代土地所有制,有利于近代化与城市化。

首先,土地的自由买卖既有利于土地的集中,也有利于资本的集中。土地改革后地主的大量增加就可以反映这一点。地主本身生活在近代经济的环境中,大都参与商品经济的过程,关注市场的变化。而且很多地主原本就是商人、高利贷者出身。土地的集中,可以让地主集中更多的资金投入到工商业等更赚钱的行业当中,有利于资本的原始积累。

其次,土地的自由买卖使很多农民失去土地或沦为佃农,再加上允许民众自由迁徙、自由选择职业等配套政策,很多农民纷纷到城市里寻找机会,从而给城市工商业的发展提供了廉价的劳动力,城市人口由此增加,城市化的进程也得到了促进。比如,1872年佃耕地为全部耕地的29%,到1884年上升到36%,1887年更增加到39.3%,而纯粹的自耕农则下降到了33%。②

第三,自由种植促进了农业生产的商品化。限制种植制度的废除,使农民可以根据市场的变化自由选择种植农作物。这以后,经济作物的种植显著增加,尤其是桑蚕业的发展非常迅速,从而给缫丝业与丝织业的发展提供了源源不断的原料。此外,果木、蔬菜、棉花、茶叶、蓝靛、甘蔗等经济作物的种植面积也显著扩大。

第四,地税改革促进了农业生产的发展。土地私有的实现提高了农民

---

① 福島正夫:『地租改正研究』,東京:有斐閣,1962年。
② 井上清、铃木正四等:《日本近代史》(中译本),北京:商务印书馆,1959年,第70页。

的生产积极性,而容许土地买卖又导致了农业生产的集约化,这些都有利于先进农业生产技术和农业机械的普及,同时也促进了垦荒运动的开展。1874年日本耕地面积为412.98万町步,1880年扩大到450万町步,1890年则增加到502.98万町步。在16年内,日本的总耕地面积增加了22%。这一时期,日本引进并发明改进了很多农业机械,从而促进了日本近代农业的快速发展。

(四)实施殖产兴业政策,为近代工商业经济发展开创一个良好的环境

城市化是工业时代的产物,城市化是工业化的结果,没有工业化也就谈不上城市化。在统一了国家、建立起了一个中央集权的政权机构,废除了封建等级制、实现了法律面前人人平等,进行了地税改革、确立起了土地私有制之后,近代工商业发展的主要条件也就基本齐备了。但是作为后发的现代化国家,在大部分民众尚未有从事近代工商业的自觉、在殖民主义势力甚嚣尘上、国际局势又非常险恶之际,明治政府自上而下地采取了一系列扶植近代工商业发展的措施,也就是殖产兴业。

1. 幕府末期的府营工业与藩营工业

在揭示明治政府的殖产兴业政策之前,先介绍一下幕府末期日本近代工商业发展的情况。

在明治维新之前,日本近代工商业的发展也非完全白纸一张。在1853年被迫开国之后,为了应对日益紧迫的民族危机以及日本国内政治的需要,幕府与各藩也进行了很多近代化实验,创办了不少官营的近代工矿业,这些为明治时代的工业化打下了一定的基础,同时也积累了一定的经验。

幕府在1853年到1867年之间,兴办了如下工业项目:江户汤岛"大筒铸立场"(铸炮场)、浦贺造船所、石川岛造船所、长崎制铁所、关口大炮制作所、横滨制铁所、横须贺制铁所和江户泷野川火药制造所等。在矿业方面,幕府创办了生野、佐渡、小坂等矿山,开挖金、银、铜等矿产。不过,幕府创办的这些工业基本上都是重工业,而且也以军需工业为主,主要是铸造枪炮、船舶等。机器设备与技术人员大都从海外聘请。

幕府在西方列强的强大压力下,由于自身难保,不得不放宽禁令,容许各藩创办藩工业,试制枪炮。藩工业有双重性,既有御侮的想法,也有同幕府对抗的意图。尤其是位于西南一带的外样大名,如萨摩、长州、土佐、肥前等更为突出。而且藩营工业同幕府兴办的工业不同,既有军工,也有民用,就范围与深度而言,远远超过幕府。

军工方面,早在1850年,肥前藩就从长崎的防务需要出发,兴建了日本最早的4座反射炉,以铸造西式火炮。1853年,全国有225个大名向幕府提出了铸炮申请。萨摩藩在1853年建造了反射炉,远在东北的水户藩也于1855年建造了反射炉。长州藩也兴建了铸炮与造船企业。在各藩国当中,在创办新式工业方面,萨摩藩走在全国的前列。该藩在杰出的政治家岛津齐彬、大久保利通等人的相继主持下,在1857年便修建了一个综合性的兵工厂——集成馆,雇佣了1500多人,试制大炮、玻璃、陶瓷、农具、煤气灯、地雷、水雷、西式船舶等。此外,各藩还尽可能地开发矿产资源,如大葛金矿、三池与高岛煤矿、阿仁铜矿、院内与小坂银矿、釜石铁矿等。①

在民用工业方面,萨摩藩在19世纪50年代就兴办了纺织手工作坊,以解决财政问题。到60年代,又派人赴英国考察,聘请西方技师、引进英国的机器设备,创办了日本第一个西式纺织工厂。此外,还创办了制糖场等。因为实施了种种近代化的措施,在日本地方各藩中,无论是武备还是财力,萨摩藩均被称为"列藩第一"。② 可以说,萨摩、长州的一批近代化派就是在藩内近代化实验中诞生的。其他的像秋田藩也先后创办了多个纺织工场,高知、福井、米泽等藩也先后实行了"劝业货殖"政策,发展藩工业。另外,各藩还实行产品专卖政策,垄断本领内的陶瓷器、漆器、蜡、五金等的生产与销售,以获得垄断利润。不过,除西南诸藩外,其他各藩的藩工业都有很强的封建性,其资本大都来自藩政府的拨款,使用的劳动力大都是征用的民工与武士,而非雇佣劳动力。

2. 殖产兴业政策的第一阶段

日本明治政府的殖产兴业政策分为两个阶段,1882年产业革命之前为第一阶段,此为兴业时期;1882年以后,由于民营企业蓬勃发展,殖产兴业政策基本完成了使命,因而开始出卖官工业,一直到1885年处理完毕,此为殖产兴业的第二阶段。两个阶段总共有15年的时间。

明治政府为了打破封建割据,促进工商业的发展,在1868年6月至7月,命令取消商业行会等垄断组织,容许自由营业和经商;1869年3月2日,又下令废除各藩设立的关卡。6月左右,取消各藩会所。10月,取消各藩粮米外运禁令。1871年制定了户籍法,人民于是有了迁徙自由。10月20日,

---

① 万峰:《日本资本主义研究》,长沙:湖南人民出版社,1984年,第58—59页。
② 姚传德:《东亚现代化之路》,(中国台湾)传胜出版社,2000年,第48—50页。

准许水旱田自由种植。国内统一市场由此形成。

明治政府成立之初,机构不健全,权限职责亦不分明。最初的一两年,有关产业问题主要由民部省与大藏省管理。加之人事纠纷甚为纷杂,因而尚未有鲜明一贯的产业方针。1870年成立了工部省,主管工学、劝工、矿山、铁路、土木建筑、灯塔、造船、电信、炼铁和制作等。工部省正式成为殖产兴业的主导机构,其职能一直发挥到1873年内务省成立。工部省聘请欧美专家与技术人员,大力引进西方机器设备,从事铁路、矿山、制铁所、造船等方面的建设,同时对接收的幕藩经办的工业、矿山等进行技术改造工作。此外,还成立工部大学校,以培养专业技术人才。但是工部省所经办的各种事业基本上都采用官办的形式,效益不高,而且所经办的各业以重工业为主,因而耗资巨大,最后难以为继。

1873年11月,以大久保利通为首的近代化派击败了带有保守倾向的西乡隆盛一派,掌握了政府权力,建立了内务省体制。内务省下设劝业、警保、户籍、驿递、土木建筑、地理等寮,其中劝业与警保二寮为一等寮。其意图是以劝业寮为核心、会同工部和大藏两省大力展开殖产兴业政策,以警保寮为核心,会同警视厅、陆海军省维持国内治安。内务卿由大久保利通亲自担任,内务卿的命令可以一直下达到每个公民。自此,内务省成为殖产兴业的主导机构,一直到1881年成立农商务省,才将有关殖产兴业的事务转交给该省。

内务卿大久保利通在游历西方的过程中,亲闻俾斯麦的一番"强权即公理"的谈话,又在英国看到蓬勃发展、遍地开花的民营工业,认识到日本要想摆脱沦为殖民地的危险,就必须拥有强大的国力,而培养国力的唯一手段就是发展民营工业。他说:"大凡国家之强弱,系于人民之贫富,而人民之贫富,系于物产之多寡,物产之多寡,系于人民是否勉力于工业。"①他认为日本的地理位置、面积与人口都同英国类似,只不过人民不了解近代世界发展的趋势,不知道从事工商业的重要,只要政府对民众进行"提携诱导","行劝业殖产"之事,"补民智所不及,助民力所不足,与之以贷款,与之以扶植"②,只要政府"全神贯注于其中",那么,与西方列强并驾齐驱并非难事,

---

① 大久保利通:『大久保利通文書』,第五册,東京:日本史籍協会,1928年,第561—565頁。
② 大久保利通:『大久保利通文書』,第六册,東京:日本史籍協会,1928年,第335頁。

今天的日本"处于大有可为之秋"①。显然,通过对西方国家的考察,大久保将劝民殖产摆到了首位。应该说他的这一方针是正确的。

第一,建立全国性的近代交通与通讯体系。

明治政府自成立伊始就认识到铁路对于经济、民生的重要性,这同闭目塞听的中国清政府不同。所以,1870年,尽管当时明治政府财政困难,百废待兴,却仍然依靠在伦敦发行100万英镑的债券,修建了东京至横滨的铁路。该铁路于1872年通车,是日本最早的一条铁路。以后又陆续修建了京都—大阪线、大阪—神户线、京都—大津线等。由于铁路建设耗资巨大,且技术要求高,所以,初期的铁路建设基本由官方经办。技术人员乃至火车司机等都聘用西洋人。10多年后,随着日本本土人才培养力量的加强,日本人逐渐取代了西洋人,至80年代时,大部分场合,西洋人充当的只是顾问角色而已。由于系官办,政府资金有限,日本铁路修建的速度缓慢。到1885年,兴修的铁路总长也不过220.72英里。但是这些官办铁路起到了启蒙的作用,它让日本人普遍认识到了铁路交通的优越性。在70年代,日本也出现了几家民营铁路公司,如关西铁路公司、东京铁路公司,但最后都失败解散了。一直到1881年,一批华族成员在政府的鼓励支持下,集资500余万日元成立了日本铁路公司,修建东京—青森间的铁路,1891年该铁路全线贯通。受此鼓舞,日本民间掀起了铁路投资热潮,铁路建设的速度大大加快。②

海运业的发展方针是在内务省成立期间确立的。当时美国的"太平洋邮政轮船公司"和英国的"半岛与东方航海公司"等几乎垄断了日本沿海以及日本同国外的航线。明治政府成立后,曾几度成立半官半民的航运公司与其竞争,但是都以失败告终。内务省成立后,内务卿大久保认为官办不利于近代航运业的发展,但如果完全民办,民众缺乏资金与技术,也难成功。最后,他选择了官助商办的方式,即扶植民营的"三菱轮船公司",政府将官船18艘无偿下拨给三菱公司使用,同时为了补偿三菱同外国公司降价竞争造成的损失,每年给予补助金25万日元,而且政府的货物也优先由三菱承运。又出资15000日元帮助三菱成立海员学校,培训技术人才。在政府的大力支持下,三菱航运公司蓬勃发展,最后将美国、英国等国的船运公司驱

---

① 大久保利通:『大久保利通文書』,第五册,東京:日本史籍協会,1928年,第561—565頁。
② 老川慶喜:『日本鉄道史』,東京:中央公論社,2014年,第29—85頁。

逐出日本沿海,并独占了东京至上海的航线。此外,政府还扶植了另外一家民营公司——大阪商船公司,该公司的发展也很顺利。在三菱公司成功的刺激下,日本沿海兴起了很多民营航运公司,经营中短距离的客运与货运业务。①

邮电事业方面,早在1869年,明治政府就在东京与横滨之间架设了电报线路。1871年,开始着手创办邮政事业,同年1月,东京、大阪、京都之间开通了邮政业务。年底,东京与西部城市长崎之间通邮。到1873年底,福泽谕吉一再称赞的源自西洋的近代邮政制度在日本全国初步建立。1872年京都与大阪之间开通了电报业务。1872年,九州与本州岛之间铺设了海底电缆。到1885年,日本全国电报干线铺设完毕,各大城市之间都开通了电报业务。与此同时,1877年电话被引入日本,在东京与横滨之间试用,而后逐渐向全国推广。②

总之,在建立近代交通与邮政体系方面,明治政府一步一个脚印,成绩斐然,为日本近代经济的发展、为日本城市化的顺利推进,打下了良好的基础。

第二,改造并创办工矿企业。

明治政府成立后,实行矿山国有的方针,原先幕藩的矿山都收归政府所有,有佐渡银矿、生野银矿、小坂银矿、三池煤矿、大葛金矿、阿仁铜矿、釜石铁矿、院内银矿等。个人只有租赁经营权,需要向政府缴纳租赁税。明治政府接管了这些矿山之后,从西方国家聘请技师、采购先进设备,增加产能,经过一番改造后,大都收到了明显的成效。

在机械制造方面,明治初年,政府拥有长崎造船厂、东京炮兵工厂、兵库造船厂、赤羽制作所、品川玻璃制造厂、深川水泥厂、深川砖瓦厂等企业。其中长崎造船厂是政府接管幕府长崎制铁所发展起来的企业,主要从事炼铁、造船。后来政府将其中的部分设备迁到大阪,成立了大阪炮兵工场,生产大炮、火药以及步枪等。东京炮兵工厂是政府接管幕府的关口制造所后,又购买了大量先进的机器设备,进行改造升级而形成的,专门生产枪炮武器,军用村田式步枪就是在该厂诞生的。兵库造船厂是政府在1871年兴办的炼铁、造船企业。赤羽制作所则是将佐贺藩藩营企业的部分设备迁到东京赤

---

① 姚传德:《大久保利通经济近代化思想》,《日本学刊》1995年2期。
② 伊文成、马家骏:《明治维新史》,沈阳:辽宁教育出版社,1987年,第497—500页。

羽,再添购部分机械设备创办的综合性机械工厂,以蒸汽机为动力,不仅生产锅炉、汽锤、起重机、抽水机等工作机械,还生产碾米、制丝、制茶、纺纱、制糖等农产品机械,虽然技术水平与质量都存在问题,但促进了日本工业的发展,开化了社会风气。品川玻璃厂是政府于1876年创办的,而深川水泥与深川砖瓦厂则是为了配合明治初年的东京银座改造,在英国工程师的指导下创办的近代企业,它们开了日本近代建筑材料生产的先河,奠定了日本近代建筑材料工业的基础。①

第三,发展近代轻工业。

在大久保利通主持的内务省成立之前,明治政府的殖产兴业政策主要集中在铁路、矿山、机械制造等重工业生产方面,这些行业需要的资金多、技术要求高、建设周期长、利润低,社会效益不大,最后因为资金紧张,很多事业难以为继。大久保当政后,本着务实的原则,调整布局,将兴业重点转移到资金投入少、技术要求低、利润高的轻纺工业之上。由于当时日本出口创汇主要依靠生丝的出口,所以,大久保在这方面倾注了大量的人力、物力。在原有富冈缫丝厂的基础上,又新办了新町缫丝厂。从中国引进桑蚕良种,同时成立桑蚕病害研究所,以防治病虫害,提高丝织品的质量。其措施卓有成效,大大促进了生丝的出口,使日本丝在欧美市场上逐渐取代了中国丝。以后,又创办了千住呢绒厂、广岛纺纱厂、爱知纺纱厂等一系列的轻纺企业,总数达15个,既有国营,也有官助民营。

在食品工业方面,1880年,明治政府从法国进口机器设备,在北海道兴办了一座以当地生产的甜菜为原料的国营制糖厂。

明治政府称这些企业为"模范企业",兴办的主要目的是开化社会风气,让更多的人熟悉机器生产,认识到近代工商业有利可图。

第四,发展近代农业。

农业方面,虽然工业化是富强的根本,但是,当时殖产兴业的资金主要来自农业。另外农业的发展也牵涉到社会稳定等问题。为此,内务省成立后,大久保在农业方面采取的措施主要有垦荒,也就是组织无业士族到日本东北部以及北海道开垦荒地,由政府发给路费、提供种子农具等,并提供贷款;发展近代农业,如成立内藤新宿试验场、三田种育场,实验并引进良种,向全国普及,同时加强对农作物病虫害的研究与防治。另外,为了培养近代

---

① 藤村通、西江錦史郎:『近代日本経済史』,東京:中央大学出版部,1983年,第67—86頁。

农业技术人才,还开办驹场农学校。在三田种育场内,还特设了农具厂,专门进行农具的引进与改良工作,然后向全国推广。

1875年,明治政府特地开办下总种畜厂以及牧场,从无到有地在日本兴办起了畜牧业。

第五,创办近代金融业。

明治政府通过对西方的考察,认为银行是吸收社会游资进行兴业殖产的有力手段。1872年,明治政府颁布了《国立银行条例》,1873年第一国立银行成立,随后,第二(横滨)、第四(新潟)、第五(大阪)等国立银行纷纷成立。但是因为该条例规定严苛,再加上社会对其认识不足,银行业发展缓慢。到1876年,在大久保的主持下,修改了银行条例,允许将"货币俸禄公债"充为银行资本,社会上迅速兴起了银行热。到1879年,全国共设立了153家国立银行。银行的大量设立有力地推动了80年代初工业革命的到来。

为了向海外推销日本的产品,大久保的政府以官助商办的方式扶植了一家外贸公司。为了开化民众的智慧,又于1875年在东京设立了博物馆,并且在1877年于东京上野公园召开第一届国内劝业博览会,并选出产品,准备参加在美国举办的世界博览会,以便让日本的产品走向世界。①

通过殖产兴业的诸般政策,日本迅速建立起了近代工商业体系与交通体系。第二产业、第三产业迅速发展。这就导致人们的生产基地与生活基地都发生了同农业时代完全不同的变化,由于产业向交通发达、资源汇聚的城市集中,人口也离开世世代代生活的分散村落,向城市移动。

(五) 建立近代教育体制

在幕府时代,官学有幕府设立的昌平学问所、藩校,学习内容除了经典诗文之外,还有天文、地理、算术、物理、兵学等。这些学校只对武士阶级开放。平民私立学校有寺子屋、私塾,主要教授一些实用的学科,如习字、诵读、作文、珠算、礼仪等。

明治政府成立后执行普及平民教育的政策,在考察了欧美的教育体制之后,于1872年颁布《学制》,要求各地必须做到"邑无不学之户,家无不学之人"。② 规定全国分为8个大学区,每区设大学1所;每个大学区分为32

---

① 姚传德:《大久保利通经济近代化思想》,《日本学刊》1995年2期。
② 大久保利谦:『近代史史料』,東京:吉川弘文館,1965年,第98頁。

个中学区,每区设中学 1 所;每个中学区分为 210 个小学区,每区设小学 1 所。按照这一方针,政府首先将幕府的昌平学校以及其他专门学校合并,于 1872 年建立了拥有文、法、理、医四个学部的东京大学。各藩的藩校多改为中学,原有的寺子屋等多改为小学。各地方政府强令适龄儿童入学。到 1875 年,共设立了 24225 所小学。但是由于缺乏师资以及各地经济条件有限,实际就学率只有适龄儿童的 30% 左右。为此,明治政府又大办师范教育,在东京、大阪、京都、宫城、爱知、广岛等地设立公立师范学校,为各地中小学培养合格的师资。并针对留学生、外籍教师的聘任、专科学校等制定了一系列新的规则,从而形成了新的近代教育体系。

明治政府在以后的实践中又多次制定新的教育方针,如 1879 年颁布《教育令》、1880 年颁布《修正教育令》,废除了学区制度,由町村设立小学,适当加强了地方对教育的管理权限。但是仍然强调政府对教育的监督权力,强调国民义务教育。当时的国民义务教育年限为三年。在道德教育方面,经过一番徘徊探索之后,明治政府最终确立了"以儒教为根本,西洋哲学为参考"的教育方针,这一点反映在 1890 年以天皇名义发布的《教育敕语》中,自此"和魂洋才"成为日本近代学校道德教育的核心精神。

应该说日本的近代教育体制确实是融合东西方文明精华的产物,其将西方的大、中、小学制度引进到日本,强调义务教育,同时并没有像民族自卑主义者那样完全否定本民族的文化,而是以东方优秀道德传统作为民族的精神,正是这样的教育方式才缔造了明治维新的辉煌成就,同时也给予了日本城市的东方文化特色。

第三节　近代以前西方城市建设与规划的演变

日本的明治维新是一场后发现代化运动,是以西方国家为榜样而进行的自上而下的改革运动。所以,西方近代国家经济、政治、文化等方面的体制对日本影响很大,在城市化方面也是如此。所以,讨论日本近代城市化,必须了解西方城市发展的源流以及近代西方的城市化。

一、古代中世纪欧洲的城市发展

西方各国的城市发展有着与东方不同的传统。因为经济、政治以及地理环境等方面各有不同,自古希腊时代起,西方城市发展就有着自己的特色。王茂湘先生认为,古代希腊和古代罗马的城市一般都位于宜于农业,而且交通便利、有利于发展商业贸易的地方。这些城市基本上都修筑有城墙,都有神庙,且宗教生活占有非常重要的位置。家族在社会结构与生活当中相当重要。城市一般都有中心广场,政府与神庙建筑物一般都位于广场周边。在城市交通方面,一般都以广场为中心,修筑有放射状的道路。富人都居住在大路两边,商人、工匠则居住在他们工作的市场。城墙外居住着下等人、妓女以及外国人。城市是区域的中心,它统治着农村。一般情况下,农民与外国人都不是拥有完整权利的公民。①

(一) 古代希腊的城市发展

雅典卫城复原图

1. 雅典的城邦民主体制。古希腊的城市以雅典最为典型,它是一个城邦国家,位于阿提卡半岛,该地区土地贫瘠,但是矿产资源丰富,且位于希腊的中心区域,拥有优良的港湾,海上交通极其便利,因而发展起了繁荣的工商业。由于原始民主制的残留、小国寡民、工商业的发达,经过梭伦改革、克利斯提尼改革,到希波战争胜利后公元前5世纪中叶的伯里克利时期,雅典的城邦民主制度走向了鼎盛。当时,雅典的人口超过40万,其中包含16万公民、10万外邦人、14万奴隶。公民按居住区域被划分为10个部落,只有公民拥有完整的公民权利。公民大会是雅典的最高权力机构,举凡军国大计,如内政、外交、战争、和平等都由公民大会集体投票决定。公民大会一般一年召开4次。常设机构为五百人议事会,这一机构是从10个部落中抽签选举50人组成。议事会的主席团由各部落选举出的50名委员轮流担任,

---

① 王茂湘:《西方城市经济发展》,大连:大连出版社,1991年,第278页。

主席团负责处理日常事务以及召集公民大会。在主席团中,又用抽签方法选举 1 名主席,每天轮换,不得连任以及两度担任,主席负责掌管国家印信以及国库钥匙。在司法方面,最高司法机构是陪审法庭,其成员也是按部落抽签选举产生,其判决以投票的方式进行,这一机构权力甚大,可以批准或否决五百人议事会的判决案。最重要的官职是由公民大会选举出的十将军委员会,其委员可以连选连任,但没有薪酬。著名的伯里克利就曾在公元前 443 年到前 429 年担任了十几年的首席将军。

2. 雅典以及其他希腊城邦的城市建设。因为民主制度,不仅雅典,整个古希腊的城市发展都呈现出平民气息,这同东方大相径庭。基本上每座城市都建设有一座或者数座体育馆,供公民以及公民子弟锻炼身体。为此城市经常举办体育比赛,并奖励其中的优胜者。还举办涉及全希腊各城邦的奥林匹克大赛。所有年满 18 岁的公民都要进行两年的军训。每座城市都建设一座或多座剧院以及音乐厅,以丰富公民的业余文化生活。所以在古希腊时代,诗人、歌手、戏剧家等都受到各城市的褒奖。城市的高等教育都受到城邦的保护,可以从政府那里领取一定的费用。这些措施,再加上工商业的需要以及自由竞争的环境,使古希腊的文化十分繁荣,超过了埃及以及两河流域发展了数千年的文明古国。古希腊的每座城市都非常注意装潢门面,在中心广场以及街道两旁的公共场所、十字路口乃至庙宇、体育馆、剧院等处都装饰有精美的雕塑。城邦为此不惜投入大量的费用。此外,还建有浴室、体操房、凯旋门、喷泉等。由于地理地质以及气候条件,古希腊的标志性建筑大多采用石料构建,因而经常使用拱顶。① 这些特征对后来的罗马以及近代西方城市建设产生了巨大的影响。为了加强防御功能,除城墙外,古希腊大多数城市在城市中心部位还建有卫城,最著名的是雅典卫城,卫城里建有神庙、中心市场以及公共设施。卫城内建筑物的布局主要根据地势修建,自由灵动。刘易斯·芒德福说:"这些建筑物本身的几何形式,不论圆形或者矩形平面,却都没有通过程式化的一般方式获得;相反,每座建筑物都是那种自成一体的、自给自足的、平等而又独立的单位,它们均不附属于如何一种等级秩序"②。总之,希腊城市建设中的民主色彩在古代世界

---

① A. H. M. Jones. The Greek City, Oxford University Press,1940,277—281.
② (美)刘易斯·芒德福著,倪文彦、宋峻岭译:《城市发展史》,北京:中国建筑工业出版社,2005 年,第 173 页。

是其最大的特点,它的精神为近代西方城市建设所继承。

(二)古代罗马的城市发展

因为文化传统、地理气候等都相近的原因,古罗马的城市同古希腊基本上是同一种风格。但是由于罗马帝国疆域辽阔,中央政府的人力与物力都相当强大,它的城市建设同小国寡民的古希腊相比也有不同之处,总体水平大大超过古希腊城市。

1. 古代罗马的政治生活。在政治上,古罗马经历了由共和向帝国的转化。在共和国时期,贵族维持着寡头政治的局面,但是平民势力也不可小觑,他们经常同贵族作斗争,捍卫自身的权利。在这个基础上,罗马法开始成文化,并逐渐完善,从而形成了系统的罗马法,构成了影响西方世界的法制精神。帝国时代,由于完全依靠武力征服,控制了几乎整个地中海沿岸地区。因而自共和晚期的苏拉、凯撒以后,军人的势力大增,最终左右了整个政局。由于历史传统与社会结构的制约,尽管皇帝大权独揽,但是由贵族组成的元老院也起着一定的制衡作用。各城市也都有一定的自治权利。社会分为贵族、骑士、平民、奴隶这几个等级。所以,古罗马的皇权专制制度也没有发展到东方那样强大的地步。在意识形态方面,随着农奴制的发展以及等级封建制的建立,开始引进维护这种僵化社会结构的宗教——基督教。

2. 古代罗马的城市建设。在城市建设方面,古罗马最典型的城市莫过于都城罗马。据考古发掘,罗马城始建于公元前800多年,大约公元前600多年前形成城市国家,到公元前400多年前后,城市建设初具规模,市区有七个土丘,南北长6200米,东西宽约3500米。市区中分布着商业区、广场与街道,作为市民公共活动中心的广场由大理石建成。罗马城发展的鼎盛时期出现在帝政时代,城市面积扩大了两倍以上。公元前1世纪后,帝国的历代皇帝为了在历史上留下自己的个人业绩,都大兴土木,修建各种宏大的建筑。中心广场在帝国时期是皇帝树碑立传的主要场所,广场中央建有皇帝的雕像,广场周围建有庙宇以及柱廊,其中都能看到表彰皇帝业绩的雕刻。为了显示帝政的权威,广场由古希腊以及古罗马共和时代的开放走向封闭,由自由走向庄严宏伟。因此,罗马出现了多个广场,如奥古斯都广场与图拉真广场等等。中心广场周边有装饰精美的裁判所、庙宇、斗兽场、市场、市政厅等。与此同时,在罗马城的各显著位置都修建起了宏伟壮丽的建筑物,如卡皮托利亚山建筑群、帕拉蒂诺皇宫、科罗色姆圆形大剧场、万神殿、图拉真纪念柱等。在主要道路上都装饰有大量的精美雕塑,以体现帝国的强大与豪华,从而给外邦人以威慑。①

由于财力雄厚,古罗马的市政建设也远远超过古希腊时期。三条主干道从市中心放射状地通向周边。道路由平整的石头铺成,宽阔严整,达20至30米,人行道与车行道分离,街道旁边还修建有装饰着精美雕塑的长长的柱廊,街道上铺有平整的石板。拱形的供水渠道高大复杂,石砌的下水道也非常完整,有些工程直到今天还在发挥着作用。台伯河上耸立着众多造型别致的石桥,桥身大多装饰有精美的雕塑。

值得注意的是,由于帝国的庞大、罗马城人口的众多,罗马市政当局颁布了迄今所知世界上最早的城市交通管制法,由凯撒制定发布。该管制法规定,在繁华街道,马车限时通行。后来又限制进城马车的总数,并在城市多处设置停车场,等等。

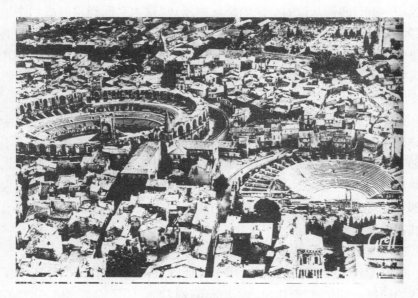

罗马的竞技场与剧院

总之,古罗马的城市建设尽管比古希腊要宏伟、华丽、完善、富有计划性,总体水平要高,但是民主自由的精神在逐渐淡化,处处充满着独裁统治者的权力印记。

---

① 沈玉麟:《外国城市建设史》,北京:中国建筑工业出版社,1989年,第42—43页。

(三)中世纪欧洲的城市发展

1. 欧洲中世纪的政治经济体制

公元476年,西罗马帝国灭亡后,欧洲的发展重心开始转向西欧地区。经过一番混战之后,8世纪,法兰克国家崛起,到查理曼统治时期,经过不断扩展,达到鼎盛,国土与西罗马帝国相差无几。到9世纪初,帝国三分,形成今天法兰西、德意志、意大利三国的雏形,各地都出现了大小不等的封建国家。在政治上,实行等级分封制,即公、侯、伯、子、男、骑士,被统治者是自耕农与农奴以及少量的奴隶。贵族之间依据契约的原则,结成松散的主从关系,贵族对其领地拥有政治、经济、军事、司法等全部权力。在经济上,庄园农奴制成为主要的生产方式,农奴没有土地所有权,也没有迁徙自由与就业自由,终身被束缚于领主的土地上,贡献劳役地租。罗马帝国时期的统一市场、统一货币、四通八达的交通网全部崩溃,封建主之间经常混战。在思想上,基督教自罗马帝国晚期为政府接受并提倡以后,此时已成为中西欧的主要思想统治方式。而且基督教主张上帝创造世界与人间的秩序、提倡禁欲、把人们的希望引向来世的理论,也非常适合中世纪欧洲僵化的封建统治秩序。

在罗马帝国灭亡之后的一段时期,由于原有的政治秩序丧失,西欧陷入封建割据的局面,再加上自给自足的庄园制的发展给城市发展带来了不利的影响,罗马帝国时代的城市几乎全部走向衰败。一直到9世纪,随着人口与耕地的增加以及西欧后进地区的开发,城市开始复苏,在法兰西、意大利北部、德意志西部、英格兰等地陆续出现了很多城市。到13至14世纪,这些城市逐渐走向繁荣,青出于蓝。

2. 中世纪欧洲的城市发展

中世纪欧洲城市自治制度。中世纪西欧城市同东方不同,由于古罗马时代的遗风、割据的政治环境、封建世俗政权的软弱等因素,各城市都有一定的居民自治,还有很多城市享有自治权力,甚至完全自治。这些城市可以由市民选举城市委员会,拥有独立的法庭,可以独立征收赋税、独立铸造货币,甚至拥有组建军队、进行战争与媾和的权力。自治城市中的城市议会是最高权力机构,可以颁布各种法令政策,调遣指挥城市军队、管理城市财政、维护城市商业与手工业生产的秩序、保障社会的稳定。城市中的市民都是公民,而公民都是自由民。经过同封建主的不断斗争,从农村逃入城市的农奴,只要住满一定的期限便可以成为城市合法公民,受城市保护。后来欧洲开始出现统一国家的运动,城市从自己的经济需求出发,需要一个统一的市场、稳定的政治秩序,所以,基本上都支持国家的统一运动。国家统一之后,城市融入到近代国家,它的很多原则成为整个国家的政策。

手工业行会有很大的影响。在欧洲中世纪的城市,其城市手工业比较发达,佛罗伦萨的居民大部分依靠主流产业——呢绒业为生。不仅自治城市如此,即便是以政治中心而闻名的城市,手工业数量也非常庞大,如巴黎、伦敦等。由于手工业比较发达,在国家尚未统一、市场狭小的情况下,大部分城市建立了行会组织。这些行会势力非常强大,有些还拥有动产与不动产以及专门的集会场所,还可以征收地租、作为法人出席法庭等。如14世纪的佛罗伦萨就有21家行会控制着整个城市经济。在弗兰德尔地区,由于行会势力强大,行会代表以及领袖还可以参加市政决策,进入市议会,并担任市政官员等。[1]

中世纪的欧洲城市一般都颁布有城市法典。由于城市的自治特征,为了维护城市的商业生产与生活秩序,在罗马法的基础上,大多数城市都形成了城市法典。欧洲的城市法一般由四项内容组成。第一,限制封建领主对城市的权力,规定城市自治权以及经商特权。其次,有关城市管理的内容,如城市建设、城市行政、城市治安等方面的法律规范。当时的城市建筑条例对于城市道路的铺设、下水道的建设、桥梁的架设、楼房的高度与距离等就有了明确的规定。第三,有关行会的章程,如行业内的生产、交易等方面的规则。第四,城市习惯法,主要是规范制约市民的行为、维持城市生活秩序的法律规范。尽管这些城市法没有达到近代宪法、民法、刑法的水平,但在当时的世界是相当先进的。城市法典是对封建等级政治秩序的否定,近代工商业经济与民主政治规则就是在此基础上发展起来的。[2]

中世纪城市建设的特征。中世纪的城市在起源方面有三种:源于罗马时代的城市、源于罗马时代的殖民城市以及源于修道院或者城堡。前两种城市一般布局比较规整,而后一种则因地制宜,一般认为后一种城市为中世纪城市的典型。由于战乱频繁,绝大部分城市都建设有城墙、壕沟、护城河、运河等,因为城墙的制约以及土地资源来之不易,城市的街道一般比较狭窄,居住拥挤。实在容纳不下时,城外也会出现居民区,然后再围起一道城

---

[1] 刘文明:《中西封建城市经济结构差异之比较》,《史学月刊》,1997年3期。
[2] 万亿:《中世纪西欧的城市法》,《厦门大学学报》,1987年2期。

墙,所以有些城市有好几道城墙。中世纪欧洲城市一般规模都比较小,平均人口不过数千,多的也不过几万人,14世纪的伦敦拥有人口4万人,这在当时被认为是非常大的城市。

中世纪欧洲的中央政府权力衰弱,但是教会的权力大增。宗教活动在社会生活当中起着非常重要的作用,因而教堂是当时城市生活的中心,而教堂前的广场也就成了城市的中心。市民在这里从事各种集会、文娱、节日活动。教堂前还兴起了很多市场。中世纪的城市街道很少有罗马时代宽阔的、呈放射状的道路,而是曲折蜿蜒的。街道两边一般都开设有商店。10世纪以后,各城市陆续开始铺设石块路面。一个城镇一般分4到6个区,每个区都有教堂、水井、喷泉、市场。

文艺复兴以后,欧洲城市大量兴起,由地中海逐渐发展至大西洋沿岸的西欧各国。中世纪中期以后,随着意大利文艺复兴,意大利各地的城市经济趋于繁荣,兴起了威尼斯、热那亚、佛罗伦萨等著名城市。但是在13世纪以后,随着西欧的发展,西班牙、葡萄牙、法兰西、弗兰德尔、英国等地开始出现一批特大城市,如伦敦、巴黎、里斯本、塞维利亚等。之后随着大西洋商路的日趋重要,意大利的城市诸如威尼斯、佛罗伦萨等开始走向衰败,欧洲城市发展也随之走入近代。

应该说近代资本主义的手工业、商业、金融业等主要起源于城市,城市在向近代发展的过程中起到了先驱主导的作用。当然,城市化原本就是近代化的重要内容之一。

二、近代欧美城市的发展

随着1640年英国资产阶级革命的发生,人类历史的发展进入到了近代。

同古代社会不同,近代社会是一个城市化的时代,随着人类的物质生产基地与精神生产基地的城市化,城市人口也取代农村人口占据了主导地位。

在东西方的历史发展过程中,城市虽然很早就产生了,但城市化却是在西方世界率先开始的,尽管古代欧洲文明的产生晚于埃及、两河流域、印度河流域以及中国。

在率先城市化的欧美社会,首先是政治经济等社会生态发生了一系列的巨大变化。在经济上,人类进入到了工业时代,生产能力成千上万倍地提高,从而深刻地改变了人类社会的面貌。在政治上,民主政治在很多国家得到确立,尽管还不太完善。在思想上,世俗理性的思想取代宗教思想成为占主流地位的意识形态。人口大大增加,教育得到了普及,妇女的地位也大大提高。在城市发展方面,城市成为工业以及服务业的据点,城市取代农村成为财富生产的主要中心。随着人口的大量涌入,城市成为人们的生活中心。由于工业的发展,交通方面也出现了革命性的变化,火车、汽车、轮船取代了以前的马车、帆船,铁路、公路、运河等将全国乃至世界联系到了一起。在城市大发展的同时,也出现了多种"城市病",即各种污染以及住房拥挤等问题。为了规范城市的发展,城市规划被提到了政府层面,开始注重城市生产与生活环境的改善,提倡建设"田园都市"等。

(一) 欧美近代主要国家政治经济的发展

因为地形破碎与海洋的隔断,欧洲长期处于列国割据状态,封建政权相对软弱,这就给城市的发展留下了空间。同时,也因为割据的环境,各国为了聚敛他国的财富,都重视发展商业,竞相为商业的发展提供便利的条件。再加上面向海洋、遍布港湾的自然环境,在古代运输条件下,经营商业的成本远低于大陆国家,利润也远比以陆运为主的国家要高。凭借这种种有利条件,在 13 至 14 世纪,尽管东西方的农业生产力发展都达到了极致,但西方社会因为发达的商业,导致手工业旺盛发展,最终引发了工业革命,将人类带入了一个更高的发展阶段。

1. 在思想上,近代社会走向了世俗化。从文艺复兴开始,新兴的资产阶级为了维护自己的经济与政治利益,开始提倡人文主义,反对禁欲,颂扬人的力量,认为依靠人的力量可以改变这个世界,同时也可以在今生今世过上美好幸福的生活。新兴的资产阶级用古代希腊、罗马的世俗思想来抨击中世纪的基督教思想。

到 16 世纪,思想解放运动开始向纵深发展,在德意志、英国、瑞士、法国等地出现了宗教改革。维护资产阶级利益的新教开始出现,它主张"因信称义",力图摆脱教会的精神与权力束缚,提倡节俭与民主。尤其是加尔文宗的新教,这一教派主张后天成功者即为上帝的选民,引导新教国家的民众趋于勤奋、节俭、顽强、理性等,从而形成了有利于资本主义发展的新教伦理。

从 17 世纪末到法国大革命前,以法国为中心掀起了一场遍及欧洲的启蒙运动,以梅叶、伏尔泰、孟德斯鸠、卢梭、康德等为首的思想家,大力批判维护封建等级制的基督教神权思想,极力推动世俗化的进程,提倡主权在民的

社会契约论,设计了三权分立的近代国家机构。通过这场思想革命,新的资产阶级的世俗民主思想取代维护等级封建制度的基督教思想占据了主导地位,成为近现代社会的主流思想,基督教自此退居为辅助地位的意识形态。

2. 在经济上,近代社会走向了工业化。迈向近代社会的步伐首先从意大利启动,13、14世纪,意大利因为便利的海运条件以及周边地区的经济发展与人口的增加,以威尼斯、热那亚、佛罗伦萨等城市为核心,商业、手工业等普遍兴起,出现了城市经济的繁荣,威尼斯的玻璃制品、佛罗伦萨的呢绒制品等畅销地中海以及欧洲地区。

由于奥斯曼土耳其帝国的兴起,东方的商路被阻断,随着英国、法国、低地国家、德意志莱茵河流域人口的增加与经济的发展,商路开始转向大西洋沿岸。随着地理大发现、美洲大陆的开发,大西洋成为商路的中心。宗奉新教的英格兰依靠其处于大西洋航路要冲的优越地理位置,再加上该国平原辽阔,畜牧业发达,盛产优质羊毛,商业、航运业、以纺织业为主的手工业得到迅速的发展。代表新经济发展潮流的资产阶级与新贵族的势力不断增强,终于在1640年爆发了资产阶级革命,到1688年英国建立起了大资产阶级与新贵族统治的君主立宪制的国家政权。自那以后,英国政局稳定,社会和谐,欣欣向荣,到18世纪中叶,率先开始了工业革命。工业革命是人类在生产活动方面的一场革命,其意义甚至超过了农牧业对狩猎采集经济的跨越。蒸汽机的发明以及随后电动机的出现,使人类突破了人、畜体力的限制以及人类对风力与水力的简单利用,将人类带入了一个新的天地——机器大工业时代。这一革命性的变化首先发生于纺织业领域,随后遍及各行各业,使机器大工厂取代了手工业作坊,英国由一个农业国变成了一个工业国,并在19世纪中期成为世界工厂。它改变了英国经济地理的面貌,使英国首先开始了城市化进程,农业的比重与农村人口的比重都降到了从属的次要地位。1688年英国约有75%的劳动人口从事农业,1801年下降到35%,1841年更下降到23%。农业在国民收入中的比重,1801年是32%,1841年只有22%,而工业所占比重却由1801年的23%增加到了1841年的34%,若加上第三产业,则达到了78%。工业革命增强了英国的生产能力,也大大提高了英国的国力与国际地位,使其在殖民扩张当中居于优势地位。

法国虽然也经历了宗教改革,但是由于封建旧势力非常强大,经过一番血与火的斗争后,最终在路易十四时期仍然将天主教作为法国人的唯一信仰。新教徒只能逃亡英格兰、德意志等地,这对法国的国民性以及后来历史的发展轨迹影响甚大。虽然法国大革命是具有世界历史意义的事件,但是它表明的原则超越了法国的现实需要,再加上地处欧洲大陆,这场革命受到了各封建国家的干预。极端的雅各宾派饮鸩止渴,不惜以分地为诱饵动员广大农民参加捍卫资产阶级政权的斗争,逆历史潮流而动,在法国农村确立了小农经济,从而对法国的政局以及工业经济的发展产生了不良影响。此后法国的政局一直动荡不安,工业化步伐也比较缓慢。尽管在19世纪二三十年代法国也开始了工业革命,到70年代,维持着世界第二的地位,但很快就被后起的德意志以及美国超越,到1913年,法国的工业产值只占世界工业总产值的6%,为英国的七分之三,德国的八分之三,美国的六分之一。

德意志虽然为新教地区、国民性格优良,但是由于地处大陆腹心地带,易于受到周边国家的干预入侵,因而长期处于分裂状态。最终在位于北部地区、德意志最强的邦国——普鲁士的领导下,通过三次对外战争,于1871年建立起统一的德意志帝国。其在19世纪四五十年代开始了工业化的历程,国家统一以后,统一了度量衡以及交通体系,再加上政局的稳定、人口的众多,新教导致的优良国民性格开始发挥威力,德国经济蓬勃发展,很快超越欧洲老牌强国法国以及英国,成为欧洲工业最为发达的国家。1870年到1913年德国生产增加了4.5倍,法国只增加了1.9倍,英国只增长了1.3倍。德国在世界工业中所占比重由13%增加到35.7%。

意大利虽然为文艺复兴的发源地,但是该国的宗教改革受到了天主教会的顽固阻挠,依旧为天主教国家。较之新教国家而言,该国的国民性格懒散,再加上自大西洋航路开辟以后,其失去了地理优势,因而逐渐落后于西欧地区。一直到19世纪60年代,意大利才开始了国家统一的历程。普法战争后,由西北部的萨丁王国主导,建立起了统一的意大利王国。但是,其发展势头远远比不上同期统一的德国,也不及同样以信奉天主教为主的法国。

美洲大陆的美国,18世纪末从英国独立出来,建立起了先进的符合国情的共和体制。由于新教影响下的有利于资本主义经济发展的国民性格,再加上没有旧大陆的封建羁绊,因而发展迅速。工业与近代农业均衡发展,再加上丰富的资源以及大量欧洲移民的汇集,使得美国国势蒸蒸日上,到19世纪末已成为世界头号经济强国,一直延续到20世纪、21世纪。

俄国因为封建势力强大,加上东正教的国民性格,虽然广土众民,但在俄罗斯帝国时期经济发展比较缓慢。但是在20世纪初,也基本上建立起了

以钢铁、煤炭、石油为主的大工业为核心的经济体系。其铁路建设尤其值得称道,在全世界仅次于美国。一直到进入苏联后的斯大林时期,由于高度集中的政治经济体制,其采取了片面发展重工业的政策,经济发展虽然属于高速度,但是经济结构畸形,很不健康。

至于西班牙,虽然该国也属于文艺复兴的起源地之一,但是反宗教改革势力过于强大,再加上向美洲的殖民也延缓了其封建等级制度的危机,因而世俗化进程缓慢,民风散漫怠惰,工业化、民主化的速度落后于西欧其他国家。而南美大陆由于承袭了西班牙、葡萄牙的民风,又远离欧洲,发展基础薄弱,在世俗化、工业化、民主化方面更是相形见绌。

3. 在政治上,近代社会走向了民主化。1600年,尼德兰发生了资产阶级革命,建立了一个立足于商业经济基础的共和国。1640年,英国因为新兴经济的发展导致了资产阶级与新贵族势力的强大,在他们的领导下发动了资产阶级革命,经过一系列的演变,到1688年"光荣革命",在各方妥协的基础上建立了一个符合英国国情的贵族寡头政体。自那以后,英国政局稳定,经济繁荣,逐渐确立了对议会负责的内阁体制。工业革命之后,工业资产阶级的力量大增,大批下层平民走向中产阶级化,扩大民主范围的呼声逐渐提高,最终以1832年国会改革为先导,英国逐步扩大选举权与被选举权,到20世纪中叶最终决定:凡是成年公民不论男女一律拥有选举权与被选举权。

从1776年美国发生独立战争,到1887年联邦宪法颁布,在美洲大陆这片没有封建残余的新的土地上建立了一个非常典型的三权分立的共和体制。在共和体制下,立法权由国会掌握,国会分参、众两院,为权衡大小州的利益,各州不分大小,在参议院一律拥有两名代表,代表由各州自行选举产生。众议院则按各州实际人口比例选举产生。此外,国会还拥有税收、贷款、发行货币、规定度量衡、邮政、宣战、征兵等权力。但国会的决议须经过总统批准。如未获得批准,当国会再度以三分之二多数通过时,便直接生效。行政权由总统掌握,总统最初由各州选举人选举产生,后来改由全国普选产生,是陆海军最高统帅,有权任命政府官员以及驻外使节、最高法院的法官、缔结对外条约等。总统不对国会负责。司法权由法院掌握,法官由总统任命、参议院同意,终身任职。1789年美国又通过10条宪法修正案,规定美国公民有言论、出版、宗教信仰、和平集会与请愿等权利;此外,宪法还保护公民的人身、住所、文件、财产的不可侵犯性等。美国各州保留着地方自治的权力,可以自行选举州长以及州议会,在与联邦宪法不相冲突的前提下,自行制定州的法律、自行制定税率以及经济发展计划等。美国的这一体制对后来世界上的其他国家影响很大。

1789年的法国大革命,是人类历史上壮丽的篇章,它向全世界宣布了一个新时代的基本原则。1791年法国制定了一部三权分立的、君主立宪制的宪法。该宪法对选举权采用了财产资格限制,即凡年满25岁并缴纳直接税相当于三天工资的男性公民拥有选举权。这样全法国一半的成年男性公民有选举权。1793年,由雅各宾派主持制定的宪法取消了财产资格限制。但是由于法国革命的理论超越了法国的现实需要,再加上欧洲大陆其他封建国家的干预,革命走向极端,偏离了资产阶级革命的立场。为了动员民众参加革命,极端的雅各宾派采取了分配土地的政策,在法国扶植了小农经济。而小农经济是专制制度的经济基础,所以法国的共和制度一直难以稳定,最终出现了拿破仑的帝制。拿破仑失败后的波旁王朝复辟,其实是一个新旧势力妥协的产物。但是,人民受大革命的熏陶已久,最终法国政局仍然动荡不断。最后,在广大小农的支持下,到拿破仑三世建立帝制之后,法国政局才稍微稳定,经济发展于是加速。普法战争失败后,法国建立起了第三共和国,共和民主体制才基本形成,但是妇女仍然没有选举权。

(二)欧美近代城市发展

城市化的直接动因是工业化。因为工业生产的特点,导致产业、服务业向交通便利、资源汇聚、人口相对密集的地区集中,产业与服务业的聚合基地——城市于是形成。随着工业取代农业成为占主导地位的产业,人口也大量从农业领域向工业领域、向城市流动。自古代产生城市以来,在整个农业时代,城市人口比重始终在3%左右徘徊。而工业革命以后,人类开始了飞速的城市化进程。自1800年以来,世界城市人口几乎以每50年翻一番的速度增长。1800年,城市人口占世界总人口的3%,1850年上升到6.4%,1900年为13.6%,1950年达到28.2%,2000年为47.0%,目前城市人口的比重为57.4%。这是世界各国平均城市人口所占比重的数据,具体就某一国家而言,如果这个国家正处于高速工业化的过程中,那么该国城市人口的增长速度就会远远高于世界平均值。比如日本以及亚洲四小龙的工业化,几乎是在不到100年的时间内,这些国家和地区的城市人口占比就从10%左右迅速上升到90%。另外,新兴工业化国家的城市化速度也远远超过了19世纪老牌工业化国家的城市化速度。

1870年英国农业产值占国民收入的15%,法国为45%,德国为30%,意大利为57%,美国为30%。到1891年至1896年,农业产值占国民收入的比重,英国为8%,法国为21%,德国为20%,美国为16%。

在农业人口变化的比例方面,英国在1750年为65%,1850年为22%,1900年为9%。法国在1750年为76%,1850年为52%,1900年为42%。瑞典在1750年为75%,1850年为65%,1900年54%。美国在1750年为80%,1850年为65%,1900年为38%。整个欧洲在1900年为51%。全世界在1800年为85%,1900年为70%。

近代的城市化主要是在西方国家展开的。英国是工业革命的发源地,也是最早完成城市化的国家。英国城市人口占总人口的比重在1801年为26%,1841年达到48.3%,1851年超过总人口的一半54%,1861年为58.7%,1871年为65.2%,1881年跃升到70%,1891年达到74.1%,1901年为78%。①

随着工业经济的发展,英国城市的地理分布也发生了变化。工业革命开始后,因为矿产资源分布的原因,英国西部、北部兴起了很多城市,人口也向西部、北部移动。纺织城曼彻斯特的人口由1790年的5万增加到1801年的9.5万。类似的增长在奥德姆、罗奇代尔、伯里、布莱克本、普雷斯顿等郡也大量出现。②

法国同英国一样,属于老牌资本主义国家,也就是说属于原发型的近代国家。但是因为前述的各种原因,诸如天主教的国民性格、法国大革命扶植小农经济的极端的土地政策、不稳定的政局等,大革命后,法国的工业化进展缓慢,虽然其工业化的开始时间仅次于英国。工业革命的关键是动力革命,可是到1850年,法国仅仅拥有6.7万马力,而英国已拥有50万马力;到1880年,法国拥有54.4万马力,而英国已经上升到200万马力。而且,落后的德国竟然后来居上,达到150万马力,把法国远远抛到了后面。法国真正完成工业化是二战以后的60年代。1946年,其第二产业的就业人数仅占全国就业人数的30%,到1968年才上升到40.21%,第二产业的产值也随之增加到国民生产总值的50%,从业人口占39.6%。之后,第三产业开始逐

---

① F. Bedanda. A Social History of England 1851—1975. 梅休因出版有限公司,1979年,第17页。转引廖跃文:《英国维多利亚时期城市化发展的特点》,《世界历史》,1997年第5期。
② 宋则行、樊亢:《世界经济史》上卷,北京:经济科学出版社,1994年,第156—157页。

步在从业人口以及产值方面跃居第一位,1973年第三产业产值达到52.5%,产业人口在1975年达到51.4%。这自然也影响了法国城市化的速度,其城市化的速度不仅比不上后起的美国,也比不上1870年以前一直比其落后的德意志。①

1886年法国城市人口占总人口的比重为36.9%,而英国、德国已经分别达到了69.4%和53%。1911年法国才达到44.6%,而同期的英国、德国已经分别攀升到78.1%和60%。② 在法国,除了巴黎以外,大城市屈指可数,到1911年尚有74%的人口居住在人口不到2万人的小城市中。③ 到1931年法国城市人口比重才达到51.2%,基本完成了城市化过程。④

美国是由英国殖民地独立出来的国家,它继承了英国的先进基因,同时又抛弃了英国的某些封建因素,从而以全新的面貌出现在近代国家之林。美国建国后,经济发展迅速,到19世纪末已基本完成了工业化。1896年到1900年,美国工业在世界工业总产值中的比重上升到30%,超过了英国、法国,成为世界第一。1906年至1910年,美国更跃升到占35%,而英国只占15%,德国只占16%,法国只占6%。⑤ 但是,美国在早期,由于其地广人稀,开发较晚,再加上农业开发潜力极大,欧洲新来的移民大都向往西部的土地,所以,城市化的速度稍慢于英国,但在世界上仍然位居前列。1790年,其城市人口所占比重为5.1%,1820年为7.2%,1850年为15.3%。南北战争之后,随着西部的全面开发,城市化速度显著加快,1870年达到25.7%,1900年达到35.1%。西部开发结束之后,美国人口开始向城市流动,城市化速度大大加快。1910年美国城市人口比重便急剧上升到45.6%,1930年达到56.1%,基本完成了城市化任务。⑥ 在美国城市化过程中,移民起到了相当大的作用,仅1820到1870年间就有737.7万移民来到美国,源源不断的移民大军在初到美国时,相当多数留在城市谋生。这同欧洲国家的城市

---

① 王章辉、黄柯可主编:《欧美农村劳动力的转移与城市化》,北京:社会科学文献出版社,1999年,第105、113、129页。
② 王渊明:《历史视野中的人口与现代化》,杭州:浙江人民出版社,1995年,第190页。
③ Ian Scargill. Urban France . New York: Croom Helm London &Canberra St. Martin's Press , 1983,1.
④ 王章辉、孙娴:《工业社会的勃兴》,北京:人民出版社,1995年,第251页。
⑤ 王章辉、黄柯可主编:《欧美农村劳动力的转移与城市化》,北京:社会科学文献出版社,1999年,第58页。
⑥ 林玲:《城市化与经济发展》,武汉:湖北人民出版社,1995年,第63页。

化主要靠农村人口向城市流动不同。另外,也由于移民的加入,美国的城市数量增加快,而且大型城市比欧洲要多得多,如东部的波士顿、费城、纽约、巴尔的摩等,中部的芝加哥、圣路易斯、辛辛那提、堪萨斯等,西部的旧金山、盐湖城、波兰特、洛杉矶等。

德国属于后发型的工业化国家,其工业革命发端是19世纪二三十年代,但是工业化速度超过了老牌原发型资本主义国家法国。之所以如此,是源自新教的勤奋的国民性格、重视科学技术,再加上土地所有制以及后发型国家可以吸取先发型国家的经验教训等因素,德国第二产业所创造的产值在19世纪末就超过了第一产业。1890年到1899年,第一产业占31%,第二产业占38%;1910年到1913年,第一产业下降到23%,而第二产业上升到45%。第二产业与第三产业的净产值在国民经济中达到67%。[①] 自1870年德国统一之后,其城市化速度大大加快,仅用了60年的时间就完成了城市化任务。从19世纪中叶到1913年,德国农业从业人口占全国总人口的比重由55%下降到35%,而第二产业的从业人口由25%上升到35%。德国人口在1850年为3500万,到1913年增加到6700万。其中采矿业和手工业从业人口从1853年的380万人增加到1913年的1150万人,增加了3倍。第二产业从业人口总数由1858年的25%上升到1913年的38%。同期第三产业人口由20%增加到27%,由1850年的300万人增加到1913年的850万人。第一产业人口则增幅较小,由830万人增加到1070万人。1910年到1913年,第二产业与第三产业从业人口占总人口的比重为65%。1891年,德国的城市人口便超过了农村人口。到1900年,德国的城市人口已经达到54.4%,基本完成了城市化。

德国的城市发展相对欧洲其他国家而言较为均衡,中小城市很多,人口分布均匀。1910年,德国约有21.3%的人口生活在10万人以上的大城市中,13.4%的人生活在1万至10万人口的中等城市,25.4%的人口生活在2000到10000人口的小城市。还有40%的人口生活在2000人口以下的小镇或农村。[②] 由此可见,德国第二产业与第三产业人口的比重虽然高,但是人口并没有都集中到大城市。这种现象一方面反映了德国人的国民性——

---

① 王章辉、黄柯可主编:《欧美农村劳动力的转移与城市化》,北京:社会科学文献出版社,1999年,第164—165页。
② 肖辉英:《德国的城市化、人口流动与经济发展》,《世界历史》,1997年第5期。

喜爱田园生活,另一方面也是因为德国的地理环境没有形成聚合效应,境内有多个经济中心。莱茵河从南到北纵贯德国,工业区主要沿着莱茵河分布。但在东南部德累斯顿、东北部柏林地区另外又形成了两个工业中心,因而人口分布相对均匀。德国不似法国,在法国巴黎是全国的重心,从而导致巴黎形成了巨型城市,而其他地方则相形见绌。当然,德国统一较晚,也同其多个中心同时发展、相互竞争有一定关系。

(三)欧美国家近代交通的发展

近代交通首先发端于公路的修建,继之是运河,然后是铁路。美国在19世纪二三十年代兴起了兴修公路的热潮,由联邦政府与州政府合作,加快了公路的建设。当时著名的公路东起马里兰州昆布兰、西至伊利诺伊州的万达利亚,长达1342.7公里,为客货运输提供了极大的便利。19世纪三四十年代,兴修运河在美国形成了热潮。大小运河将五大湖流域同密西西比河流域的各条水系连成了庞大的网络。汽船的出现,更是促进了水运的发展。19世纪30年代,从匹兹堡到新奥尔良,航行时间由100天减少到30天。1830年,美国运河总长为2045公里,到1850年达到5957公里。后来由于西部的广泛开发,运河与公路交通不能满足要求,铁路建设开始迅猛地展开,到60年代内战爆发之前,美国已经建立起了多条横贯东西的铁路线,铁路开始成为客货运输的主力。①

在铁路交通方面,1840年,美国的铁路总长已经达到3000英里。之后,铁路建设转向广袤的中西部地区。到1860年,美国中西部的铁路总长已经达到全国铁路总长的31%。1860年至1875年,横贯北美大陆的铁路修通。

19世纪末到20世纪初,美国开始了改善公路运动,逐渐用沥青碎石来铺设公路。

因为工业发展的需要,对煤炭的需求激增,在铁路出现之前,英国开始大建运河。1761年沃尔斯利运河竣工,从而解决了曼彻斯特的煤炭运输问题。1777年又兴建了十大干线运河,该工程将利物浦、赫尔、布里斯托尔这三个港口城市连成一体,以伯明翰为中心,北抵曼彻斯特,南至伦敦。到18世纪80年代,英国兴起了空前的运河热,在不到30年的时间内,在英国就构成了四通八达的运河网络。到19世纪40年代初,英国修建人工河道

---

① 王章辉、黄柯可主编:《欧美农村劳动力的转移与城市化》,北京:社会科学文献出版社,1999年,第53页。

3960英里(不包括苏格兰与爱尔兰)。在海运方面,1860年,英国商船吨位达到464.9万吨。蒸汽机使用到帆船上后,英国开始建造铁壳轮船,到19世纪末,英国的轮船吨位已经是世界第一。除此之外,英国还投入大量资金进行航运设施的配套建设,修建灯塔、扩建港口、船坞、堤岸、货栈等,并架设起重机以及其他装卸设备。

在陆路交通方面,为了应付日益繁忙的运输,英国开始用石块铺设路基,并用泥土、沙石铺设路面,使之形成中间稍高的弧形路面。这种路面大大加快了行车速度。

铁路建设使陆上运输发生了革命性的变化。1825年英国建成了世界上第一条铁路。1830年,从利物浦到曼彻斯特的客货两用铁路通车,这条铁路长达31英里,很快就成为交通大动脉。自那以后,英国开始掀起铁路建设的热潮,到1850年英国很快就建成了6625英里的铁路。到1870年,英国铁路总长达到15500英里,从而形成了全国性的铁路网。①

法国在1820年到1850年间修建了2500公里的运河,从而将国内的主要水系全部连接起来。在铁路方面,1827年法国出现了第一条铁路。到1848年法国铁路总长度为1800公里,1860年为9000公里,1870年达到1.75万公里,从而形成了全国铁路网。在这一过程中,英国的资金与技术起了很大的作用。

德国在第一次世界大战前完成了全国铁路网的建设,总长达到9.33万公里。1850年到1913年,铁路吨公里的运输量增长了20倍。

在城市内部的交通发展方面,市内公共交通原先使用马车,1828年巴黎在人口增加到80万时,出现了可供40人乘坐的"公共马车",随后,该种方式在西方世界普及。1832年纽约出现了第一辆有轨马车,到19世纪60年代以后,这种有轨马车经过改良,迅速普及。到19世纪末,随着电气化的推进,1881年法兰克福出现第一条电控有轨电车,之后,迅速风靡世界。1890年,随着城市的发展,伦敦出现了第一条电气化的地铁。这种环保、快捷的交通方式受到了人们的普遍欢迎,布达佩斯、格拉斯哥、威尼斯、巴黎、波士顿、柏林、费城、汉堡等城市也先后修建了地铁,地面与地下轨道交通成为城市交通的主力。与此同时,也出现了高架电控轨道电车,城市轨道交通走向立体化。

---

① 萧国亮、隋福民:《世界经济史》,北京:北京大学出版社,2007年,第203页。

内燃机出现后,内燃机驱动的地面公共汽车开始迅速普及。尤其在交通支线上,由于其灵活且成本低,因而取代了有轨电车。公共汽车开始向双层发展。公路也变得更加宽阔,同时向城市的四面八方伸张,使城市成为区域乃至国家的中心。城市既是经济中心,也是交通中心。19世纪20年代以后,私人小汽车成为人们出行的重要工具,尤其是在美国。这种交通工具普及之后,给公路交通带来了巨大的压力,高速公路开始出现。

在电信发展方面,1837年塞缪尔·莫尔斯发明了第一台电报机,随后各地开始铺设电报线,连接了全国各大城市。1876年贝尔发明电话后,电信事业发展的势头更加迅猛,大西洋海底电缆也随之铺设。这使得整个国家紧密相连,如臂使指。[1]

(四)欧美国家近代城市面貌与结构的变化

交通领域的革命,既推动了城市的发展,也改变了城市的面貌、结构与功能。

近代城市是工业化的产物,城市功能也随着工业化的进程出现了变化。如英国就出现了制造业与矿业城市,如曼彻斯特、伯明翰、格拉斯哥、设菲尔德等。还有港口城市,如伦敦、利物浦、纽卡斯尔、普利茅斯、朴次茅斯等。此外,还有铁路和运河城市、旅游休闲城市等。当然,也有很多城市具有综合性的功能,比如伦敦既是港口城市也是工业城市。

另外,城市结构也出现了很大变化。城市中出现了大片的工业区、商业区、码头区、火车汽车站区、仓储区域等,城市功能呈现多样化的特征。为了交通的便利,有些城市沿着公路线、轨道线、河岸发展。由于民主的社会与民主的生活,再加上生产力与科技的进步,各种城市市政设施也远比封建时代发达,电灯、电话、煤气、上下水道以及各种公共交通构成了近代城市景观以及城市生活的一部分。

18世纪,伦敦在公园建设方面,有海德公园、里琴公园、圣詹姆士公园等。里琴大街比较典型,受巴黎的影响,在道路的交叉口都建有小型广场,沿街都是居民房、商店、银行等房屋建筑。不过,在伦敦东区的工业区以及工人居住区,住房拥挤、生态环境恶劣,布满了贫民窟,这种情况一直到现代才得以改变。

工业的发展与科技的进步,使得建筑材料出现了很大变化。1820年出

---

[1] 高德步、王珏:《世界经济史》,北京:中国人民大学出版社,2011年,第227、244、248页。

现了水泥,1880年有了钢筋混凝土建筑,芝加哥在1821年出现了高达21层的建筑。钢筋混凝土的高层建筑拔地而起,使城市变成了水泥的森林,大大改变了城市景观。与此同时,供水排水系统也出现了很大的改良。19世纪上半叶,室内供排水系统开始普遍得到使用,从而大大改善并方便了人们的生活。

城市成为文化教育中心。因为工业化生产需要高素质的劳动力,再加上民众生活水平的提高,随着城市的发展,城市也成为教育与文化生活的中心。早在19世纪上半叶,伦敦、曼彻斯特等城市应社会的需要,就兴办了很多大学以及中等专科学校,如伦敦大学学院(1826)、伦敦大学(1837)、达勒姆大学(1837)、欧文学院(今曼彻斯特大学前身)等。这些因为工业生产需要而产生的大学同老牌的牛津大学、剑桥大学等相比有很大的不同,它们非常重视应用学科的建设,更多地培养实用性人才。随着大中学校的普及,文化走出了象牙塔,开始平民化。各工厂也将工人学文化列入工厂条规当中,识字率随之大大提高。

由于人口与财富的集中,城市也成为人们文化娱乐生活的中心,除了传统的图书馆、博物馆之外,为了满足休闲生活的需要,出现了大量的音乐厅、报社、出版社、书店以及流动图书馆。①

由于城市爆发式的扩大以及人们认识上的不足等因素,英国首先出现了城市病,城市污染严重。尤其是居民区,居住拥挤,缺乏上下水系统,疾病流行、瘟疫猖獗。到19世纪六七十年代,英国、德国开始大规模整顿城市排水系统,修筑阴沟,安装抽水泵,将污水与粪便从地下排出,并规定住宅必须建设安装配有下水道的厕所。医疗卫生事业也逐渐改善,牛痘接种开始在英国普及,到80年代接种率已经达到85%,并迅速推广到其他国家。同时国家也投入资金改建贫民窟,并制定建筑条例,城市住房逐渐走向标准化、健康化。

1823年,英国有23个城市安装了煤气灯用于街道照明。此后,法国、美国、德国、俄国都迅速普及。19世纪80年代,电灯又很快取代了煤气灯。

同古代城市不同,近代城市呈现出以下特点:第一,城市成为人类生产财富的主要中心。第二,城市成为人口的主要集中地。第三,因为工业技术

---

① 李其荣:《对立与统一——城市发展历史逻辑新论》,南京:东南大学出版社,2000年,第156页。

的进步,城市面貌同以前有很大不同。第四,交通设施近代化、道路的复杂化与宽阔化。第五,开始有专门的城市规划。第六,市政设施完善。第七,功能区完善。第八,近代城市化过程中城市病严重。第九,有严重的贫富分化问题。

三、欧美近代城市病与城市规划

由于工业化与城市化都是新鲜事物,所以在工业化与城市化的过程中,也产生了很多问题,这就是人们俗称的城市病。首先是环境污染问题。由于城市人口密集、工业集中,因而老的上下水系统不能适应新的需要,垃圾、粪便、污水等得不到及时处理。另外,工业的噪音以及废气、废水等,造成了严重的环境污染。城市化初期疾病瘟疫流行,死亡率非常高。其次是住房拥挤问题。由于快速城市化,再加上原始资本积累时期工人收入不高,政府投入也非常不够,因而工人都住在密集拥挤的简易住房内,也就是所谓的"贫民窟"。1900年,在纽约400多万人口中有150万人住在贫民窟。在19世纪中期马克思、恩格斯时代,伦敦有20个大的贫民窟,每个贫民窟居住有1万人左右。[1] 再次是交通问题。由于人口的增长与城市的扩大,交通建设在城市化初期落后于城市的发展,道路狭窄、尘土飞扬、严重的噪音、交通拥堵、频繁的交通事故等是常见城市病。第四,城市建筑紊乱,城市无序扩展。此外,还有犯罪率高、贫富分化、社会保障问题等。

随着城市化的进行,城市问题的不断发生,系统的城市规划问题开始被提上日程。

在巴黎进行系统而又大规模的城市改造与规划之前,1666年英国伦敦大火之后,设计师克里斯托弗曾经制定了一套完整的伦敦规划,这套规划虽然基本沿袭古典主义的手法,但是考虑到了当时出现的新的需要,具有超前性,可惜未被伦敦市政当局采纳。当时伦敦市政只是着眼于防火,对街道的宽度、建筑用材进行了规定,诸如不要让火蔓延到对面,使用防火的砖石,根据街道的宽度对房屋的高度进行规制等。之后伦敦市政又根据巴黎里沃利大街的布局,整修了里琴大街,并修建了数个公园。[2]

在拿破仑三世进行巴黎改造之前,法国巴黎市政当局也有意识地进行

---

[1] 马克思:《资本论》第一卷,北京:人民出版社,1975年,第723页。
[2] 沈玉麟编:《外国城市建设史》,北京:中国建筑工业出版社,第99—100页。

了一些城市规划与建设,但都是局部性质的,比如开辟新道路、铺设碎石路面、增加供水水井、添置街灯、修建绿化广场等。拿破仑一世时期,修建了很多广场以及标志性建筑,并在主要街道布置了很多景点装饰,如凯旋门、凯旋柱等。真正系统的城市规划是19世纪五六十年代的巴黎大改造。1853年,拿破仑三世任命奥斯曼为塞纳省的省长,进行巴黎改造与扩建,史称"奥斯曼计划"。这项工程非常庞大,历时17年,一直到拿破仑三世的帝国崩溃,总计耗资25亿法郎,巴黎城区的面积也因此扩大了一倍,巴黎的面貌发生了巨大的改变。

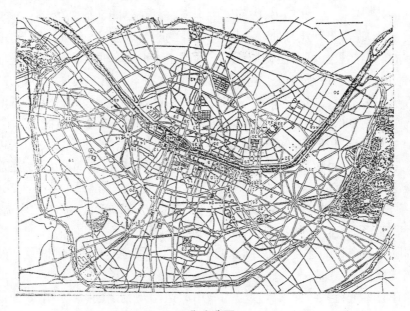

巴黎改造图

在道路建设方面,奥斯曼在巴黎修建了一条宽达40米的十字形主干道,干道南北两端都有火车站。为了解决日益严重的交通问题,又修建了内外两个环形道路,这些干道将巴黎的主要广场连接起来。巴黎还新建了一些广场。东西部的民族广场与明星广场成为东西部交通的枢纽,以这两个广场为核心,修建了放射状的大道。尤其是明星广场有12条大道通向四面八方。在休闲方面,拆除了1785年为了收税方便而修建的城墙,将其改建为林荫道。又在全市各区都修建了大公园,总计街心公园21个,大公园5个,巴黎的东西两端都有森林公园。在塞纳河沿岸建设了滨河绿地。城内与城外各处的绿化都由干道连通,从而形成了一个庞大的休闲绿化系统。市中心也进行了改建,像罗浮宫、宫前广场、和谐广场一直延续到北边的马德兰教堂、西边的香榭丽舍大街。广场改建时,注重广场、建筑、绿化、水面之间的协调,强调开放与宏大。在市政建设方面,将自来水主要供水管由747公里延长到1545公里,将自来水的供应量由每天112000立方米增加到每天343000立方米。将下水道由146公里增加到560公里。街道两旁的煤气灯也增加了3倍。在城市公共交通方面,开设了公共马车服务等。在建筑方面,拆掉了大量的住房,人口也由原来的120万增加到200万。主干道两旁的建筑都规定了高度,以便于景观视觉的协调。很多建筑都用玻璃屋顶与钢结构,给人耳目一新的感觉。[1]

这次大规模的城市改造与规划,虽然耗资巨大,但是也没有完全解决工业化所带来的所有城市问题,如贫民窟问题、交通拥挤问题等。但是,这次改建使巴黎的面貌焕然一新,人们将巴黎称为19世纪最美丽的近代化城市,而且这次巴黎改造对世界各国的城市建设影响很大,是世界城市建设史上的标志性事件。

巴黎城市规划也没有完全解决城市发展所面临的问题,城市越来越拥挤,自然生态也遭到了越来越多的破坏,人与自然的距离越来越远。在这种情况下,英国人霍华德提出了田园城市的概念,并于1898年出版了《明天———一条引向改革的和平道路》(1902年改为《明日田园城市》)[2]。霍华德认为城市有各种就业机会与各种服务,而乡村有良好的环境与生态,所以他主张将城市的优点与乡村的长处结合在一起,进行城市规划。他设计了"田园城市",主张控制城市规模,以25万人居住为标准,中间为核心城市,周边分散数个卫星城市,它们之间用铁路、公路、统一的上下水设施等相连,核心城市与卫星城市之间都留有大片的绿化带。霍华德的理论提出之后,受到了很多人的支持。1903年,霍华德组建了"田园城市有限公司",在伦敦郊外购买土地进行试验,称为里齐沃斯(Letchworth),结果大获成功。1919年,他又开始了第二座"田园城市"威尔文(Welwen)的建设,也获得了成功。1946年,英国采用了他的"田园城市"的概念。这对后来的城市发展

---

[1] 李其荣:《对立与统一———城市发展历史逻辑新论》,南京:东南大学出版社,2000年,第161页。张承安:《城市发展史》,武汉:武汉大学出版社,1985年,第100—101页。
[2] (英)埃比尼泽·霍华德:《明日的田园城市》(中译本),北京:商务印书馆,2010年。

影响很大。之后法国人戛涅在1917年发表了《工业城》,他根据工业化时代城市功能的划分以及人们生活的健康便利,对城市进行重新规划。西班牙的马泰则提出了"带状城市"理论,即城市可以沿着交通干道成带状延伸,这样可以避免拥挤,且更加贴近自然。上述这些前瞻性的设计对后来的城市规划都产生了一定影响。

为了避免城市无序发展,解决市民面临的迫切问题,进入20世纪以后,西方各国政府开始注重城市规划,陆续制定了有关城市规划的法规,并成立了相关机构。1909年,英国制定了《住房与城市规划诸法》,开城市规划法律化之先声。同时各国都开始出现专门的城市规划机构,不少国家都出现了研究城市规划的学术性组织——城市规划协会等,而且还频繁召开学术研讨会,进行城市规划竞赛,这些举措都促进了城市规划理论研究的发展。1910年,英国大英皇家建筑师学会组织了国际性的大伦敦城市规划大会。之后,有关城市规划的国际学术讨论会不断召开。各国学者专家的相互交流,使世界各国城市建设的发展走向系统化、趋同化。

总之,日本古代城市的发展是近代日本城市发展的基础,也给日本近代城市发展赋予了日本特色。明治维新的一系列措施为日本近代城市的发展创造了良好的环境,明治维新的近代化措施也为城市化提供了发展的动力。西方近代城市的发展实践与理论给日本近代城市发展提供了一个学习的样板。日本近代的城市化就是在这样的环境中诞生并起步的。

第二章 日本近代城市化的进程

　　城市化的前提是工业的发展,只有依靠工业生产的发展所带来的集聚性,才能形成以城市为中心的生产基地。也只有进行工业化,劳动人口才能脱离农业向工业生产领域集中、向城市集中。这样,城市就取代了农村,成为人们居住、生产、娱乐、学习等的中心地区。日本在明治维新开始后,由政府主导自上而下地开展殖产兴业,为工业化创造了良好的环境。随着工业化的进行,人口大量向城市集中,日本开始了速度很快的城市化进程。由于明治维新是自上而下由官方领导发动的,因此,日本的城市化呈现出集约发展的特点。日本的近代工业经济发展主要是以东京、大阪、名古屋以及地方各县的行政首府所在地为核心展开,这就导致了城市发展对权力中心的依附。在资本原始积累时期,各国民众的生活都相当艰难,而日本由于是一个后发现代化国家,为了降低生产成本以同欧美国家竞争,普通工人的工资被压得更低,再加上明治政府执行的是优先发展经济的战略,城市基础设施的建设与改善相对滞后,因而,同西方国家相比,日本城市市民的生活更加艰辛。

第一节　近代经济的发展

　　工业化是城市化的先决条件,自明治维新以来,日本政府在殖产兴业、扶植民营近代工业经济发展方面付出了巨大的努力,到19世纪80年代初,日本近代工业发展的政治、教育、交通等环境基本完善,1883年以涩泽荣一创办的大阪纺织公司的成立为标志,日本开始了起自纺织领域而后遍及各业的工业革命。在工业革命之际,政府果断处理了大部分官办国营企业,从而加速了工业革命的进程。到90年代就已基本完成了向近代经济的转型,形成了以轻工业为主的比较完善的近代经济体系。一战以后,尽管重工业

的比重逐渐增加，但是没有改变日本以轻工业为主的经济结构。

一、殖产兴业期间的产业发展状况

1884年，日本内务省对全国府县的工业情况进行了一次调查统计，并编制了《府县统计书》，由该统计可以大致明了工业革命开始之前日本近代工业发展的情况。

山口和雄教授对该统计书进行了分析，并就日本工业的现状，总结出以下五个特点：第一，纺织工业为主导产业。在1981个各类工场中，占第一位的是纺织工业，达到60.9%。接着是窑业、陶瓷业与砖瓦业，占12%。其他的，食品工业为9.3%，金属工业为8%，化学工业为4.6%，机械器具工业为1.9%，类别不明者为3.3%。纺织工业与食品工业所占比重为70.2%，比1874年稍有增加。而机械器具与金属工业所占比重为9.9%，虽然较1874年时有很大增长，但是比重仍然很小。第二，以低机械化的传统缫丝业为主。在各个行业中，以缫丝业所占比重最大，为52%，然后是碾米业，为6.6%，织物业为6%，金属冶炼及金属材料制造业为5.3%，砖瓦生产为4.7%。① 而当时缫丝业的机械化水平很低，主要以手工劳动为主。第三，村落手工工场数量压倒城市工场数量。纯粹属于农村工业的村落家庭工场占60%，而城市工场不到40%。第四，动力依旧以水力为主，蒸汽动力较少。其中水力占47.3%，人力为44.2%，蒸汽动力的使用仅仅只占3.3%。第五，人数少的小型作坊占了绝对优势。使用工人在30人以下的作坊占83.4%。而在这其中，20人以下的工场又占了86.4%。只有棉纺业、化学工业、造船工业中有较大规模的机器生产。

当然，除了以上府县所属工场之外，尚有未被列入其中的政府各省所属的工矿企业。这些企业很多都是政府兴建的模范企业，使用购买自西方的先进的机器设备，虽然数量不多，但技术水平却是日本最高的。据统计，从1882年到1884年，政府所属的工矿企业共有41个，有规模很大的炮兵工厂、造船厂以及大型矿山，还有设备较为先进的炼铁与机械制造工厂。仅就蒸汽动力的使用而言，1882年，在2033个民营企业中，使用水力与蒸汽动力的只有4.13%，合计只有1748马力，而官营41个厂矿使用的蒸汽动力达

---

① 山口和雄：『明治前期経済の分析』，東京：東京大学出版会，1956年，第110—123頁。

2823 马力,悬殊甚大。①

二、官办企业的民营化

在殖产兴业第一阶段,除了从幕府以及各藩承袭了大量工矿企业之外,为了开化社会风气以及应对实际需要,明治政府兴办了大量的官办企业。到19世纪80年代,日本已经兴起了一个企业家阶层,整个社会风气已经开化,人们对于向新兴产业的投资跃跃欲试。经过十多年的殖产兴业,也已经培养了一批熟练的产业工人。而且由于文明开化政策的实施,各地日渐普及的中小学也能够为企业源源不断地提供一定素质的劳动力。也就是说到80年代初,官办企业的使命基本完成。不过在这一时期,官办企业固有的弊病也日益严重,如效率低下、腐败等等,尽管明治政府也采取了改进管理、加强监督的措施,但收效甚微。这些企业大多亏损,每年需要政府给予大量补贴,以致政府财政不堪重负。在诸种原因的作用下,80年代初,明治政府果断作出了出售官办企业的决策,之后奖励产业发展的政策也就随之转化为以发放劝业贷款为主。

明治政府在19世纪80年代初着手进行官办企业的处理,刚开始由于定价太高,少人问津。无奈之下,政府遂决定便宜行事,将价格降低。而且政府认为哪怕是租让给私人经营,也比继续国营、继续由国家补贴经营要更合算,因为这样做既能够使企业生产得以维持,还能够节省财政开支并得到一部分租金。

处理官办企业的工作从1883年开始到1886年基本结束。

主要官办工厂与矿山的处理情况②

产业分类	企业名称	所属部门	处理年月	接受者
采矿业	高岛煤矿	工部省	1881.4	后藤像二郎、后转让给三菱
	足尾铜矿	工部省	1877.3	古河市兵卫
	油户煤矿	工部省	1884.1	白势成熙
	中小坂铁矿	工部省	1884.7	坂本弥八等
	小坂银矿	工部省	1884.9	久原庄三郎

---

① 安藤良雄:『近代日本経済史要覧』,東京:東京大学出版会,1980年,第59页。
② 安藤良雄:『近代日本経済史要覧』,東京:東京大学出版会,1980年,第57页。

续表

产业分类	企业名称	所属部门	处理年月	接受者
采矿业	院内银矿	工部省	1884.12	古河市兵卫
	阿仁金矿	工部省	1885.3	古河市兵卫
	大葛金矿	工部省	1885.6	阿部潜
	釜石铁矿	大藏省	1887.12	田中长兵卫
	三池煤矿	大藏省	1888.8	佐佐木八郎（三井代理人）
	幌内煤矿	北海道厅	1889.11	北海道煤矿铁路公司
	佐渡金矿	宫内省	1895.9	三菱
	生野银矿	宫内省	1895.9	三菱
造船业	长崎造船厂	工部省	1887.6	三菱
	兵库造船厂	农商务省	1887.7	川崎正藏
纺织业	堺纺织厂	农商务省	1881	川崎正藏
	广岛纺织厂	农商务省	1882.6	广岛棉纱纺织公司
	爱知纺织厂	农商务省	1886.11	篠田直方
	新町丝纺厂	农商务省	1887.6	三井
	富冈缫丝厂	农商务省	1893.9	三井
其他工业	深川水泥厂	工部省	1884.7	浅野物一郎
	深川砖瓦厂	工部省	1884.7	西村胜三
	梨木村砖瓦厂	工部省	1884.7	稻叶末藏
	品川玻璃厂	工部省	1885.5	西村胜三、矶部荣一
	札幌酿造所	北海道厅	1886.12	大仓喜八郎
	纹鳖制糖厂	北海道厅	1887.3	伊达邦成
	三田农具厂	农商务省	1888.3	岩崎由次郎
农业	播州葡萄园	农商务省	1888.3	前田正名

根据遵循便宜行事的原则，有些盈利企业以及有盈利潜力的企业出售的价格要稍高于政府的投资，而那些亏损严重的企业则大都廉价处理，有些几乎等于奉送。

出售价格高于政府估价的部分企业一览表①

企业	财产估价(日元)	出售价格(日元)	承购人
油户煤矿	17192	27943	白势成熙
中小坂铁矿	2430	28575	坂本弥八郎等
小坂银矿	192003	273659	久原庄三郎
院内银矿	72900	108977	古河市兵卫
阿仁铜矿	240772	337766	古河市兵卫
品川玻璃厂	66305	79950	西村胜三、矶部荣一
大葛金矿	98902	117142	阿部潜
三池煤矿	448549	4590439	佐佐木八郎
佐渡金矿	445250	1730000	三菱

廉价处理的部分企业一览表②

企业名称	投资额(日元)	处理价格(日元)	处理结果
长崎造船厂	624050	459000	一次性支付91017日元即为三菱所有
兵库造船厂	590899	188000	一次性支付59000日元即为川崎正藏所有
阿仁铜矿	1207032	250000	即付10万日元,余额自第6年起分24年分期支付;库存37766日元,10年分期支付,为古河市兵卫所有
纹鳖制糖厂	258492	994	一次性支付,为伊达邦成所有
釜石铁矿	2518639	12600	一次性支付,为龟田中长兵卫所有
院内银矿	435191	75000	即付2500日元,余额自第6年起分29年分期支付;库存33977日元,10年分期支付,为古河市兵卫所有
深川砖瓦厂	79636	水泥厂61741	25年分期付款,为浅野物一郎所有
深川水泥厂		砖瓦厂12121	25年分期付款,为西村胜三所有
品川玻璃厂	332924	79950	自第6年起分55年分期付款,为西村胜三、矶部荣一所有

---

① 万峰编:《日本资本主义史研究》,长沙:湖南人民出版社,1984年,第164页。
② 安藤良雄:『近代日本経済史要覧』,東京:東京大学出版会,1980年,第57页。

总体来看,明治政府在出售官营企业时,价格是非常低廉的。售价较高的诸如佐渡金矿、三池煤矿因为效益较好,而且处理较晚,分别在1896年与1888年为三菱与三井购得,但这已经属于个别案例了。长崎造成所、阿仁铜矿、小坂银矿、品川玻璃制作所,政府实际投资分别为113万、167万、54万、29万多日元,而财产估价却只有45万、24万、19万、6万多日元。对于兵库造船所,政府的投资为81万多日元,财产估价只有32万日元,出售价格更低至18万多日元。釜石铜矿的政府投资为237万多日元,财产估价73万多日元,出售价格只有1.2万多日元,几乎等于无偿奉送。而且政府还允许购买者分期付款,比如品川玻璃制造所的款项是从第六年起分55年分期支付,小坂银矿的生产设备费20万日元分25年分期支付,阿仁铜矿的生产设备费24万日元从第六年起分24年分期支付,库存品8万多日元分10年分期支付,大葛金矿的生产设备费10万多日元分15年分期支付①——如此条件也几乎等于奉送了。

明治政府之所以能够这样做,而不考虑所谓的"国有资产流失",主要是因为殖产兴业的最终目标是殖民产、兴民业。既然此时民营企业已经成长壮大,而官办企业又成了政府的包袱,出售官办企业也就顺理成章。尽管价格低,但是:第一,处理之后,政府不再每年为这些企业提供财政补贴,从而节约了开支。第二,虽然这些企业的出售价格低廉,但是政府终究收回了一部分资金。第三,出售之后,政府可以向转归民营的企业依法收税。第四,这些企业出售给民营之后,依旧是日本国内的资产,并没有造成日本国力的流失。如果出售给外企、而外企又将这些生产设备迁往国外,那才是真正的国有资产流失。第五,民办企业比官办企业更有效率,所以官办企业民营化是盘活了资本、增强了日本的国力,而不是国有资产流失。实践证明,这些官企在民营化之后对日本的工业革命起到了推波助澜的作用。三井、三菱、古河、川崎、大仓、浅野等后来都发展成为著名的财阀。

三、产业革命与近代经济结构的形成

(一)纺织工业

1882年,由涩泽荣一、大仓喜八郎、益田孝等著名企业家牵头,动员前

---

① 伊文成、马家骏:《明治维新史》,沈阳:辽宁教育出版社,1987年,第507—508页。

田氏、蜂须贺氏、毛利氏等21家旧大名出资,筹得资金28万日元,创办了"大阪纺织公司"。该公司拥有10500个纱锭,使用的是从英国进口、世界上最为先进的精纺机,雇佣工人300余人,这是当时日本规模最大的棉纺织工厂。1883年开业之后,由于规模大、技术先进、经营得法,大阪纺织公司获得了巨大的成功。第二年就增资到56万日元,拥有31220个纱锭。1887年,资本达到120万日元,纱锭增加到61000个。在这几年中股东的红利都在一分以上,高的年份更多达三分,投资获利超过了当时的任何行业。如此巨大的成功,导致棉纺织领域出现工业革命,从1886年起,拥有巨资的大名、商人、大土地经营者等纷纷投资纺织领域,大批棉纺织企业因之而诞生。

从1887年到1890年,日本新建了20个纺纱厂,这些纺织厂都拥有1万个以上纱锭。其中最著名的六大纺织公司——三重纺织、大阪纺织、钟渊纺织、摄津纺织、日本纺织、尾张纺织都拥有3万个以上的纱锭。这一时期,大批棉纺厂如雨后春笋般地诞生。1884年全日本只有19家棉纺厂,到1890年达到30家,1897年上升到74家,1900年为79家,同1884年相比增长了将近3.2倍。而拥有的纱锭总数也由原来的49904个上升到1135111个,比原来增加了21倍以上。与此同时,棉纺织工人数量也急剧增加,1886年为1877人,到1890年超过了1.4万人,1899年更上升到7.39万人。从棉纱产量来看,1884年日本的棉纱产量为13221捆(一捆为181.44公斤),1890年增加到104839捆,增加了7倍之多,到1897年更增加到511236捆。由于棉纺业的飞速发展,日本逐渐改变了进口棉纱的局面,1890年开始向中国出口棉纱,到1897年日本的棉纱出口量已经远远大于进口量。

日本纺织设备与市场发展情况一览表①

年度	公司数	纱锭数(千锭)	棉纱产量(千捆)	织机数(台)	资金(千日元)
1887	21	77	23	—	—
1892	39	385	205	420	11224
1902	56	1247	771	4887	34505
1912	41	2177	1352	21898	72366

与国际相比,日本棉纺业的成就也是巨大的。1901年,英国在棉纺业

---

① 日本棉業倶楽部:『内外棉業年鑑』第二编,東京:日本棉業倶集樂部,昭和十二年,第54—55、81—83頁。

方面仍然居于世界第一,其拥有的纱锭数量占世界总量的43%,而日本的纱锭数量只相当于英国的2.7%,在当时居世界第十一位。1915年日本的纱锭数量上升到英国的4.7%,居世界第十位。之后持续增加,同英国、美国等先进国家的距离逐渐缩小。第一次世界大战后,日本棉纺业获得了长足的发展。1927年,日本的纱锭数量上升到英国的十分之一、美国的六分之一。而德国只比日本多80%,法国只比日本多60%,英国统治下的殖民地印度只比日本多50%。到1937年,日本拥有的纱锭数量达到1190万个,英国有3880万个,此时英国只比日本多2倍有余,日本的纱锭数已经上升到世界第三位。美国拥有2700万个纱锭,只比日本多1倍有余。德国、法国的纱锭数都已经落在日本之下。

世界主要国家纱锭运转数量一览表①

年份 国名	1901年	1907年	1915年	1920年	1924年
英国	46000	50700	56500	57300	56750
美国	20800	26350	32300	34700	37790
德国	8140	9300	11720	9400	9460
法国	5700	6800	7400	9400	9360
俄国	7900	8100	9100	800	8350
印度	5000	5300	6780	6700	7930
日本	1250	1500	2660	3400	4830
意大利	2000	3500	4600	4800	4570
中国	200	750	1100	1400	3300
西班牙	1800	1900	3100	2000	1810

仅从纱锭数尚不能完全判断一个国家的棉纺织业实力,因为处于原始资本积累时期的日本其纱厂是昼夜开工,每个纱锭的效益比欧美国家要高出近1倍。这一点从棉花的消耗量上可以看出。1909年到1913年,日本的棉花消耗量已经达到了世界第三位,美国比日本多3倍多,英国此时只比日本多2.4倍。但到1929年,美国的棉花消费量只比日本多1.4倍,而英国

---

① 高橋龜吉:『日本近代経済発達史』,第三卷,東京:東洋経済新報社,1974年,第527頁。

只比日本多15%。到二战前夕,在世界棉花消费量中,日本占13%,而英国只占10.6%,显然日本已超过了英国。另外,在世界棉织品的生产总额中,日本占有41%,而英国只有29.9%,也被日本大大超过。而日本棉织品的价格只相当于英国的37%,由此可见,在世界市场上,在棉纺织业方面,日本比英国更有竞争能力。所以,在20世纪30年代,在棉织品的出口方面,日本超过了英国,居世界第一位,世界棉纺织业的中心城市也由曼彻斯特转移到了日本的大阪。在对中国的出口方面,1893年日本棉纱在中国市场所占的比重不过2.5%,到1898年就迅速上升到18.7%,至1900年更是跃升到33.1%。①

(二) 缫丝业

在日本的工业革命中,特别值得一提的是缫丝行业。后进国家的工业革命离不开技术引进,而引进先进的技术与机器设备需要大笔外汇。在日本,当时最大的创汇产业就是传统的缫丝业。

日本缫丝业技术的近代化要晚于棉纺织业。到1889年,日本机械缫丝才达到35.3%,到1911年上升到70%时方才基本完成了近代化。② 但是,大型缫丝企业所占比重始终不大,1905年,在41万缫丝户当中,只有1至9个茧锅的占缫丝户总数的99%以上。到1914年仍然为98.8%,拥有50个以上茧锅的缫丝工厂所占比例仅由0.2%增加到0.4%。即便到了1922年,在20万缫丝户中,拥有500个茧锅以上的近代化缫丝企业也不过80家。③

但是,缫丝业在日本的出口创汇中一直独占鳌头。早在1870年明治政权刚刚建立时,生丝在出口总额中就占29.4%,居第二位。第一位是茶叶,占31%。到1880年,生丝的出口上升到30.3%,居第一位,之后在出口中一直稳居第一。1890年为19.8%,1900年为21.8%,1910年为28.4%,1920年为19.6%,1930年为28.4%。这种情况一直到第二次世界大战以后才发生变化。1950年只占4.7%,1960年更下降到2.2%,1970年不到1%,此时日本已经完成了由后进国家向先进国家的嬗变。

在世界市场上,日本生丝的出口额也在不断上升。在19世纪90年代,

---

① 正田健一郎、作道洋太郎:『概説日本経済史』,東京:有斐閣,1978年,第239頁。
② 高橋亀吉:『明治大正産業発達史』,東京:柏書房,1966年,第535頁。
③ 大日本蚕糸会編:『蚕糸要鑑』,東京:大日本蚕糸会,1930年,第80—81頁。

日本的生丝年产量不过为401.5万公斤,只有中国生丝年产量的40%,占世界产量的21%。但是随着技术的不断改进,到1914年就达到了1421.6万公斤,超过了中国,跃居世界第一,在世界所占的比重为41%。在这一时期内,世界生丝产量增加了1116.8万公斤,其中仅日本就增加了926.5万公斤,占了83%。①

美国一直是日本生丝最大的出口国,在1887年到1897年就占其出口总量的50%,在1897年到1907年则上升到60%,以后一直维持在80%—90%。② 此外,在美国的生丝进口总量中,日本生丝所占比重在1894年为52%,1807年为53.2%,1900年为38.8%,一直稳居首位。

世界四大产丝国生丝生产量变化表③　　　（单位:千公斤）

时期	法国生丝（产量）	意大利生丝（产量）	中国生丝（出口量）	日本生丝（出口量）
1871—1875	658	3171	3941	691
1876—1880	510	1922	4175	1033
1881—1885	631	2766	3342	1360
1886—1890	692	3427	4035	2056
1891—1895	747	3686	5403	3006
1895—1900	650	4865	6529	3459
1901—1905	591	5262	6355	4865
1905—1910	583	5654	7191	7448
1911—1915	358	4561	7649	10771

由上表可知,生丝出口在日本出口创汇、引进先进技术设备方面起了巨大的作用。日本缫丝业能够取得如此巨大的成就,除了采用先进技术、完善营销网络之外,低廉的工资导致的低成本也是很重要的因素。

（三）重工业与机械制造业

19世纪80年代的日本工业革命主要发生在轻工业领域,日本建立起发达的重化工业是20世纪30年代以后的事情。但是在工业革命期间,日本

---

① 大日本蚕糸会編:『蚕糸要鑑』,大日本蚕糸会,1930年,第27—28页。
② 正田健一郎、作道洋太郎:『概説日本経済史』,東京:有斐閣,1978年,第242页。
③ 石井寛治:『日本蚕糸業史分析』,東京:東京大学出版会,1972年,第28页。

也逐步从无到有地建立起了重工业与机械工业。

1896年,日本政府利用从中国取得的大笔赔款,在北九州兴办了八幡钢铁厂并于1901年投入生产,主要利用从中国进口的铁矿石以及九州筑丰的煤矿。该厂建成之后发展很快,使日本的钢铁产值由1897年的81.1万日元迅速攀升到5018万日元。同时在政府的鼓励下出现了一批民营钢铁厂,到1913年,22家民营钢铁企业拥有资金为4500万日元,而官营的八幡钢铁厂拥有资金为3800万日元。第一次世界大战期间,日本钢铁行业有了较大的发展,钢铁产量由1914年的28.3万吨上升到66.2万吨,而八幡钢铁厂的钢铁年产量在其中所占的比例也由78%下降到55%。[1]

在发展钢铁产业的同时,日本政府加大了对造船业的扶植力度,不仅增加官营造船厂的投资,而且斥资鼓励民间兴办造船厂。在1870年到1892年间,日本制造的帆船与汽船为1086艘,不过10万吨位,而从外国购入的汽船为384艘,多达15.1万多吨位。国家对于造船业实行政策倾斜以后,仅就军舰生产而言,从1894年到1903年,官办工厂平均每年制造军舰的吨位由930吨增加到1219吨。到1913年,更增加到21097吨。而1904年到1913年,民营造船厂年均军舰生产吨位也达到1350吨。在1894年到1903年,日本军舰的进口仍然高达93.6%,但是在1904年到1913年间下降到21.1%,在1914到1925年间则基本取消了进口。民营企业几乎承担了军舰生产总量的半数,达到了47.1%。[2] 在民用船舶的制造方面,由于政府实施了奖励措施,1879年达到897吨,但从外国购买的700吨以上汽船占98%以上,本国所造船舶不足1.5%。然而,从1898到1907年间,日本本国所造船舶的比例迅速上升到20%。1908年到1915年间,日本本国所造船舶达到了55%。[3] 第一次世界大战期间,日本的船舶生产完全实现了国产化。在汽船的产量方面,1906年为4.5万多吨,位于世界第六位,但只相当于英国的5.5%。1911年达到9.3万吨,为英国的5.5%。到1919年上升到61.2万吨,仅次于英、美,居世界第三位,[4]日本的造船技术达到了国际先进水平。从上述统计数据可以看出明治维新后日本政府扶植国内产业所收到的巨大成效。

---

[1] 筱原三代平:『長期経済統計·10·鉱工業』,東京:東洋経済新報社,1972年,第236頁。
[2] 宮永進:『帝国造船保護政策論』,東京:日本海事学会,1928年,第192—193、520—527頁。
[3] 宮永進:『帝国造船保護政策論』,東京:日本海事学会,1928年,第534—535頁。
[4] 畝川鎮夫:『海運興国史』,東京:海事彙報社,1927年,第149頁。

(四)交通运输业

在殖产兴业时期,日本的航运业有了很大的发展,基本上控制了日本近海以及日本到中国上海、韩国、俄罗斯海参崴等处的航线。但在远洋航行方面,仍然是外国公司的天下。1894年,88艘外国商船从日本获得的运费高达2027万日元,而12艘本国船只得到了125万日元。① 而且,日本尤其缺乏大型船只。为此,日本政府出台了《航海奖励法》,之后又根据情况的变化数度修改。对于从事远洋贸易活动的船只,根据其船龄、吨位、实际航行里程、航速、国产与洋产的不同、航线等,分别进行不同的奖励,从而推动了船只的国产化、大型化、远洋化。不仅重点开辟欧洲、美洲、印度、南洋、澳洲等热门航线,而且远洋船只的轮机人员、水手等也做到了本土化。②

在铁路建设方面,为了加快铁路运输的发展,1887年,明治政府颁布了《私设铁道条例》,1892年又颁布了《铁道敷设法》等,自此日本铁道建设进入了快速发展时期。1889年,连接东京、横滨、名古屋、京都、大阪、神户的东海道线全线贯通,全长589.5公里。1900年,该铁路向东北延伸到本州岛北端的青森,向西南延伸到本州西南端的下关,横贯日本的本州岛,成为日本最主要的铁路大通道。与此同时,全日本各地的主要城市都有了铁路相连,太平洋沿岸到日本海沿岸也有数条铁路相通,形成了完善密集的全国铁路交通网络。从1885年到1905年的20年间,日本铁路里程增加了13倍有余,由577公里增加到7793公里。而且在新增加的7216公里的铁路中,民营铁路占到70%,达到5014公里。民营铁路能够获得如此快速的发展,也同日本政府的鼓励政策有关。比如日本政府规定,凡是铁路建设所需要的土地,如果系国有地,全部无偿提供;如果是私人土地则由政府出面征购,然后以收购价卖给民营铁路公司。民营铁路投入运营之后,国家还给予一定的财政补助。此外,日本政府对铁路的投资比例也非常大,1896年到1900年,铁路粗投资占国内粗投资总额的15.2%,从1906年到1910年则飙升到29.3%。③

在铁路的客货运输量方面,1893年到1903年的10年间,客运量由65500万人/英里增加到203600万人/英里,增加了2.1倍;而货运量则由

---

① 日本郵船株式会社編:『日本郵船株式会社五十年史』,東京:日本郵船,1935年,第135頁。
② 畝川鎮夫:『海運興国史』,東京:海事彙報社,1927年,第279、267、290、294頁。
③ 南亮進:『長期經濟統計・12・鉄道と電力』,東京:東洋経済新報社,1965年,第6頁。

16900万吨/英里增加到102600万吨/英里,增加了大约5倍。1903年到1913年的10年间,客运量由203600万人/英里增加到397100万人/英里,增加了大约9成。货运量则由102600万吨/英里增加到311000万吨/英里,增加了大约2倍。① 由此可见,要想发展经济,交通必须先行。

此外,在铁路建设方面,原先铁路施工人员以及机车车辆都依靠从西洋国家输入,随着日本经济与文教的发展,到1910年以后,全部实现自力自主地建设,机车、车辆也全部国产化。

1906年,日本政府为了统一铁路干线建设标准,提高运输能力,决定铁路干线国有化,政府以相当于原来建设费一倍到两倍的价格收购了17条民营铁路,使用资金为4.82亿日元。这样到1907年,日本国营铁路的里程增加到7153公里,民营铁路减少到717公里。② 但在都市圈内部,则是民营铁路占绝对优势。

交通的发展,增加了人口与物资的流动,为日本的城市化提供了动力,使城市成为全国以及区域的中心,成为人员的聚集地与物资的集散地,成为生产中心、消费中心、文化中心。

以上是对19世纪80年代日本工业革命以后几个主要工业部门的发展概述。总之,80年代以后,日本几乎所有的工业部门都开始了工业革命,都新建了大量的企业,总体投资也增加了3到4倍。

各部门兴建的企业数及其比重(1884—1892)③

年份	新建企业数 (个)	工业 (个/%)	交通运输业 (个/%)	金融业 (个/%)	商业 (个/%)
1884	2395	379(15.8)	204(8.5)	1097(45.8)	654(27.3)
1885	2382	496(20.8)	80(3.4)	1103(46.3)	625(26.2)
1886	2761	1097(39.7)	158(5.7)	1105(40.0)	315(11.4)
1887	3138	1361(43.4)	159(4.1)	1100(35.0)	374(11.9)
1888	3654	1694(46.4)	150(4.1)	1061(29.0)	545(14.9)
1889	5116	2259(44.2)	299(5.8)	1049(20.5)	1079(21.0)

---

① 原田勝正:『鉄道と近代化』,東京:吉川弘文館,1998年,第153—180頁。
② 宮本源之助:『明治運輸史』,東京:運輸日報社,1913年,第201—202頁。
③ 安藤良雄:『近代日本経済史要覧』,東京:東京大学出版会,第64頁。

续表

年份	新建企业数（个）	工业（个/%）	交通运输业（个/%）	金融业（个/%）	商业（个/%）
1890	5351	2284(42.7)	346(6.5)	1055(19.7)	1201(23.4)
1891	5372	2480(46.2)	332(6.0)	1066(19.8)	1095(20.4)
1892	5592	2746(49.1)	319(5.7)	1075(194)	1081(19.3)

由上表可以看出，就创设的企业数量而言，从1884年到1892年间，头两年是金融业排第一，但从1886年起，也就是涩泽荣一的纺织工厂大获成功之后，工业方面的工厂数量激增，跃升到新建企业总数的39.7%，到1892年更是达到了49.1%，而金融业则下降到19.4%，商业也下降到19.3%，工业领域的工厂数占据了显著优势。

各部门的平均投资比重（1884—1892）

年份	工业（日元）	交通运输业（日元）	金融业（日元）	商业（日元）
1884	13319	33784	79400	13643
1885	15667	319813	78520	25366
1886	13423	156791	77550	31540
1887	14703	161522	85775	51441
1888	23041	341773	87270	39283
1889	31075	233642	89680	32843
1890	33945	299512	91596	30047
1891	28344	285732	90830	25689
1892	25133	297006	91821	28258

但从上表中各部门的平均投资来看，1892年，交通运输业占据绝对优势，金融业位居第二、商业第三、工业第四。就增加幅度而言，金融业与运输业相对稳定，而工业与商业在稳步增长。

企业投资的重点行业(1894—1945)[①]

年份	金融业		水陆交通运输		工业		商业	
	企业数比重(%)	实缴资本比重(%)	企业数比重(%)	实缴资本比重(%)	企业数比重(%)	实缴资本比重(%)	企业数比重(%)	实缴资本比重(%)
1894	40.1	35.8	6.5	41.3	20.1	11.4	14.5	2.7
1899	27.9	39.3	7.8	32.4	26.8	14.6	23.5	4.9
1904	29.6	37.1	7.8	36.4	24.3	13.8	23.4	4.7
1909	24.8	30.7	7.1	21.3	27.0	20.5	24.9	5.5
1914	23.6	29.5	7.0	15.5	28.1	19.3	25.2	7.4
1919	13.9	21.9	7.0	13.0	36.5	28.8	24.8	9.8
1924	9.5	18.6	7.4	9.4	37.3	26.3	29.0	12.4
1929	5.5	14.2	8.8	10.1	34.2	25.2	35.3	11.5
1924	3.6	11.3	7.3	9.5	33.3	28.5	39.9	12.2
1929	2.7	6.6	7.5	7.7	37.5	39.1	36.8	12.0
1945	1.4	3.8	4.3	5.6	62.5	60.3	18.4	6.8

显然,在第一次世界大战之前,日本的投资重点一直是金融业,但工业投资一直在持续增长,已经超过了交通运输业,居第二位。第一次世界大战爆发后,工业、商业投资都大幅度增长,个别年份商业投资超过工业。到"九一八"事变之前,工业投资大大超过商业,而金融与运输业都减少到个位数。

日本的工业化经历了三个阶段。从明治维新到 1900 年,工业产值占到了工农业总产值的三分之一以上。虽然农业仍然占主导地位,但是日本的经济基本上实现了向近代社会的转型。20 世纪初到 20 年代,工业产值超过了农业,达到了工农业总产值的 50%—60%,但是工业中仍然以轻工业为主。一直到二战后的高速经济增长时期,日本才真正成为以重化工业为核心的高度发达的工业国家。由以下两表可以看出日本农业与工业以及轻工业与重工业比例演变的过程。

[①] 中村隆英:『日本経済:その成長と構造』,東京:東京大学出版会,1993 年,第 72—73 页。

农业和工业比例的演变（1885—1930）①

年份	工农业总产值（百万日元）	农业产值与比重（百万日元/%）	工业产值与比重（百万日元/%）
1885	527	399/75.7	128/24.3
1890	674	496/73.6	178/26.4
1895	847	567/66.9	280/33.1
1900	1405	858/61.1	547/38.9
1905	1584	877/55.4	707/44.6
1910	2247	1119/49.9	1128/50.2
1915	2959	1289/43.6	1670/56.4
1920	8989	4036/44.9	4953/55.1
1925	9815	4193/42.7	5622/57.3
1930	7652	2163/28.3	5489/71.7

由上表可知，日本在1910年前后工业产值开始超过农业产值，之后，工业产值一路飙升，到1930年时，农业在工农业产值中的比重下降到28.3%，而工业上升到71.7%，说明此时的日本已基本上完成了工业化。

轻工业与重工业比例关系的演变②

年份	工业总产值（百万日元）	重化学工业产值（百万日元/%）	食品·纤维工业产值			其他（百万日元/%）
			食品工业（百万日元/%）	纤维工业（百万日元/%）	小计（百万日元/%）	
1885	282	47.1/6.7	119.7/42.5	82.1/29.1	201.8/71.6	33.1/11.7
1890	433.6	73.4/16.9	156.1/36	160/26.9	316.1/72.9	44.3/10.2
1895	774.2	106.7/13.8	219/28.3	370.7/47.9	589.7/76.2	77.8/10
1900	1181.2	191.4/16.2	429.1/36.3	428.5/36.3	857.6/72.6	132.2/11.2
1905	1420.7	309.9/21.8	494.3/34.8	458.8/32.3	953.1/67.1	157.7/11.1
1910	2072.9	434.4/21	707.6/34.1	700.3/33.8	1407.9/67.9	230.6/11.1
1915	2880.3	840.5/29.2	784.4/27.2	955.1/33.2	1739.5/60.4	300.3/10.4

---

① 安藤良雄：『近代日本経済史要覧』，東京：東京大学出版会，1980年，第8頁。
② 中村隆英：『日本経済：その成長と構造』，東京：東京大学出版会，1980年，第30頁。

续表

年份	工业总产值（百万日元）	重化学工业产值（百万日元/%）	食品·纤维工业产值			其他（百万日元/%）
			食品工业（百万日元/%）	纤维工业（百万日元/%）	小计（百万日元/%）	
1920	9579.2	3202.7/33.4	2285.9/23.9	3286.9/34.3	5572.8/58.2	803.7/8.4
1925	10100	2390.5/23.7	2582.8/25.6	3974.7/39.3	6557.5/64.9	1152/11.4
1930	8838	2896/32.8	2206/25	2709/30.6	4915/55.6	1027/11.6

由上表可知，到1930年，就轻工业与重工业的比重关系而言，日本仍然是一个以轻工业为主的国家，重工业只占32.8%。

下面从国际比较的角度审视一下日本明治大正年间的发展水平。

1895年的日本与同时期欧美主要国家的比较[1]

国别	农林水产业比重(%)	工业比重(%)	商业服务业比重(%)	工业比重+服务业比重
日本(1895)	42.7	21.0	36.3	57.3
美国(1889—1899)	17.9	44.1	28.0	82.1
英国(1907)	6.4	48.9	44.7	93.6
德国(1850—1859)	44.8	22.8	32.4	55.2
法国(1896)	25.0	46.2	28.8	75.0
意大利(1891—1900)	47.4	22.0	30.6	52.6

由上表可知，1895年日本的产业结构同意大利相当，落后于英国、德国、美国、法国。

1925年的日本与同时期欧美主要国家的比较[2]

国别	农林水产业比重(%)	工业比重(%)	商业服务业比重(%)	工业比重+商业服务业比重
日本(1925)	28.1	37.7	34.2	71.9
美国(1919—1929)	11.2	41.3	47.5	88.8
英国(1924)	4.4	55.0	40.6	95.6
德国(1925—1938)	16.2	56.3	27.5	83.8

---

[1] 万峰：《日本资本主义史研究》，长沙：湖南人民出版社，1984年，第227—228页。
[2] 万峰：《日本资本主义研究》，长沙：湖南人民出版社，1984年，第228页。

续表

国别	农林水产业比重(%)	工业比重(%)	商业服务业比重(%)	工业比重+商业服务业比重
法国	—	—	—	—
意大利	—	—	—	—

由上表可知（法国、意大利缺乏数据），尽管1925年日本的产业结构在现代化方面取得了很大进步，但是仍然距欧美主要国家甚远。日本与欧美国家大致相同，要等到二战以后的60年代。

近代工商业经济的发展，使生产中心由农村转移到了城市。工业化是城市化的动力，没有工业化也就不可能有城市化。

第二节 城市人口的增长

明治维新废除了封建身份制，容许就业自由、迁徙自由，又实施废藩置县，在全国范围内废除关卡、改善交通等，这些措施都促进了人口在全国范围内的流动。再加上殖产兴业政策导致的飞速工业化进程，城市逐渐成为主要的生产中心，明治维新后，经过短暂的调整、消沉，城市人口开始迅速增加。又由于人们生活水平的提高等因素，出生率也大大上升，日本城市总人口的数量连续攀升。

一、明治初年的日本城市人口分布状况

自从明治五年（1872）实施户籍法以来，日本的人口发展情况有了较为准确的数字。1872年到1897年的人口变化情况为：1872年的人口为3870.6万，1877年末为3578万，1882年末为3752.9万人。1887年末为3870.3万人，1892年为4050.8万人，1897年末为4240万人。[1] 人口也以4.8%、8.2%、8.3%、8.4%、8.7%、11.5%、22.8%的百分比增长。总之这25年间，日本的人口增长了21.8%。可以看出，明治维新后，随着经济与社会的近代化，日本人口改变了幕府时代停滞不前的状态，显示出加速增长的趋势。

明治五年（1872），日本的人口密度是每平方公里1335人，到1877年为

---

[1] 山田雄三：『日本国民所得推計資料・国民生産所得』，東京：東洋経済新報社，1951年。

1386 人,1882 年为 1480 人,1887 年为 1575 人,1892 年为 1657 人,1897 年为 1743 人。明治十八年(1885),人口密度最高的是近畿地区,每平方公里为 3113.8 人;然后是关东地区,每平方公里为 3085.1 人;东海地区为 2483.6 人;四国地区为 2310 人;北陆地区为 2227.4 人;中国地区为 2147.4 人;九州地区为 2040.8 人;东山地区为 1443.0 人;东北地区为 926.8 人;而北海道地区只有 44.8 人。①

明治初年日本各地区城市人口规模分布状况②

地区 人口规模	北海道	东北	关东	中部	近畿	中国	四国	九州	总计
1 万—3 万	2	8	11	23	17	4	6	4	75
3 万—5 万	0	2	0	2	2	3	1	4	14
5 万—10 万	0	1	1	1	1	1	0	0	5
10 万以上	0	0	1	2	2	0	0	0	5
总计	2	11	13	28	23	8	7	8	99

由上表可知,在明治初年,1 万人口以上的城市,日本全境有 99 个。其中 63 个是城下町或者是与城下町重叠的城市。

当时日本 10 万人口以上的城市有 5 个,依次为东京(67 万)、大阪(29 万)、京都(23 万)、名古屋(11 万)、金泽(10 万)。其中名古屋与金泽都是大藩的城下町。人口在 5 万以上的城市有 5 个,依次为广岛(7.6 万)、和歌山(6.2 万)、横滨(6.1 万)、富山(5.8 万)、仙台(5.5 万)。3 万人口以上的城市有 14 个,堺(4.5 万)、福冈(4.5 万)、熊本(4.4 万)、福井(4.1 万)、松江(3.6 万)、新潟(3.5 万)、鸟取(3.4 万)、弘前(3.3 万)、兵库(3.2 万)、长崎(3.2 万)、鹿儿岛(3.2 万)、函馆(3.1 万)、秋田(3 万)、高松(3 万)。以上这些城市中,9 个是城下町,5 个是贸易港口。此外,人口在 1 万到 3 万之间的城市有 75 个。

就当时情况来看,日本的城市发布还是比较均衡的,主要是因为封建割据时期各藩国都以城下町为中心,从而形成了区域中心。

---

① 本莊栄治郎:『日本人口史』,東京:清文堂,1972 年,第 226 頁。
② 関山直太郎:『日本人口史』,東京:四海書房,1942 年,第 257 頁。

二、明治三十年日本城市人口分布状况

经过明治维新努力展开近代化活动,日本的经济取得了很大的发展,产业的发展促进了人口向城市的集中,到明治三十年(1897),日本的城市数量与人口规模都有了飞速的增长。

1897年,日本10万以上人口的城市增加到7个。下面具体看看几大城市的人口数量增长情况。东京的人口为133万,大阪为75万,京都为32万,名古屋为25万,神户为19万,横滨为18万,广岛为11万。如果以1878年各城市人口为基数,那么,东京增加到188.60%,大阪为258.39%,京都为142.84%,名古屋为222.52%,神户为1628.98%,横滨为206.57%,广岛为148.52%。只有金泽,因为地处北日本,较为偏僻,人口下降到8.2万人。横滨、神户由于成为主要的对外贸易港口,获得了显著发展。可见这一时期尽管日本的大城市数量增加不多,但是各城市的人口增加了数倍。

与此同时,5万人口以上、10万人口以下的城市的数量也有较大增加,达到12个。其中金泽为8.2万、仙台为8.2万、长崎为7.4万、函馆为7.3万、福冈为6.3万、德岛为6.1万、富山为5.8万、熊本为5.8万、和歌山为5.7万、冈山为5.6万、鹿儿岛为5.4万、新潟为5.1万、堺为5万。就各城市人口增加的百分比而言,除金泽减少到原有数字的76.36%、和歌山减少到原有人口的92.59%之外,仙台增加到150.50%、长崎增加到228.61%、函馆增加到237.24%、福冈增加到139.67%、德岛增加到336.42%、熊本增加到130.87%、冈山增加到168.40%、鹿儿岛增加到168.50%、新潟增加到144.44%。可见,在明治维新开始后的30年间,各地方的城市都有很大的发展。但是富山的人口增长为100.67%,堺为109.80%,增加甚少,可以说是原地踏步。其主要原因是堺的人口向大阪高速集中,而富山同金泽一样位于北日本,较为偏僻,所以增加幅度不大。另外,北日本新潟的人口增加幅度也不大。由此可见,虽然日本的城市有很大发展,但是区域发展不平衡,人口增加较快的主要是太平洋沿岸以及濑户内海沿岸的城市。

这一时期全日本3万人口以上5万人口以下的城市增加到了21个,这些城市大部分都是以前的城下町。

在明治维新后的一段时间内,从幕府时代承袭而来的城下町遭受了沉重的打击。由于废藩置县政策,旧藩主都集中到了东京,原先居住在城下町的家臣团的武士也因为各种改革失去了特权与俸禄,变成了普通百姓。在这些人中,一部分变成了官吏、警察、教师,也有些人经营商业、工业,还有一部分人转而归农,都成了自食其力的劳动者。随着武士阶级的瓦解,原先依靠武士购买力而存在的商铺也经营艰难,甚至倒闭。尽管如此,很多城下町终究有其优势所在,由于其一般都位于平原的中央或者水陆交通便利之处,因而,这些城下町仍然是新政府的地方权力中心,聚集了县厅官衙以及警察、军队等庞大的消费队伍。更重要的是,随着明治政府文明开化、殖产兴业政策的深入,学校、工厂、银行、商店逐渐增加,再加上国内交通的改善,使得物资与人口的流动规模更大、流动速度更快,这些城下町不仅很快又恢复了昔日的繁荣,而且在新的城市化浪潮中更胜往昔,出现了更大规模的人口集中。城市也就改变了封建时代几百年一贯制的僵化状态,步入了快速发展的轨道。即便是发展最慢的城市,其发展速度也不是以前所能比拟的。

当然,由于封建割据的打破、全国统一市场的形成,城市的功能也出现了分工,出现了政治城市、工业城市、教育城市、贸易城市、军事城市、复合城市等。比如东京发展成为全日本政治、文化中心以及日本东部的经济中心。大阪作为工业商业城市,成为西部日本的经济中心。京都作为文教观光以及传统产业城市也得到了一定的发展。

三、近代日本城市与农村人口比例的演变

在近代,由于医疗条件的改善,生活水平的提高,再加上工业生产对生产力需求的增大,日本人口总数出现了显著的增长。在总人口的增长方面,1872年,全日本的总人口为3480万人,到1887年增加到3870万人,到1897年为4240万人,到1907年为4741万人,1917年为5413万人,1921年为5678万人。这样从1872年到1921年这50年间,日本人口增加了2198万人,也就是说增加了63.8%的人口。日本的人口自中日甲午战争以后开始了高速增长。在那以前,只有1889年,人口的增长率达到了3%。1896年后,几乎每年的人口增长率都超过3%,在1920年更是达到了3.6%。

但是,在工业与农业、城市与农村,人口的增长出现了不均衡性,城市人口的增加远远超过农村人口。不过,由于这一阶段人口总数的增加,农村人口相对数量虽然有所下降,绝对数量仍然有所增加。

1879年,在工业革命尚未开始之前,日本的城市人口所占比例甚低。

据统计，当年1万以上人口规模的城镇其人口占日本总人口的比例仅仅为11%，1887年，这个比例也只有12%。但是，随着产业革命的轰轰烈烈展开，日本的城市人口开始急剧增加。1898年，这一比例便增加到了18%，到1908年更高达25%。经过第一次世界大战的高速发展，1920年，日本城市人口的比例更增加到了32%。

1891年，人口在1万以上5万以下的城市有196个，到30年后的1920年增加到537个，约增加了1.5倍。人口在5万以上10万以下的城市由12个增加到31个，增加了1.58倍。10万以上的大城市由6个增加到16个。新增加了长崎（18万）、广岛（16万）、函馆（14万）、吴（军港，13万）、金泽（13万）、仙台（12万）、小樽（11万）、鹿儿岛（10万）、札幌（10万）、八幡（10万）。尤其是作为日本政治、经济与文化中心的东京，人口增加更快，由1897年的133万增加到了1920年的335万。大阪作为关西地区的传统经济中心以及新兴纺织工业基地，人口也出现了暴涨，由1897年的75万增加到1920年的176万。京都也由33万增加到70万。凭借贸易港口而兴起的神户，其人口由19万增加到了64万。横滨的人口也由19万增加到57万。名古屋由25万增加到61万。这六大城市的人口都增加了两到三倍。以上这些城市都变成了地区经济中心。

到20世纪20年代，城市人口更是出现了加速度增长。仅1920年到1925年这短短五年间，上述六大城市依靠人口的流动增加了73.4%。10万人以上的城市人口纯增加率为69%，5万人以上的城市人口纯增加率为61.6%，4万人以上的城市为58.8%，3万人以上的城市为56.1%，2万人以上的城市为40.2%，而人口在1万人以上以及1万人以下的小城镇，不仅没有流入人口，反而分别外流了34万和265万之多。由此可见，城市规模越大，流入人口越多；反之，城市规模越小，流出人口也越多。①

相对城市的飞速膨胀，农村与农业发展缓慢。日本由于多山、少平原，人均可耕地较少，基本上都是家庭小农业，难以开展机械化耕作，因而劳作艰难，收入增加缓慢。另外，明治政府的殖产兴业方针主要是发展工商业，农业远不是重点。这种种原因，导致了日本农业发展的滞后。但是在明治维新后，由于民众文化水平的提高、新技术的大量采用以及灌溉设施的大规

---

① 東洋経済新報社：『明治大正国勢総覧』，"內地人口二万以上都市町村別人口世代数每五年对照表"。

模兴建和大规模的垦荒(主要在东北地区),农业还是取得了很大发展。耕地面积由1880年的445万町步增加到1897年的503万町步、1910年的565万町步、1919年的607万町步。① 而每反(991.7平方米)的稻米产量也有很大增长,由1878年的1.015石增加到1897年的1.185石、1920年的2.022石。全国(日本本土)的稻米总产量也由1877年的2500万石增加到1897年的3300万石、1920年的6300万石。上述数据表明,日本农业的发展虽然没有工商业那样抢眼,但是取得的进步也是惊人的。②

随着工业化的进行以及商品经济的发展,农村原有的封闭的自然经济体系被打破。原先的家庭手工业受到了现代工业的冲击,比如手工制丝被机械制丝所取代,和纸除了特殊品种与用途之外,大都被机械生产的洋纸所取代。加之生丝、茶叶等大量出口,利润可观,因而日本农村经济作物的种植结构发生了变化,农村逐渐成为全国乃至世界市场的一部分。

由于商品经济的发展以及地租的货币化,农村的两极分化现象加剧。土地兼并愈演愈烈,越来越多的自耕农变成了佃农或者亦自亦佃。农村的土地大量地集中到了高利贷者、肥料商人和原先地主的手中。在1887年,佃耕地的比例是39.3%,1903年上升到44.6%,1919年增加到了45.9%。由于两极分化,大量的农民不得不到城市寻找生存机会,从而给日本纺织工业提供了大量廉价劳动力。另外,由于长子继承制度的存在,农民家庭的没有土地继承权的次男、三男以及女孩只能到城市谋生,成为小商人、公务员、职员、工人、女招待等,所以,对应城市人口的急剧膨胀,农村人口也就逐渐减少。农村不仅成了城市廉价劳动力的来源,也成为其原料、食品的供应地以及商品的目标市场。总体而言,农村逐渐变成了城市的附庸。

到20世纪二三十年代,日本逐渐形成了今天所见到的经济与城市布局。在交通便利、人口众多、自然资源丰富的西太平洋沿岸、濑户内海、北九州一带,逐渐形成了京滨工业带、名古屋工业带、阪神工业带、北九州工业带。这些城市带不仅是全国经济的中心区域,也同世界市场紧密相连,成为国际分工的一个组成部分。而在日本的东北地区、日本海沿岸等地,由于地理位置偏僻、人口原本就较为稀少,城市发展缓慢,原先的城下町虽然也有一定的经济与人口增长,但也只不过是一个区域的中心而已。

---

① 野呂栄太郎:『日本資本主義発達史』,東京:岩波書店,1953年,第86頁。
② 東洋経済新報社:『明治大正国勢総覧』"內地米作付段別及び實收石高"。

近代日本城市人口指数变化表（1886—1930）①

地名	市名	市制（实行）	1903年指数	1920 指数	1920 工业（%）	1920 商业（%）	1930 指数	1930 工业（%）	1930 商业（%）
北海道	札幌	1922	368	682	35.4	26.7	1120	29	29.7
北海道	小樽	1922	500	1134	22.9	34	912	24.3	30.6
北海道	函馆		188	318			434		
东北	青森	1898	234	328			517	25.6	35.8
东北	仙台		162	193			308		
东北	山形		149	179			235		
关东	宇都宫		176	311			397		
关东	前桥	1892	252	376			512	51.7	26.5
关东	东京	1889	162	194			185		
关东	川崎	1924	159	1066	60.3	23.1	2981	45.7	22.1
关东	横滨	1889	364	472			693	31.4	29.5
关东	横须贺	1907	279	678	40.3	14.6	832	19.3	17.7
中部	新潟		146	226			307		
中部	长冈		192	280			258		
中部	富山		105	115			140		
中部	金泽		102	140			161		
中部	福井		134	152			172		
中部	甲府		240	305			432		
中部	长野		204	317			406		
中部	松本		192	306			413		
中部	岐埠		172	268			385		
中部	静冈		132	201			370		
中部	浜松	1911	192	595	44.8	26.9	902	44.3	30.1

---

① 石塚裕道：『日本近代都市論—東京：1868—1923』，東京：東京大学出版会，1991年，第210—211頁。

续表

地名	市名	市制（实行）	1903年指数	1920			1930		
				指数	工业(%)	商业(%)	指数	工业(%)	商业(%)
中部	丰桥	1906	228	526	38.7	27.9	795	51.7	28.2
	名古屋	1889	220	462			690	41.2	29.5
近畿	津		229	301			353		
	京都		155	241			311		
	大阪	1889	273	489			678	37.7	33.4
	堺		123	204			273		
	神户	1889	354	757	39.7		979	32.4	30.7
	姬路		161	228			274		
	和歌山		125	155			214		
中国	冈山		246	335			422		
	广岛		148	196			330		
	吴	1902	435	860	55		1255	31.3	16.1
	下关		150	255			320		
四国	德岛		111	119			158		
	高松		99	165			212		
	松山		128	176			280		
	高知		115	180			313		
九州	八幡	1917	763	8367	66.1		13.687	40.6	20.5
	小仓	1900	318	421			759	39.2	28.4
	福冈	1889	167	289			526	30.5	34.9
	久留米		159	298			397		
	大牟田	1917	1230	2597	36		3930	30.5	25.3
	佐世保	1902	1815	2311	41.8		3537	22.2	19
	长崎	1889	401	462			534	30.2	27.4
	熊本		135	292			371		
	大分		83	303			400		
	鹿儿岛		131	229			304		

续表

地名	市名	市制（实行）	1903年指数	1920			1930		
				指数	工业(%)	商业(%)	指数	工业(%)	商业(%)
冲绳	那霸		159	198			223		
全国(市部)平均		—	—	—	39.5		—	35.4	35

在从业人口总量中，从1875年到1877年，农业人口为1400万人，占全部从业人口的81%；从1893年到1897年，农业人口上升到1600万人，占全部从业人口的70%。[1]

就人均收入而言，以1928年到1932年的币值为基准，1875年到1877年，日本人均收入是101日元，其中农林业为48日元，工业为139日元，其他部门为398日元，农业人均收入最低。从1893年至1897年，人均收入为170日元，农林业为83日元，增加了73%，蚕丝工业为316日元，增加了127%，所以尽管农业生产力有很大提高，但是工业生产力提高更大，其增加幅度远非农业可比。1918年到1922年，人均收入为290日元，农林业为163日元，工业为444日元，商业为448日元，其他为401日元。显然，在这一阶段，农业收入有了很大的提高，但是，同工业的差距仍然相当大。

四、城市工厂结构与职工人数的变化

在明治初年，家庭手工业占了绝对优势地位。但是随着殖产兴业与近代工业的发展，机器工厂数量日渐增加，雇佣人数也日趋增多。尤其是1900年以后，随着垄断组织的产生，企业规模与职工人数都急剧上升。

在明治十八年(1885)，日本的近代工厂数量不过661家，但1892年便增加到2767家，到1897年更增加到7327家。在动力使用方面，1894年，使用机械动力的厂家为2409家，占工厂总数的37%；到1897年，这一数字增加到2950家，占工厂总数的40%。

尽管使用机械动力的工厂日渐增加，但就1900年以前的情况而言，家庭手工业仍然占有很大的比重。据统计，1875年到1877年，工厂工业的生产总额为2100万日元，而家庭手工业生产总额为4200万日元，在工业生产

---

[1] 山田雄三：『日本国民所得推計資料・生產国民所得』，東京：東洋経済新報社，1951年，第158頁。

总值中超过了三分之二。从 1893 年到 1897 年,工厂工业的生产总额达到了 3.18 亿日元,而家庭手工业仍然有 3.8 亿日元,显然,家庭手工业的产值仍然超过半数。不过,机器大工厂的生产份额在急剧攀升。1903 年,职工数在 10 人以上的 8274 家工厂中,使用蒸汽动力的工厂为 3741 家,占了 45%。职工数量在 1897 年是 43.9 万多人,到 1903 年增加到 48.38 万多人,增加比例不过 10%。其中女工的数量为 30.14 万余人,占了 62%,远远超过男职工的数量。由此可见,在日本当时的工业结构中,轻工业占了绝对优势。①

日俄战争之后,日本政府开始大力支持大公司的发展,鼓励企业合并,试图用规模化来增强国际竞争力。与此同时,日本近代经济的发展也进入到了垄断经济时代,企业规模迅速扩大,1910 年到 1920 年间发生了很多企业合并案例。

1909 年,职工在 5 人以上的工厂有 32200 多家,其中职工数量在 5 人到 9 人之间的工厂数量为 16800 多家,占 52.4%;10 人到 29 人之间的工厂数为 10800 多家,占 33.3%;30 人到 99 人的工厂数为 3400 多家,占 10.8%;100 人到 499 人的工厂数量为 900 多家,占总数的 3%;500 人以上的工厂有 140 家,约占 0.43%。到 1914 年,5 人以上的工厂数量有 31700 多家,其中 5 人到 9 人之间的工厂数量为 14600 多家,占 46.2%;10 人到 29 人的工厂数量有 11500 多家,占 36.4%;30 人到 99 人的工厂数量为 4100 多家,占总数的 13.1%;100 人到 499 人的工厂数量为 1100 多家,占总数的 3.6%;500 人以上的工厂数为 209 家,约占总数的 0.7%。显然,小工厂在明显减少,工厂趋向大规模化。当然,生产的集中也会带来资本的集中。如果以 1910 年为基准,设定其为 100 的话,不满 10 万日元的工厂占 11.53%,不满 50 万日元的工厂数占 18.11%,不满 100 万日元的工厂数占 10.95%,不满 500 万日元的工厂数占 21.42%,500 万日元以上的工厂则占到 37.99%。到 1913 年,不满 10 万日元的工厂占 10.43%,不满 50 万日元的占 16.74%,不满 100 万日元的占 9.88%,不满 500 万日元的占 25.88%,在 500 万日元以上的工厂数占 38.07%,显然,在资本集中方面,增长速度很快。② 在日本工业的龙头行业——纺织业当中,钟渊纺织会社在 1899 年到 1923 年期间

---

① 東洋経済新報社:『明治大正国勢総覧・内地工場数並従業者数、職工数累年表』。
② 楫西光速ほか:『日本資本主義発達史:独占資本の形成と発展』,東京:有斐閣,第 50 頁。

总共并购了14家公司。在1914年三重纺织与大阪纺织两家公司合并成立东洋纺织会社之前，这两家公司已经分别合并了8家和3家公司。1903年，加入纺织联盟的51家公司中前8家公司占了总纱锭数量的51.6%。到1913年，前7家公司占有总纱锭数量的58%。① 其他领域也都出现了并购潮，在煤炭、铜矿、制糖、石油、肥料生产等领域，大的龙头企业纷纷出现。

这一时期，日本企业之间的关系也有封建的从属性。大企业同政府官僚勾结，充满着政商色彩。它们居于经济体系的中心地位，通过各种转包方式役使大量的中小企业，从而形成了带有封建残余的、有日本特色的金字塔般的等级经济体制。

第三节 三大都市圈以及地方城市的发展

日本的城市化有一个显著特点，即都市圈的发展模式。之所以形成这样的发展模式，主要是因为：其一，日本境内多山，平原狭小，只有关东平原、关西平原、浓尾平原以及北九州的福冈平原，由于腹地相对开阔，在这几个区域就兴起了都市圈。其二，日本的经济近代化是自上而下的发展模式，政府权力集中，靠近权力中枢的地区自然近水楼台先得月。在关东平原有东京都，在关西平原有大阪府以及邻近的京都府，在浓尾平原有名古屋市以及岐阜市，北九州一带的平原则以福冈为中心。其三，城市圈的发展模式有利于生产的集约化开展，可以节省物流成本，对于资金缺乏的后进国家而言是工业化与城市化的一种较好的发展方式。

日本三大都市圈的发展以东京—横滨都市圈为首，由于其位于日本最大的平原关东平原，且邻近中央政府所在地，因而发展势头最为迅猛。日本的四大财阀——三井、三菱、安田、住友中前三家都形成于京滨都市圈。其次是阪神都市圈，此地由于是西日本传统的经济中心以及物资集散地，邻近京都、奈良，在明治维新后，也获得了迅速的发展，成为第二大都市圈。名古屋以岐阜县、爱知县、三重县这一传统经济发达地带为核心，在近代也取得了巨大的发展，成为第三大都市圈。北九州因为煤炭工业与钢铁工业等的发展，且距离中国、韩国较近，比较容易获得大陆来的资源，也形成了一个都市群。其他诸如东北部地区、北日本地区、北海地道区，在明治维新以后，城

---

① 高橋龜吉：『日本資本主義発達史』，東京：日本評論社，1928年，第254頁。

市都有较大的发展,但一般都是点式布局。

一、京滨都市圈的形成

(一)明治初期东京格局的变化

如前文所述,在江户时代,东京的市域分成三部分——武家地、寺社地、町人地,其中武家地占60%,町人地不过30%。町人地尚有名称,如骏河町、锻冶町等,而武家地不仅没有名称,连番号都没有,有不少地方只是被称为某某尊府等。有些甚至连这个都没有,人们只能根据其形状以及门前的家徽进行识别。在武家宅邸中,大名的宅邸又占了大半。大名的宅邸根据其等级与石米确定规模大小,土地都属于幕府赐予,大名不具有所有权。其中纪州藩的德川家宅邸有13万坪(一坪为3.3平方米),加贺藩前田家的宅邸有10万坪,属于御三家之一的水户藩与尾张藩也分别有近10万坪和5万坪。

明治政权成立后,到1869年,支持幕府的残余势力被彻底打垮。德川庆喜由于在最后关头对天皇政府表示恭顺,获得了宽大处理。新政府没收了幕府的大部分土地,但还是给德川家留下了原来800万石领地中的70万石。德川家的领地被限制于骏河和远江(今天的静冈县),由御三卿之一的田安家的6岁的龟之助承袭(龟之助即后来的德川家达,后成为公爵,曾经出任贵族院议长)。龟之助在1868年8月9日离开了江户,他本想走海路,但是由于担心被前幕府的拥护者——榎本武扬带领的海军劫持到北海道的虾夷地,便改走陆路,跟随者仅仅100多人。而最后的将军德川庆喜已经在7月23日回到骏府隐居,一直到1898年才回到东京。之后,在江户的德川家的家臣们也先后迁徙到了骏河,这些家臣们的俸禄也被削减到了原先的十分之一。幕臣们将财物与宅邸贱卖,只带着随身物品来到骏河。他们先寄住在寺社町人屋中,后散向领国各处,改行从事并不熟悉的农业生产活动。江户原先的谱代大名也被勒令离开江户,迁移到以前的旧幕府领地,如关东的上总、下总、安房等地。幕府陆军3000人被迁到了沼津,那里一下子变得非常拥挤。他们在那里兴办了沼津兵学校,教育子弟,由于他们掌握有当时可谓最新的知识,所以,该校后来倒为明治政府培养了很多人才。应该说新政府对于德川家族的处理还是相当大度的,本着息事宁人的态度,没有穷追猛打。这也是新政府能够在短期内控制全国局势的重要原因之一。

根据1873年1月14日太政官公告,各藩的城池中只有东京等43城及1处要害予以保留,其他被基本废弃。这些城池在维新后大部分变成了军用地,比如大阪城就成为第四师团的指挥部所在地。①

江户在维新后经历了一场极大的混乱。1868年4月11日,天皇政府的官军成为江户的统治者。早在4月7日,政府就命令各诸侯及其家臣回归自己的封地。为此各大名都开始处理宅邸与土地,着手回归。5月,市政裁判所设立。新政府规定,为新政府服务的、原德川幕府的旗本以及御家人可以留在原来的住宅,德川幕府在江户的土地以及宅邸一律不得买卖转让,而由新政府承袭。对于各大名的宅邸土地,根据8月份发布的命令,各藩无论大小,在城内可以保留一处住宅,但是在城外则规定不一,如10万石以上的大藩可以保有两处住宅,以下的则只能保留一处,其他一律上交政府。当然,原先属于反政府的藩与属于官军阵营的藩在处理时是不一样的,有些藩得到了一些补偿与土地置换。由于德川幕府属下的八万旗本以及各藩大名的离去,江户的武家宅邸几乎空空如也。当地的房屋变得极其便宜,每坪只有二钱五厘,哪怕是土藏造的华丽住宅。但是到大正八年(1919),日本桥附近的土地已涨到每坪15000日元。

有些精明的商人看到了机会。有位叫广部清兵卫的人,他于幕府末期在日本桥经营蜡烛以及杂货店生意,他去世时,曾经担任东京市政裁判所首任长官的土方久元给他写了墓志铭,文曰:"明治初年,人心汹汹,朝不保夕,列侯宅邸,荒凉寂寞,不名一钱。"广部清兵卫曾云"江户是天下的枢要所在,后世必然复兴",因而派人四处购买土地宅第。不久,江户改名东京,官商云集,很快土地房产价格暴腾,广部清兵卫以此获得暴利,成为鼎鼎大名的大亨,以至于首任裁判长都给他写了墓志铭。明治时代,广部清兵卫在神田区、日本桥区、麻布区、芝区等地区拥有大量的地产。其中在芝区就拥有7881坪,在神田区西小川町拥有1200坪以上,在麻布区的麻布市兵卫町拥有1100余坪,在同区的三河台町也拥有2500多坪土地。

还有一个商人叫乡纯造,他原本出身美浓(爱知县)地区的农家,后到江户做苦力,最后做到了幕府的御作事方勘定役。维新后,他在新政府供职,

---

① 大阪城的天守阁是1931年重建之物,原建筑于1665年毁于雷火。也有些城池废弃后成为监狱或者菜园。姬路城因为一个陆军大佐中村重远的建议,由陆军出钱维持才得以存续。其他由天皇恩命保留的有彦根城、名古屋城。此外还有一些城池是由地方人士的呼吁、运动才得以保留的。

由会计局的组头升到大藏次官,1887年退休。在维新后的一段时期,他也到处购买房地产。1868年,他购买了菊町二番地的宅邸,900坪只花了56日元,每坪是6钱。此处原来是某位旗本的宅邸,建筑精美、庭院幽深。

1868年8月,政府开始将以前的武家地下赐给政府官员,也有借予的。但即便是这样,仍然还有很多空地、空房子。而后,政府又以置换的办法让滞留在京都的各藩人士来到东京。政府对这些宅第进行修理,然后无偿地借给各级官员,而这些官员原来在京都的房子都是要付房租的,且京都的房子都偏小。后来,由于修理费过大,到1869年4月,政府便停止了支付修理费的做法,改为官员可以依据其身份住进相应的住房,政府不再支付修理费。比如,四等官以上的官员可以住进400坪以上的房子,而九等官可以住进100到150坪左右的房子。最后政府干脆将房子减价卖给居住者,每千坪25日元,每坪2钱5厘。千坪中,上等为25日元,中等为20日元,下等为15日元。① 这样的价格与奉送无异。

尽管有些精明的商人在购买房地产,但是大量的土地仍然抛荒赋闲,为了盘活处于空闲状态的武家宅邸,政府推出了"桑茶"政策。因为当时桑茶在国际市场上的销售行情很好,所以东京府于1869年8月20日发布了桑茶令。该令规定,在广大的武家地,不拘武士、町人,只要有财力、有意愿皆可来此种植桑茶。这样很多町人就打破封建等级制度的束缚,进入了武家地。而且不久以后,凡是开垦地都处理给了个人。这是桑茶令所带来的土地所有关系的变化。不过,桑茶政策是逆历史潮流而动的。

京都由于天皇朝廷的离去与各藩藩邸的搬迁出现了衰落的局面,于是也采取了桑茶政策。

实际上,桑茶政策并没有起到什么作用。首先是习惯种植水稻的民众不熟悉桑茶的种植,而且政府也没有采取相应的鼓励措施,比如提供大量的桑茶树苗以及进行养蚕指导等。所以,桑茶政策对于政府急需出口桑茶以换取外汇方面,几乎谈不上有所帮助。后来随着官厅、官员住宅的建设以及军用地对土地需要的逐渐高涨,到1871年底,在东京府知事由利公正时期正式废止了这一政策。这一政策的废止也同迁都之后各藩的反对有关,在迁都之前,各藩因为财政困难,自顾不暇,纷纷从江户撤离,因而政府没收武家宅邸的政策没有遭到太多的反对。但是宣布迁都后,各藩都要派员到东

---

① 铃木博之:『都市へ』,东京:中央公论社,1999年,第104—112页。

京处理与政府有关的事务,因而对无偿没收武家宅邸纷纷表示异议。这也是桑茶令被废止的原因之一。

除了桑茶政策之外,政府还进行了农地化试验,设置了农业试验所。明治政府在农业方面学习西洋,走农业现代化之路,如培育良种、培训农业技术人员、从事农业生产技术研究、推广农业机械,等等。当时明治政府将青山与麻布一带的大名宅邸建成了第一官园与第二官园。1872年,在新宿附近原内藤赖直的屋邸兴建内务省劝农寮直辖的动植物试验场计18万坪,此地为新宿御苑。1874年又购买了三田四国町原来岛津氏的屋邸约4万坪,建立了一个新的试验场,即"三田育种场",3万多坪花了15000日元。钱没有付给岛津氏,而是给了4个拥有此地地权的平民——福岛嘉兵卫、福岛浅太郎、冢本太七、广濑贞右卫门。

前幕府时代御三家与御三卿的土地和房屋面积很大,由于区位好且宅邸华美,都由政府机关占据,纪州藩的土地还被编入了皇居。陆军在东京各地以及近郊设立了很多兵营、练兵场、军火库以及军工厂。海军除了占据旧幕府军的基地——隅田川的下流域之外,还在城内的筑地、京桥一带抢占了以前的武家地。水户藩在小石川一带后乐园的土地成为陆军的炮兵工厂以及兵器总厂。尾张藩的土地以及在市谷的宅第成为陆军士官学校和幼年学校,最后演变成为自卫队用地。该藩所有户山山庄的庭院成为陆军的户山学校,现在则是独立户山公园的一部分。在筑地的安艺、尾张、桑名、淀、一桥等藩的宅邸,因为近水,便成为海军省的用地。

此外,加贺藩的宅邸成为帝国大学的校园,而原来幕府的私家寺院——宽永寺与增上寺的大半都被辟成了公园,也就是今天的上野公园与芝公园。①

如此处理武家地,自然是为了充分利用土地资源,但是武家地的消失也是庭院文化的一种损失。其实宽广的武家地主要不是用来居住,而是用来造园,所以武家宅地的大部分都是形形色色的园林,内有假山、亭台、回廊、水池、各色林木花草等。在这些地沦为农业用地或者军用地以及町人地之后,这些园林景观基本上就消失了。

---

① 石塚裕道:『東京の社会経済史』,東京:紀伊国書店,1977年,第37—38頁。

1877 年政府各官厅所在地分布情况①

1877 年（明治十）	地目	地名	
皇宫地	皇居	第一大区一小区	
外务省	本省	第一大区一小区（霞关一丁目一）	旧福冈藩邸
内务省	本省	第一大区二小区（大手町一丁目二）	旧姬路藩邸
大藏省	本省	第一大区二小区（大手町一丁目二）	旧姬路藩邸
陆军省	本省	第一大区三小区（有乐町一丁目一）	旧鸟取藩邸
海军省	本省	第一大区十小区（筑地四丁目一）	旧安艺、尾张、桑名、淀藩邸、一桥地
文部省	本省	第一大区二小区（大手町二町目一）	旧小仓藩邸
工部省	本省	第二大区四小区（溜池葵町一）	旧佐贺藩邸
司法省	本省	第一大区三小区（八重洲町、永乐町）	旧岩村藩邸老中屋敷
宫内厅	本省	第四大区一小区（神田锦町三町目）	
东京府	本厅	第二大区一小区（内幸町一町目一）	旧大和郡山町

　　1871 年 7 月废藩置县政策实施，旧藩主以及华族都离开了原来的藩，丧失了他们对领地的统治权，重新来到东京居住。

　　此时的皇族、公家以及政府官员在挑选住宅地时，大都偏爱那些地势较高、较为干燥的地方——高燥之地。东京的地势，东部町人区——下町较为低湿，而西部、南部相对较高。在江户时代，虽然也有很多大名建设宅邸于高燥之处，但是水的魅力似乎更大，当然也是为了交通的便利，因为当时主要依靠水上交通，他们也很喜欢在临水的低洼地区建设宅邸。但是，地势低洼处终究不利于居住，所以，不久之后皇族首先借火灾之机从地势较低的下町迁出，向西、向南寻求较高的台地，他们尤其偏爱那些朝阳的斜坡。当然，水也没有完全失去它的魅力，明治政府请来西洋设计师孔特，沿着隅田川开发了大量的房屋建筑。不过更多的人还是从健康的角度考虑，选择了地势高、阳光充足、空气流通更好的台地。这也是当时的房地产开发人士在西、南的涩谷、目黑、淀桥等地大量购买土地，尤其是南向的斜坡的主要原因。

---

①　铃木博之：『都市へ』，東京：中央公論社，1999 年，第 114 頁。

（二）明治时代东京人口的变化

1. 东京各区的人口变化

据日本学者小木新造的调查，明治初年东京六大区的人口统计情况有两种资料：一种是1872年做成的《壬申户籍》，于同期做成的《东京市史稿》所依据的《明治五年壬申年本籍职分总计留》。前者现在看不到了，只留下了一些数据，后者还可以查阅。另一种是《东京府志料》，这是1873年陆军省花3年时间做成的。两者的差别在于，前者只计算在籍人口，而后者不仅计算在籍人口，还计算了流动人口。但是，后者没有前者准确，两者相差近10万人口。

《明治五年壬申年本籍职分总计留》《东京府志料》六大区人口对照表

	明治五壬申年本籍职分总计留（人）	东京府志料（人）
第一大区	171590	198228
第二大区	54665	73249
第三大区	34989	59697
第四大区	55238	64597
第五大区	105662	104182
第六大区	72002	78337
合计	494146	578290

明治五年东京市部人口集计一览表（由《东京府志料》计算而出）

	本籍（人）	寄留（人）	合计（人）
第一大区	171197	27031	198228
第二大区	63278	9971	73249
第三大区	51013	8684	59697
第四大区	55869	8728	64597
第五大区	94760	9422	104182
第六大区	70898	7439	78337
合计	507015	71275	578290

由上表可知，1872年东京市区六大区的人口为578290人，同幕府时代江户人口最盛期相比，减少了72万人，少了一半以上，这是罕见的。如果加上周边郡部人口——30.39万余人的话，整个东京府的人口总数为

88.22万余人。

经过明治维新30多年的近代化,日本的人口开始逐渐向城市移动。

东京人口数量在1872年跌到最低谷之后,由于迁都以及废藩置县,再加上殖产兴业政策、文教事业、军备的近代化,人力、物力开始向东京集中,人口开始逐步回升,但是,一直到1897年(明治三十年)才超过幕府江户最盛期时的人口。

东京人口变迁一览表(1869—1897)[1]

年(明治)	总人口(人)	全管辖内(包含郡部)		15区合计(人)	15区	
		男(人)	女(人)		男(人)	女(人)
1869(2)	—	—	—	503703	260936	242767
1872(5)	779339	392045	387394	494146	249310	244836
1872(5)	882222	—	—	578290	299006	270284
1874(7)	894262	—	—	593673	—	—
1876(9)	890681	447711	442970			
1877(10)	1072560	555049	517511	736819	383035	353784
1878(11)	1084025	559654	524371	813400	423365	390035
1879(12)	1101496	563728	537768	825191	424827	400364
1880(13)	1140521	585588	554933	857780	443538	414242
1881(14)	1164181	597613	566568	982839	495772	487067
1882(15)	1173603	605355	566248	885445	462945	422500
1883(16)	1209630	631271	578359	918796	486202	432594
1884(17)	1209630	631271	578359	918796	486202	432594
1885(18)	1300073	684817	615256	999023	524486	464527
1886(19)	1519781	818669	701112	1211357	663570	547787
1887(20)	1552457	831825	720632	1234450	671341	563109
1888(21)	1629820	876567	753253	1298661	709041	589620
1889(22)	1694292	914425	779867	1375937	753372	622565

[1] 小木新造:『東京庶民生活史研究』,東京:日本放送出版協会,昭和六十一年,第35—37頁。

续表

年(明治)	总人口(人)	全管辖内(包含郡部)		15区合计(人)	15区	
		男(人)	女(人)		男(人)	女(人)
1890(23)	1531293	823802	707491	1207341	661.033	546308
1891(24)	1545726	822888	722838	1214776	656174	558602
1892(25)	1568478	833347	735131	1235029	665041	569988
1893(26)	1857915	981557	876358	1275615	690475	585140
1894(25)	1890400	997893	892507	1298576	702899	595677
1895(28)	1943645	1029838	913807	1339726	727996	611730
1896(29)	1977859	1048813	929046	1365068	742787	622281
1897(30)	2020017	1072341	947676	1403769	764490	639279

在明治维新后的30多年内,东京十五区中人口增加最值得注意的是山手地区与下町一带。山手地区人口增加的比例最高,而下町在人口的绝对数量增加方面则非常惊人。

考察明治五年到明治二十二年的各区人口增加情况,其中山手地区的曲町、本乡、小石川与下町的浅草、神田、日本桥的人口增加情况见下表。

山手、下町各区的人口增加情况(明治五年和明治二十二年)

区别	将1872年(明治五年)东京府志料的町名与东京府人员统计表的町名对照计算(人)	1889年(明治二十二)年东京府人员统计表(人)	增加人数(人)	增加比率
曲町区	20271	58473	38202	约2.9倍
本乡区	32374	66349	33975	约2.0倍
小石川区	26823	49198	22375	约1.8倍
浅草区	91254	160315	69061	约1.8倍
神田区	71470	14032	68892	约2.0倍
日本桥区	78697	141962	63265	约1.8倍

显然,各区的人口都有很大的增长,但是各区内各町地的人口增加不一样,其中武家地增加显著,而町人地增加则较慢。当然明治二十二年东京的人口增加也才刚刚起步。而且在东京新增加的人口中,除了本籍人口的自然增长外,外来流动人口占了绝大多数。

明治二十二年本籍人口与居住人口对照一览表①

	本籍人员			现住人员			扣除本籍人员后的数字				现住户数（人）	每户居住人数（人）
	男(人)	女(人)	计(人)	男(人)	女(人)	计(人)	男(人)	女(人)	计(人)	与本籍人口比		
曲町区	13853	13479	27332	22203	26270	58473	18350	12791	31141	144%	11167	5.2
神田区	47411	44086	91497	77526	62836	140362	30115	18750	48865	53	29202	4.8
日本桥区	37205	37592	74797	81337	60625	141962	44132	23033	67165	98	24872	5.7
京桥区	37721	36032	73753	76420	72421	148841	38699	36389	75088	102	25865	5.8
芝区	37951	36386	74337	77408	58248	135656	39457	21862	61319	82	31185	4.4
麻布区	13358	13113	26471	27247	22997	50244	13889	9884	23773	90	10289	4.9
赤阪区	10289	9620	19909	20998	16727	37725	10709	7107	17816	89	9256	4.1
四谷区	12367	12205	24572	21321	16527	37848	8954	4322	13276	54	9787	3.9
牛入区	16145	15775	31920	26929	23828	50757	10.784	8053	18837	59	10913	4.7
小石川区	15233	14691	29924	26640	22558	49198	11407	7867	19274	64	11231	4.4
本乡区	24094	22346	46440	36409	29940	66349	12315	7594	19909	43	21293	3.1
下谷区	32144	39970	63114	49120	42174	91294	16976	11204	28180	45	18853	4.8

① 小木新造：『東京庶民生活史研究』東京：日本放送出版協会，昭和六十一年，第42頁。

续表

	本籍人员			现住人员			扣除本籍人员后的数字				现住户数(人)	每户居住人数(人)
	男(人)	女(人)	计(人)	男(人)	女(人)	计(人)	男(人)	女(人)	计(人)	与本籍人口比		
浅草区	53091	54621	107712	86066	74249	160315	32975	19628	52603	49	34607	4.6
本所区	27897	34236	72133	66907	53533	120440	29010	19297	48307	67	28565	4.2
深川区	28349	24948	53297	46841	39632	86473	18492	14684	33176	62	26108	3.3
合计	417108	400100	817208	753373	622565	1275937	336264	222465	558729	68	303193	4.5
明治二十一年区部	400917	382369	783286	709041	589620	1298661	308124	207251	515375	66	287833	4.5
明治二十年区部	394369	375559	769928	671341	563109	1234450	276972	187550	464522	60	294650	4.2
明治十九年区部	384478	370180	754658	663570	547787	1211357	279092	177607	456699	61	292210	4.1

由上表可知,1886年,相对本籍人口而言,现住人口的增加率为61%,1887年为60%,1888年为66%。到1889年,扣除原有人口基数,增加人口为55.87万余人,增长率达到68%。而且在曲町区、京桥区,外来的人口数超过了本籍人口。在日本桥、芝、麻布、赤阪四个区,这个数字也达80%。人口增加最多的是京桥区、日本桥区、芝区的下町,仅仅京桥一区的人口增长便超过了麻布、赤阪、四谷三区的总和。位于人口增加第二层次的是浅草、本所、深川三个区,其中整个下町的人口增长率是非常惊人的。

另外值得一提的是男女性别比例问题。根据明治二十二年《东京府人员统计表》,就本籍人员而言,男子人口比女子多17008人,这个差别是正常的。但是如果从现住人口中扣除本籍人口,则男性人口比女性高出11.37万余人,由此可见,在流动人口中,男女人数的差别是巨大的。这反映了当时外地人口中来东京做工做事的以男性为主。而且曲町、日本桥、京桥、芝、麻布、赤阪六区的总人口中,扣除本籍男性人口,外来男性人口的绝对数量都超过了本籍人口,因而出现了男子过剩的现象。而从上表可以看出,在明治初年,东京人口中的男女比例是正常的,当时的差距只有20010人。

2. 行业人口的变化

根据《明治五壬申年本籍职分总计留》,当时东京的各行业人口分布情况是:杂业107316人,居第一位,商业人口83358人,农业人口69343人,工业人口53052人;农业人口主要分布在新划定的辖区——板桥口、千住口、品川口、新宿口。在六大区内,从业人口多少的顺序依次是杂业、商业、工业。工业主要是家庭手工业,杂业内容不明,应该是同商业、工业有关联的职业。农业人口在六大区内有14627人,主要是因为在武家地实行了桑茶政策。

明治十五、二十一、三十三年商业、工业、农业从业人口比较一览表(东京15区以内)[①]

	商业			工业			农业	
	十五年(人)	二十一年(人)	三十三年(人)	十五年(人)	二十一年(人)	三十三年(人)	十五年(人)	二十一年(人)
曲町	2588	1019	4534	1953	828	2507	—	—
神田	9859	4588	16956	2961	5666	7675	—	—
日本桥	8602	13709	65403	4031	1509	10504	—	—

---

① 小木新造:『東京庶民生活史研究』,東京:日本放送出版協會,昭和六十一年,第50頁。

续表

	商业			工业			农业	
	十五年(人)	二十一年(人)	三十三年(人)	十五年(人)	二十一年(人)	三十三年(人)	十五年(人)	二十一年(人)
京桥	17758	6738	6581	10732	6607	6294	—	—
芝	5041	6198	24908	5001	3380	7537	76	5
麻布	1555	2360	3883	1545	1564	3240	53	5
赤阪	3235	1832	3862	1946	1312	2086	277	9
四谷	2738	2456	2976	1375	1296	2102	41	—
牛入	4040	1421	4602	1624	510	2989	139	5
小石川	1374	1383	5682	2509	602	5883	153	92
本乡	4937	1877	9980	5532	1310	5847	34	50
下谷	4034	2968	12038	3913	3132	9862	39	13
浅草	3470	9903	33808	3742	7238	20199	2	—
本所	3037	6689	27343	4829	4098	18635	82	3
深川	3828	4492	16338	2364	5286	8638	—	—

由上表可知,一直到明治二十一年,也就是1888年,东京的人口行业分布都尚未有明显变化,商业人口同以前相比稍有减少,工业人口处于停滞状态,农业人口急剧减少。但是到了1900年,商业与工业人口开始急剧增长。1888年商业人口是70633人,到1900年增加到238893万余人,增加了大约2.4倍。工业人口由同期的44338人增加到113598万余人,增加了1.56倍。显然,在1888年以后,东京的人口行业分布发生了突变,以前还只是处于量变胎动阶段。

之所以出现这样的变化,原因是工业化的飞速进行。正如石塚裕道说:"在明治维新的最初的十年内,在京桥兴起了印刷业,在芝地区兴起了纤维工业,与此同时,在芝的全区域开始了金属工业的发展,而在江户川流域以及下谷、浅草的部分地区,工厂开始大量出现。另外在深川地区也发展起了现代建材业,如窑厂、砖瓦制造、陶瓷业等。这些都显示了这期间产业发展的新势头。"①

(三)京滨都市圈各区域的发展

明治维新后,日本变成了一个中央集权国家,东京成为日本的首都。在

---

① 作者译自石塚裕道:『日本資本主義成立史研究—明治国家と殖産興業政策』,東京:吉川弘文館,昭和四十八年,第370頁。

政府的计划下,全国范围内的人力与财力都以东京为中心实现调配。与此同时,由于近代以来的世界由多极向全球化发展,日本变成了世界经济体系中的一分子,东京也被置于世界经济分工合作的网络之中,其所起的作用越来越重要。

1910年前后的东京、川崎

东京成为首都之后,首先就有了一系列的政府机构进驻,如皇宫、国会、最高法院、中央政府的各省部机构等。作为国际化时代的一员,东京又有外国使领馆、外国商社存在。由于日本政府体制的特点,靠近权力中心的地方容易获得资源与信息,所以各大商社都将总部设在东京,东京也因此而成为各大金融机构的总部所在地。此外,东京还集中了大量的文教机关,如高校、出版社、报社,等等。这些都导致了资本以及人口向东京的快速集中。

因为上述因素,再加上自然条件优良,平原辽阔,水陆交通便利,易于获得资本以及劳动力,且市场广大,在短暂的萧条之后,随着殖产兴业政策的开展以及工业化的飞速进行,东京的城市面积与人口迅速增长,很快由中心地带向周边地区膨胀,迅速形成了一个巨大的生产与消费城市。

东京之所以成为中心,也同明治政府构建的以东京为中心的近代交通网有关。1872年,新桥到横滨的铁路开通。1883年,上野到熊谷间的铁路开通。

1889年,新宿到立川之间、新桥到神户之间的铁路开通。1891年上野到青森之间、1896年田端到土浦之间、1897年本所到铫子之间的铁路陆续开通。1898年又开通了常磐线,接着1901年开通了新桥到下关线,至此东京的铁路可以一直到达本州岛西部。1905年上野至新潟、1904年饭田町到中野之间开通电车。再加上东京市内的电车线路,这样东京的中心部位同全东京、全日本都连接了起来。这些都促进了人力与物力向东京的流动。①

1. 东京市内各区的变化

东京最中心的区域自然是官僚机构所在地。皇宫是东京以及全国的中心。在宫城内有以内阁为首的枢密院、内大臣府、宫内省等机构。在大手町,拥有统辖政府各机构的内务省,还有管理财政的大藏省以及拥有数千员工的印刷局。在西日比谷有司法省、大审院、控诉院、东京地方法院等。在附近的霞关,有海军省、海军军令部、外务省。在永田町,有陆军省、参谋本部、矿山监督局等。这些相互近邻的机构构成了东京市中心的官厅街。官僚队伍在1886年有40700余人,1897年为65700余人。1907年为52200余人,1920年为30.82万余人,比1886年扩大了6.5倍有余。官员分很多级,年薪差异很大。1910年最高级别的敕任文官的年薪是6200日元,最低级别的判任官的年薪是40日元。②

由于明治维新系自上而下的改革,东京作为首都自然是近水楼台先得月,政府在明治初期为了劝业而兴办的模范工场以及官营工业主要集中在东京。

明治初期东京的官办企业③

省名	部门	兴业费支持（千日元）	比率(%)	事业主体	业务内容
工部省	铁道	14293	5.7	—	—
	矿山	9327	3.7	—	—
	工作	2452	1.0	赤羽工作分局	机械制作
				深川工作分局	水泥、炼瓦
				品川工作分局	玻璃

---

① 都市文化研究会:『東京の発達史』,東京:都市文化研究会,1983年,第163—165頁。
② 東洋経済新報社編:『明治大正国勢総覧—文官人員及び年俸額累積年表』,東京:東洋経済新報社,1982年。
③ 石塚裕道:『東京の社会経済史』,東京:紀伊国書店,1977年,第64—74頁。

续表

省名	部门	兴业费支持（千日元）	比率(%)	事业主体	业务内容
内务省	劝农	796	1.3	驹场农学校	农业研究与教育
				内藤新宿试验场	品种改良及其他
				三田种育场	蔬菜栽培农具借贷及其他
	畜牧业	785	1.1	驹场种畜场	畜牧
	农产品加工	774	1	千住制绒所	呢绒生产
				关口制绒所	呢绒生产
陆军省	武器制造	—	—	关口制作所	兵器
	火药	—	—	板桥火药制造所	火药
				目黑火药制造所	火药
海军省	造船	—	—	石川岛造船所	造船
大藏省	印刷	—	—	印刷局	印刷、造纸

其中关口制造所是从旧幕府继承下来的，后来经过扩充，变成了东京炮兵工厂，生产步枪、火炮，并制造火药等，著名的村田式步枪即由此厂诞生。明治政府接手石川岛造船所之后，又将鹿儿岛机械所的一部分设备同其合并，此后规模逐渐扩大，成为最主要的海军船舰军械制造所。

到19世纪80年代实行官企民营化时，生产水泥和炼瓦的深川工作分局、生产玻璃的品川工作分局都被廉价处理给了浅野总一郎和西村胜三。

实际上，在19世纪80年代工业革命之前，东京就已经兴起了很多民营企业，具体见下表。

东京的主要民营企业(1880)[1]

所在地	社名	社长姓名	业种	资本金(千日元)	职工数(人) 男	女	动力(马力,机器数)	动力
神田区	精工社	中山襄冶,新田义雄	漆器	50	39210		25	人力1
日本桥区	有恒社	中野静卫	造纸	107	9490	11383		
京桥区	活版制造会社	平野富二	活版印刷	63	85		4	1
京桥区	活版制造会社	本木小太郎	活版印刷	50	65	22		1
京桥区	朝野新闻社	成岛柳北	活版印刷	42				人力3
京桥区	日就社	子安峻	活版印刷	31	129		8	人力2
京桥区	日报社	福地源一郎	活版印刷	50	50		5	人力8
京桥区	依田・西村造靴	依田柴浦,西村胜三	制靴	34	81			
京桥区	造船所	川崎正藏	造船	100	4068		15	人力49
京桥区	职工场	大仓喜八郎	机器纺织	30	10	35		
芝区	制纸所	真岛襄一郎	造纸	107	9490	11383	25	
本所区	新隆社	清水诚	火柴	100	48537	380250	37	蒸汽3
深川区	—	田中七右卫门	铸造	41	49350			
北丰岛郡	制纸会社	涩泽荣一	造纸	250	74	174	50	蒸汽1

[1] 石塚裕道．「東京の社会経済史」，東京：紀伊国書店，1977年，第73頁。

19世纪七八十年代东京各区产业分布的大致情况为：京桥是印刷业、江户川流域是杂货业（造纸、染物、铅笔制造）、浅草是皮革精制、深川是精米业。80年代以后，芝区兴起了金属工业，深川发展起了窑业。不过，本所、深川是产业革命之后才发展起来的。

日本的产业是在政府扶植资助之下发展起来的，所以大商人、大企业家同政府的关系都十分密切。比如赫赫有名的三井公司，它原本是一家从伊势国（三重县）到江户开设吴服店并经营汇兑业务的企业，明治维新后便成为政府的御用商人，在政府的支持下，先后创设了三井银行、三井物产等企业，逐渐形成了后来的大财阀。还有三菱，如前所述，它也完全是在明治政府的扶持下成长壮大的。还有不少商人在幕府末期以及明治初年利用社会动乱聚敛了不少财富，后又同新政府合作，通过廉价购买官营企业逐渐发展壮大，如安田善次郎、浅野总一郎、古河市兵卫等。这些企业主原本不是武士就是商人或者村庄的村干一类。还有涩泽荣一、五代友厚等都属于政商。

在19世纪80年代日本产业革命之前，首先出现了金融投资热，开办了不少金融机构，它们的设立为日本产业革命提供了必需的资金，而这些金融机构的总部都是先在东京设立，然后遍及全国。1882年，政府出资一半的日本银行成立，该银行主要从事银行券的发行。1879年，专司对外金融贸易的横滨正金银行开业，其资金的三分之一由政府提供。1899年，其在东京日本桥开设分店（实际上为总行），到1818年资本金增加到了1亿日元，专门从事对中国的投资以及募集外债，并发展成为世界性的汇兑银行。1897年资本金1000万的劝业银行设立，该银行主要为农业与工业的发展提供长期的低息贷款。1900年，由政府牵头成立了日本兴业银行。1896年，又成立了东京府农工银行。随着中日甲午战争、日俄战争以及第一次世界大战的发生，日本的产业获得了加速发展，银行资本也以惊人的速度增加：1904年资本金额为13885万日元，1913年为27654万日元，1919年为56247万日元。存款额在1913年为61128万日元，1919年为323984万日元。三井、三菱、安田、第一、川崎第百、十五、吉川、日本昼夜等大银行都将总部设在了东京，而住友、野村等其他关西大银行也在东京中心部位设有大营业所，从而构成了全国性的总店与分店系统。

产业革命以后，东京本地的企业数量更是大大增加，领先于全日本。

产业革命期间东京民营工厂的数量变化①

项目	年份	1889年	1893年	1896年	1901年	1907年
纤维工业	制丝业	2	13	46	23	27
	纺纱业	7	2	2	15	10
	纺织业	3	7	43	64	102
	小计	12	12	91	102	139
机械·器具·金属工业	机械·器具	21	22	57	77	160
	金属加工业	4	6	7	16	33
	造船业	1	2	3	7	6
	小计	26	30	67	100	199
化学工业		27	46	58	45	78
皮革工业		5	8	8	10	16
印刷·制本业		32	16	33	50	82
造纸业		0	10	11	9	9
饮食品制造业		10	10	33	49	59
煤气·电气		0	5	3	9	11
窑业		14	26	11	25	42
杂货品制造业		8	16	13	21	60
杂工业		5	3	6	32	70
合计		139	192	334	452	765

1897年，日本全国会社数量是6077家，支配资本金额或者出资额为53250万日元。1920年会社数量增加到20917家，支配资本金额或者出资额为823810万日元。总之，这期间的会社数量增加了将近2.5倍，所支配资金或者出资额增加了14.5倍。而东京府会社数量在1920年为2691家，所支配的资金额或者出资额为275600万日元，会社数为全国总量的六分之一，资本额或者出资额接近全国总量的三分之一。由此可知，当时的东京不

---

① 東京府編：『東京府統計書』。依据1889、1893、1896、1901、1907年度资料编成。

仅是日本的金融中心,也是名副其实的经济中心。①

随着商业贸易的发展,期货贸易也开始出现。1891年,东京设立了期货交易所。1897年,全国期货交易额为74790万日元,1920年达到7371395万日元,增加了近百倍。而东京期货交易所在1897年的交换额为55289万日元,到1920年达到3269145万日元,增加了58倍,占了全国的半数以上。②

1877年,资本额为20万日元的股票交易所设立。中日甲午战争以后,日本的股票市场日趋成熟,资本金达到了120万日元。在日俄战争的景气高峰时,达到了400万日元。大正六年(1917)增加到2000万日元。此外,现货交易所、米谷交易所等也相继成立。

东京输出的货物在1926年为2964932余万吨,其中输出关东六县的为第一,占66%。其次是东北方面,为23%。中央线方面的山梨、长野、岐阜为7%,东海道的静冈、爱知、三重为6%,近畿为4%,北陆为3%,再次是九州岛、北海道、中国、四国、朝鲜、桦太等。

据统计,1919年东京府内各地区的会社数量分布如下:第一位是京桥,有595社;第二位是日本桥,有524社;第三是神田,有335社;第四是本所,有257社;第五是深川,有190社;第六是曲町,有146社;第七是南葛饰郡,有127社;第八位是本乡,有121社;第九是芝,有121社;第十是浅草,有118社;第十一是北丰岛郡,有111社;第十二是荏原郡,有86社;第十三是丰多摩郡,有82社;第十四是小石川,有49社;第十五是麻布,有46社;第十六为牛入,有25社;第十七为西多摩,有24社;第十八为赤阪,有14社;第十九为八王子,有14社;第二十为北多摩,有13社;第二十一为南多摩,有13社;第二十二为四谷,有4社等。城市中心区分布最多,其次是传统的工业区本所,深川次之。而以住宅、农村田园为主的小石川以下地区最少。

从所拥有的资本金来看,这些地区的位次顺序又有所不同。第一是日本桥,为75200万余;第二是曲町,为61400万余;第三是京桥,为35200万余;第四是南葛饰郡,为9200万余;第五是神田,为7400万余;第六是北丰岛,为6300万余;第七是深川,为4000万余;第八是本所,为3900万余;第

---

① 東京府编:《大正八年東京府統計書·會社資本金别》,東京:東京府,大正八年,第305页。
② 前引東洋经济新报:"東京交易所期货交易额月别表"見『明治大正国势総覽·全国総括期货交易额及其不渡货月别表』,第82页。

九是荏原,为3200万余。前三位的日本桥、曲町、京桥都在亿元以上,占了压倒性的优势。郊外次之,至于主要是住宅地的区域则更在10位开外了。①

在房地产开发方面,以丸之内最为典型。此地由岩崎弥之助在1890年花了150万日元从政府手中购入,原来是政府的兵营。1892年这里开始进行写字楼的建设,但是发展缓慢,当时只有两条电车线路。一直到明治末期,事务所也不过49家。丸之内的真正发展是在第一次世界大战的景气时期,再加上大正三年(1914)东京火车站竣工,此地成为东海道的起点,铁路由此可通向西日本各地,从而使当地成为全国最大的交通枢纽,各项建设欣欣向荣。之后在政府机构向丸之内集中的同时,国内外各大会社都选择在此地建立总部,最终丸之内变成了写字楼一条街,成为东京的百老汇。②

2. 东京周边地区的发展

沿着东京湾南部发展的是隅田川出口处的月岛、筑地以及一系列的海上填埋地,以石川岛造船所与川崎造船所为核心,形成了船舶、车辆、桥梁、机械等制造中心。

东京南部地区虽然地理条件甚好,靠近横滨且有东海道从这里经过,但是一直到第一次世界大战的景气时期,这里才开始真正发展起来。这里的工业带不断向南延伸,同川崎、横滨连接,从而形成了东京—横滨工业带。

东京周边地区发展最为迅速的是横滨。横滨原本是关东、东北产品的输出地以及海外产品的输入地,也是东京同国外交往的一个窗口。横滨所在的神奈川县在明治四年(1871)与金泽藩、小田原藩、荻野山中藩、韮山县合并成新的神奈川县。

首先是贸易有了显著的发展。随着日本经济的迅速发展,横滨的进出口贸易越做越大。明治三十一年(1898)贸易额是1.9亿日元,到一战后,随着对美输出的迅速提高,达到了19亿日元。贸易商社与银行鳞次栉比。由于出口的需要,神奈川县的相模平原、秦野盆地变成了大片的桑原以及棉花种植地带。与此同时,工业也开始发展,到明治末期,整个神奈川县已经有

---

① 東京府編:『大正八年東京府統計書・会社資本金別』,東京:東京府,大正八年,第211頁。
② 三菱地所株式会社:『丸の內今と昔』,東京:三菱地所,1952年。

813家工厂,其中5马力以下的工厂为650家,染织工厂为417家、机械工厂为52家、化学工厂为24家。超过总数半数的染织工厂的动力是5马力以下的日本型水车。缫丝工厂有288家,主要分布在农村地带。明治四十四年(1919)横滨市制定了关于工厂的市税免除优惠政策(即在特定区域投资建厂,5年免市税),从而吸引来了大批的资金。这样,第一次世界大战后,横滨的船舶、电线、机械、化学、饮食等工厂如雨后春笋。大正九年(1920),工厂数是1706家,职工数有33065人。大正八年(1919)的生产额是24000万日元。随着区域面积的扩大,明治四十四年(1911)兴建了市役所厅舍。大正三年(1914)修建了横滨新火车站。大正六年(1917),新栈桥完工。大正八年(1919)改修了新道路,并实施城市规划。明治十八年(1885)人口是18万,到大正九年(1920),人口达到了57万。横滨由此成为近代工业与贸易城市。①

神奈川县的川崎位于东京与横滨两大城市之间,幕府时代是东海道五十三驿站之一,在多摩川的出海口。明治维新后,川崎是东京到横滨铁路上的一站,后来东西向连通日本太平洋沿岸主要地区的东海道铁路修通后,川崎的交通更加便利。相对东京而言,其地价低廉,排污以及水陆交通都非常方便。明治后期到大正年间,此地开始发展。明治四十年(1907),以横滨制盐工厂在此投资为开端,横滨精糖(明治精糖)、东京电器株式会社、日美蓄音器商会、日本钢管、芝浦制造所、东京制线等纷纷来此设厂。进入大正年间,这里更加兴盛。富士瓦斯纺织、味之素、东洋钢材、浅野水泥等东京的资本大举进入,人口迅速增加。明治三十一年(1898),川崎人口不过5600人而已,但是到大正七年(1918)已达到了37000人。②

东京东面的千叶县,明治维新后由旧幕府时代的安房、上总、下总的16个藩组合而成。千叶县府所在地的千叶在幕府时代属于佐仓藩,虽然不属于城下町,却是日本东北部分地区向江户输送物资的一个主要港口。明治六年(1873),千叶县厅设置于此,此地遂成为千叶县的行政中心。之后法院、学校等机构陆续在此设立。日俄战争后,铁道第一连队、陆军材料厂、陆军步兵学校、陆军防空学校相继设立,此地在成为政治、经济中心的同时也

---

① 横浜市役所編:『横浜市要覧』,横浜:横浜市役所,1927年,第59—73頁。中丸和伯:『神奈川県の歴史』,東京:山川出版社,昭和五十六年,第249頁。
② 川崎市『川崎市史』,川崎:川崎市,1968年,172頁、812頁。石塚裕道、成田龍一:『東京都の百年』,東京:山川出版社,1986年,第184—185頁。

变成了一个军都。明治二十二年(1889)之前,千叶的对外交通主要是水运。二十二年后,修通了房总铁路,千叶同东京的联系更加密切,因而逐渐融入到了东京的商业圈中。明治三十七年(1904),总武铁路修通之后,东京的一批白领也开始向此地移居,千叶逐渐变成了东京的近郊,成为东京的卫星城市。明治三十一年(1898),千叶的人口是 26000 多人,到大正九年(1920)为 33000 多人。大正十年(1921)实行了市制。①

东京北面琦玉县的川口原来是一个小小的驿站,幕府时代以铸造业为主。明治维新后,此地开设了东京炮兵工厂。中日甲午战争、日俄战争、第一次世界大战期间,因为兵器订货量的增加,此地获得了飞速的发展。距离川口北面不远处的浦和,原来也是一个驿站,明治二年(1869)在此设置了琦玉县的县厅,当时只有 400 多户人家。随着此地变成县府所在地,各种政府机构以及师范学校等相继在此建立,浦和就逐渐成为琦玉县政治与文教中心。明治十六年(1883)浦和成为高崎铁路的一站,流动人口与常驻人口逐渐增加,到明治末年户数增加了近 9 倍。到大正年间,当地产业开始兴起,人口又增加了 2 到 3 倍,此地逐渐成为从东京迁出的白领的居住地。尤其在 1925 年关东大地震以后,大量的东京人口外迁至此,这儿也逐渐变成了东京近郊性质的地方。其他还有大宫、立川、市川、松户等,它们原本都是相对独立的城市,但是随着东京都市圈的发展,它们逐渐与东京融为一体,变成了卫星城市。在东京都周围各县中,虽然神奈川县的经济实力更为雄厚,但是若论同东京的融合程度,琦玉县排在第一位。②

二、阪神都市圈的形成

大阪在德川幕府时代是幕府的直辖领地,号称"天领"。

1868 年 2 月,明治维新后,成立了包含旧天领的大阪府。翌年,由于摄津县与河内县独立,大阪只剩下大阪市街地。最终经过一系列的重组合并,到 1887 年大阪合并了旧摄津国的一部分以及河内、和泉、大和等过去藩国的领地。1887 年旧大和国的一部分独立成为奈良县之后,今天所见到的大阪府的疆域基本确立。1889 年,在大阪府内中心城区位置成立了大阪市,面积比东京市、京都市都要小。

---

① 小笠原長和、川村優:『千葉県の歴史』,東京:山川出版社,昭和五十七年。
② 小野文雄:『埼玉県の歴史』,東京:山川出版社,昭和五十五年。

1900 年前后的大阪、堺、尼崎

1889 年市制实施时六大都市市域面积与现在人口以及人口密度[①]

都市名	市域面积(km²)	现住人口(人)	人口密度
大阪市	15.3	476392	31136.7
东京市	72.5	1207341	16653.0
京都市	28.7	288863	10064.9
横滨市	5.4	127987	23701.3
名古屋市	13.6	165339	12157.3
神户市	21.3	136012	6385.5

  由上表可知,大阪市域在三都中是最小的,但人口密度是六大都市中最高的。

  1868 年 9 月 1 日,明治政府宣布大阪开港。从 4 月开始,著名财经专家、原萨摩藩的五代友厚出任大阪的外国事务局判事,早在幕府时代他就在长崎从事武器走私贸易,就任新职后主要负责管理对外贸易、关税等事务,

---

 ① 1890 年『府縣統計書』(各府縣),转引三木理史:『水の都と都市交通—大阪の20 世紀』,東京:成山堂書店,平成十五年,第 47 頁。

在大阪全力以赴地推进近代产业的发展,为近代产业发展创造条件。1869年五代友厚辞官后依旧滞留大阪,作为一名企业家,他为大阪民营企业的发展立下了汗马功劳,大阪证券交易所、商工会议所、商业讲习所等的成立都与他的努力有关。

大阪虽然变成了对外开放的港口,但是由于滩多水浅,港口条件不及神户,最终外贸交易的主要场所还是转移到了港口条件更好、开放意识更强的神户。原来在大阪川口居留的外国人也先后转移到了神户。而川口后来则成为基督教人士的活动场所,并因此成立了大批的教会学校。[1]

大阪原来是关西地区的经济中心,全国物资的集散地,同时也是供给江户物资的主要中转站,人口在幕府时代一度曾达到50万人。但是,在明治初年由于一系列的政策调整,同东京一样,大阪也经历了一个急剧衰落的过程。

由于政府的金融改革,幕府时代大阪各经营汇兑的商铺发行的期票全部作废,大阪经济由此陷入混乱。而且在幕府末期以及明治初期,由于财政困难,无论是幕府还是明治政府都打大阪豪商的主意,多方吸血盘剥。最后,除少数商人之外,大部分商人只能关门歇业。明治四年(1871)废藩置县后,各藩撤去了设在大阪的库房以及留守处,在物资运输与集中过程中起重要作用的"株仲间"也被勒令解散,从而打乱了商品物资的循环体系。藩债处理使大阪商人持有的各藩债券大大贬值,这一切都让本已衰退的大阪经济雪上加霜,"天下的厨房"已经变成明日的黄花。大阪的人口一度跌落到明治十一年(1878)的29万。[2]

调整所带来的衰败虽然是必然的,却也是暂时的。明治政府在稳住脚跟之后,开始积极推行近代化政策,大阪不仅很快恢复了元气,而且在更高的基础之上开始了快速的城市化进程。1870年,明治政府在大阪建造了制造陆军武器与弹药的造兵司,也就是后来的大阪炮兵工厂。1871年,明治政府在大阪兴办了规模较大且拥有近代技术的造币局。之后由这两个工厂派生出很多下属企业,对以后大阪产业经济的发展产生了很大的影响。比如1979年因为造币的需要,建立了硫酸制造会社。1885年又成立硫曹(硫酸钠)制造会社,从而奠定了日本近代化学工业的基础。造兵司也在1898

---

[1] 横山好三:『大阪 都市形成の歴史』,東京:文理閣,2011年,第176頁。
[2] 矢崎武夫:『日本都市の発展過程』,東京:弘文堂,昭和四十九年,第293頁。

年向住友炼铜场订购制造炮弹的黄铜。炮兵工厂不仅从事军工产品的生产,也生产民用产品,比如铸造市内上下水管道。加之这些工厂需要大量的煤炭,因而也促进了输送煤炭以及工业原料的海上运输业的发展。①

实际上,早在1870年,也就是明治三年,在堺市就兴建了近代纺纱厂,当时尚未废藩,该厂由鹿儿岛藩兴建。在堺建厂,主要是想利用河内、和泉地区盛产的棉花以及大阪商业集散地的区位优势。废藩置县后,1872年,堺纺纱厂变成了政府掌管的官办工厂。

殖产兴业期间,明治政府四处兴办官营模范工厂,但是落户在大阪的工厂较少。明治十二年(1879)在大阪市北区建设了涩谷纺纱厂、在岛下郡石河村(今天的茨木市)建设了桑原纺纱厂,这两家工厂各自拥有2000个纱锭。前者用蒸汽作动力,后者用水力作动力。两个纺纱厂都采用昼夜轮班制度。②

明治七年(1874)大阪—神户、明治九年(1876)大阪—京都、明治十年(1877)神户—京都间的铁路相继修通。1889年,也就是明治二十二年,东京到神户间的铁路—东海道全线贯通。明治十一年(1878),大阪股票交易所正式成立。1884年到1885年,在五代友厚等政府官员的推动下,大阪商人以前积累的资本以及经商才能开始得到发挥,近代工商企业由是而蓬勃发展。与此同时,外国资本也相继进入大阪市场,如英国的大阪铁工所、美国系列的大阪煤气工厂等。大阪开始由过去的商品集散地转型成为工业生产城市。

明治十五年(1882),涩泽荣一动员华族投资兴办大阪纺纱株式会社,这是日本第一个株式会社。建成后的大阪纺纱株式会社是一个拥有15000纱锭的大厂。除了华族的投资外,其他投资者中有两个参与投资的商人都是在西南战争中发财的,一个是军靴商藤田传三郎,一个是军衣料商松元重太郎。考虑到水运的便利,会社地址最终设在大阪的三轩家村,有砖瓦平房共119坪,缫丝机器16台。1886年开始兴办第二车间,1889年兴办第三车间——这是四层的砖瓦建筑,有4万纱锭。这时的大阪纺纱株式会社总计有61320个纱锭,是日本最大的纺纱工厂。该厂在日本首次采用电灯照明,并引进了发电机。《明治大正大阪市史》第二卷讲到在工人募集方面,男职

---

① 三木理史:『水の都と都市交通—大阪の20世紀』,東京:成山堂書店,平成十五年,第49頁。

② 藤本篤一、前田豊邦、馬田綾子、崛田曉生:『大阪府の歴史』,東京:山川出版社,1996年,第262—263頁。

工都是通过正规渠道招募而来,但是女工很多都是用甜言蜜语诱骗而来。工人工作条件很差,劳动时间长,劳动强度大,昼夜轮作,一周或者10天轮回一次,有时是15天轮回一次。白天工作是12小时,也有连续工作36小时者。机器24小时运转,从不停工。所以大阪纺纱业的崛起其实是一部女工哀史,也就是女工的血泪史。该厂的设立是大阪工业化的先声,当然也掀开了整个日本工业革命的序幕。①

大阪纺纱株式会社的设立引发了连锁效应,一系列纺纱工厂相继设立,如天满纺纱、浪华纺纱、平野纺纱、金巾纺纱、摄津纺纱、泉州纺纱、大阪织布、传法纺织、岸和田纺织、堺纺织、明治纺织、野田纺织、日本细丝纺织、泉南木棉、大阪木棉、河内木棉等。到1891年,大阪无论是纱锭数量还是棉纱产量、职工数等都占了全日本的50%。到20世纪20年代中期,日本的纺织业已经达到和英国并驾齐驱的地步,而大阪也变成了"东方的曼彻斯特"。纺纱业对之后大阪的城市经济影响很大,与纺纱关联的零备件制造业、批发业、零售业以及包装、运输等相关产业都蓬勃发展。

大阪在成为著名的纺织工业中心后,由于大量进口印度以及中国的棉花,导致其附近泉州、河内等地传统的棉花场地受到了沉重的打击,到明治末年(1900)以后,这些地方几乎不再种植棉花。②

与纺织业同时发展的是大阪的造船业。明治十四年(1881)英国人汉塔在大阪西城郡的六轩家(今大阪市此花区)创办大阪铁工所,从事造船业务。进入明治十年(1877)以后,濑户内海以及远洋运输日益繁荣,对蒸汽船舶的需求量大增,给大阪铁工所提供了广大的市场需求,造船业发展因而非常顺利。除了大阪铁工所之外,在木津川沿岸还有很多中小造船厂也非常活跃。③

大阪的工业基础真正得以完备是在中日甲午战争之后。这时的大阪纺纱产业产值达到100万日元,占全国纱锭的40%。纺纱产业发展尤其迅速,明治三十年(1897),其产值达到1000万日元以上。明治三十七年(1904),大阪的工厂数量达到927个,产业员工达到53507人。1888年,大阪变成了自治城市,开始修建大阪港口并于明治三十四年(1901)完工。④

---

① 横山好三:『大阪 都市形成の歴史』,京都:文理阁,2011年,第179—183页。
② 日本经济新闻社编:『大阪』,东京:日本经济新闻社,1996年,第75—76页。
③ 藤本笃一、前田丰邦、马田绫子、堀田晓生:『大阪府の歴史』,东京:山川出版会,2006年,第264页。
④ 矢崎武夫:『日本都市の発展過程』,东京:弘文堂,昭和四十九年,第421页。

在工商业快速发展的同时,人口也高速向大阪一带集中,明治三十年(1897)大阪的市域开始扩大,达到55平方公里为原来的三倍半。日俄战争之后,大阪的百货店、市内电车、郊外电车开始蓬勃发展。

第一次世界大战期间,大阪同日本其他各地一样,经济呈现出了空前的景气。大正三年(1914)的输出额是74300万日元,输入额为5000万日元。大正开始后,前者每年增加4亿日元,后者增加1亿日元。大阪一度超过了东京,成为全日本最大的工商业城市。其生丝工业一直在日本占第一位,纺纱工业、染织工业、金属工业、机械器具工业、电器工业、食品工业、杂货工业等也发展起来。纺织业不仅能够驱逐洋货、满足国内需要,还转向了出口。这时的大阪不仅是日本的工业中心,也是世界上的一个重要生产基地。"以纺纱、织布为中心的纤维工业和以金属材料、机械、船舶、车辆制造为中心的金属工业是大阪工业核心力量。经过日俄战争以及第一次世界大战带来的景气,这些产业获得了飞跃性的发展。在金属材料领域逐渐达到了可以实现进口替代、驱逐外国产品的水平,纤维工业不仅可以满足本国需要,而且还大量输出,不仅向中国、印度、南洋等东洋市场,还输出到欧洲、美洲等地同欧美同类产品竞争。"①

大正八年(1917)工厂总数与职工总数的都市比较②

项目 地区	工厂		从业者数		职工	
	工厂总数	比率(%)	未满10人	20人以上	职工总数(人)	比率(%)
东京	4637	10.6	2135	2502	168721	11.1
大阪	5272	12.0	2512	2760	209903	13.7
爱知	4655	10.6	2452	2203	126695	8.3
全国总计	43949	—	20118	23831	1520466	—

由上表可知,大阪无论是在工厂数量还是职工数量方面均超过其他两个都市圈,居日本第一。

在大阪,以北滨、高丽桥为中心布满了各公司的写字楼。心斋桥、权田、九条、新世界成为商店街,道顿崛、千日前成为娱乐街,此外问屋街也得到了

---

① 大阪市役所编纂:『明治大正大阪市史』,第4卷,大阪:清文堂,1980年,第406—407页。
② 横山好三:『大阪 都市形成の歴史』,京都:文理阁,2011年,第185頁。

扩大。工业区则分布在西部与北部。

大正十四年(1925),大阪市进行了第二次市域扩展,面积达到了181平方公里,人口增加到2114804人,同1889年实施市制时相比较,人口增加了4.5倍,一度压倒东京,成为全日本人口最多的城市(东京市当时的人口为199万,但是到1932年,也就是昭和七年,东京进行了一次大合并,人口激增到556万,依旧为全日本第一)。此后10年间,大阪人口继续暴涨,达到了299万。其中旧街区的人口增加了20%,而新街区的人口增加了80%。在关一主持大阪事务以及担任市长期间,大阪市政以建设"宜居的城市"为施政方针,进行了全面的市政设施改造。比如进行上下水道的改建、铺设城市路面、兴修纵贯大阪南北的御堂筋大街以及地铁等,从而将大阪的主要商业街连成一片。经过改造,市区电车线路大大延长,电灯、电力事业等都有很大发展,教育、保健等设施也日渐充实,大阪演变成为世界第六大城市。人口也大量向城市周边移动,卫星城市大量涌现,出现了郊区化的现象。①

大阪出现郊区化现象同郊外电车的发达有很大关系,郊外电车公司尤其是阪急电车公司在大阪郊区化过程中起到了至关重要的作用,这一点后文将详细叙述。

进入大正年间后,卫星城市越来越多地在大阪周边出现。明治四十三年(1910),人口在1万到10万之间的卫星城市不过2个,但是在大正九年(1920)猛增到了39个。布施原来是一个家庭手工业中心,20世纪二三十年代发展成为金属、机械、丝网、塞璐珞、橡胶、家具、文具生产中心,中小企业遍布。原来作为港口驿站的守口,变成了工厂一条街以及住宅地。堺在丧失港口机能之后,成为汽车零备件、刀具、纺纱、织布等生产中心,拥有很多规模庞大的工厂。淀川对岸的吹田成为大日本啤酒的生产基地。丰中、池田、箕面等发展成为大阪白领人员的住宅区。南海电铁沿线的和泉、大津、贝冢、泉佐野等则变成了纤维、纺纱工业基地。②

作为大阪外港的神户也获得了很大的发展。明治初年,港口输入一直呈现直线上升的趋势,输出产品以农产品尤其是茶叶为主。输入品当

---

① 藤本笃一、前田豊邦、堀田曉生:《大阪府の歴史》,東京:山川出版会,2006年,第289—291頁。

② 大阪市役所:『大阪市史』,第一卷,大阪:大阪市役所,1927年,第259頁。

中，在明治初年以棉纺织品为主，一般都占输入总额的50%以上，当时是输出大于输入，贸易呈出超的状态。产业方面，从明治初年就开始发展冶铁、造船工业，之后陆续发展了樟脑、火柴、橡胶工业。尤其是火柴工业，建立起了以输出到中国与印度为目标的生产体系，火柴厂一度占神户工厂数的60%，从神户港输出的火柴占全日本火柴输出总额的9成之多，以至于神户一度被称为"火柴城"。继火柴工业之后，日本工业革命期间，又以纤维工业为核心兴起了众多企业群，同时重工业企业也大量出现，这些重工业企业以造船工业为主，如川崎兵库造船所、三菱神户造船所、播磨船渠株式会社等。随着工业经济的发展、进出口贸易的增加，到大正初期，神户的港湾设施日趋完备。明治三十年（1897），对外贸易额为16000万日元。在第一次世界大战的景气中间，大正七年（1918）达到122300万日元。在这期间，为了满足世界各国对船舶的需要，日本大力扩充造船业，形成了造船工业极度繁荣的局面，出现了很多大型企业，工厂数量增加了10倍以上。在市街地，大小会社的写字楼鳞次栉比，仓储、运输业也十分繁荣。人口增加迅猛，明治三十一年（1898）是19万人口，到大正九年（1920）达到了60万人口，增加了2.15倍，在全日本1万人口以上规模的城市当中，这一增加幅度是最高的。

尼崎位于大阪与神户两大城市之间，交通便利，有东海道、阪鹤铁道在此相交，后来兴修的阪神、阪急这两条重要的私营电车轨道又从两旁经过，且面朝大阪湾，具有很好的发展条件。此地在江户时代属于尼崎藩的城下町，是海鲜市场以及酿造业的中心。进入明治时代以后，在工业革命过程中，此地纺纱、金属、玻璃等工业相继兴起。在第一次世界大战期间，又兴起了化学工业。人口迅速增加，大正五年（1916）有32000人，有52家工厂，实施了市制。大正末年，又进行了填海工程，兴建了发电厂、钢铁厂、机械工厂等重工业，从而演变成了阪神工业带的一部分。

西宫也在大阪、神户之间，但是靠近山麓地带，背山面海，风光优美。自从大正九年（1920）阪急线从这经过之后，大阪、神户中心区的高级白领为了逃避大都市的喧嚣与污染，纷纷到此购买高级住宅，连住友家族也从天王寺一带搬迁至此。这样，西宫一带就变成了成片的高档住宅区。[①]

[①] 八木哲浩、石田善人：『兵庫県の歴史』，東京：山川出版社，昭和五十六年，第304—316頁。

三、京都、名古屋以及其他地方城市的发展

(一) 京都

作为三都之一的京都,在整个江户时代是天皇、皇族、公卿居住地以及众多寺社所在地,以纺织、印染、刺绣、陶器、金属、各种雕刻艺术等宫廷工业而闻名。在这儿修建藩邸的有68个藩,参觐交代的诸侯行列往来不绝。商业也非常繁荣,三井、小野、岛田组等都在这里发展起来。在幕府末期,因为勤王倒幕风潮的兴起,此地一度成为全国的政治中心。

京都的小巷

但是明治维新之后,随着迁都东京与天皇、公卿的离去以及各藩驻京都办事机构的撤离,京都饱受打击,人口大量减少。为了安抚京都民众,政府决定免除京都城中心区的地租。之后皇室又下拨10万日元款项给京都,作为殖产兴业活动的基金。以此为契机,京都采取了大力发展产业、开设金融贸易组织、发展交通、促进产品外销等一系列的政策。京都行政当局设立劝业场,成立密舍局(化学试验机构),并聘请外国技师,从事化学研修、药物饮料、肥皂、冰糖等的试制。此外还成立了授产局(培训无业民掌握谋生的技艺)、养蚕场、制丝场、畜牧场、女红场、栽培试验所、制造所、靴工场、制革场、造纸场、博览会社、物产奖励会所(从事工商管理与贷款)、西阵物产会社(奖励京都西阵丝织业)、南山城制茶社等。但是京都地处内陆,不利于发展近代产业,工业也主要是传统的、精密的手工业。明治十一年(1878)京都人口是23万人,到明治三十年(1897)达到33万。同其他大城市相比,人口增加相对缓慢。作为日本最主要的观光旅游胜地,京都一直注重发展旅游产业。在全国经济高涨的情况下,京都也对传统产业进行了近代化改造,比如京都的西阵纺织业就曾派员赴法国学习近代机器纺织技术。明治二十三年(1890)第一次琵琶湖疏水工程完工。之后,随着蹴上发电厂的开工建设,机械工业开始发展。各种学校、试验所、商工会议所等都相继在京都出现。大正四年(1915)发行了市债,修建了很多道路、修缮了大量的沟渠、建设了很多医院等。由于人口的增加,大正七年(1918),除柳原町之外,又编入了15个邻近的町村,面

积由以前的 3123 平方公里扩大将近 1 倍,增加到 6043 平方公里。到大正九年(1920)人口上升到 59 万,增加了近 1 倍。①

(二) 名古屋

名古屋所在的浓尾平原,是日本为数不多的几个较大平原之一,系木曾川、庄内川、楫斐川冲击而成的平原,面临伊势湾。此地在德川幕府时代属于御三家之一、拥有 62 万石的尾张藩,也是德川幕府发家的大本营之一。名古屋是尾张藩的城下町,拥有数十万人口,是仅次于江户、大阪、京都三都的大城下町,自古就是农业、商业繁荣之地。农作物以稻米、棉花为主,棉纺业相当发达。另外,由于黏土资源丰富,烧制砖瓦陶瓷的窑业发达。在幕府时代,东海道、美浓街道、木曾街道、中仙道的下街道、岐阜街道都在这儿交汇,因而自古以来就是交通要道。主要土特产是酒、味噌、酱油。1871 年废藩置县后,经过一番演变,以名古屋县为中心,合并了其他 12 个县(伊那、重原、半原、丰桥、冈崎、西大平、刘谷、西端、西尾、举母、田原、犬山),组成了新的爱知县。

废藩置县以及消灭武士阶级,也曾经使名古屋出现过短暂的经济衰退与人口的减少。但是随着工业革命的展开,轻纺工业迅速发展,尾西地方成为日本绢棉混纺织物的生产中心。知多地方使用洋式生产机械纺纱制丝,成为日本白木绵的生产基地。西三河地方也是一个主要的白木绵生产中心。1889 年,随着东海道铁路线的贯通,名古屋也实施了市制,迎来了经济的高涨,人口随之急速增加。在明治二十年代,名古屋传统的陶瓷工业、纺织工业、绢织物等轻纺工业都逐渐完成了近代化改造。由于地方政府的奖励提倡,桑蚕业迅速发展,中岛郡的桑苗业位居日本国内第一,纤维、窑业、制铁、机械工业等成为名古屋的支柱产业。据明治四十二年(1909)《爱知县统计书》,名古屋的工业生产总值已经远远超过农业,占全日本工业生产总值的 12% 以上,成为全日本主要的工业地带之一。不过,在名古屋的工业生产部门中,就结构而言,纤维工业占了 6 成,然后是酒、酱油、醋等酿造业,再次是陶瓷业,以上部门占整个产业比重的 85%;金属、机械等近代产业的生产总值不过只有 2% 左右。显然此时爱知县的工业主要是轻工业,而且多是中小企业。

第一次世界大战时期,爱知县的经济发展出现了空前的繁荣,逐渐形成了以名古屋为中心的中京工业带。到 1930 年人口已突破 100 万,城市发展的基础由此夯实。同时以名古屋为中心,纵横交错的铁路通向四方。又由

---

① 赤松俊秀、山本四郎:『京都府の歴史』,東京:山川出版社,昭和五十六年,第 240—273 頁。

于靠近海洋,海上交通也非常便利。其周边地区,平原辽阔,人口密集,在工业革命时期,水泥工业、钟表工业相继兴起,钟表还输出到海参崴、中国、南洋等地。明治四十年(1907),进行了热田港的修建工作,同时合并了热田町、金町以及小碓村,市域于是大大扩展。第一次世界大战以后,船舶、车辆、汽车、机械、肥料等重化工业迅速发展,周边的四日市、春日井市也发展成为军事工业的中心。金融业与商业也得到很大的发展,逐渐成为与京滨、阪神工业带并立的日本三大工业带之一。到大正八年(1920),工业生产总值为农业生产总值的2.5倍,而工业生产总值则是大正初年(1912)的5.6倍。尽管纺织、陶瓷仍然占主导地位,但是钢材生产、车辆等金属、机械工业有了长足的发展。各行业都开始了技术革新,电动机得到了普及。丰田自动纺织机械制造、爱知钟表电机、三菱内燃机制造等都达到了很高的水平。农业方面,商品性农业得到了很大的发展,以尾张和东三河为中心的养蚕业在大正十五年(1926)仅次于长野县,居日本第二位。但是,同京滨与阪神都市圈不同,名古屋都市圈的形成主要在第二次世界大战以后。①

(三)北九州都市圈

在日本,仅次于京滨、阪神、名古屋三大都市圈的地区就是北九州都市圈。明治维新后,经过废藩置县,到1876年,以福冈县为核心,合并了小仓县与三潴县,成立了福冈县,县治设在面临博多湾的福冈。北九州地区拥有近代工业发展所必须的能源——筑丰煤矿,且与朝鲜、中国东北邻近,日俄战争后,可以很便利地从朝鲜以及中国的东北得到廉价的煤炭与铁矿石资源,近代经济于是迅速发展起来。

北九州地区近代产业的发展肇端于煤炭的大规模开采。福冈县的煤炭场地主要在东面的筑丰与三池。早在德川后期,此地就开始了煤炭的开挖,藩营与私营并举。当时煤炭主要是顶替柴薪或者供煮盐使用,价格很低。开港后,由于煤质优良,开始被外国以及本国的船只用作燃料,用途扩大,价格也随之上升。明治二年(1869),政府宣布煤炭资源国有化。当时,由于矿内排水主要依靠脚踏水车,煤矿经常出现透水事故,不是伤人就是停产。劳动条件恶劣,导致招工困难。为了扩大生产,从明治六年(1873)开始,政府开始将囚犯作为劳动力投入到煤矿的开采当中。三池煤矿从开工一直到明

---

① 三鬼清一郎:『愛知県の歴史』,東京:山川出版社,2001年,第259、285—286、290頁。高橋伸夫、谷内達:『日本の三大都市圏—その変容と将来像』,東京:古今書院,1994年,第122—129頁。

治十五年(1882),百分之百依赖囚犯生产。即便是在1889年转卖给三井财阀时,3103名矿工中依旧有2144名囚犯,占了总数的69%,囚犯开挖的煤炭占总量的86%。而且,在民营化以后相当长的一段时间内,煤矿还继续在政府的许可下部分使用囚犯。在官营阶段,政府雇佣了英国技师,逐渐实现了煤炭采掘的机械化,煤炭产量连年上升。明治六年(1873)是3万吨,到明治十五年(1882)达到16.4万吨。1889年三井财阀在三池煤矿的拍卖竞标中,以455.5万日元、高出起价55.5万日元的价格购买了这座规模大、煤质好的矿山(三菱出价455.27万日元竞标,结果失败)。三井物产在中国、印度以及南洋一带从事各种贸易活动,其中包括在中国上海、香港等地销售三池的官煤,煤炭买卖使其获利丰厚,所以才不惜重金买下了三池煤矿这棵摇钱树。明治十五年(1882)以后,由于矿内排水普遍使用蒸汽水泵,效率大大提高,作业时间大大延长,安全性提高,总体利润比使用人工排水时期高出5倍,这使煤炭的开挖出现了繁荣局面。明治十七年(1884)煤炭产量为18万吨,到二十年(1887)为40万吨,二十三年(1890)为80万吨。当时为了防止无秩序的乱开挖以及互相压价竞争,特地成立了"筑丰石炭组合",并在若松设置了一个专门的贩卖机构。

煤炭产量的上升引起了运力的紧张。当时筑丰出产的煤要通过远贺川上的小木船运到若松港,再转到大型海船上,运费成本很高,因而铁路的铺设就提上了日程。明治二十一年(1888),由福冈县令安场保和带头倡议,在经过佐贺、熊本两县县令的联署后,向政府提出了成立九州岛铁道会社的申请,明治政府同意每建1英里给予2000日元的财政补助。同年9月,在安场保和的强力推动下,九州岛铁道会社成立,博多到久留米间的铁路正式动工。该公司雇佣德国技师,使用德国设备。第二年的12月,博多到鸟栖之间的铁路开通,明治二十四年(1891)门司到高濑之间的铁路开通,7月到达熊本,8月,鸟栖到佐贺之间的铁路也开通,总公司也迁到了门司。筑丰矿区"筑丰兴业铁路"也于明治二十四年(1891)1月动工。8月开通了若松到直方间的铁路,随后,直方到小竹、直方到金田的铁路也先后开通,并与小竹与饭冢铁路并轨。明治二十六年(1893),两个铁路公司合并,形成了福冈地区的铁路网络。筑丰的煤炭直接运到门司港,然后从那里再装船外运。这样既大大提高了运输效率,也促进了煤炭生产的发展。随着产业革命的开展,煤炭的需求量大大增加,价格也一路飙升,这也刺激了民间开采的积极性。明治二十六年(1893),福冈地区的煤炭产量占全日本的60%,二十八年（1895）达到 67%，三十九年（1906）达到 65%。①

筑丰煤矿产量与全日本的煤炭产量②

年代（明治）	二十七	二十八	二十九	三十	三十一	三十二	三十三	三十四	三十五
筑丰（万吨）	171	214	234	273	363	346	402	486	493
日本（万吨）	425	476	501	519	670	672	743	895	955

三菱虽然在三池煤矿竞标中失利，但是面对煤矿开采的巨大利润，仍然在明治二十二年（1889）购买了新的矿区进行开采，并从地方矿主手中购买了一些坑口，所占份额于是急剧飙升，很快便与三井平分秋色。住友、古河等其他全国性的财阀也相继进入煤炭行业，到明治二十年代中期，大财团开采的煤矿的产量已占到筑丰整个煤炭产量的 37.9%。

但是，在煤炭生产旺盛发展的背后也有很多辛酸的故事。比如明治三十二年（1899）平冈浩太郎的丰国矿发生爆炸，死亡 210 人。明治四十七年（1914），该矿又发生煤粉尘爆炸，死亡 364 人。工人的劳动条件也非常恶劣，由于需求量大，而劳动力又不够，矿主甚至招收妇女下矿。

福冈县企救郡八幡村原本是一个人口只有 1326 人、面向海湾的小村庄，由于筑丰铁路从这儿经过，此地既可以利用筑丰的煤炭，同时又有海运的便利。明治三十年（1897），由政府出资 1470 万元，在三年期间总共动用 180 万人工，最终在八幡建成了巨型钢铁企业。从那以后，八幡开始了飞速的发展过程。到明治三十四年（1901）炼钢炉正式点火生产之后，职工数达到 84000 余人。甲午战争后，从中国大冶输入铁矿石作为原料。日俄战争后，由于获得中国东北和朝鲜的煤炭以及铁矿资源，所以发展很快。明治三十四年（1901）第一号炼铁炉点火生产，加上日本走上了军国主义道路，疯狂地扩展军备，该厂发展迅速。明治三十九年（1906）该厂铁制品年产 18 万吨，到明治四十四年（1907）达到了 30 万吨，大正五年（1917）达到了 65 万吨。大正十年（1922）发展成为拥有职员 912 人、佣工 1350 人、职工 15949 人、临时工日平均 6000 多人的巨型企业。同时，在这儿兴建了很多关联的转包企业、银行、会社等，人口迅速增加，明治三十年（1897）人口仅为 3014 人，到大正九年（1925）达到 100235 人，增加

---

① 平野邦雄、飯田久雄：『福岡県の歴史』，東京：山川出版社，昭和五十年，第 268、273—276、277 頁。

② 隅谷三喜男：『日本石炭産業分析』，東京：岩波書店，1968 年，第 295 頁。

了32.3倍,设立了市制。

八幡制铁的钢铁产量与从业员工数量①

年代(明治)	三十四	三十五	三十六	三十七	三十八	三十九
铣铁生产量(吨)	30941	10218	0	32503	88441	100570
钢材生产量(吨)	3455	23560	28598	41329	45900	69865
职员人数	504	438	629	704	712	829
员工人数	2283	1763	1729	3610	6155	7263

筑丰的煤炭开采与八幡钢铁工厂的开工,带动了相关产业以及周边地区的发展,从而形成了北九州城市群。

若松是八幡的外港口。它原来是黑田藩的一个货物港口。明治维新后,因为煤炭需求增加,明治二十三年(1890)开始若松筑港工程。二十四年(1891)筑丰兴业铁路开通,明治三十八年(1905)幡钢铁厂投产。明治三十七年(1904)若松港建成,其输出、输入的产品主要是煤炭与铁矿石以及铁制品。筑丰港输出的煤炭一般运往大阪、神户、横滨,甚至一度远销中国的香港、上海。明治初期,当地人口不过1000人,到明治三十一年(1898)达到12000人,大正九年(1920)达到49336人。

户田是填海而成的地区,东面是小仓、南面是八幡,西面是若松。原来系渔村,明治十三年(1880)开始在此建立煤炭会社,之后,铁工所、焦炭会社、砖瓦制造等小规模工厂陆续兴起。大规模的发展还是始自工业革命的明治四十一年(1908),这一年此地兴办了明治纺纱会社,明治四十三年(1910)兴办了户田铸造会社,大正八年(1919)兴办了明治矿业会社。这期间,当地进行了更多的填海工程。与此同时,与煤炭相关的商业和运输业都发展起来,商社、银行也相继建立,从而成为近代海滨工商业城市。明治三十一年(1898)有人口3319人,1920年达到33824人,增加了大约9.2倍。

小仓是小仓藩的城下町,扼濑户内海出口,交通位置非常重要,进入明治时期后,明治八年(1875),步兵第十四联队驻扎此地。1885年,小仓港口码头完工;1891年,门司—黑崎间的铁路开通;1912年,有了市内电车。小仓于是成为北九州的交通、军事、商业要地,建有很多炼铁厂、兵工厂。1887

---

① 见『八幡制鉄五十年誌』,附録。转引自平野邦雄、飯田久雄著:『福岡県の歴史』,東京:山川出版社,昭和五十年,第281頁。

年,实施市制。

门司在明治初期不过是一个小渔村。1888年,九州岛铁道会社将门司作为起点开始在九州岛地区兴修铁路。1889年开始筑港工程。产业逐渐从渔业转向工商业以及交通运输业。1899年人口为29000人,实施了市制。由于是筑丰煤田的门户,门司便成为煤炭出口的主要码头港口,1902年时已经可以同若松相抗衡。之后,煤炭出口主要转往若松。随着铁路的开通、港口的完善、以八幡为中心的九州岛地区重化工业的发展,在明治三十年(1897)前后,这里成为大商社、银行、海运会社、仓储会社的集中地区。在第一次世界大战的景气中,浅野水泥、大日本制糖、樱麦酒等近代工厂在此地开设分场。1920年当地人口为72111人。1919年,政府又投巨资对门司港进行了修筑,从而使其成为西日本的代表性港口城市。

上述这些城市相互联系,构成了北九州都市群。福冈县的工厂主要集中在了北九州的五个城市,尤其是机械工业与化学工业,而且1000人以上的大厂很多。明治三十二年(1899)门司升格为市,三十三年(1900)小仓也升格为市,大正三年(1914)若松升格为市,大正六年(1917)八幡升格为市,大正十三年(1924)户田升格为市。这样,经过大正昭和年间的发展,北九州区域迅速成为地区工业带。此外,福冈县的其他地区,如大牟田、久留米也先后发展起了化学工业与橡胶工业。① 但与三大都市圈不同的是,这个都市群缺乏一个统合能力强的核心城市。

(四)东北地区水户的城市建设

水户在德川幕府时代,由于地处关东,是江户的后方。1609年被转封给德川家康的第十一子德川赖房。水户藩与尾张藩、纪州藩(和歌山县)同属于德川时代的御三家,有着将军绝嗣时继承将军职位的权力,拥有54万石的封地。为了镇抚东北地方的外样大名,德川幕府对于水户藩非常重视,在幕府的支持下,水户城池得到了修缮加强,人口也有所增加。其在废藩置县前拥有512493石的收入,拥有町村928个。

但是,由于东北地方在日本属于后进地区,地广人稀,农业、商业、手工业都不太发达,并没有形成区域经济中心,所以在水户藩,水户城只是一个政治中心,而不是经济中心,也不是物资集散地。另外,水户藩的藩主长期驻扎江户,很少回到本藩,这就导致本藩各项建设更加滞后。有个别藩主如

---

① 平野邦雄、飯田久雄:『福岡県の歴史』,東京:山川出版社,昭和五十年。

德川齐昭在19世纪30年代也曾试图进行改革,以提振工商业,但是成效甚微。到19世纪40年代以后,市井萧条,家屋倾颓,濒于没落的商家反而越来越多。水户城的人口,在1702年是12964人,这是幕府时代的人口顶峰,之后人口有所下降,长期在7000人左右徘徊,工商业的发展处于停滞不前的状态。①

1871年8月,明治政府废藩置县,水户藩变成了水户县。同年12月,几经演变,水户县同附近的松冈县、穴户县、笠间县、下馆县、下妻县等合并成为新的茨城县。拥有町村2200个,有1135683石收获量的耕地。

整理俸禄后,水户藩对于没落的士族也采取了一些扶植政策,如低价处理国有的山林,鼓励他们开垦荒地种茶植桑等。但是收效不大,那些优惠处理的土地山林不久都被周边的地主购买了。另外,县政府奖励士族搭伙养牛、制丝的政策也不成功,到1880年时就难以为继了。

由于士族的贫穷,水户城内依靠士族消费谋生的工商业者也陷入了窘境。据统计,1874年时水户城的人口是19236人,到1878年减少到15894人。一直到19世纪80年代,随着殖产兴业政策成效的逐渐显现,人口才开始回升,1884年为18472人,1888年达到20078人。日本学者认为水户人口的增加同水户的产业发展关系不大,主要因为水户是县厅所在地,兴建了很多基础设施,有县厅、法院、派出所、师范学校、报社等,因而聚集了一定的人口。而原来的士族中有很多变成了政府官员、教师以及职员等。因为这些人群消费需求的增加,商业在一定程度上有所恢复,这才带来了人口的缓慢增长。

茨城县境内的几个小城市,诸如土浦、石冈、古河、结城等都是由过去的城下町发展而来,而太田、凑、潮来等都是以前水户藩领内的市街地,所以明治维新前期,茨城县内主要商业中心的发展基础还是以前的城下町。茨城县原来的一些城镇,有些衰落了,有些维持现状,有些则有一定的发展。这同它们所处的交通位置、有无特色产品以及商人的作风等有关。不过整个茨城县在明治维新后一直到20世纪30年代,虽然也有巨大的变化,产业方面也有常磐煤矿、久原房之助兴办的日立铜矿山、日立制造所等,但是水户市的产业相对薄弱。所以,总体而言,水户一带同大阪、东京、九州岛一带的变化还是无法比拟。②

---

① 大槻功:『都市の中の湖:千波湖と水戸の歴史』,東京:文真堂,2001年,第32—35页。
② 瀬谷義彦、豊崎卓:『茨城県の歴史』,東京:山川出版社,昭和五十六年,第252—266页。

商业的营业种别及人数(1887)

业种	营业	计	业种	营业	计
金融业	私立银行	1	特定商业	盆景	2
	贷付会社	2		小计	614
	两替屋	2	运输业	陆运回漕	13
	为替屋	1		人马继业	4
	当铺	67		小计	17
	小计	73	旅馆业	旅馆	95
一般商业	批发	972		招待所	36
	仲买商	3		雇人受宿	7
	诸行商	308		小计	138
	小计	1283	饮食业	料理店	46
特定商业	油坊	10		饮食店	246
	米谷商	194		小计	292
	酒商·行商	94	其他	浴室	34
	药商·行商	167		受负	1
	酿造商	7		损料屋	9
	古董古家具商	125		小计	44
	曲批发商	13	合计		2461
	酱曲销售商	2			

工业者人数(1887)①

	上市	下市	细谷	浜田	常盘	计
近代的职业	42	21		1	5	69
衣料品关系	56	42	1		8	107
装身具等	48	25	2		12	87
木工	70	42		2	13	127
建筑关系	237	169	27	6	86	525

---

① 以上两图表来自水戸市役所编:『水戸市史 下卷(一)』,第134、126—127頁。转引大石嘉一郎、金澤史男编:『近代日本都市史研究』,東京:日本経済評論社,2003年,第106、110頁。

续表

	上市	下市	细谷	浜田	常盘	计
内大工	114	63	17	4	33	231
金属	37	33	1	3	9	83
农产加工	64	83	27	4	7	185
内烟草刻	53	74	27	4	7	165
农具类	2	1			1	4
其他制造	12	18	1		4	34
杂	189	96	7	4	8	304
内仕事师	122	53	2	3	6	186
合计	757	530	66	20	152	1525
现住户数(户)	2820	2161	245	107	743	6129
工业者比率(%)	26.8	24.5	26.9	18.7	20.5	25

由上表可知,在明治时代,水户市的近代产业微乎其微,上表反映的基本上都是传统手工业与加工工业,几乎没有近代大工业。所以,日本学者大石嘉一郎认为第二次世界大战前的水户有五个特征:第一,水户是一个政治与行政城市,有以县厅为首的诸多官衙。第二,水户是一个商业以及消费城市。第三,水户是一个文化教育城市,设有很多大、中、小学校。第四,水户是一个有军事色彩的城市,驻扎有步兵第二十七旅团司令部以及步兵第二连队与工兵第四大队。第五,水户是东北地区的一个交通要道。

1889年,日本水户实行市制,成为日本最初的39个市之一,同时也是关东仅有的三个市之一(另外两个是东京与横滨)。本来按人口水户是不够资格实行市制的,因为政府规定只有25000人口以上规模的城镇才有资格申请实行市制,而水户当时仅有18000多人,即便是在全日本申请实行市制的城镇中也排在后面。但是由于水户市政当局的努力,临时合并了附近的几个町村,凑成了25000人的规模,再加上中央政府鉴于东北地区的一片空白,对于老的水户藩也实行了一定的政策倾斜,种种因素使水户成功地实施了市制。

1930 年前水户市人口的演变及职业别户数[①]

(1) 人口的变化

年	人口(人)
1889	25028
1897	32368
1905	37454
1910	39729
1915	45816
1920	39363
1925	46527
1930	50648

(2) 职业别户数(1935)

种别	户数(户)
农业	339
水产业	2
矿业	——
工业	2953
商业	4255
交通	1971
公务员	2075
自由业	219
其他	856
无业	2085
计	12945

由上表可知,水户确实是一个商业与消费城市,在日本诸多城市中,规模较小,发展较为缓慢,是日本东北地方发展的缩影。

(五) 日本海沿岸城市金泽的发展

金泽是今天日本石川县的首府所在地,位于日本的北陆地区,是日本海沿岸极富特色的城市,由于传统文化色彩浓厚,人称"小京都"。

金泽原来是加贺藩前田氏的城下町。1582 年前田氏入据此地后,陆续将加贺、能登、越中三国合并,岁入超过了 100 万石,在德川时代位列外样大名第一位。由于雄厚的财力,金泽的城下町面积也非常大,除了江户、大阪、京都之外,仅次于御三家之一——尾张藩的名古屋。

明治维新后的一段时期,由于封建制度的废除以及废藩置县、整理俸禄、消灭武士阶级等措施,金泽也经历了一段衰败的时期。1872 年金泽町的人口是 123363 人,户数是 24744 户。其中士族为 26028 人,卒 26888 人,

---

① (1) 人口表出处:水戸市史編委会近現代専門部会編:職業別戶数『水戸市近現代年表』,水戸市,1991 年。(2) 職業別戶数表出处:『水戸市勢要覽』,水戸市役所,1936 年。以上二表均转引自大石嘉一郎、金沢史男编:『近代日本都市史研究』,東京:日本経済評論社,2003 年,第 118 頁。

两者合计占到总人口的43%。应该说这个比例是非常高的,说明金泽是一个军事城堡特征非常浓厚的城市,这与加贺是一个特大的藩有关。金泽的特色产品主要是陶瓷器、金银铜器皿、漆器等。当地有很多人从事金融、土木建筑、运输、旅馆业、饮食业等活动。废藩置县后,武士阶级解体,依靠武士消费而生的商业活动也陷入萧条,金泽的人口滑落,到1889年人口只有93209人,户数只剩下22059户。18年内,人口减少了24%左右。主要原因是幕府时代,金泽驻扎有大量的武士,他们依靠藩政府的力量,靠消耗全藩的封建贡租而不是商品经济而生活,因此金泽聚集了庞大的人口,但随着武士阶级的消失,贡租也不复存在,金泽城的人必须主要依赖商品经济谋生,这自然导致原有人口因为无法生存而流失。县政府对于庞大的士族实施了很多扶植政策,鼓励他们创办产业,也确实有若干士族创业成功的。比如1874年,士族长谷川准也等人以1万日元的资本,招募100名工人,开办了机器制丝工厂。当时派了若干士族家的子女去官营富冈缫丝厂学习机器缫丝。由于金泽本地蚕茧不足,需要从别的地方购买,因而成本较高,初期颇有亏损。但是他们不断总结经验教训,坚持改进技术与经营方式,至1876年,工厂的生产便步入正轨,到1881年开始了大规模的扩大再生产。长谷川在发展制丝业的同时,也注重金泽的特色产品——铜器工艺品的生产,按西洋流行款式制造铜制镶嵌象牙的器皿,而且颇获成功,海外销售业绩良好。长谷川也因此成为金泽最著名的士族出身的企业家,后来还当选为金泽市议会的议员。①

但是士族创业更多的还是失败。1875年,一部分士族合伙出资7万日元成立"开业社",从事茶叶、制丝以及渔网的生产与贩卖,因计划不够周密,最终失败,亏损甚重。

1878年,政府容许士族买卖抵押所持有的公债券,这样很多士族就用公债作为基金开办银行,或者用公债作为抵押,申请贷款创办实业。金泽因为士族众多,持有公债亦多,所以,这一规定给金泽带来了活力与生机,金泽出现了创办企业的热潮。

1878年,金泽只创办有3家企业,到1879年激增到13家,1880年则为17家。在主要投资方向上,除了食品、成衣、新闻之外,还有不动产的中介

---

① 和田文次郎:『長谷川準也君』,小泉顕治個人発行,1921年。另,田中喜男:『伝統工芸職人の世界』,東京:雄山閣,1992年,第16—28頁。

所、火葬场等。资本金在1万日元以下的中小型公司有6家,其中3000日元以下的小型公司有4家。在工业方面,除传统工艺品(陶瓷、制墨、磨刀石)之外,还有活版、笔算、火柴等新兴产业,总数达到了9家,其中资本金在5000日元到30000日元之间的中等规模企业有4家,其他5家属于5000日元以下的小企业。在金融业方面,1878年设立了1家银行,1879年设立了8家,1880年设立了6家。15家中,资本金在1万到15万日元的大企业有8家,而其他7家都属于资本金在1万日元以下小公司。

虽然在1881年到1882年出现经济不景气,物价暴跌,金泽当局不得已为无食之人施粥赈济,但是企业兴建的势头依然不减。1881年,创办企业16家,1882年创办12家,1883年创办16家。在商业部门,如绵、吴服、米店、海产物、肥料、仓储等方面,出现了很多资本金在1万到10万日元之间的大公司。在工业方面,5000日元以下的小公司,如生产火柴、笔算、活版、锡器的工厂有5家。资本金在3万到10万日元之间从事金银箔、煤炭采掘、土木建筑等的规模较大的公司有4家。当地还出现了1家资本金在10万到50万日元之间的制油公司。此外在农林水产方面,如从事牧畜、罐头、捕鲸、水产养殖等的公司有7家。金融业方面,在1881年成立了6家银行,1882年为2家,1883年成立资本金在10万到50万日元的大型银行2家。

在行政体制方面,废藩置县后,金泽废除了町年寄,设立市长,并将金泽町定为第十大区,其下设10个小区。大区设官方委派的区长,小区的户长亦由官方委派,只有副户长由民众选举,主要管理户籍、租税、兵事、劝业、卫生等,还有道路桥梁管理、防火、互助、劝善教育等。区长等重要职务由长谷川准也以及稻垣义方等士族担任,而小区的户长则由有影响的工商业主担任。总体来看,其政治生态同幕府时代的结构相似。

1878年,日本开始实施地方自治,颁布了郡町村编制法。金泽也设立了管理金泽町的金泽区会,由公选出来的区议员来讨论区的公共事务以及经费、征收方法等,这样就打破了士族垄断政治的局面,尽管在初期实施时也存在不少弊病,如区长凌驾于区会之上,议员大多是士族出身,等等。另外,议员对选民负责的责任观念不强,将辞职视为家常便饭。30名议员中,中途辞职的人占了大半,只有11名做满了任期。当然,这终究是历史的进步,到1897年市议会选举时,工商业界人士显著增多。①

---

① 金沢市議会編:『金沢議会史』上卷,日本の金沢:金沢市議会出版,1998年,第146页。

第二章 日本近代城市化的进程

就收入而言,在 1887 年,日本颁布了所得税法,由此各地都进行了收入登记。

金泽市高收入者的职业分布(1888)①

所得额（日元）	商人（名）	军人	官吏	县官吏	企业家	服务业	专门职业	旧高级藩士	农业	区长	不明	合计
2000 以上	2	2	1	2	1		1	1				10
1000—1999	12	7	9	3	2		2	1	1		2	39
700—999	7	6	8	1	6	4	5			1	5	43
500—599	25	17	9	13	10	5	5	3			12	99
300—499	115	30	27	27	22	19	11	3			50	304
	161	62	54	46	41	28	24	8	1		69	495

由上表可以知道,金泽市 300 日元以上收入的人士有 495 名。从职业类别来看,商人所占比例最多。陆军军人、官吏、县官吏达到了 163 名。在收入 1000 日元以上的 49 人当中,公职人员达到 24 名,占到了一半。而且越是高收入阶层,公职人员就越多,所以,此时的金泽还是官尊民卑。

但是随着经济与社会的发展,到 1900 年,据统计,高收入者当中工商界人士大幅增加。尤其是收入超过 1 万日元以上者全部是工商界人士,而公职人员的年收入变化不大。

金泽作为城下町在明治维新初期人口下降,到明治中期以后,人口才逐渐上升。

1872 年到 1927 年金泽町户口数量与居住人口的演变②

年份	现住户数（户）	现住人口（人）	本籍户数（户）	本籍人口（人）
1872	35788	109685	—	—
1885	21317	98567	—	104560
1890	18963	93517	—	99954
1893	17545	90551	—	98772

---

① 石川県立図書館蔵北村勝三編:『時事提要』,増山平助によって出版,1889 年,第 53 頁。
② 金沢市編:『金沢市統計書——昭和元年 第 1 編 気象・土地・戸口』,石川県金沢市:金沢市出版,1927 年,第 78 頁。

续表

年份	现住户数(户)	现住人口(人)	本籍户数(户)	本籍人口(人)
1895	20639	87746	——	97700
1897	26316	81352	——	97481
1902	24561	96357	30811	101978
1905	26702	92439	31497	104935
1910	30151	113819	32831	113093
1915	38414	137047	34348	122287
1919	37175	158954	31445	125305
1920	29397	127269	31119	126870
1925	32573	147951	33052	138375
1927	33558	153157	33694	141605

由上表可以知道,金泽市的人口下降趋势一直到1893年方才停止,之后,开始转向回升。而且需要说明的是,当时还只是户口数量的回升,现住人口数量的回升要到1903年。直到1915年,金泽的人口方才超过以前幕府时期,达到了13万人。到1927年,现住人口数量达到了153157余人。应该说这个增长速度同三大都市圈是无法比拟的,属于缓慢增长。金泽市在日本全国城市中人口数量的排名也一直在下降。在幕府时代是第五,到1897年为第七位。1920年降到了第十一位,到1930年为第十五位,1940年跌到了二十二位。

由于金泽的人口增加缓慢,所以士族在当地人口中所占的比例一直较高。1871年,士族及其家属占总人口的比例超过40%,到1909年士族仍然占本籍人口的34%—38%。1913—1918年占26.6%,仍然超过四分之一。

金泽人口增长缓慢也同其产业发展缓慢有关。

金泽市各产业的工厂数及从业人员数量①

产业类别	工厂数	男职工(人)	女职工(人)	职工总计(人)	工厂平均职工数(人)	产值(日元)
纤维工业	82(64)	549	3738	4287	76	13496952
绢织物	45(44)	158	2188	2346	52	8655039
纺纱	2(2)	216	698	914	457	2318689

① 金沢市編:『金沢市統計書』,石川県金沢市:金沢市出版,1921年,第97頁。

续表

产业类别	工厂数	男职工（人）	女职工（人）	职工总计（人）	工厂平均职工数（人）	产值（日元）
机械金属业	64(42)	103	127	1157	18	1910083
化学工业	13(8)	616	136	752	58	1504315
饮食业	36(23)	361	43	404	11	2234229
杂工业	36(20)	591	79	607	19	2633004
合计	231(157)	3147	4123	727	39	21779073

由上表可知,在金泽的产业工人数量方面,男女职工总数不超过1万,主要是在纤维工业,而且工厂的规模不大。

金泽在1919年前后开始讨论修建街道电车一事,1911年成立了北陆电气轨道株式会社,1912年获得批准。但是因为资金问题,一直到1918年市政府予以部分财政补贴后方才开始修建。1919年7月第一期4.3英里的有轨电车正式营业。随后开始了第二期的修建。

在有轨电车修造期间,金泽开始了市区改造。1923年,金泽被中央政府正式认定适用新的《都市规划法》,1925年正式颁布了包含周边六个村庄的都市计划公告,随即编制了改造预算。其中道路费用是783000日元。但是由于财政紧张,其他方面的事务要到30年代之后才开始进行。最早开始进行的是电力事业与煤气事业的市营化,同时还进行了上水道建设,以使民众能够使用洁净的水源、杜绝传染病。①

金泽士族众多,发展缓慢,但是也避免了因为开发所导致的对文化传统的破坏。又由于士族的文化水平、审美趣味相对较高,所以金泽整座城市古色古香,极富特色。在日本,金泽是除京都之外最富传统特色的一座美丽城市。

金泽的街道

（六）北海道的城市建设

北海道是一个地广人稀的地区,在明治维新以前属于松前藩。1854年

---

① 下出積與:『石川県の歴史』,東京:山川出版社,昭和五十二年,第200—241页。大石嘉一郎、金沢史男編:『近代日本都市史研究』,東京:日本経済評論社,1991年,第291—301页。

函馆开港后,为了加强对北海道的开拓,此地变成幕府的直辖地。明治维新后,为了安置过剩人口,同时也是为了应对北方俄国的南下,日本政府积极展开对北海道的移民与开发活动,修筑了纵横交叉的铁路,将各战略要地连接在了一起。幕府时代的统治中心在南边的函馆,此地在明治十一年(1876)就有了31000多人口。该处是北海道的门户,通过海路运输,将北海道同东京、大阪等地紧密联系在一起。函馆的对外贸易也相当繁荣。人口增加迅速,到明治三十年(1897),人口便增加到73000人,到大正九年(1920)增加到14万多人。函馆在大正十一年(1922)实施了市制。

札幌位于北海道北部地区,幕府时代是一个只有几户人家的小村落。进入明治时代以后,鉴于此地在边防上的重要性,再加上平原辽阔,发展潜力大,遂于明治四年(1869)将北海道首府迁到此地。政府鼓励移民,同时给予来此地从事贸易与生产的商家以优惠贷款等;并在这里设置屯田兵、开设农学校,又修通了通往此地的铁路。政府又规定,凡是参加北海道开发的企业资本,由政府保障其利益所得,像北海道制麻会社、北海道制糖会社、北海道铁道会社、札幌麦酒会社等都由政府补助利息。在种种政策的推动之下,札幌人气渐旺,形成了城市。到大正九年(1920),此地人口达到98000多人。第一次世界大战期间,当地的纤维工业获得了很大的发展,兴办了很多新的工厂。

此外,北海道地区还有小樽、钏路、室兰等地或是作为港口城市或是作为矿山资源城市均获得了发展。应该说,在明治政府各项优惠政策的推动下,日本政府对北海道的开发还是非常成功的。[①]

第四节 近代日本城市居民的生活

近代化意味着进步,意味着人类生产能力与生活水平的提高。同农业社会相比,工业生产活动生产财富的能力提高了成千上万倍。所以,从理论上讲,工业革命开始后,人类的生活水平也应该有相应的提高。如果从较长的历史时段来看,这一说法是完全正确的。但是如果就一个特殊时期尤其是原始积累时期的情况看,工业革命时期低收入阶层的生活水平并没有得到提高,行业与地区之间也有很大的差异。更重要的是贫富分化非常严重,

---

① 榎本守惠、君尹彦:『北海道の歴史』,東京:山川出版社,昭和五十六年,第112—222頁。

工人的劳动条件、工资待遇、居住条件都很恶劣。甚至在一段时间内,由于政府片面地强调发展经济的重要性,对市政设施的建设与改造多有疏忽,随着产业的发展、人口的迅速增加,反而会导致比农业时代更大的灾难,日本在明治时代前期大体就属于这种情况。一直到明治后期以及大正年代,随着经济与社会的发展,民众生活才逐步得到改善。

一、普通居民的居住

明治维新之后,城市民众的生活随着各项改革以及城市化的进行,同以前相比发生了很大的变化。

以东京为例,在幕府时代,江户分为武家地、寺社地、町人地三部分,其特征是等级隔离。当然,也不是没有混居的情况,尽管幕府对此有严格的限制。尤其是在相邻的边缘区,这种混居情况越发常见。其中就面积而言,武家地占有绝对优势地位。这同大阪、京都等有所不同。

1869年,东京三个等级居住地域的面积分别为1169万坪(占总面积的68.6%)、266万坪(15.6%)、270万坪(15.8%)。武家地占到了总面积的七成。明治维新以后,在1871年正式废除了武家地、寺社地、町人地这种意味着封建等级制度的称谓。

东京在江户时代就存在贫民窟。这些贫民窟大都建在海岸或河岸等低洼潮湿、利用度较低的地区,在寺社、花柳巷附近以及街道的末端也有。明治维新以后,官用地、军用地后面的小胡同以及传染病医院、火葬场、公墓周边地区也出现了很多贫民窟。一部分武家地在明治维新以后因为大名的撤离与身份制度的废除而走向荒芜,也逐渐演变成为贫民居住区。贫民窟主要集中在小石川(10680人)、深川(13181人)一带。根据横山渊之助的统计,明治时代有三大贫民窟——下谷的万年町、鲛桥的谷町以及芝新纲,[①]而万年町和鲛桥都是以前的武家地。贫民窟中的贫民大部分都是租赁房屋居住。

东京居民的住房,大多以板顶简易住房为主。由下表可以了解当时东京普通居民的总体住房情况。

---

① 横山源之助:『日本の下層社会』,東京:岩波書店,1979年第32刷,第25頁。

1879年东京15区房屋种类①

(单位:栋)

区名	洋房或石造房屋			上等·中等(普通)房屋					下级房屋				下级房屋合计	下级房屋所占比例(%)	合计
	炼瓦屋	洋房	石造房	金属瓦	玻璃瓦	瓦顶房	涂屋造	土藏造	柿板顶	草顶房	杉皮顶	纸板顶			
麴町	7	16		3	2	2687	6	23	2602	4	11		2617	49	5354
日本桥		11	9	42	2	6302	206	566	10147	1	21	4	10173	59	17315
神田	922	26	2	20	3	4650	83	73	9303		33	2	9337	56	14188
京桥	2	22	73	61		3313	1419	517	8083		129	4	8216	56	14543
芝		8	5	7		5154	21	20	6338	158	56		6552	56	11769
麻布		2		1		1364	3	16	1979	515	46		2540	65	3926
赤坂				1		648	5		1619	272	24		1915	75	2569
四谷				1		602	2	7	2598	122	21		2741	82	3343
牛込				1		1764	4	19	3088	677			3765	68	5553
小石川		2		4		1720	2	1	2062	895	33		2990	63	4719
本乡		1				2625	8	6	4250	255	12		4517	63	7158

① 東京都編纂:『東京市史稿·市街編』第65巻,東京:東京都,1992年,第285頁。

续表

区名	洋房或石造房屋			上等·中等（普通）房屋					下级房屋					合计
	炼瓦屋	洋房	石造房	金属瓦	玻璃瓦	瓦顶房	涂屋造	土藏造	柿板顶	草顶房	杉皮顶	纸板顶	下级房屋合计	下级房屋所占比例（%）	合计
下谷	2		2	1		2682	5	1	3922	342	50	1	4315	62	7008
浅草	5		9	9	5	6890	113	15	6717	151	51		6919	50	13957
本所	3			10		5753	4	1	3489	199	103		3791	40	9472
深川		1				4290	24	4	3269	76			3345	44	7767
合计	941	89	91	161	12	50444	1905	1281	69465	3667	590		73733	57	128641

由上表可以知道,反映文明开化的新时代特点的炼瓦造和石造等房屋主要集中在京桥、神田、曲町、日本桥等地,数量很少。当时在东京15区中占绝对优势的是传统的板顶房,其次是瓦顶房,两者相加占到了总量的95%以上。板顶房与杉树皮房主要集中在日本桥、神田、京桥、芝等地。普通贫民大都租住在"长屋"内。这是一种板顶或者草顶的木造房屋,因为连成一片,所以称"长屋"。这种住房不防火,所以,如果在冬天刮起西北风之际发生火灾,轻者烧掉500到1000户,重者超过10000户。以前幕府时代,也曾设置"广小路"(比较宽的巷子以避火灾)、"火除地"等以应对火灾,但这只是治标之法。由于火灾频繁,两三年内就会发生火灾,房屋建筑者为了节省成本,便建造一些成本低、结构简单的板房和草房,这就导致火灾肆虐、无法根除。

贫民窟的"长屋"有多种类型,以"普通长屋"占多数。其结构是一种类似工棚式的简易平房,前后窗户都朝外,每间大约有四叠(一叠约1.5平方米左右)。每间入口处设有一个狭小的厨房。至于厕所与水井都是共用的。还有一种"栋割长屋",也是一栋长形的类似工棚的房子,该房子的前后都是背靠背的出租屋,每间的结构同普通长屋差不多。此外还有一种中间是走廊的互相面向的出租屋,称为"共同长屋"。日本产业革命以后,两层楼的长屋建设增加,且开始拥有独立卫生间。工厂开始建设职工宿舍,长屋也逐渐走向公寓化。

就长屋居住状况而言,有2人乃至多人合租,也有一个家庭租住一间或数个家庭合租一间者,情况比较复杂。一般以水井为中心形成一个小的集体与邻居关系。

房东在明治维新以后同租客是平等的法人关系。但是大部分房东兼营米店、杂货店、当铺、批发、柴薪买卖等,他们也向租客提供各种生活必需品,所以租客对房东有相当程度的依赖。

下层居民的房屋构造一览(1911)①

室数	叠数	金杉下町					万年町				
		瓦顶	柿顶	铅顶	不详	计	瓦顶	柿顶	铅顶	不详	计
一室拥有者	2.9—2.5	1				1	3	2			5
	3.0—3.5	4	16	7		27	10	4	10	5	29
	4.0—4.5	29	418	132	3	582	76	64	129	12	281
	5.0—5.5	3	11	3		17	17	12	21	1	51
	6.0—6.5	4	7	13	1	25	24	12	29	3	68
	7.0—7.5	1		1		2	6	3	3		12
	8.0—8.5						3	1	2	1	7
	9.0 以上						6				6
	不详								1		1
	计	42	452	156	4	654	142	99	197	22	460
二室拥有者	2.0—3.0						1				1
	4.0—4.5		2			2	1				1
	5.0—5.5	1	6	13		20	10	3	7		20
	6.0—6.5	13	11	18	1	43	20	2	17	2	41
	7.0—7.5	5	4	8		17	6		8		14
	8.0—8.5		4	1		5	5	4	13	1	23
	9.0—9.5	4	1			5	13	4	2		19
	10.0 以上	4	2	4		10	16	2	3		21
	不详						1		1		2
	计	27	30	44	1	102	73	15	51	3	142
三室拥有者		2		2		4	5		8		13
其他				1		1	5		4		9
不详				1		1	1		2	5	8
合计		71		204		762	226		262	30	632

① 石塚裕道:『日本近代都市論―東京:1868—1923』,東京:東京大学出版会,1991 年,第 123 頁。

由上表可知,在明治末期,租住一室(4.0至4.5叠)的比例在金杉町接近8成,在万年町超过4成。但在万年町,租住面积较大一点的一室以及两室的比例有很大增加,而且租住铅皮顶房屋的比例也很高。这表明经过明治维新以来40多年的近代化活动,日本普通民众的生活水平有了一定的提高,即使是贫民窟,居住条件也得到了一定程度的改善。

随着产业革命的进行,东京成为日本的政治、经济、文化中心,人口也随之暴涨,迅速发展成为特大城市。随着城市的扩张,地价与房租高涨,贫民开始向郊外移动,在原先的郊外,诸如千住、日暮里、板桥、巢鸭、新宿等地也出现了大量的贫民窟。第一次世界大战期间,在东京的芝浦冲形成了临海工业带,在本所、深川两区以及南葛饰郡形成了江东工业带。在那里也形成了密集的男女工人住宅区,有寄宿舍,也有用来出租的长屋。

构成下层劳动者主要成分的人力车夫在日俄战争以后,因为电车以及其他交通工具的发展而急剧减少,失业的人力车夫就转行到其他行业,如烟囱清扫员、出殡服务员、牛奶配送员、垃圾处理员等,这些人依旧只能居住在条件低劣的长屋里。

第一次世界大战期间,随着经济的蓬勃发展,日本的社会结构、民众的收入水平都发生了很大的变化。中产阶级如政府公务员、公司职员、军人、警察、教师等的人数大量增加。从社会心理上来讲,这些人较难将其归于下层民众,但是,据当时的史料显示,他们的实际收入与生活水平同下层民众并没有本质的区别。由于市中心房价、房租较高,所以,他们选择了在郊区生活,也就是职场与居住分离的生活方式。为了出勤,他们每天都要由近郊向城区往返移动。这一时期,他们中的6到9成人士都居住在出租屋内。但是,因为中产阶级人数的增加,无论是在东京还是在大阪,近郊的独栋出租屋急剧增加。这种建筑同今天的别墅没有太大的区别,有庭院、围墙。居住在这种出租屋中的租客,其收入一般较高,同房东的关系相对平等,属于完全的契约关系。

1919年、1920年近郊町村的租户数与租户比率与通勤人口①

		家庭数（户）	租住家庭数（户）	租住率（%）	出勤者人数（人）	市内通勤者人数（人）	市内通勤人口所占比例（%）	市内通勤者第一位职业（人）	
荏原郡	品川町	9044	5985	66.2	5868	2374	40.5	会社·银行员	1500
丰多摩郡	淀桥町	9140	7034	77	5639	1176	20.9	会社·银行员	614
	渋谷町	17500	12360	70.6	8173	3897	47.7	会社·银行员	2170
南足立郡	南千住町	7134	5160	72.3	6307	245	3.9	劳动者	168
北丰岛郡	果鸭町	6481	6369	98.3	7138	6257	87.7	会社·银行员	5000
	王子町	9181	7459	81.2	13201	442	3.3	劳动者	350
	西巢鸭町	11519	9295	80.7	12554	9082	72.3	公务员	5499
南葛饰郡	大岛町	4849	4158	85.7	6058	23	0.4	工商业者	18
	吾嬬町	6063	544	9	5692	228	4	劳动者	155
	隅田村	2868	2350	81.9	5007	1132	22.6	劳动者	1101

但是在东京，由于人口持续不断地涌入，所以一直存在住房紧张以及房租高的问题。

二、普通工人的工作与生活

受封建主从关系的影响，日本的工人运动很不发达。虽然偶尔也会出现一些工潮，但是发生次数以及参加的人数都很少。在明治时期，号称工人运动最为兴盛的年份是1907年，但也不过发生了57起，参加人数不过9855人。当然，工人运动低迷也同政府的严厉镇压有关。明治政府的领导人皆脱胎于封建贵族阶层，有浓重的封建残余思想，人权思想缺乏。为了加快殖产兴业的步伐，他们也尽可能的压制工人运动，以维持社会的稳定。1900年政府颁布了《治安警察法》、1901年又强行解散了社会民主党，理由是该党的主张如人类平等、废除军备、废除阶级制度、土地与资本国有化等有害社会稳定。也正因为此，日本长时间内处于低工资状态。这些因素都导致了贫民窟的长期存在。20世纪初，英国的机器一般一天使用8到9个小时，

---

① 石塚裕道：『日本近代都市論—東京：1868—1923』，東京：東京大学出版会，1991年，第139頁。

美国使用10小时,而日本大多是22小时开动。以棉纺织厂为例,1883年大阪纺织公司开业之际,白天营业12小时。由于产品畅销、业绩极佳,1884年开始实施昼夜开工制度。之后昼夜开工就变成了日本各地的通例,日本各地纱厂工人每天的工作时间都在12小时以上。

当时日本各企业尤其是民营企业,大量使用女工、童工。据统计,在民营企业,女工数量是男工数量的1.5倍以上,在制丝纺织企业,大部分是年幼的女工。1901年在关西纺织工厂的职工中,女工占了50%,14岁以下的女工占11.5%。在大阪21家工厂雇佣的工人中,有四分之一是不满14岁的童工。火柴工厂雇佣的工人中,半数以上是10—15岁的儿童,甚至还有六七岁的儿童。①

1905年,在有注册记录的工业企业中,60%的职工是妇女。在女工中,有6.3%是不满14岁的女童。有些小型纺织企业几乎全部使用女工。这一年日本的女工总数是76.7万多人。

在产业革命初期,男工每昼夜所得工资平均为1角(10钱),女工与童工的工资则远低于普通的男工。火柴厂女工与童工的工资每天只有2分到4分钱。到明治时代后期,女工的工资每天增加到1.2角到1.5角。但火柴厂女工的工资仍然很低,每天只有6分到7分钱。"富士棉纺织公司"工人一天的劳动时间为12小时,从早晨六点半到下午六点半。该厂男工每月工资平均为8.12日元,女工为5.72日元。但是每个男工每月的伙食费就需要6日元,每月的房租还需要3.6日元。②

由于长时间劳动,再加上卫生设施缺乏、低工资,工人健康状况很差,普遍营养不良,患结核病、眼病、妇科病的人很多。有些工人即便想离开工厂,也因为缺乏路费而不得不放弃。公司为防止工人逃亡,连休息日都不让工人外出,宿舍周围一直有人巡视。③

名古屋的纤维工业非常发达。在名古屋的纤维工业中,女工占88%,大大超过了全国平均水平。在名古屋的纺织企业中,女工的劳动时间一般都是14到15个小时,而女工的工资还不及男工工资的一半。据爱知县史记

---

① 横山源之助:『日本の下層社會』,東京:岩波書店,1979年,第93—100頁。
② 加尔别林主编:《日本近代史纲》(中译本),北京:三联书店,1964年,第428、294、429页。另外参见前引横山源之助:『日本の下層社會』,東京:岩波書店,1979年,第100—103、110、167—172頁。
③ 細井和喜藏:『女工哀史』,東京:改造社,昭和四年。

载,这些女工大多从附近农村招来,为了补贴家计,甚至借钱凑足路费,来到名古屋。她们大都住在寄宿舍中,数人共用一个床垫,吃着粗茶淡饭,普遍营养不良。由于工厂管理严格,连逃亡都非常困难。明治三十三年(1900),叶栗郡光明寺村纺织工厂的寄宿舍发生火灾,烧死了 31 名女工。主要原因是火灾发生时寄宿舍大门被反锁,窗户钉有铁条,工人无法逃生,结果被活活烧死。这件事曝光后,舆论大哗,爱知县政府不得不对寄宿舍制定了种种规则。尽管工作条件有一定程度的改善,但是仍然没有根本性地解决问题。①

当时日本东京、大阪、名古屋各工厂的大部分工人都是从外县招募而来,实行寄宿制度。1910 年在日本三大支柱产业——纺纱、生丝、织布产业中,寄宿的工人占六到八成,而本地的通勤族比例很小。这种情况一直延续到 20 世纪二三十年代。之后由于中国工业生产发展迅速,逼使日本工业开始升级换代,随着产业结构的变化,如使用童工、昼夜工作制、寄宿制度等才逐渐减少,工人的劳动条件也获得了一定的改善。

与此同时,城市工人运动也发展起来,工人组织逐渐增多,有组织的劳资斗争也随之增加。1913 年,全日本只有 6 个劳工组织,到 1919 年增加到 71 个。1915 年日本的劳资纠纷事件是 64 件,1916 年上升到 108 件,1917 年达到了 398 件,1919 年更达到 497 件,参加人数为 63000 余人。1919 年,日本各地工会组织成立了全国性的"日本总同盟"。② 工人也逐渐摆脱了封建的主从关系,开始跨企业、跨行业、跨区域地走向联合,形成了一个庞大的工人阶级,这个阶级的形成逐渐打破了封建时代极具依附色彩的等级制度。

在工人一系列斗争的压力下,日本政府也相继出台了一些保障劳动者权益的法案。1910 年颁布了劳动者保护立法——"工厂法",1916 年正式实施。该法案禁止使用未满 12 岁的童工,规定 16 岁以下工人以及女工的工作时间不得超过 12 小时,而且每月必须有两个休息日,禁止深夜加班;在工厂的安全设施、防灾设施等方面也多有规定。应该说同以前相比有了很大的进步。但是"工厂法"只适用于使用机器动力且雇佣 10 人以上规模的工厂。因此,在 1921 年—1925 年,其适用范围只是全日本工厂总数的 50%左右。③

---

① 三鬼清一郎编:『愛知県の歴史』,東京:山川出版社,2001 年,第 286 頁。
② 井上清、鈴木正四:『日本近代史』,東京:合同出版社,1957 年,第 29—130 頁。
③ 楫西光速:『日本資本主義発達史・続』,東京:有斐閣,1979 年,第 89 頁。

随着资本主义经济的发展,普通民众中的贫富两极分化现象愈演愈烈。随着封建等级制度的逐渐崩溃,在社会财富迅速增长的同时,富者越来越富,而贫者越来越贫。1885年,从国民平均生活费用来看,日本上等阶层一年一人是110日元又82钱5厘,衣食住费用为米价的10倍。中等阶层一人一年为60日元45钱,为米价的5倍,下等阶层一人一年20日元15钱(为米价的2倍)。根据这个情况,官吏、神官位居上中等阶层的各有50%;僧尼位居上等的为20%,中等的为80%;商人位居上等的为60%,中等的为20%;农民位居上等的为10%,中等的为30%,下等的为60%;杂业者位居上等的为10%,中等的为30%,下等的为60%;在从事工业的劳动者中,位居上等的为5%,中等的为15%,下等的为80%;在从事渔业者中,位居上等的为5%,中等的为0%,下等的为95%。由此可见,在明治初期,官吏与神官的收入和地位最高,就没有下等,僧尼次之。这说明官尊民卑的现象仍然普遍存在。武士出身的人在中央各官厅九省占据了87%的比例,在中央与地方的总比例为74%。① 就薪酬而言,太政大臣、参议每月有800到500日元的高额收入,即便是九等的判任官,其月薪也有50日元。所以武家仍然享有最高的权力与财富。由于他们拥有知识且身居高位,容易接触到最先进的文化,能够洞察世界发展的潮流,所以,他们不仅在政界,即便在商界,也非常活跃。他们中很多人的生活趋向欧化,诸如改吃牛羊肉、讲英语、出门乘坐马车、参加各种宴会和舞会等。他们大都住在以前的大名屋敷——东京西北部、地势较高且风景优美的山手地区。不过中下级官吏平素过着东西合璧的生活,在正式场合以及自家的玄关、会客室等处都是洋式陈设,但是家里依旧使用榻榻米。之后这种模式就成为日本知识阶层的居住方式。②

1897年左右,东京有5万多名人力车夫、拾荒者、街道艺人等,他们一般每天依靠仅仅10钱的收入勉强度日。他们租住的长屋一般为四叠半到六叠一间的小屋,如厕都依赖公用厕所。虽然废除了五人组制度,但是房东以及房东的代理人在市政以及日常生活方面仍然起着很大的作用。

到第一次世界大战期间,由于经济的发展,日本贫民的收入也有很大提高。住在山手、下町一带的人力车夫、职工等一家共同劳作,月收入也有很

---

① 土屋乔雄、冈崎三郎:『日本資本主義発達史概説』,東京:有斐閣,1948年,第36頁。
② 矢崎武夫:『日本都市の発展過程』,東京:弘文堂,昭和四十九年,第331頁。

多达到了50日元乃至60日元的水平。

大正九年（1920），东京市内的细民有18351户、74493人。最多的在深川，有4818家、19303人。然后是本所，有2681家、11704人。浅草有2443家、9849人。小石川有1871家、7719人。京桥有1150家、4255人。四谷有1004家、4181人。牛入有749家、2858人。

这些细民共同居住在长屋里，一般一家租住在四叠半的小屋里，一个月的房租是2.8日元；15到20户共同使用1个厕所。这些贫民中有40%原籍为东京，其余大部分则是从邻近的琦玉县、千叶县等地迁徙而来。

此外，在东京，住在极其简陋、租金非常低的"木赁宿"中的有11140人，居住在水上船屋中的则有10712人。①

在下层社会中，依赖当铺过活的人非常之多。在长屋中，两三家共用一个锅的情况非常常见。更为甚者，白天煮饭过后，将锅携至当铺，换出铺盖卷，到早晨起床后，又拿着铺盖去当铺将头天押在里面的锅换出来以供炊事之用，到晚上又去当铺换出铺盖。每天就携带着锅与铺盖往来当铺。这样的情况在当时的社会已经司空见惯。②

从历史的角度来看，随着经济近代化水平的提高，日本民众的生活水平都在普遍上升，中产阶级队伍越来越庞大，下层民众的比例呈逐渐缩小的趋势。而且从当时的情况看，极端贫困的民众也并不占多数。

三、肆虐的火灾与各种传染病

（一）火灾

明治前期，在东京，最让人们感到棘手的灾害就是频发的火灾。

前文分析过，东京居民的住宅以板房、瓦顶板房为主，其中板壁板顶的房屋占57%，这种房子最易着火，人称"烧家"。从冬天到春天，东京主要刮干燥的西北风，一旦发生火灾，动辄500户、1000户以上被殃及。如前所述，火灾从幕府时代以来一直如此，所以，人们说"火灾是江户的精华"。板壁瓦顶的房屋防火能力稍强，尤其是在大风裹挟火星漫天飞舞的时候，但是也属于易燃房屋。这两种房屋相加，在东京所占的比例为97%。而真正防火的建筑，诸如土藏造与涂屋造的耐火建筑很少，炼瓦房（用烧制的砖瓦盖房是

---

① 矢崎武夫：『日本都市の発展過程』，東京：弘文堂，昭和四十九年，第337、407頁。
② 大久保憲一："明治東京の下層民"，『朝野新聞』，1886年3月28日。

明治维新以后的事情)的数量则更少。① 据统计,从明治元年到明治十一年(1868—1878),东京旧朱引线内的火灾导致每年平均被烧毁的房屋是4286栋,烧毁的面积是45016.079坪。而朱引线外系农村地带,虽然同样系板房,但是由于房屋稀疏,火灾烧损数量年平均只有190栋。② 所以,当时东京的火灾是远远超出风灾、水灾的最大灾害。尽管东京在明治初期人口有所下降,但是,到1887年就又恢复到106万人,而且人口主要集中在下町一带。1881年,神田桥本町的人口密度,1丁目是1516人/平方公里,2丁目是822人/平方公里,3丁目是1123人/平方公里,人口密度之高非常惊人。另外据1883年就卫生状态所做的调查,居住于贫民窟长屋中的人,每人平均只有1.05坪的面积。照此换算,人口密度为2857人/平方公里。③ 如此高的密度也是火灾频发的原因。当时不仅房间内,连屋子外边屋檐下也住着人。住在屋檐下的人主要是店里的学徒。这些伸出去的屋檐也导致道路不畅,火灾发生时往往阻碍了人们逃生以及消防人员的进入,使火灾难以控制。

从1868年开始的六年间,东京烧毁千户以上的火灾有6起。其中1869年12月12日的大火烧掉了神田相生町、松永町、佐久间町一町目、花田町、元佐久间町、久右卫门町、荣町、龟住町等,并且还延烧到佐久间町二丁目、花房町、平河町。而这一地域自从享保以来就是火灾多发地域,曾经发生过10次以上的火灾。1869年的这次火灾后,清理出了9000坪火除地,之后就利用这块土地建了一个镇火神社。④

1872年的大火起自和田仓门内兵部省的屋邸,延烧到冈山县、高知县拥有的屋邸,又将京桥西绀屋街道的银座二町目烧毁,最后连筑地外国人的官舍也被全部烧毁,被毁房舍还包括位于才女町的东京府知事由利公正的屋邸,总共烧毁2926户。当时政府要员带头发起募捐运动,由政府参议连署,一等捐银200两,逐级降低,十五等官员捐银2两。这次大火变成了银座炼瓦街改造的契机。但是,在施工过程中,由于政府财政援助不力,同时设计也有缺陷,政府主持人希望全盘西化,认为江户以来土藏造的房子"是文明开化的障碍",所以连大街后面小巷也不让建设土藏造的房子,最终改

---

① 石田赖房:『日本近代都市計画の百年』,東京:自治体研究社,1987年,第27頁。
② 小木新造:『東京庶民生活史研究』,東京:日本放送出版協会,昭和六十一年,第90頁。
③ 石田赖房:『日本近代都市計画の百年』,東京:自治体研究社,1987年,第24頁。
④ 小木新造:『東京庶民生活史研究』,東京:日本放送出版協会,昭和六十一年,第94頁。

造失败。小木认为主要还是因为政府领导人"没有将民政视为为民施政的立场",也就是说不从民众的角度考虑问题,搞官僚主义。①

银座改造政策失败后,东京防火依旧处于无备的状态,大火更是有增无已。从1874年到1881年间,烧毁1000户以上的大火发生了9次。其中仅1880年一年就连续发生了3次,1881年连续发生2次。尤其1881年1月26日从神田松枝町开始的大火,乘着强盛的西北风,烧掉了10637户,延烧面积为27697坪,为前所未有。

在明治前半期的十五年里,没有遭受火灾的东京市町屈指可数,大部分都遭受过两到三次火灾,甚至出现过全町烧光的情况。曾经被烧过三次的町有小传马町三丁目、田所町、新才木町、葺屋町、岩代町、蛎壳町一町目、马食町一丁目、若松町,共8町。本来银座、京桥、日本桥、神田都是东京城内最繁华、最热闹的地方,但又是火灾最多的几个区域。失火时,一般都是10町20町连续受到殃及。

由于经常发生火灾,为了节省成本,地主们索性建设那些成本低的板壁板顶的房子,也就是所谓"烧家"。这样的房子,由于结构简单,三年就可以通过房租收回成本,所以即便烧掉也不可惜。人称这种建筑思想为"烧家思想"。

但是,肆虐的火灾也有人喜欢。比如住在贫民窟的、身无分文的穷人以及部分商人就欢迎火灾。因为贫民原本没有什么财产,火灾倒可以让他们因此得到一部分"救恤金"。另外烧毁房屋之后,必然要随之展开营建恢复工作,这就给一部分穷人提供了工作的机会。对于部分商家而言,火灾之后的恢复安居工作也给他们滞销的货物开辟了商机。所以,在1880年的报端有这样一句话:"火灾是穷人的最爱。"②

---

① 小木新造:『東京庶民生活市研究』,東京:日本放送出版協会,昭和六十一年,第95頁。
② 石田頼房:『日本近代都市計画の百年』,東京:自治体研究社,1987年,第27、28頁。

东京府管内各种灾害年别表①

	年度	火灾		风灾		水灾		总计	
		栋数	坪数	栋数	坪数	栋数	坪数	栋数	坪数
朱引内	明治元年	1841	19334.182	—	—	—	—	1841	19334.182
	二年	3898	40936.796	26	273.052	—	—	3924	41209.848
	三年	3959	41577.018	4	42.008	—	—	3963	41619.426
	四年	2691	28260.082	46	483.092	—	—	2737	28743.974
	五年	3715	39009.910	1	10.502	—	—	3716	39020.412
	六年	6973	73230.446	6	63.012	11	115.522	6990	73408.980
	七年	1515	12104.850	2	21.004	—	—	1517	12125.854
	八年	1930	20824.700	—	—	—	—	1930	20824.700
	九年	11060	124756.800	1	10.502	—	—	11061	124767.302
	十年	3347	37285.580	19	199.538	—	—	3366	37485.118
	十一年	6221	57855.300	—	—	—	—	6221	57855.300
	合计	47150	495176.864	105	1102.710	11	115.522	47266	496295.096
	年平均	4286	45016.079	10	100.246	1	10.502	4297	45117.736
朱引外	明治元年	383	4180.062	—	—	—	—	383	4180.062
	二年	59	643.926	8	87.312	—	—	67	731.238
	三年	123	1342.422	229	2499.306	—	—	352	3841.728
	四年	116	1266.024	420	4583.880	—	—	536	5849.904
	五年	38	414.732	8	87.312	—	—	46	502.044
	六年	88	960.432	3	32.742	—	—	91	993.174
	七年	116	1262.080	9	98.226	—	—	115	1360.306
	八年	106	1143.740	2	21.828	—	—	108	1165.568
	九年	135	1522.800	12	130.968	6	65.484	153	1719.252
	十年	795	1856.300	16	174.624	—	—	811	9030.924
	十一年	131	1218.300	5	54.570	14	152.796	150	1425.666
	合计	2090	22810.818	712	7770.168	20	218.280	2822	30799.866
	年平均	190	2073.711	65	706.433	2	19.844	257	2799.988
	合计	49240	517987.682	817	8873.476	31	335.802	50088	527194.962
	年平均	4476	47089.789	74	806.680	3	30.346	4554	47926.814

---

① 東京市役所:『東京市史稿・変災篇』,東京:臨川書店,1974年,第5、1052—1053頁。

由上表可知,相对于风灾与水灾而言,火灾所造成的危害程度是惊人的。

下面是反映明治七年到明治三十一年间(1874—1898)东京火灾次数、火灾户数、火灾坪数以及损失价格等的情况表。

东京市火灾情况表①

年度	失火数	火灾户数(户)	火灾坪数(坪)	家屋损失价格(日元)	消防数	手工唧筒数量(个)	蒸汽唧筒数量(个)
明治七年	258	1544	15529.75	308065.38	2902	5	0
八年	391	1803	20198.55	400678.637	3072	13	0
九年	424	11412	103563.19	2054383.00	2772	27	0
十年	462	3536	35141.22	697096.38	0	29	0
十一年	305	5943	55433.24	1099629.19	0	0	0
十二年	301	13025	100815.08	1999877.11	0	0	0
十三年	280	6068	64447.89	1278452.79	0	44	0
十四年	312	21949	259528.03	5148257.53	2769	0	0
十五年	311	1264	1471653	291930.41	0	0	0
十六年	182	641	5301.17	105159309	0	0	0
十七年	318	1995	20084.24	398411.07	2000	80	1
十八年	306	2472	28203.04	559463.70	1960	0	3
十九年	493	2486	2748613	545242.36	0	0	0
二十年	460	3262	29903.74	593200.49	1880	0	4
二十一年	468	1793	1469365	291477.94	1800	0	6
二十二年	568	1012	122907.69	256049.85	1720	0	8
二十三年	495	4168	43396.49	860843.78	1640	0	0
二十四年	491	924	19294.96	492791.14	0	0	0
二十五年	394	6674	68915.83	890255.73	0	0	0
二十六年	434	1790	26282.42	888102.86	0	0	0
二十七年	335	1252	18644.82	254365.77	0	0	0
二十八年	283	1878	17201.05	183532.81	0	0	0
二十九年	281	952	21965.07	180986.99	0	0	0
三十年	279	1278	20714.28	474163.37	0	0	0
三十一年	307	3517	37378.25	810945.58	0	0	0
合计	9138	102638	1191746.31	21063363.15	22515	198	22

---

① 東陽堂編:『風俗画報』(臨時増刊)"火災消防図会",明治三十二年(1899)4月5日号,第37頁。

从上表也可以了解到,19世纪80年代中期以后,随着东京防火改造的实施,火灾逐渐减少。虽然烧毁1000户以上的火灾还时有发生,但已不似以前那样频繁,而烧毁万户以上的火灾再也没有发生过,这说明东京防火计划还是起到了明显的作用。90年代以后,随着东京市区改正计划的实施,加压上水道逐渐延伸,火灾的次数与规模更趋减少。

(二) 各种传染病

早在幕府时代,江户的部分地区就修建了上水道,供生活之用。当时的取水口在江户郊外多摩川上游的羽村,属于山泉水,水质非常优良。幕府通过埋设木制管道以及石砌渠道向城市供水。居民一般通过汲水井,用木桶或者瓦罐取水。一般说来,每个町像这样的汲水井有一到两个。由于不够使用,所以,很多居民仍然是自己挖水井以获取生活用水。据1890年东京市所做的调查,在52654个水井中,有85.3%是自己挖掘的水井,架设在上水道上的汲水井的数量不过7755个,为14.7%。而且,调查还表明,半数的汲水井、60%的自掘井的水质不适合饮用,水质不良的主要原因是距离厕所太近。

此外,供水量也十分不够,没有现代意义上的加压,因而也无法提供足够的消防用水,无法应对日益肆虐的火灾。不卫生的污水也导致东京水系传染病的肆虐。

至于下水道,当时的东京根本没有现代意义上的下水道。市街地的排水,一般都是通过小巷之间的下水沟排到大道两旁的侧沟,然后,不经过任何沉淀就直接排入河川。当时人的粪尿,因为系优质农用肥料,由专人单独处理,所以排水沟里的一般都是生活污水。①

有时,农业用水与道路、明沟的污水,还有居民家庭倾倒的生活用水也流进了上水道。上水道内,还经常出现腐败的杂草、动物的尸体,更有甚者,在上水道内还出现了人的尸体等。②

1905年,在新的上水道启用前,公众卫生学者远山椿吉对东京市使用的旧上水道的水质进行了抽样检测,结果旧上水道的给水在细菌数量等污染指标方面同普通水井情况基本相同。③ 这导致了明治前期传染病的

---

① 石田頼房:『日本近代都市計画の百年』,東京:自治体研究社,1987年,第30—37頁。
② 東京都編印:『東京都水道史』,1952年,第115—116頁。该书所收奥村陟的调查报告,没有日期,推定为1873年。
③ 石塚裕道:『日本近代都市論——東京:1868—1923』,東京:東京大学出版社,1991年,第97頁。

肆虐。

明治前半期,水系传染病如鼠疫、伤寒等成了国民病,非常盛行,以致人称其为"亡国病"。

明治年间,传染达万人以上的鼠疫有9次之多。其中1879年与1886年传染人数达到了15万到16万多人,死亡人数超过了10万人,与中日甲午战争、日俄战争的总阵亡人数差不多。在东京一地,鼠疫大爆发的次数有5次。其中1886年有12万人感染,死亡率达到8成以上。而痢疾和伤寒的死亡率较低,为2成左右。这些都属于水系传染病。

传染病主要侵袭下层民众,尤其是贫民窟。1886年,在东京15区中,这三种水系传染病的发病率以日本桥区为第一,然后是神田、京桥区,再后是浅草、本所、深川等区。而当时这些地区广泛分布着贫民窟。贫民窟的民众,按内务省的调查:"居住稠密、住房粗劣、居民贫困,职业多是力役以及拾荒者,饮水多来自开挖的水井。"传染病发生之时,"民众多害怕被送到隔离医院,大多隐秘病情、偷偷将患者的衣服在河边、井户边洗涤,又将排泄物倾倒到沟渠、下水道中,此等陋俗,不胜枚举。"①

除了贫民窟之外,鼠疫也流行到了煤矿工人以及工厂工人当中。1884年,九州高岛煤矿鼠疫大流行,3000多工人中,有超过半数的工人——1500多人死亡。② 次年又有53人发病。明治政府通过外务、陆海军、工部各省指示对高岛煤矿进行各种消毒处理。之所以会引起政府的高度重视,主要是因为高岛煤矿是仅次于三池煤矿的主要官营煤矿,负责供应东京炮兵工厂以及东京其他官办工厂的煤炭,一旦煤炭产量大减,势必严重影响东京以军工厂为首的各工厂的生产。

在1882年东京隔离医院的5726名患者中,诸业是2081人,力役是889人,商贾是842人,职工是679人,农业是613人,官吏是132人。③

日本桥是町人集中地,自古是东京商业最发达的区域,同时也是贫民窟最集中的地区。神田分为西部的武家地与东部町人区,尤其是神田河两岸的柳原町,是赤贫的最下层町人居住的地方。浅草区全区域几乎都有贫民窟。深川区是隅田川与江户川冲击而成的平原低地,自古就没有上水道,所

---

① 內務省編:『コレラ病流行紀事』,東京:內務省,1877年,第208—209頁。
② 松岡好一:「高島炭鉱の惨状」,『日本人』,1888年,吉野作造編:『明治文化全集·社会編』,東京:日本評論社,1929年,第4頁。
③ 內務省編:『コレラ病流行紀事』,東京:內務省,1877年,第9、47頁。

掘水井又都是水质较差的浅水井,因而居民主要靠购买饮用水过活。1889年之后大约10年间,每天都有78只卖水船往来卖水。而这种供水手段非常不卫生,危险系数高,这也是该地区鼠疫高发的原因之一。

感染的原因也同军队的移动以及国外回来的军队感染有关,所以有人说:"战役就是战疫的历史"。1877年西南战争时,很多士兵感染了鼠疫。当这些士兵凯旋的时候,就沿路传播鼠疫,从神户一直到关东,各地都成了"修罗场"。在当时的东京,随着士兵的回归,鼠疫再度流行。士兵感染者中,陆军是2062人(死亡1046人),海军是74人(死亡22人),承担运输任务的三菱公司的职员也感染了59人(死亡25人)。在神户海关,海关检疫人员禁止回归士兵登陆,但是急于回营的士兵们手持武器强行登陆,结果导致鼠疫在当地的大规模流行。①

1895年中日甲午战争后,在出兵中国台湾的过程中,日本死亡了17000多人,其中病死的就有11900人。当时在东京,以1个工兵少尉为传染源,7个月内有3000多人染上了鼠疫。②

鼠疫原是孟加拉国的地方疾病,随着殖民主义的全球化,鼠疫也随着人员与商品的流动变成世界性疾病。而在后进国家,由于卫生设施不完备、海关检疫系统也没有建立,因而造成的危害也就更大、更可怕。而日本发动的几次战争,诸如西南战争、中日甲午战争、日俄战争,都因为士兵的流动,导致鼠疫流行。"也就是说鼠疫的流行不仅与开港与不平等条约的签订等被动因素有关,它也是对日本侵略东亚各国的一种报应。"③

日本在1874年制定了"医制",鼠疫以及其他传染病的统计归内务省卫生局所管。另外军部所属的卫生系统也进行了一些统计。尽管如此,明治初期的卫生以及疾病统计仍是非常不完备的。之所以如此,不在于统计的困难,而是因为政府不重视,当时政府把主要力量都投入到了富国强兵以及对外扩张中。

1880年,明治政府制定的《传染病预防规则》将鼠疫、伤寒、痢疾、白喉、斑疹伤寒、痘疮这六种疾病法定为传染性疾病。从明治时代一直到20世纪初,以鼠疫为中心的传染病数年一次呈周期性爆发。

---

① 厚生省编:『検疫制度百年史』,東京:厚生省,1980年,第15頁。
② 藤原彰:『軍事史』,東京:東洋経済新社,1961年,第84頁。
③ 石塚裕道:『日本近代都市論—東京:1868—1923』,東京:東京大学出版会,1991年,第85頁。

主要城市贫民窟的现住人口死亡原因与死亡者数(1921)①

区名	町名	人口（人）	死因第一 肺炎、支气管、肺炎	死因第二 痢疾肠炎	死因第三 肺结核	死因第四 肾脏炎其他	死因第五 畸形先天性弱质	死亡者合计（女）	平民人口1000人中的死亡者数
神田	三河町	2000	5	4	6	8	1	56(22)	28
芝	新纲	1571	7	6	10	10	3	85(43)	54
四谷	谷町	1600	12	12	15	12	4	133(63)	83
四谷	旭町	1000	12	13	15	2	6	100(51)	100
小石川	白山御殿町	2294	20	30	13	8	7	170(77)	74
下谷	金杉本町	1793	32	25	17	12	14	206(94)	115
浅草	田中町	1044	24	35	33	15	12	239(115)	229
浅草	浅草町	3783	33	29	13	7	3	153(64)	40
本所	松仓町	1771	18	15	17	10	10	140(67)	79
深川	富川町	2416	34	32	27	22	18	287(98)	119
深川	猿江里町	3365	50	42	26	19	16	335(161)	100
深川	灵岸町	2474	17	10	8	13	9	121(50)	49

由此表可以看出，当时在各贫民窟，每年死亡人数以及单位死亡率是非常高的。据统计，位于死因第一位的疾病是肺炎与支气管炎，这其中也包含肺结核；第二位是痢疾、肠炎，其中包含有鼠疫；第三位是肺结核。在浅草区田中町，在1044人当中，一年内有33人死亡，相当于每万人中有316人死亡。如果加上其他水系传染病而致死的数量，则千人之中要达到229人的死亡率，也就是说一年内5人中要死1人。所以，当时田中町号称"死亡之町"。当然，由于有大量外来青壮年人口前赴后继地填补，所以这一带人口反而日益增加。除田中町外，该区的玉姬町、浅草町、松叶町、清岛町等都是东京著名的贫民窟。产业革命以后，在东京的15个区中，拥有贫民窟的町有110个以上。所以有人称："贫困是殖产兴业的手足。"②

由于可怕的水系传染病，再加上原有的"国民病"——肺结核等，给大众

---

① 石塚裕道：『日本近代都市論—東京：1868—1923』，東京：東京大学出版会，1991年，第88頁。

② 大日本帝国議会誌刊行会編：『大日本帝国議会誌』第一卷，東京：大日本帝国議会誌刊行会，1926年，第471、480頁。

的健康造成了严重的威胁,同时也威胁到了明治政府富国强兵的政策,因而政府开始逐渐关注到这一问题。内务省的官僚后藤新平断言:"帝国之繁荣,舍卫生之外无他。"①1890年12月第一届国会开会时,有一位议员对"穷民救助法案"作了赞同发言。

四、结核病与公害

传染病的流行由于政府、地方团体的防疫对策以及医疗技术的进步与普及,逐渐得到了遏制。但是随着产业的发展,城市公害却愈演愈烈,而且产业公害不仅威胁到居住在贫民窟的下层民众,也威胁到所有的城市居民。

产业革命以后,肺结核这种古老的传染病在环境恶劣的都市贫民窟以及承担繁重劳动的纺织女工当中急剧增长。1904年,据政府统计,肺结核上升到了各种疾病发病率的第一位,成为"国民病"。在产业革命后,全国以青年男女为中心,每年有7万至9万人死于此病。东京在1919年一年内每1万人中就有43.6人因为结核病死亡,在全国各府县中位居第一。而患结核病者的死亡人数在一般情况下是正常死亡人数的4到5倍。②

日本以及东京的肺结核死亡者数与死亡率③

年份	肺结核死亡者数		每1万人中的死亡者数		每1万人中的死亡者数,东京相对日本的倍率
	日本	东京府(都)	日本	东京府(都)	
1889	42452	2684	10.6	19.5	1.8
1905	76061	6619	16.0	39.8	2.5
1916	86633	9490	15.7	41.6	2.7
1918	99215	10778	25.3	29.0	1.1
1973	11420	1962	1.1	0.9	—

从东京结核病死亡分布来看,每1万人中的死亡数,最高的是深川区,为51.7人,是全日本平均数字的3倍还多。下谷区是51.2人,芝区是49.6

---

① 立川昭二:『病気の社会史』,東京:日本の放送出版協会,1971年,第213—214頁。
② 石塚裕道:『日本近代都市論—東京:1868—1923』,東京:東京大学出版会,1991年,第111頁。1919年,在欧洲结核病死亡最高的是维也纳,每万人中为40.5人。实际上,由于很多人瞒报,日本东京真实的数字应该更高。
③ 保健衛生調査委員会編:『結核死亡統計表』,1920年。

人,本所区为 48.2 人。再看职业比例,1906 年东京府死于肺结核的是 4022 人,其中无职业的为 1479 人(占 36.8%),有职业的职工为 886 人(占 22.0%)。两者相加接近 6 成。其他如小商人、人夫、车夫、古物商等普通民众,死于肺结核的比例也很高。① 1918 年出版的由山口义三写就的《东都新繁昌记》这样描述东京三大贫民窟之一的鲛桥:"肺病、脚气、伤寒、呼吸器官病是这儿的特色",可见结核病也是当时的"贫民病"。②

还有一种职业病是"尘肺病",它也会直接诱发肺结核。在东京炮兵工厂等官办工厂中,加工金属、火药会产生大量的尘埃,在这种环境中工作的工人患肺病的很多,尤其是弹丸工、填药工,他们的平均寿命只有二十四五岁。

东京很多纺织工厂女工的轮换率非常高,原因有逃亡、被公司辞退等。在被辞退者当中,很多都是肺结核感染者。由于工资低、劳动条件与环境差、劳动强度大,结核病成了纺织女工的职业病。东京最大的纺纱厂——钟渊纺纱工厂对于结核病患者没有任何救助隔离措施,一旦发病,辞退了事。据说连警视厅来视察的技师都受到了厂方有组织的阻挠冲击。纺织女工的工作寿命一般也就是 3 到 4 年,据统计,女工中的 6 成在 2 年内、8 成在 3 年内要么被解雇、要么逃亡、要么辞职。全日本有 20 万出外打工挣钱的女工,每年返乡者有 7 万人,其中 1 万多人是因病而归,而 2600 多人是肺结核患者或者疑似患者。她们回到乡村后,又将结核病传染给其他人。按照卫生学的概率,这些人归乡后会在 5 年内导致 7 万—9 万人死于肺结核,而且感染的主要是青壮年劳动力,所以,日本人称此病为"亡国病"。

产业公害是资本为了追求利润最大化,在生产以及流通的过程中大量节省必要的经费所致,由于必要的防止公害的设施都没有到位,因而对周围自然环境以及生活环境造成了污染。产业公害在不同的时期内容不一样。在产业革命时期主要是大气污染、水体污染、噪音污染等。日本的矿山造成的污染也令人瞩目,有名的四大矿害事件就反映了这一点,这四大矿即足尾铜矿、别子、小坂、日立矿山。

煤烟公害在明治中后期几乎是东京每个区都有的事情。其他方面则各

---

① 栗本傭勝:『明治三十八年における東京府下肺結核死亡調査』,『東京医事新誌』,1908 年 3—4 月合刊。

② 山口義三:『東都新繁昌記』,東京:京華堂書店,1918 年,第 59 頁。

区根据其产业特点有所不同。比如印刷工厂、金属、机械、器具工厂分布较多的京桥、芝区等,噪音污染较重。而在深川、本所,除了噪音污染之外,还有水泥工厂的粉尘污染。煤烟以江东区最为严重,这与这些地方的肺结核病高发有必然的因果关系。像东京最大的纺纱场——钟渊纺织(资本100万日元,3万纱锭)就位于江东区的南葛饰郡,于1886年建成,该纺纱场昼夜开工,一昼夜要消耗24吨煤。而深川区大约也在相同时间建设了东京纺纱工厂(资本50万日元,9000纱锭),该厂于1886年投产。这两个规模庞大的纺纱厂给江东地区带来了严重的煤烟污染。

东京府各区的煤炭消费量(1912)①

区名	私设工厂	官营工厂	合计	郡(町)	私设工厂	官营工厂	合计
麹町区	0	44	44	荏原郡	819	429	1247
神田区	30	—	30	(品川町)	(528)	(412)	(940)
日本桥区	5	—	5	丰多摩郡	333	378	711
京桥区	125	45	170	(涩谷町)	(293)	(290)	(582)
芝区	586	85	670	北丰岛郡	1808	651	2460
麻布区	5	0	5	(南千住町)	(733)	(189)	(922)
牛入区	9		9	南足立郡	127	—	127
小石川区	282	390	672	(千住町)	(78)		(78)
本乡区	2	—	2	南葛饰郡	2505		2505
下谷区	99	—	99	(沙村)	(775)		(775)
浅草区	73	0	73	郡部合计	5593	1458	7051
本所区	557	16	573	合计	10085	2846	12931
深川区	2720	809	3529				
	4492	1388	5880				

　　由于当时对城市的发展没有进行规划,原本系商业区且位于东京中心位置的日本桥、京桥也建设了很多制造公害的工厂。

　　这种污染状况一直持续到《城市规划法》制定之后才有了一定的改观,

---

① 内外商业新报社编:『東京における石炭市場概要』,『日本産業資料大系』第9卷,東京:内外商業新報社,1926年,第258頁。

但得到根本性的解决还是在二战结束以后。

由以上内容可知,日本今天的繁荣不是凭空得到的,是在下层民众付出巨大牺牲的前提下实现的。同时,也要认识到原始积累时期下层民众的贫困以及环境污染等问题是暂时的,是发展中出现的问题,只能通过发展来解决,它并不是不可克服的。历史事实表明,在经济发展到一定水平之后,当整个社会关注这一问题时,日本政府很好地解决了这一问题,从而很快将日本带入到了发达国家的行列。所以,搞现代化一定要顺应历史发展的潮流,按照经济发展的规律办事,如果人为地去劫富济贫,强求一律,只能适得其反,只会带来更大的不平等!

第三章 日本都市圈内轨道交通的发展

在近代化的过程中,近代交通的发展打破了区域隔阂,出现了物资、人员全方位的流动,人力和物力向交通枢纽地区、经济发达地区大量集中,在这些交通网络的节点上就出现了生产与消费中心以及大小不一的城市。由于人口的聚集、城市面积的膨胀,几乎所有的近代城市都曾经为交通问题所困扰。日本在城市化过程中,以轨道交通为核心,不仅构建了全国性的轨道交通网,更在区域内部形成了以民营轨道交通为骨干的交通网络,成功地解决了日本城市交通以及围绕交通所带来的污染等问题。这一点在世界上独具特色,颇受世人称道,值得人口密集的以都市圈为重点发展对象的国家学习借鉴。

第一节 日本全国铁路网的形成

近代的工业经济是以城市为中心发展起来的。城市经济的发展需要打破区域隔阂,使人员与物资能够在全国范围内顺利流动,这就需要一个连接各地的近代交通网络。处于网络中心地带的城市,因为在筹集人力资源与自然资源方面、在获取信息以及销售产品等方面有着更多的便利,因而得以优先发展。

明治维新后,新政府首先对国内交通进行整合,使之规范化、系统化,以适应近代经济和社会发展的需要。

1876年6月,明治政府将国内的道路分为国道、县道、里道三类,并制定了相应的规格。首先着手改造的是国道,明治政府将国道分为三种类型,以东京为中心。其一,从东京到各通商口岸之间的道路,如到横滨、大阪、神户、函馆等;其二,从东京到伊势神宫以及到各府县镇台之间的道路;其三,从东京到各府县县厅所在地的道路以及连接各府县镇台之间的道路。由此可见,当时的国道还是从军事与外交的角度制定的,经济因素较少。大规模地展开地域间的道路建设要到1919年《道路法》制定之后。①

早在幕府末期,幕府就已经同意把江户到横滨间铁路的修建与经营权委托给美国商人。明治政府成立后认为铁路是文明的利器,兴修铁路的态度非常积极。鉴于百废待兴,政府财政捉襟见肘,最后依靠从英国借款、雇佣英国技术人员修建了东京—横滨、大阪—神户之间的铁路。尽管东京、大阪在明治维新初期经历了人口急剧减少的衰败过程,但是横滨与神户分别是东京与大阪的外港,这两条铁路的修建为这两大都市近代产业的发展奠定了良好的基础。

东京—横滨的铁路于1870年4月开始测量,到1872年10月便正式开通营业。从东京的新桥到横滨,全长29公里,由于客运极其繁忙,便从起初的每天2趟往返列车增加到9趟,运行时间为53分钟,每天可以运送近4000人次,乘坐率达到60%—70%。这条铁路建成之后,虽然是官办,但因为客货运输繁忙,盈利颇丰。这是日本第一条铁路,这种新兴近代交通工具的成功运行,示范作用极大。

1870年8月,大阪—神户间的铁路也开始测量修建。1874年5月,阪神铁路开业运行,铁路总长32.7公里,运行时间为70分钟,一天开行8趟往返列车,由于客运繁忙,第二年便增加到一天10趟往返列车。

1873年,京都—大阪间的铁路也开始修建,1877年2月正式营业,总长43.1公里。随后,京都与神户之间也全线贯通,运行时间为2.5小时左右,一天开行10趟往返列车。

上述这些铁路都是城际铁路,为后来东京横滨都市圈和京都大阪神户都市圈的构建奠定了基础。

明治二十二年(1889),东京到神户之间600公里的东海道铁路正式开通。这是连接太平洋沿岸日本主要经济中心的一条最重要的大动脉。原来江户到京都要步行十三四天,东海道开通后,只要30到36个小时。在所花的费用方面,以前江户到大阪乘轿子是95贯777文钱,也就是9日元57钱,而火车的三等车厢只要3日元55钱。② 此后因为政府缺乏资金,铁路兴

---

① 鈴木博之:『都市へ』,東京:中央公論新社,第207頁。
② 老川慶喜:『日本鉄道史 幕末・明治篇』,東京:中央公論社,2014年,第43—117頁。

建减缓。但是在政府的扶植引导下,民间铁路投资热兴起。

19世纪80年代初,政府由于财政困难,虽然认为铁路建设非常重要,无奈力不从心,于是便鼓励民间集资从事铁路的建设。1881年,以部分华族为主体成立了"日本铁道会社",申请修建东京到青森的纵贯日本东北部的铁路。该公司虽然是以华族为主体,实际上华族只出资70万日元,而政府系的第十五国立银行出资130万日元,皇室出资35万日元,三菱会社出资45万日元,在民间集资200多万日元,总共凑集了500多万日元。除此之外,政府还给了该公司如下优惠:沿线铁路建设所需土地、建筑物,如系官有,则无偿租借;如果是民间所有的话,则由政府代为收购,而且铁路用地免除国税。在铁路建设资金的补偿方面,日本铁路公司在铁路线第一至第五区段的建设资金,在开业之前,其利息由政府负责补贴,开业后的收益也由政府给予保障。同殖产兴业一样,应该说为了引导民间资金投资铁路建设,明治政府可谓不遗余力。1885年,该铁路铺设到了宇都宫;1887年12月,延伸到了仙台;1890年11月,抵达盛冈;1891年9月,到达了目的地青森。该铁路总长732公里,运行时间为26小时30分钟。铁路分段开业,经营状况良好。①

1884年,大阪与堺两地的企业家与酿酒商以藤田传三郎为首共18人,筹资22万日元,以市场价三分之一的价格购买了官营釜石铁矿(岩手县)廉价处理的机车与铁轨,成立了阪堺铁道会社。同日本铁道会社不同,这是一个完全依赖民间资金的民营铁道公司,其经营方法充分反映了大阪商人的独立与精细。修造铁路的成本很低,而建造速度却很快,1885年12月29日便修到了堺对面的大和川,随即开始营业。1888年5月,大和川桥梁竣工后,实现了阪堺直通。轨距采用的是矿山货运轨道的轨距——2英尺7英寸。开业后,业绩之佳,出人意料。从1886年到1898年开业13年间所获得的利润达到了106.6万多日元,超过投资总额的两倍半还多。②

在日本铁道与阪堺铁道良好收益的刺激下,日本国内掀起了第一次铁道热。到1888年,日本的国营与民营铁路里程达到了1467.8公里。到1905年,更达到了7695.8公里,比1888年增加了4倍还多。其中民营铁路

---

① 原田勝正:『明治鉄道物語』,東京:筑摩書房,1983年,第137—156頁。
② 宇田正、淺香勝輔、武知京三編:『民鉄経営の歴史と文化·西日本編』,東京:古今書院,1995年,第95—96頁。

总里程达到 5200 公里,占日本铁路总里程的 68%。大部分民营铁路以客运为主,客运收入占铁路运营总收入的 70%。

1883 年—1905 年日本官设与民营铁路的发展情况①

年度	年度末营业里程			年度	年度末营业里程		
	官设铁路（公里）	民营铁路（公里）	合计（公里）		官设铁路（公里）	民营铁路（公里）	合计（公里）
1883	292.3	101.4	393.7	1895	954.6	2739.9	3685.5
1884	293.3	130	422.3	1896	1016.5	3017.5	4034
1885	360.1	216.7	576.8	1897	1964.8	3679.9	4744.7
1886	426.1	267	693.1	1898	1236.5	4267.3	5503.8
1887	483.6	471.9	955.5	1899	1340.1	4514.9	5855
1888	813.8	654	1467.8	1900	1528.3	4674.5	6202.8
1889	885.9	942.6	1828.5	1901	1704.9	4473.3	6478.2
1890	885.9	1365.3	2251.2	1902	1973.8	4844.3	6818.1
1891	885.9	1875.3	2761.2	1903	2163.9	5069.5	7233.4
1892	885.9	2124.4	3010.3	1904	2351.5	5200.4	7551.9
1893	897.2	2222.1	3119.3	1905	2464.5	5231.3	7695.8
1894	934.6	2473.7	3409.3				

由于铁道投资有良好的收益,因而铁路公司的股票价格大涨,新设立的铁路公司也能很容易地从股市上筹集到足够的资金,从而推动了铁路建设事业的迅猛发展。在 1886 年第一次铁路热中,成立了北海道碳矿、关西、山阳、九州等铁路公司,以及两毛、水户、甲武、参宫、大阪、筑丰兴业等公司。而且民营铁路的建设速度远远超过官设铁路的建设速度。1890 年,民营铁路里程达到 1365.3 公里,而官设铁路只有 885.9 公里。这一数据对比可以

---

① 野田正穂、原田勝正、青木栄一等編:『日本の鉄道—成立と展開』,東京:日本経済新聞社,1986 年,第 50 頁。

证明治政府鼓励民营铁路建设的政策是成功的。

中日甲午战争后,日本从中国获得了巨额的赔款,而且占领了中国台湾,又在朝鲜获得了经济上的优势地位,由此掀起了第二次铁道热。在这一过程中,先后成立了房总、青梅、北越、丰川、京都、阪鹤、南海、七尾、中国(岛根、鸟取一带)、德岛、唐津兴业等铁路公司。由于1892年日本政府颁布的《铁道铺设法》规定干线铁路只能由政府修建,因此此次铁路热主要是修建地方中短距离的铁路。

1899年之后,随着全国铁路网与三大都市圈以及北九州地方铁路网的形成,再加上产能过剩,日本铁路的修建速度逐渐下降。1895年的铁路修建增长率为9.3%,1896年为8%,1897年为25%,1898年为16%,而1899年为6%,1900年为3.6%,1901年为2.1%,1902年为1.5%,1903年为4.2%,1904年为3.4%。①

民营资本的投入加快了铁路建设的进程,但是民营铁路公司也有不少缺陷,如资金薄弱,经营分散琐碎,技术水平低,并且各铁路公司的修建标准不一,这些对于形成全国性的铁路网有一定的障碍。在这种情况下,政府内部要求铁路规范统一化的呼声渐高。军部要求铁路规范化以利于军事行动的开展,而官设铁路公司则希望借此扩大自身的利益,还有一部分官僚出于各种目的也在政府内部鼓噪铁路干线国有化运动。经过反复的论争博弈,最终在日俄战争后的西园寺公望内阁时期,打着铁路国有化有利于产业振兴、可以防止外国人控制铁路、有利于战后财政重建的旗号,在1906年,由内阁会议讨论提出,经帝国议会投票批准,《铁道国有化法案》获得通过。

当时政府收购的对象涉及38家民营公司中规模较大的17家,要求在1906年到1915年期间完成收购工作。政府先后收购了北海道碳矿、甲武、日本、岩越、山阳、西成、九州、北海道、京都、阪鹤、北越、总武、房总、七尾、德岛、关西、参宫等铁路。收购价格以近3年的平均利润率乘以30倍作为设备投资,再加上库存物资折价,最后以相当于原来投资2倍的价格收购了干线铁路,使之国有化。政府为此总共花费了4.819亿日元,支付的近期公债年利为5%。这次收购大大增加了官设铁路的总里程以及所占的比重,官设

---

① 中西健一:『日本私有鉄道史研究・都市交通の発展とその構造』,東京:ミネルヴァ書房,昭和五十四年,第51—62頁。

铁路的营业里程比重由1905年的32.0%增加到90.9%,旅客周转量(人/公里)由37.7%提高到88.4%,国有铁道占了绝对优势。总里程包括未开业线路在内达到4834.3公里,拥有机车1118辆、客车3067辆、货车20884辆,接收职员48409名。① 由于条件优厚,收购工作进展顺利。随后,日本政府将原来的铁道作业局改称为帝国铁道厅,1908年又改组为直属内阁的铁道院,同时将全国的铁路分为五个大区,即北海道、东部、中部、西部、九州。国有化之后,政府出资对铁路进行了标准化、系统化工作,更换重轨,增加轨距,统一调度,使全国的铁路构成了一个统一的网络,切实提高了铁路质量以及服务水平。私营铁路只剩下450英里的里程,而且只有成田、东武、南海、中国等铁路具有一定的规模,其他多是小型铁道,总体平均不足25英里。

第二节 三大都市圈内轨道交通网的形成

一个都市圈的形成,固然主要依靠工业的发展,但是要让都市圈内的一切得以顺利运行,则主要靠发达便捷的公共交通,公共交通如同遍布人体的血管。

同欧美国家不同,日本都市圈内的公共交通主要倚仗轨道交通。在今天看来,这种方式特别适合那些人多地少、人口居住密集的国家。轨道交通占地少、快捷、准时、安全、环保、经济、运量大,是大城市以及都市圈缓解交通拥堵、治理空气与噪音污染的最佳途径,代表着人类都市公共交通的发展趋势。而且日本的城市轨道交通,除地铁外,大部分都能做到独立经营、自负盈亏。这同欧美国家公共交通需要政府大量补贴形成了鲜明的对比,西方发达国家对此无不交口称赞。20世纪80年代,欧美国家纷纷派专家学者前往日本,研究借鉴日本轨道交通的经营模式,日本的城市轨道交通一时间成为世界的样板。

日本形成以民营轨道交通为主体的公共交通运营模式也不是一帆风顺的,也经历了一个漫长曲折的过程。

日本的《铁道国有法》规定:"供一般运输之用的铁道全归国家所有,然而以某一地方交通为目的的铁道不在此范围之内。"随后明治政府又在

---

① 野田正穂、原田勝正、青木栄一等編:『日本の鉄道―成立と展開』,東京:日本経済新聞社,1986年,第121頁。

1910年颁布了《轻便铁道法》。1912年又颁布了《轻便铁道补助法》。从1912年到1919年,日本政府对294条轻便铁路给予了财政补助,总额达到374万日元。这样民营铁路转而从事地方以及近郊铁路的修建与经营。从1910年到1916年,民营轻便铁路线从17条增加到120条,营业里程从233英里发展到1550英里,投资额也从1032万日元增加到7377万日元。到1919年,民营轻轨营运里程增加到1940多英里。①

1919年为了规范地方轻轨的发展,日本政府废除了《私设铁道法》与《轻便铁道法》,代之以《地方铁道法》与《地方铁道补助法》,后者规定地方轻轨必须以蒸汽与电力等为原动力,统一轨距为1.067米,特殊情况除外。这确实改变了私营铁路发展的无政府状态,有利于铁路安全以及全国联运的实现。② 到大正十四年(1925),地方铁路的里程从2418公里延长到7304公里,增加了2倍多,相当于国营铁路里程的一半以上。在职员工数从3.5万多人增加到6.5万多人,相当于国营铁路在职员工的三分之一。旅客运输量从近5.1亿人次上升到19.1亿多人次。货物运输量从500多万吨上升到2000多万吨,分别增加了近3倍。到1927年末,开业的私有铁路达到223条,正在修建的有121条,获准修建的有167条。

与此同时,日本轻便铁道也进入了电气化时代。1895年,京都出现第一条电气化铁路。到明治四十四年(1911),电气化轨道达到37条,线路长达595公里。到大正七年(1918),电气化轨道达到69条,长1159公里。到昭和二年(1927),电气化轨道达到90条,线路长达1873.8公里。同时日本政府也按照规定将电气化列车的时速提高到了25英里。1914年,电气化列车输送旅客的数量达到总乘客人数的98%。③

---

① 中西健一:『日本私有鉄道史研究・都市交通の発展とその構造』,東京:ミネルヴァ書房,昭和五十四年,第180頁。

② 祝曙光:《大正时期日本私有铁路的发展及其特点》,《苏州铁道师范学院学报》,1996年第5期,第43—57页。

③ 中西健一:『日本私有鉄道史研究・都市交通の発展とその構造』,東京:ミネルヴァ書房,昭和五十四年,第188頁。

第三章　日本都市圈内轨道交通的发展

一、东京都市圈内轨道交通的发展

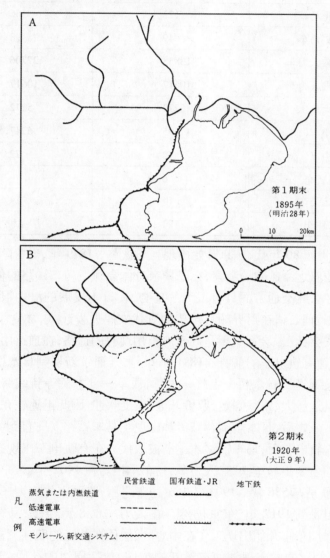

1895年、1920年东京的轨道交通线路图

在德川幕府时代,江户的城市内部交通工具主要是马车、轿子。进入明治时代后,在马车之外又出现了大量的人力车,用以解决人们的市内出行问题。

明治九年(1876)东京各种车辆的概数①

种类	概数(辆)	一年税额(日元)
二头马车	122	366
一头马车	49	98
二人乘人力车	13853	27706
一人乘人力车	10617	10617
大车	5272	5272
小车	12495	6247.50
牛车	72	72
自行车	6	6
货运马车	14	14
农用车	174	无税

　　到19世纪80年代,东京开始出现马车铁路。1879年,出身萨摩藩的种田诚一奉政府之命赴欧美考察,在巴黎亲身体会到了马车铁路的便利,认为马车铁路在公共交通方面具有很大的优势,在日本发展的潜力很大。他回国后便辞去官职,请在财界颇具声望的五代友厚做发起人,成立了东京"马车铁道株式会社"。会社主要是向政府租用现有的道路,在道路中间铺设铁轨,这是街道有轨电车的前身。1881年6月,开通了新桥到日本桥的线路。同年9月又铺设了日本桥—上野—浅草、浅草—日本桥等新线路。由于这种交通工具运量大、路线固定、票价低廉,大受欢迎,因此迅速在东京以及各大城市普及。之后,日本全国各城市都出现了马车铁路。一直到1903年在东京出现有轨电车后,马车铁路才逐渐被取代。在有轨电车出现之前,东京市内的交通主要由马车铁路、人力车、马车承担。在1902年,东京有人力车4.7万余辆、马车536辆。1903年电车通车之后,路面上的人力车与马车逐渐减少。但是到1917年,东京仍然存在人力车1.8万余辆、马车108辆。由于明治末期东京开始出现工作在中心区、居住在郊区的职住分离现象,所以,1918年制定的城市规划便在对新的市域,包括周边的荏原、丰多摩、北丰岛、南足立、葛饰、北多摩等共31个町又53个村在1919年的交通运输量进行了计算之后,设定市内交通客运量为49690万人次,其中市电承担

---

① 儿玉幸多、杉山博:『東京都の歴史』,东京:山川出版社,昭和五十五年,第297页。

79%,院线承担12%,郊外私家电车承担9%,公交大巴承担1%。显然市内交通主要依赖市电,而郊外电车的比重还非常小。东京因为地域广阔,市内容纳人口较多,郊区化比大阪要晚,因而郊外民营电车的发展也较大阪为晚。

1895年京都街道电车

19世纪末,电动机兴起,很快这种体积小、噪音小、污染小的动力装置就被运用到公共交通上。1890年在东京上野召开的第三届国内劝业博览会上展出了刚刚在美国投入使用的轨道电车。1895年,京都出现有轨电车,紧接着名古屋也在1898年成立了"名古屋电气铁道"。随后,电车很快在大阪、东京等城市普及开来。

1900年到1920年期间是东京、横滨地区铺设路面电车时期。东京在1903年马车铁道开始电气化之后,出现了三家民营轨道电车公司,即东京电车株式会社、东京市街电车株式会社、东京电气铁道株式会社。在他们的努力下,东京逐渐形成了一个公共交通的电车网络。为了避免因为竞争而损害公众利益,在东京市府的干预下,三家公司于1905年合并为东京铁道株式会社。1911年8月,东京市政机构决定对市内公共交通进行国有化。受西方社会思潮的影响,市政管理者们认为公共交通应该具有公共性质,成为盈利的工具会损害民众的利益,所以,即便政府补贴也是应该的,因为这有利于社会的稳定。这样,东京城内的电车被市营化,成为"东京市电"。1908年东京市电日平均乘客数量为44.6万人,到10年后的1917年增加到81.2万人,上升了将近1倍。东京市人口在大正年间的增加率为4.6%,而市电的利用增加率为 7.4%。①

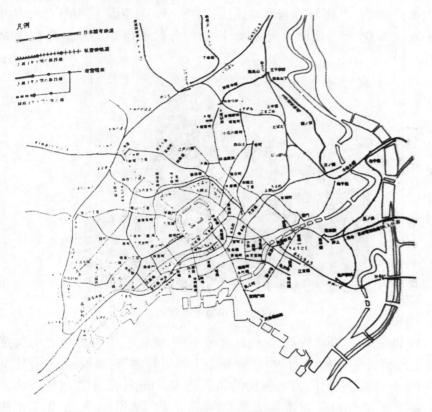

1916 年东京市内电车路线图

此一时期,从东京向周边地区还修建了很多呈放射状的、将东京同其他各地连接起来的铁路,并修建了山手线。新桥成为东海道的始发站,上野成为通向东北的铁路以及常磐线的始发站,新宿成为通向甲州方向的甲武铁道的始发站,本所成为通向千叶方向的总武铁道的始发站。除了市区之外,东京与横滨之间开始逐步形成电车网络。这时,部分民营电车铁路先后开业,如京滨电气铁道、玉川电气铁道、京成电气铁道、京王电气铁道等。此外还有行驶蒸汽机车的川越铁道、东武铁道、东上铁道、武藏野铁道等。这些铁道基本上都以东京市电的终点站或者山手线作为起点站,呈放射状向四

---

① 中西健一:『日本私有鉄道史研究・都市交通の発展とその構造』,東京:ミネルヴァ書房,昭和五十四年,第 226—244 頁。

周展开。此时这些市郊铁路沿线还都是农村,尚未城市化。一直到1923年关东大地震以后,由于郊外交通便利、市中心拥挤以及房地产价格高昂与各种污染等原因,一批成长壮大的中产阶级开始从市内大量外迁,郊区化方才迅猛展开,东京的郊外轨道电车才真正开始发展。①

通往东京郊外的轨道交通,最重要的当推中央线,其次是山手线,这些都是国有铁道。1889年新宿—立川、1911年饭田町—中央线全面贯通。1912年,中央线延伸到万世桥,1920年中央线的电车区间——东京站到吉祥寺全线贯通。在东京,中央线属于纵向交通,山手线是横向的交通,明治三十八年(1905),从赤羽开始经过池袋、新宿、涩谷到品川的山手线全线修通,明治三十六年(1903)从池袋经过大冢延长到田端。大正八年(1919)东京—万世桥开通。私营铁道以山手线为依托,呈放射状向西北、西南的郊外延伸。1902年北品川—南马场,1913年调布—新宿、涩谷—多摩川,1914年池袋—川越,1915年池袋—饭能,1917年新宿—北多摩等线均先后开通。

从1907年和1917年对山手线各站乘客人数的统计中可以了解轨道交通工具在东京居民的生产与生活中所起的作用:

1907年,上野(268.5万人)、新宿(125.13万人)、品川(65.66万人)、日暮里(26.97万人)、田端(23.52万人)、涩谷(17.16万人)、目黑(18.17万人)、目白(13.56万人)、巢鸭(11.95万人)、大崎(7.39万人)、大冢(5.83万人)、池袋(4.9万人)。

1917年,上野(475.78万人)、新宿(259.23万人)、品川(277.88万人)、日暮里(121.34万人)、涩谷(230.48万人)、大冢(114.5万人)、目白(98.24万人)、大崎(84.24万人)、五反田(83万人)、池袋(81.42万人)、惠比寿(76.65万人)、目黑(72.41万人)等。

由上述数据可见,在这10年间,山手线上各大站的上下乘客数几乎都翻了1倍乃至10倍以上。

从两次统计来看,上野始终处于第一位。因为是通往东北的门户,而且在江户时代就相当繁荣,所以上野在很长时间内被人称作副都心。但是从消费活动的角度而言,它对周边地区的辐射能力不如新宿。所以,日本人认为新宿才是仅次于银座的副都心。明治末期,中央线、山手线、市电就在新宿交汇。

---

① 青木栄一、老川慶喜、野田正穂編:『民鉄経営の歴史と文化・東日本編』,東京:古今書院,1992年,第3—7頁。

进入大正年间后,又开通了郊外电车——京王线,新宿于是成为山手线的交通枢纽地带。从市区迁出的大量人口在新宿周边定居,从明治四十年(1907)到大正八年(1919),淀桥町人口增加了2倍、大久保为5倍、内藤新宿为1.4倍、户冢町为8倍、落户村为3倍,各自增加的人数分别为3.8万多人、2.25万多人、1.69万多人、1.63万多人、0.7万多人。农业人口分别只剩下3.7%、3.9%、2.9%、9.6%、20.3%,也就是说新宿一带在大正年间基本完成了城市化。①

山手线客运之所以出现如此大的增长,主要是由于诸多民营公司以山手线为始发站向东京西北、西南呈放射状修建了多条轻轨铁路,从而构成了发达的交通网络。

山手线以外原为郊区,经营郊外电车的公司基本都是民营性质,主要有京滨急行、东急电铁、小田急电铁、京王电铁、西武铁道、东武铁道、琦玉高速铁道、首都圈新都市铁道以及京城电铁、北总铁道、东京临海高速铁道等。当然JR(日本铁道,国营)所经营的东海道线、中央线、琦京线、湘南新宿线、常磐线、京叶线、横须贺线、武藏野线等在客运方面也发挥着一定的作用。

1918年,涩泽荣一受英国霍华德所著《田园都市论》的影响,在东京成立了田园都市会社,在东京的郊外、东京—横滨线上的调布从事田园都市的建设。但是涩泽荣一的田园都市建设同英国的不同,英国的田园都市建设是职场与居住合一的郊区卫星城市,而涩泽荣一建设的是职场与居住分离的纯粹的郊外住宅区:都市白领白天在市中心的职场工作,晚间则回到郊外的家中休憩。郊区化要求有发达的交通系统,尤其需要大运量的轨道电车系统。涩泽荣一在进行田园都市建设时就计划建设一条电气铁道线路。他原本曾邀请京阪神地区的阪急电铁总裁、大名鼎鼎的小林一三负责筹建经营。后小林一三临时推荐了五岛庆太,并向五岛庆太面授了经营电铁的经验。五岛庆太在东京活用了小林一三的经验,并青出于蓝,创立了庞大的东急集团。1922年,东急集团的前身目黑—蒲田电铁公司开业。1923年11月,目黑—蒲田线贯通。关东大地震以及其后的火灾,导致9.13万余人死亡,46.49万多户房屋倒塌焚毁,而田园都市公司建设的住房却安然无恙。这使得都市白领认识到了郊外生活的安全性。于是,目蒲公司的业绩一路飙升,于1924年合并了经营不佳的武藏电气铁道。1925年2月,该公司的线路连通了神奈川县。1927年8月,向北面延伸到了山手线的涩谷,从而奠

---

① 矢崎武夫:『日本都市の発展過程』,東京:弘文堂,昭和四十九年,第409頁。

定了东急集团的基础。20年代中期又收购了池上电铁与玉川电铁,并进行了一系列的多种经营,如房地产开发、文化教育事业、旅游观光业、制造业等,使东急成为东京都市圈业界的龙头。

西武电铁的创始人是堤康次郎,他原本是一名成功的房地产开发商,在长野县的轻井泽以及神奈川县的箱根地区成功地开发了别墅观光住宅。1925年他收购了在东京西部经营的骏豆铁道的股份,随后又收购了武藏野铁道、西武铁道等。他的公司以池袋为起点,经营东京西部地区的郊外轨道电车系统,从而建立了庞大的西武集团。和东急集团一样,西武集团也从事多种经营。

小田急是在东京西南经营的一个市郊电铁集团,拥有120.5公里的线路。该公司的前身是1923年成立的小田原急行铁道,之后不断扩展业务,以山手线的新宿为起点,经营观光业务以及其他多种业务。①

但是,东京的郊外电车发展主要是在20世纪30年代以后。

二、京阪神都市圈内轨道交通的发展

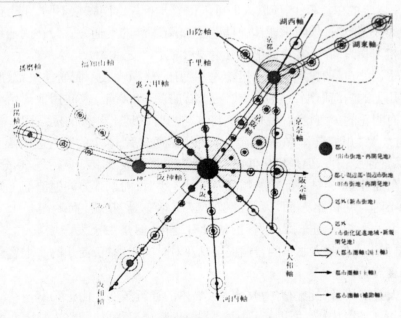

京阪神轨道交通图

---

① 孙志毅:《日本铁路经济发展模式研究》,北京:经济科学出版社,2012年,第68—90、180页。

(一) 近代大阪市内交通的演变发展

幕府时代,大阪号称水都。在三都中,大阪的桥最多,号称"有桥八百八",据统计在 1701 年有大小桥梁 136 座。

旧时的日本,城市里的交通工具只有马、牛、车以及轿子。马只有武家才能骑乘,普通市民出行一般只能徒步,特殊情况者可以乘轿子,如年老体弱者、产妇等群体。在大阪,商人因为运货的需要,一度可以使用一种被称为"大八车"的车辆,但最后还是被禁止了。货物都是依靠河流上的船只运输,然后依靠挑夫运到客户手里。由于原则上不容许马车通行,因而街道极其狭窄。大阪的街道宽度不如江户,江户的街道宽度一般是 5—6 间(9—10 米),日本桥则宽达 10 间(18 米),本町也有 7 间(12.6 米),而大阪只有 3—5 间(4—9 米)。以致明治维新以后大阪虽然引进了西方的马车,却难以普及。另外,也因为街道狭窄,大阪就无法像东京那样铺设马车铁路。

由于陆上交通不发达,明治维新后的很长时间内,大阪的市内交通依然主要依赖徒步,外加人力车。当然,因为大阪的市域狭窄、人口密度高,超过 1 公里以上的出行极少,所以人们可以依靠步行。这同东京不同,东京市域面积太大,徒步过于困难,所以很早就开始寻求新的交通方式。在明治维新后的相当长时间内,客货进出大阪主要依靠水路交通。

水运。在幕府时代,海上运输是用海船,体积较大。而通往京都、航行于淀川上的内河航船,一般都是"三十石船"。1868 年,在淀川上开始行驶外挂有明轮的蒸汽轮船,后来人们将其与当时陆地上开行的蒸汽列车相对应,称之为"川蒸汽"。在京都到大阪的铁路通车后,水上的客货运输依旧兴旺,尽管速度较慢,但是价格低廉。当时火车从大阪到京都急行是 60 分钟,普通车需要 80 分钟。而轮船顺流而下是 3 小时,向京都方向逆流而上则需要 7 小时。在价格方面,火车的普通三等客车是 40 钱,而轮船是 15 钱。1910 年京阪电车通车后,尽管价格没有变化,但是由于发车密集,十分便利,再加上人们收入水平的普遍提高以及对时间的珍视,淀川的水上客运便急剧衰落。

大阪市政当局也在努力改善大阪城内的通行条件。由于拓宽道路缺乏资金,而且阻力极大,所以,当时主要是清理整顿道路,使道路恢复原有的宽度。为此,要求沿街商家拆除伸到道路上的屋檐,并禁止其在街道上搭建以及堆放物品。

1889 年东海道的开通以及 1888 年山阳铁路、1893 年阪鹤铁道的开通,加强了大阪的交通枢纽功能,大阪火车站的客货运输额不断攀升。

大阪同江户不同,江户的中心在日本桥,那里是东海道与中山道的起点。而大阪的市中心有两处,北边在高丽桥附近,南边在四天王寺附近。1885年通车的民营阪堺铁路的大阪起点站就设在四天王寺附近的难波。民营大阪铁路(今近畿铁路)的大阪起点站设在南部的凑町。还有民营高野铁路、浪速铁道等的起点站都设在南部地区。而官营铁路的大阪站设在北面的曾根崎村,从而形成了官北民南的局面。一直到后来阪鹤线以及1905年以后阪神、阪急电铁的兴起,才逐渐改变了这一局面。另外就火车站选址而言,民营铁路更注重经济效应的即时显现,因而几个民营火车站的选址都靠近河川,以利于水陆联运。

至于人力车,由于大阪区域狭小、人口密集,而且劳动力价格低廉,所以即便是第一次市域扩展时期,人力车也依旧保持着发展的势头,一直到1900年以后才逐渐减少。

大阪市内交通近代化的标志是电车的铺设。由于大阪路面的宽度不够,因此市政府一直难以在市中心区域进行轨道铺设,但是在新的筑港地区却有着宽阔的道路。因此,市政当局在1902年向市议会提出了修建线路的计划,并获得了市议会的通过。但是,修建线路的目的主要是从港口区向市内运送参观博览会的游客。但该线路一直到1903年9月方才开通,因而乘客稀少。

大阪当局不得已,便退而求其次发展河川船运。1902年,在博览会即将召开的前夕,在市营被议会否决的情况下,大阪市政当局动员大阪商人伊藤喜十郎等人组织大阪巡航合资会社。在市政府收取一定费用的情况下,容许会社在指定的河道内从事客运工作。巡航船的开业曾经引起人力车夫的集体抗议,1903年6月,曾经有3500多名车夫在土佐崛青年会馆集会抗议,他们还向巡航船扔石头、放火等。不过,人们都知道人力车被淘汰是大势所趋。那以后,人力车数量开始下降。1904年又成立了浪速巡航株式会社,该会社同巡航合资会社在部分河道展开了竞争。1906年,两社合并成立大阪巡航株式会社。巡航船以10分钟的间隔在固定线路行驶,相当方便。不过在1908年市电第二期部分开业后,巡航船就开始逐渐减少。

大阪的电车铺设计划总共分为四期。1904年大阪市铺设电车线路第二期计划由市议会通过,计划打通大阪市东、西、南、北的线路。在此前,大阪市受东京市区改造的启发,几次三番打算进行市区改造,但是都因为财政

问题而化为泡影,此番痛下决心,随着经济的发展、市政府财政的宽裕,便不惜花巨资购买土地、拓宽街路,以铺设电车轨道。除了购买土地、拆除房屋之外,还要修建大量的桥梁,仅第二期线路就修建了47座桥梁。实际上大阪的电车线路铺设形同市区大规模改造,同东京不一样,大阪的改造主要靠市政府自己筹措资金,所以人称"土法上马的市区改造"。①

在市电经营方面,当时的市长鹤原定吉认为,"市街铁道属于有垄断性质的事业,它有公益性,而不能以盈利为目的。而且随着居民收入的增加,需要随之改进完善。这是第一条理由。第二条理由是有利于改善市府的财政状况",可见归根结底还是因为有利可图。而此前日本各地开设的市内电车线路大都是民营,如京都、名古屋、横滨、神户等地。即便东京将马车铁道改成电车,也依旧是民营。只有大阪的市街电车自开始修建之日起便由市政当局垄断经营。尽管此前与此后都有很多民营公司提出在市内铺设路面电车的申请,但都被市政当局拒绝。10多年后,大阪开始筹建地铁,此时依旧采取排斥民营的方针,实行市府垄断。一直到战后,在大阪市政府无力解决市区交通拥挤问题的情况下,才由中央政府出面干预作出改变,民营轨道才逐渐成功地扩展到了市区,出现了多头竞争,从而打破了市内交通一元化的经营模式。当然,大阪市政当局之所以坚持市内电车的官营,主要是从财政的角度考虑,因为大阪市区改造的资金主要是由市政府自己筹措,没有像东京那样得到中央政府的补助。

大阪市营电气轨道事业成绩的演变②

项目/年度	1905年度	1910年度	1915年度
固定资产(日元)	142255	10837728	32943466
营业距离(公里)	4989	23608	53348
行走距离(公里)	1089	28292	59913
乘客数量(人)	4833	167917	334688

---

① 三木理史:『水の都と都市交通——大阪の20世紀』,東京:成山堂書店,平成十五年,第57—98頁。

② 大阪市交通局编:『大阪市交通局七十五年史』,大阪:大阪市交通局,1980年,第101頁。

续表

项目/年度		1905 年度	1910 年度	1915 年度
收入	乘客(日元)	53257	1780299	32989210
	其他(日元)	0	24307	234848
	合计(日元)	53257	1804606	4224058
支出	事业费(日元)	41187	768018	1479970
	事业费/收入(%)	77.3	42.6	35
	扣除利益金(日元)	1207	1036588	2744088
收入	利益金(日元)	1207	1036588	2744088
	杂收入(日元)	152	16012	147949
	合计(日元)	12222	1052600	2892037
支出	总开销(日元)	4362	17657	41175
	公债利息支付(日元)	0	805076	1814704
	公债利息支付/事业收入(%)	0	45.2	43
	合计(日元)	4362	822733	1855879
扣除利益金(日元)		786	229867	1036158

如果将数据中市电开通的第一期(1905年开通)、第二期(1910年开通)、第三期(1915年开通)进行比较的话,可以看出随着工程的进展无论是乘客数还是收入方面都有很大增加。1905年的事业收入超过了70%,1915年事业费收入也达到30%—40%。

第二期市电项目开始时,由于资金缺口庞大,大阪市只好发行公债——"电气轨道以及水道商业公债"。当时市电公债占明治时期大阪市政府发行公债额的49%,居于首位。但是市电开通后带来了巨大收益,不仅偿还了公债以及利息,还偿还了部分筑港公债。1908年以后,大阪市电的收益占了财政总收入的40%左右,由此可见大阪市电对大阪市政府财政的贡献程度。

当然在第一次市域扩展以后,由于人口不及中心区密集,电车收益有限,再加上这些地区原本就存在属于交通运输省管辖的国铁以及私铁,垄断难度大,因此对这些地区,市电没有坚持垄断政策。1925年,大阪市区的电车运行速度是每小时11.8公里,在市区南北运行的时间是45分钟、东西运行时间是35分钟。但在第二次市域扩展后,面对广大的地域,市内电车已经感到力不从心了。

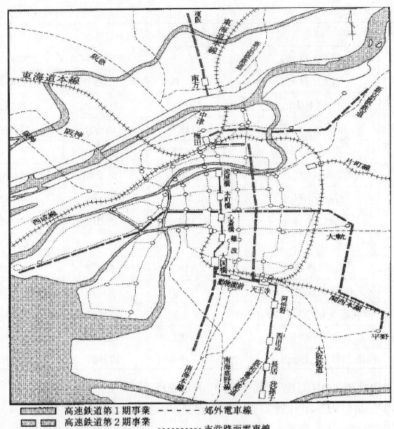

20世纪30年代大阪市内市郊轨道交通线路图

另外,大阪市政府对大阪市内的渡船也实施了市营化。1910年,市议会同意提供船体等物以及渡口的建筑物、照明设施,同时也增加了渡口的设施改善费用。市政当局也曾经提议渡船免费,但是市议会考虑到这样不仅会增加财政负担,而且还会导致轮渡工作人员消极怠工,因此予以否决。

由于地面电车速度不够,大阪市政府在著名的市政领导人关一的强力推动下,

大阪市长关一

于1919年开始筹划修建速度较快的地铁,并在1919年到1924年间先后提交了两个方案,第二个方案包含了第二次市域扩张的地域。1928年,纵贯南北的交通大道——御堂筋地铁正式施工;1933年5月,从梅田到心斋桥一段正式运营。到第二次世界大战开始前,大阪的地铁开通区间有梅田到天王寺以及大国町到花园桥,基本上没有超出第一次市域扩张的地区。与此同时,还拓宽了御堂筋大街。在资金筹措方面,执行了收益者负担制度,对于沿线因为地铁建设导致地价上涨地区的地主征收了一部分建设费。

市内电车网的完成与地铁修建,使大阪市的交通面貌出现了根本性的变化,市内的交通网基本完善,大阪终于变成了一座四通八达、交通便利的现代化大都市。

汽车于1898年在东京首次出现,当时被当作观赏用品,是有钱人的玩物。1903年在大阪第五届国内企业博览会的会场上,汽车开始被作为载客大巴使用。受此启发,同年,从京都开始,载客用的公共汽车公司在各地纷纷开张。1923年关东大地震使原有的轨道电车受到了损坏,载货、载客的汽车显示出其便捷的优越性。自那以后,汽车客运在日本开始飞速普及。

从1920年到1926年,大阪府的汽车数量增加了2.7倍,其中城市所拥有的汽车数量占整个大阪府的97.4%。1923年8月,大阪府给中村等人颁发了成立公共汽车公司的许可证。1924年3月,拥有资本金1000万日元的大阪公共汽车株式会社成立,开始同市电竞争,从而动摇了市域内市电的垄断体系。为此大阪市电在1927年成立"市巴士",与之展开竞争。当时民营的大阪巴士是绿色,而市巴士是银色。两种巴士的运行路线都是市郊一体化,这同市电局限于市内不同,也反映了汽车的灵活性。

载客巴士的增加对于远距离运输的火车并未造成太大的影响,其冲击的主要是市内电车的运营。为此,大阪市电以及各电铁公司也采取了一系列的应对措施。大阪市政当局为了保障市营巴士的垄断与盈利,规定市内11条线由市巴士独占经营。最后,由市政府出面收购了民营大阪巴士。

1910年,出租汽车开始出现,到1924年成立了出租车株式会社。在大阪市一定区域内的乘车费用皆为1日元。由于规则不够规范,导致出现协议价格,但是协议价格经常有纠纷投诉。[1]

---

[1] 三木理史:『水の都と都市交通—大阪の20世紀』,東京:成山堂書店,平成十五年,第90—177頁。

作为个人交通工具的脚踏自行车在明治初年进入日本,同人力车与马车并用,但并没有普及开,只是作为有钱人的玩具以及体育锻炼之用。到19世纪80年代,自行车开始脱离玩具进入交通领域,1892年驿递省开始将其配给邮递员使用,到大正年间(1912),其数量已经可以同人力车比肩了。这一时期,可乘坐数人的三轮脚踏车也日益活跃。

(二)京阪神地区城际以及郊外轨道交通的发展与特点

京阪神都市圈内城郊轨道交通的发展在日本别具特色。同日本国内的其他都市圈相比,京阪神都市圈的民营铁路无论是修建时间、运营效率还是所承担的作用都走在前列。

1. 修建早

前文说过,京阪神地区最早产生的一条城郊铁路是1887年3月开通的大阪—堺之间的铁路,由大阪、堺一带18位财界人士出资25万日元兴建。该线路后来继续延长,于1898年到达了和歌山市,最终演变成为今天的南海铁路。由于民营日本铁路公司后来被政府收购,所以,阪堺铁路就变成了全日本最早的民营铁路。1899年,乘客增加到400多万人次,大阪难波起点站的乘客甚至达到150多万人次。① 1911年南海铁道完成了电气化改造,全程运行时间因此大大缩短,从大阪难波到终点站和歌山,快车只需1小时50分钟。而且,电气化之后发车密集,做到了公交化,非常便捷,大大方便了沿途民众的出行。② 该铁路沿着大阪湾将大阪南部经济发达地区连成一片,增强了大阪对南部地区的辐射功能以及人力与物力方面的聚合能力。

在京阪神地区,神户与大阪之间的客流最为繁忙,但是官营的神户到大阪的铁路一天只往返8次,而且沿途仅设4个站点,远远不能满足客运的需要,所以在1893年又成立了民营阪神电气铁路。由于各种原因,这条民营铁路一直到1905年才正式开通运营。这是京阪神地区第二条民营城际铁路,而且成立伊始就以电气轻轨——非常近代化的都市圈内的交通工具的面貌出现。该公司在沿线设置了34个站点,每隔12分钟就发一班车,全程运行仅90分钟,票价只需20钱,为官营铁路的一半,因而大受欢迎,开业首

---

① 南海電気鉄道株式会社編:『南海電気鉄道百年史』,大阪:南海電気鉄道,1985年,第555頁。
② 宇田正、浅香勝輔、武知京三編:『民鉄経営の歴史と文化・西日本編』,東京:古今書院,1995年,第99頁。

日,乘客就达到3万多人。①

1903年,涩泽荣一等人向政府申请修建京都到大阪间的电气铁路,以满足日益繁忙的客运要求。1906年京阪电气铁道公司正式成立(最初命名为畿内铁路),1910年京阪电气铁道正式营业,从大阪的天满桥到京都的五条间全程46.5公里,沿途设置30个站点,运行时间为100分钟。该铁路开业后生意兴隆,仅1912年就输送乘客1219.6万人次。②

1907年初,阪急电铁的前身——箕面有马电气铁道公司取得了大阪梅田到西北郊外有马以及宝塚到西宫之间的铁路修筑权。该铁路同南海、阪神、京阪不同,其所经过的区域都是尚未城市化的城郊地带,乘客稀少,但是沿线风景优美,距大阪又近,适宜居住。该公司于是实行乘客"诱至"政策,在沿线开发房地产,用优惠条件吸引饱受污染之苦的大阪中产阶级以及工薪人员移居到沿线。此举正好迎合了当时京阪神地区正在萌动的郊区化浪潮,这条铁路在1910年正式开通运营之后大获成功,迅速发展成为京阪神地区实力最为强大的电铁公司。客观地说,该公司在京阪神地区的城市化方面功不可没,而且该公司的经营方式在后来也被日本各家电铁公司广为效仿。③

1910年,近畿铁路公司的前身——奈良轨道公司成立,并启动了修建大阪与奈良间电铁线路的工程,由于该线路要横穿生驹山,施工艰难,费用高昂,所以一直到1914年方才竣工开业。由于高负债率,其经营状况一直到1916年才开始好转。之后该公司逐渐扩大在奈良以东的势力范围,其业务一直拓展到了名古屋都市圈,从而成为京阪神地区乃至全日本除JR之外营业里程最长的铁路公司。④

京阪神一带五大民营轻轨铁路公司的格局由此形成,也就是说京阪神地区的五大民铁,除近铁是大正二年(1913)开通的之外,其他都是在明治时代即1912年以前开业的。这比日本的其他两个都市圈都要早了近10年。

---

① 阪神電氣鉄道株式会社開業百周年編集室:『阪神電気鉄道百年史』,大阪:阪神電気鉄道,2005年,第30頁。
② 京阪電氣鉄道株式会社:『京阪百年のあゆみ』,大阪:京阪電気鉄道株式会社,2011年,第75—77頁。
③ 京阪神急行電鉄株式会社:『京阪神急行電鉄株式会社五十年史』,大阪:京阪神急行電鉄株式会社,昭和三十四年,第1—17頁。
④ 近畿日本鉄道株式会社:『近畿日本鉄道100年の步み大阪』,大阪:近畿日本鉄道株式会社,平成二十二年,第52—64頁。

2. 形成网络早

京阪神地区的城际铁路网形成于 1915 年以前。在日俄战争以及第一次世界大战所导致的经济景气刺激下,以大阪为中心,西到神户、西北到宝塚、北往京都、东到奈良、南到和歌山都修建了民营电铁线路,从而形成了一个巨大的轻轨网络。20 世纪 20 年代以后,有些热点线路出现了多家民铁之间的竞争。比如往神户方向,有阪神、阪急,如果加上 JR 官营日本铁路,总共有三条线路。往京都方向,有阪急、京阪以及 JR,也是三条线路。往和歌山奈良方向的线路则更多。总之,京阪神一带城市轻轨有着呈放射状的八根主轴以及围绕八根主轴展开的密如蛛网的支线,从而形成了一个完善便捷的城市以及城郊公共交通网。

直到 1925 年后,也就是说进入昭和年间之后,东京都市圈的轻轨建设才开始加速发展,并逐渐形成了完善的网络。

1928 年(昭和三年)年末日本三大都市圈民铁经营比较①

圈别(企业数)	三圈合计(27)	东京圈(13)	大阪圈(7)	名古屋(7)
资本金(千日元)	589110	213650	336150	39310
占比(%)	-100	-36	-57	-7
建设费(千日元)	397980	162020	196640	39330
占比(%)	-100	-41	-49	-10
营业距离(公里)	1019	466	373	181
占比(%)	-100	-45	-37	-18
年间乘客(千人)	595600	241390	319990	34280
占比(%)	-100	-41	-54	-5
运费收入(千日元)	64430	21210	38190	5040
占比(%)	-100	-33	-59	-8

由上表可知,在 20 世纪 20 年代末,除营业距离外,京阪神地区民铁几乎所有的指标都超过了其他两个都市圈。所以,在 1928 年以前,京阪神都市圈的民铁交通系统在日本是最发达的,在拥有的资本金、投入的建设费、实际乘客数量、总的票价运费收入等方面都是最高的。

---

① 中西健一:『日本私有鉄道史研究・都市交通の発展とその構造』,東京:ミネルヴァ書房,昭和五十四年,第 251 頁。

3. 设备先进、效率高

在轨道标准方面,20世纪20年代,京阪神地区采用的是4英尺8英寸半的标准轨道,而东京圈是4英尺6英寸,名古屋则为3英尺6英尺的窄轨。在民铁的运行速度方面,京阪神地区也是全日本第一。当时大阪到和歌山特快电铁的时速达到了81公里,比国营铁路最快的列车还快10公里,远远超过东京圈的民铁。实际上,一直到今天,关西民铁在日本还是效率的典范。

4. 在城市公共交通中占有重要位置

京阪神一带的民铁在公共交通中所占的比例在日本一直是最高的。这种情况到今天也一直未变。据统计,1989年度,在东日本,民铁九社运送人数为49.068亿多人次,而原属官办的"JR东日本"则为55.106亿多人次。在京阪神一带,1990年度民铁六社的运送人数为26.641亿多人次,而原属国营的"JR西日本"为16.89亿多人次。所以在西日本的公共交通服务中,民铁占据显著优势。[①] 民铁在公共客运中所占的比例,在东京圈,1995年度是32%,1990年度为31%;在名古屋城市圈分别是32%、30%;而京阪神都市圈则分别为40%、41%。

京阪神地区郊外电铁的发展直接引领了该地区的城市化,该地区的城市发展基本上沿着轻轨线路展开,尤其是位于西北郊区的阪急公司,更是京阪神地区城市化的急先锋。

(三) 京阪神地区电铁经营模式的演变

日本学者金谷隆正认为,日本民铁经营模式的演变经历了三个阶段:第一阶段是"线"的事业时代,也就是以铁路事业为中心,主要经营客运与货运业务。这是1910年以前京阪神地区民铁经营的特点。第二阶段是"线与点"的事业时代。这一阶段的特点表现为民铁公司以铁路经营为中心,在沿线各站点进行房地产开发、经营写字楼等等活动,向铁路事业以外的行业寻求发展。这是二三十年代京阪神地区民铁的经营动态。第三阶段是"面"的事业阶段。这一阶段发生在第二次世界大战以后。在这一阶段,铁路公司随着资金的充盈,开始向旅馆业、旅游业发展,注重与沿线居民生活相关的生活产业的开发,也就是说与沿线地域的结合更加密切,同时也开始在其他

[①] 宇田正、浅香勝輔、武知京三編:『民鉄経営の歴史と文化・西日本編』,東京:古今書院,1995年,第145、29、28—31、13頁。

地区拓展业务等。① 对于这一观点，日本学术界虽然存在争议，但是总体而言，该见解还是基本反映了京阪神民营铁路公司经营模式演变的事实，其演变过程也是日本私营轻轨经营模式发展演变的缩影。

关西地区最早的民铁——南海电铁是民铁经营模式第一阶段的典型。南海铁路的前身——1888年修通的阪堺铁路后来延续到和歌山市，之后又修建了通往高野山的观光铁路等。1911年南海铁道全线电气化。南海铁道沿线一带属于泉州平原，自古经济发达，人口稠密，而且名胜古迹遍布，旅游客源丰富。明治维新以后，这一带又发展起了发达的纺织业，商务需求更加旺盛。所以该公司主要依靠日益增大的商务需求与休闲需求展开经营，并没有主动地进行沿线开发以创造客源。1910年后，为了竞争的需要，才在堺市附近开发了浜寺公园和海滨浴场，以吸引客流。一直到1935年，才开始在高野线初芝站附近开发土地，发售分期付款的住宅，进行多种经营与开发。总体而言，该公司在培养客源以及多种经营方面都不太积极。②

1905年开始营业的大阪至神户的阪神电铁，作为城郊列车及城际列车，由于连接了两大都市，且沿线工业发达，人口稠密，所以经营方针同南海公司相似，其经营模式基本上属于第一阶段。但是该公司也开始向第二阶段迈进，在多种经营与沿线开发方面，虽然成绩不太突出，却是民铁业界的先驱者。阪神公司在沿线进行的游乐园与租赁屋的开发都是开创性的，如资助民办公园、投入香芦园的旅游开发、在西宫市建设出租屋、经营甲子园球场以及开发周边地区等。阪神公司的开发引发了一系列的土地开发活动。尤其是在西宫芦屋的开发，使其在城市开发与沿线文化史中具有了开拓者的地位。后来阪神公司以铁道、巴士为中心，在沿线开发了电灯电力、住宅、公园、水道、博物馆、体育馆以及城市旅馆、百货店、大型写字楼等，对促进阪神地区的城市化做出了一定的贡献。③

后来由于阪神公司上层领导人眼光的局限以及求稳意识，阪神从其率先开发的香芦园撤退，并且在住宅开发方面的表现也不太积极，这让其丧失

---

① 金谷隆正：「私鉄業界事業の展開概観」（上），『運輸と経済』，1987年第47卷第9号，第17—25頁。金谷隆正：「私鉄業界事業の展開概観」（下），『運輸と経済』，1987年第47卷第10号，第43—53頁。

② 南海電気鉄道株式会社編：『南海電気鉄道百年史』，大阪：南海電気鉄道，1985年。

③ 京阪神急行電鉄株式会社：『京阪神急行電鉄株式会社五十年史』，大阪：京阪神急行電鉄株式会社，昭和三十四年，第2、115—132頁。

了很多商业机会。被阪神放弃的很多区域竟被后起的阪急公司抢占了商机。

1910年开业的阪急公司的经营方法是第二阶段的典型,它的经营模式后来成为日本民铁的范式。

阪急公司刚成立时称箕面有马电铁株式会社,其之所以能够闯出一条新路,同它的经营环境有关。阪急电铁在创立伊始所面临的市场情况同前两者大不相同,它的线路位于大阪的西北部地区,这一带虽然也有一些著名的寺院以及温泉,但是沿线没有一座城市,是"茫茫的田园乡村地带"。若遵循以前的经营方针,公司将无利可图。但正是这样的环境,逼使该公司采取了与其他公司不一样的经营方式,从而走出了一条领先时代潮流的新的经营之路。

鉴于客源稀少,该公司的创始人小林一三决定采取主动培养客源的战略。首先在沿线的池田、箕面、樱井一带进行房地产开发,向大阪的中产阶级出售分期付款的房屋。由于位置优良、交通便利、广告有力、推销方式超前,公司开发的所有住宅很快被销售一空,并引发了沿线的房地产开发热,沿线人口由此大增。[1] 此外,又开始在沿线开发娱乐设施,如在箕面开设动物园,在宝塚建温泉馆与游乐中心,开设少女歌剧院,以吸引乘客。还在宝塚一带举办妇女博览会、家庭博览会、园艺博览会等。又在沿线的丰中地区兴建体育设施,并与大阪每日新闻社联合举办日本奥林匹克运动会、首届日本中学生棒球大会。后来,该公司又把触角伸向其他领域,如在始发站和终点站开办饭店、旅馆,兴建超级市场,在六甲山兴建俱乐部等。这些措施为该线路培养了大量的客源,使该线路很快成为京阪神地区最为繁忙的线路之一,"在很短的时间内就凌驾于其他老牌企业之上"。之后又增开连通神户的线路,从而在北大阪地区形成了一个循环区域。1918年箕有电铁更名为阪神急行电铁——阪急。第二次世界大战后,又并购了原属京阪公司、效益不佳的新京阪线,使该公司的线路连通了京、阪、神这三大都市,从而占据了京阪神西北部地盘,成为京阪神一带客源最丰、效益最好的公司。其经营的线路也由蛮荒之地变成了今天熙熙攘攘、让其他公司称羡不已的优质线路。

---

[1] 京阪神急行電鉄株式会社(阪急):『京阪神急行電鉄五十年史』,大阪:京阪神急行電鉄株式会社,昭和三十四年,第2、115—132頁。

阪急公司的上述经营活动"为日本民铁的经营提供了一个样本"①，在阪急的带动下，其他公司也纷纷跟进，在沿线开始了不同规模的多种经营。

京阪神地区民营电铁经营模式演变的第三阶段发生在第二次世界大战以后，这已经不是本文要探讨的课题。简单地说，此时京阪神各民铁公司都开始离开沿线主体，转而经营运输、建设、土建、混凝土、沙石等与土木建设相关的事业，这些不动产与建设事业、运输业与租赁巴士、旅游业等都是独立生存、独立核算的。各家民铁尤其重视发展观光产业，建高尔夫球场、保龄球馆、滑雪场、滑板场、旅馆、收费道路、路旁餐馆等。阪急向四国发展，南海也向四国发展，近铁集团则向东面的伊势、志摩一带发展。在第三阶段中，阪急仍然处处领先，它的阪急百货店几乎遍及日本。

（四）京阪神民铁公司的多种经营模式

京阪神地区的民铁公司之所以能够成长壮大，关键在于其采取了多种经营模式，既为电铁提供了丰富的客源，同时也带来了丰厚的副业收益。

鉴于客运业务的公益性，西方国家以及日本政府都制定了一系列的政策，禁止民铁从事运输业务以外的其他经营，但是日本对于这一法规的执行并不严格，1929年索性废除了限制民铁进行多种经营的规定。考虑到客运交通的公益性，日本政府规定民铁客运票价涨价必须由政府认定。这样，靠垄断某条线路的客运便难以取得巨额利润，在种种因素的影响下，日本民铁独辟蹊径，在世界上创造出了民铁经营的"日本模式"。

1. 京阪神民铁的多种经营

京阪神民铁能够走出一条多种经营的道路，也同产业革命后的郊区化密切相关。

第一次世界大战期间，经济飞速发展，以纺织工业为核心，染织工业、金属工业、机械工业、电气工业、食品工业、杂货工业等都取得了长足的进步，使大阪得以取代东京成为全日本最大的经济贸易城市，并跃升为世界第六大工业城市。大阪的人口迅速膨胀，1887年达到了43万，1897年更达到82万，1920年猛增到176万，1926年超过了200万，30年代中期达到了300万。但是工业的发展也带来了严重的环境污染问题。由于日本政府执行先经济、后生活的方针，大阪变成了污水横流、煤烟弥漫的城市。以至有人称："住在大阪，生十人，死十一人"。在这种情况下，中产阶级纷纷向郊区另寻

---

① 铃木博之：『都市へ』，东京：中央公论新社，1999年，第228—234页。

健康的居住地。① 1914年住友财团的家族成员陆续向兵库县住吉川反高林一带移动,1925年整个住友家族全部撤离大阪,转往兵库县。

实际上,早在1905年阪神电铁开通之前就已经有些财主在西宫到神户之间的山麓一带买地建房。阪神开通之后,移居郊区逐渐成为潮流。阪神也做了一些努力,鼓动大家到郊外居住,但是自身在房地产开发方面的努力并不多。甲子园旅馆是阪神最成功的手笔,该旅馆非常高档,且很有特色,后来日本政府经常在此地招待国外政要,如中国的溥仪、汪精卫等人。此处原为废河道,面积有80万平方米,1922年阪神从兵库县买下此地,阪神准备在此地建设甲子园球场以及高级住宅地。之后陆续建成了海水浴场、庭球场、游泳池、综合运动场、游乐场、水族馆等。1944年被政府征用。1965年由武库川学校买下,恢复了原来的模样,现在作为"昭和时代的著名建筑"得以保存下来。

1907年10月,阪神决定对沿线的游乐场进行资助。首先资助的是精道村办的芦屋川公园。阪神投资20万日元进行改建,周边种植了一圈松林,设置了不少长椅、木马、摇篮等。作为阪神提供资助的条件,16085坪的公园免费开放。同年阪神还投入资本3万日元成立了一个公司,主要经营饮食、海水浴场等,职员来自精道村,诸如村长之类。

香芦园是大商人香野藏治在1896年买下的,原为一片山林,有8万坪。1907年开始造园,4月1日部分开放。阪神在园内经营动物园、博物馆,还有旅馆、水榭等,是一个主题公园。阪神在这儿设立了香芦园站以吸引乘客。之后阪神公司认为租赁的土地价格太高,再加上经营不善,导致长期亏损,遂在1913年退出了香芦园的开发。

南海公司、阪神公司、京阪公司基本都是城际铁路,拥有丰沛的客源,所以它们在通过多种经营来培养客源、扩大赢利面方面并不积极主动。而阪急所覆盖的区域是大阪西北郊的农村,客源相对稀少,但是也拥有一个有利的条件,那就是其线路覆盖地区距离大阪最近,而且区域辽阔,风景优美,是理想的郊外居住地。另外,该公司创始人——小林一三系庆应大学文学部出身,因而关注民众的生活动态,且具浪漫情怀。这些因素,促使阪急走上了同其他民铁不一样的经营道路。最终它的经营方式演变成为"日本民铁

---

① 日本経済新聞社編:『日経城市シリーズ・大阪』,東京:日本経済新聞社,1996年,第75頁。

经营的教科书"①。

由于客源不足,阪急在成立伊始就在通过多种经营培养客源、扩大赢利面上下功夫。

(1)在房地产开发方面。阪急最先着手的是房地产开发,这是"公司的生命"②,因为该项目既可以带来客源,又可以带来大笔的赢利,同时更是公司能否生存下去的关键。

早在铁路工程施工之前,公司就开始在沿线购买土地,着手开发房地产。通车之前沿线地价极低,每坪只售1日元。但是通车之后,一下涨到5日元。1908年10月,在铁

阪急创始人小林一三

路工程刚刚施工之际,小林就发行了日本最初的列车刊物《最有希望的电车》。1909年,又发行宣传册《如何挑选居住地》《应该住什么样的房屋》,进行住宅销售的广告宣传。在小林亲自执笔写成的《最有希望的电车》中,他将大阪如何不堪居住的情况做了一番描述,说大阪除了船场、心斋桥大道之外,到处都充满着烟囱,喷吐着有害的煤烟,所以,他极力鼓吹大家要到"天与之地"——箕面有马铁路沿线的郊外居住,以成就"田园生活"的梦想。而且,随着本线路的开通,居住在郊外、工作在大阪已经不再是梦想。宣传册详细标注了沿线的每一个站点到市中心的乘车时间,比如从大阪市中心梅田到宝塚往返不过20多分钟,其他各站点到梅田的距离最近的只有4分多钟,最远的米谷、梅林也只要13分钟,以此证明在郊外居住对于在大阪城里工作的人而言无任何不便之处。此外,宣传册还详细说明了每个住宅区将要配备的各种生活设施,如俱乐部、商店等。比较其他公司的房地产广告,阪急的广告不是宣传房子的豪华,而是将重点放在交通便利、周围环境与文化设施方面,注重田园特色,如"饮水清澈,位于山阳,冬天不冷,夏天可以俯瞰大阪湾,感受到海风的凉爽。至于春天的鲜花、秋天的红枫,那就不用说了"③。这些极富诱惑力的宣传,给饱受污染之苦的大阪中产阶级带来了希望。

---

① 広岡友紀:『阪急電鉄』,東京:毎日新聞社,2011年,第13頁。
② 小林一三:『逸翁自叙伝』,大阪:阪急電鉄株式会社,昭和五十四年,第179頁。
③ 小林一三:『逸翁自叙伝』,東京:阪急電鉄株式会社,昭和五十四年,第187—195頁。本文中所述三本宣传册被该自传全文收录。

第三章 日本都市圈内轨道交通的发展

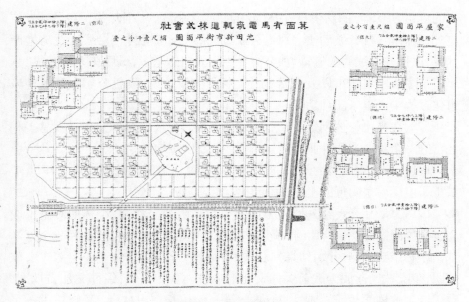

阪急开发的池田室町住宅区

为了加快推销阪急公司开发的房地产，小林一三首创了分期付款法。该公司在池田町开发的房子，100 坪的面积，建筑面积只有 30—40 坪，其他都是花园绿化，属于别墅型。房屋的总价在 2500 日元到 3000 日元不等，首付 2 成之后，每月付 24 日元，分 10 年还清。这样的居住与购房条件非常具有诱惑力，所以总共 27000 坪的第一批房子上市之后，很快就被销售一空。随后在樱井开发的 55000 坪"樱井文化住宅"也很快被销售一空。这使公司投资者以及上下员工"对企业前途的信心大涨"。与此同时，阪急还创办了电力公司，除供公司自用外，也对沿线居住区以及工厂供电。①

1910 年阪急在池田开始发售分期付款的住宅，之后又在箕面、丰中、宝塚等地大量开发此类住宅。进入 1920 年后，随着大阪城市化的加速，阪急房地产开发也以更大的规模展开。据不完全统计，阪急开发的比较大的住宅区有：1921 年的冈本，1923 年的西宫、甲东园，1924 年的西宫、仁川，1926 年的伊丹、稻野，1929 年的西宫北口、甲凤园，1933 年的伊丹、养鸡村，1933

---

① 京阪神急行電鉄株式会社（阪急）：『京阪神急行電鉄五十年史』，大阪：京阪神急行電鉄株式会社，昭和三十四年，第 10、11 頁。

年的塚口,1935年的新伊丹,1937年的武库之庄等。① 当然除了自己开发住宅外,阪急也邀请、鼓动住宅建设公团、府县以及市町村在沿线进行房地产开发,以提升沿线的人气,增加客流。由于人口的增多,最后在阪急沿线"兴起了十多座卫星城市以及大片的住宅区"②,应该说,阪急公司在京阪神城市化过程中立下了汗马功劳。

（2）在文化与休闲娱乐产业的发展方面。发展娱乐产业也是阪急多种经营的一个重要方面,同时也是阪急经营文化的特色。

1910年,阪急开始经营箕面动物园,随后开始重点开发宝塚。1911年买下了宝塚温泉附近的土地,用于开发温泉浴场。

1913年,由于大阪三越吴服店的少年乐队很受欢迎,小林便萌生了成立少女剧团的想法。7月,宝塚少女歌唱团开始登台演出,最初的三个剧本都由小林亲自参与修改,结果大获成功,场场客满,最后演变成宝塚少女歌剧团,少女歌剧遂成为战前关西文化的象征。③ 1918年,经过文部省批准,宝塚音乐歌剧学校正式成立,小林是第一任校长。1924年,又修建了一个可容纳4000观众的大型剧场。之后小林又在东京成立东京宝塚剧场,1943年剧场与东宝电影公司合并,成为东宝株式会社。在阪急公司的大力开发下,宝塚有动物园、植物园、科学游乐场、热带动物饲养场、昆虫馆、茶馆、交通馆、宝塚映画制作所,更有世界知名的宝塚剧场、宝塚新艺剧场,以及第二剧场、大浴场、家族温泉、室内游泳馆、饭店、宝塚映画剧场和宝塚音乐学校、各种舞蹈学校等。这些综合设施占地33000多坪。时至今日,宝塚已经成为日本乃至世界知名的文化娱乐中心。④

除此之外,阪急还在箕面开设动物园,在神户线兴办类似宝塚的甲阳园,园内也有剧场、温泉、动物园、樱花园、高尔夫球场等娱乐设施,并特地成立了六甲山经营株式会社,专门开发六甲山观光旅游,修建观光索道、旅馆、茶馆,运行登山巴士等。在京阪沿线,还开发了千里山、摄津峡、樱井、天王

---

① 京阪神急行電鉄株式会社(阪急):『京阪神急行電鉄五十年史』,大阪:京阪神急行電鉄株式会社,昭和三十四年,第117页。该书收有一张阪急开发的所有沿线房地产开发分布地图,开发区域是密密麻麻,不可胜数。

② 京阪神急行電鉄株式会社(阪急):『京阪神急行電鉄五十年史』,大阪:京阪神急行電鉄株式会社,昭和三十四年,第129、2页。

③ 小林一三:『逸翁自叙傳』,大阪:阪急電鉄株式会社,昭和五十四年,第216—222页。

④ 京阪神急行電鉄株式会社(阪急):『京阪神急行電鉄五十年史』,大阪:京阪神急行電鉄株式会社,昭和三十四年,第36—161页。

山、岚山等风景区。

1915年8月,阪急出资的丰中市体育场建成。阪急与大阪每日新闻社合作,在这里举办了第一届全国中学生优胜棒球大会,之后每年的春夏都要组织全国高校棒球选拔赛。在丰中体育场周围也进行了大规模的房地产开发。阪急又在西宫修建了鸣尾体育场。1938年在阪急沿线修建了大型西宫球场。阪急还在很多车站附近修建了赛马场等,并经常在这些场所举办各种赛事,以吸引客流。①

此外,阪急在沿线各站点充分利用当地的名胜古迹,如温泉、寺庙、风景区等,积极投资帮助地方修整道路、设立观光缆车、运行公共汽车、进行广告宣传、发起组织周末旅游等等。

第二次世界大战后,阪急公司还同泛美航空公司合作,在日本各城市设立营业所,从事航空代理业务,后发展到国际航空船舶代理业务。

经过一段时间的开发和经营,上述活动给阪急带来了大量的客源,提高了阪急的人气,增进了阪急同沿线居民的感情。

（3）百货商场的经营。

1929年阪急百货店的开设将小林的多种经营模式推向了高潮。1920年,阪急开通了神户本线、伊丹支线,1921年开通了西宝线,1926年,又开通了今津线。线路的延长导致乘客激增,阪急梅田站每天的客流量达十几万人次(20世纪60年代达到190万人次)。② 小林发现沿线很多乘客乘车到梅田后,都乘出租车或者公交车到大阪中心区购物,于是萌生了在阪急梅田终点站创办大型百货店的想法。1929年4月,阪急百货店开业,在民铁业界,这是全国首创。开业之际,以沿线居民为中心,举行了三天招待宴会,同时还在各家大报上大做广告。开业后,营业额直线上升,半年后就超过了老牌商家白木屋。之后,随着需求量的扩大,百货店不断扩大营业面积。阪急还在百货店里开设了食堂、邮局、免费健康诊所、免费婚姻介绍所等,并且动员大阪市营地铁将大阪梅田地铁站设到阪急百货店的地下,这样不仅使阪急线的乘客与市营地铁线的乘客可以方便地换乘,更大大增加了客源。③

---

① 京阪神急行電鉄株式会社(阪急):『京阪神急行電鉄五十年史』,大阪:京阪神急行電鉄株式会社,昭和三十四年,第182—199、209—222頁。

② 小林一三:《我的生活方式》(中译本),沈阳:辽宁教育出版社,2010年,第96—97页。

③ 京阪神急行電鉄株式会社(阪急):『京阪神急行電鉄五十年史』,大阪:京阪神急行電鉄株式会社,昭和三十四年,第167—177頁。

因为阪急等公司的开发经营,梅田由原来的一片水稻田逐渐取代天王寺成为大阪的商业中心和"门户"。阪急百货店也逐渐发展成为大阪最成功的百货店之一,并且在全国各地开设分店。由于阪急的做法获得了极大的成功,各家电铁便纷纷效仿,争相在终点站开设规模不等的百货店。

① 阪急终点站·阪急17号街;② 阪急梅田站·阪急三号街;③ 新阪急旅馆;④ 阪急百货店;⑤ 阪急运动大楼·阪急32号街;⑥ JR大阪站;⑦ 阪急芝田町大楼;⑧ 北阪急大楼;⑨ 阪急写字楼;⑩ 梅田体育乐园;⑪ 阪急快餐店(高架下);⑫ 阪急古旧书城;⑬ 阪急创意产业园;⑭ 梅田包厢剧场;⑮ 阪急综合办公楼;⑯ 东阪急大楼;⑰ 阪急航空大楼;⑱ 东宝梅田会馆;⑲ 立体电影院;⑳ 新阪急大楼

阪急梅田站建筑群①

阪急还首创了在铁路高架下的商贸经营模式。在神户三宫、梅田等几乎所有高架下面的空间都开设了形形色色的店铺,使高架下面的空间形成了繁荣的商业一条街,同时也充分利用了宝贵的土地资源。

受阪急成功的刺激,至20世纪30年代,京阪神一带其他民铁公司以及远在东京圈的东急电铁、西武电铁等纷纷学习阪急的经营模式,在沿线进行房地产、百货店、旅游、休闲、文化等多种经营活动,从而形成了日本的民铁

---

① 阪急電鉄株式会社 総務部広告課:『阪急電車-きのう きょう あす』,大阪:阪急電鉄株式会社,昭和五十三年。

经营模式。今天,这一模式也为电铁轻轨等公共交通屡屡亏损的西方发达国家所研究和效仿。

阪急高架下长廊商店(神户)

三、名古屋都市圈内轨道交通的发展①

名古屋地区有两家大型民营电气铁路。一家是名古屋铁道,占据了浓尾平原的主要部分。还有一家是从大阪地区跨界发展过来的近畿铁路。

名古屋铁道横跨爱知县与岐阜县,拥有 539.3 公里的路线,该公司电铁起源于 1894 年的爱知县马车铁路,1898 年在京都商人的劝说下实现了电车化,改称"名古屋电气铁道"。经过几番演变分合,到 1921 年正式改为今天的名称。

虽然 1890 年上野博览会就展出了轨道电车,但是名古屋在 1894 年成立的市内轨道公司经营的仍然是马车铁路,第一代会长为爱知县议员小塚逸夫。由于需要向京都方面融资,因而公司接受了京都出资方的建议,改成电气铁路。1898 年第一段电车线路正式开业,采用的轨道与京都相同,为1.067 米。之后随着电车线路的延伸,盈利颇丰。但是由于系独家经营,票价高于其他城市,因而遭到市民的反对,酿成了骚乱。1921 年,市政当局收购了该公司的市内线路。但该公司的市郊线路继续存在,公司更名为"名古屋铁道",主要经营名古屋北面的地区。1910 年,在名古屋以南地区,爱知

---

① 宇田正、浅香勝輔、武知京三編:『民鉄経営の歴史と文化・西日本編』,東京:古今書院,1995 年。

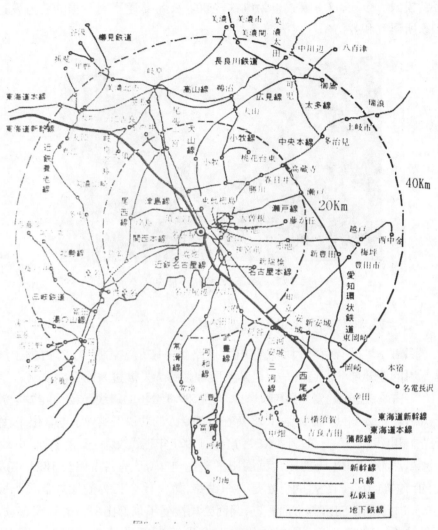

名古屋都市圈轨道交通网络

电气铁道公司成立,主要经营名古屋南面的地区。两社不断扩展事业,增开线路,并购其他电气铁道公司。1930年名古屋铁道因为合并了美浓电气轨道,遂改名为名岐铁道。到1935年,名岐铁道与爱知铁道的线路实现了对接。名岐公司主要经营北面岐阜到爱知的线路,爱知公司主要经营南面尾张与三河两地的线路。两大电铁开始了直接竞争。由于爱知电铁有比较多的债务,希望与名岐合并,最终在1935年5月实现了两社的对等合并,社名又恢复为以前的名称——名古屋铁道,社长是原爱知电铁的蓝川清成。之后,该社又合并了历史悠久的濑户电气铁道、三河铁道,从而垄断了名古屋周边地区,其线路长度仅次于东京圈的东武以及京阪神圈的近畿。但由于内部统合不佳,忙于扩张、并购,对内部的整合投资较少,以致尚有部分线路是非电气的,也有不少线路的电压不同,尚未做到规范化。

名古屋周边地区虽然是名古屋铁道一家独大,但是,起源于京阪神的近畿电铁携阪神商人的财力与眼光,独霸了属于名古屋都市圈的三重县,并将势力伸展到了名古屋所在的浓尾平原的西部楫斐川以西地区,一直深入到岐阜城附近的大垣,并在1938年修通了直达名古屋的延伸线。

不过,名古屋电气铁路规模虽大,但在日本的民营电气铁路中缺乏特色。

第四章 日本近代城市管理机制的演变

自由与秩序是一对矛盾的两个方面,既相互对立,又相互依存。城市发展也是如此。自从城市产生以来,为了维持城市秩序,使社会能够稳定祥和,并保持充分的活力,国家权力以及其他社会力量从多个方面对城市的发展进行了干预。如日本古代对平成京、平安京的规划,江户时代对江户城的封建管理,民间组织——行会等也参与到了城市基层管理当中。到了近代,因为工业化运动的展开,人类开始了城市化的进程。城市虽然历史悠久,但是城市化是新鲜事物。在城市发展初期,出现了诸多问题,如无序发展、居住拥挤、交通拥堵、环境污染、贫富分化等,导致社会矛盾丛生。面对严重的城市发展问题,各国政府都采取了很多措施以规范城市的发展。日本在近代城市化的过程中,由于政府的主要目标是富国强兵,将经济近代化与军备近代化视为压倒一切的任务,而城市建设与人民生活被视为次要的问题,因此,城市问题表现得尤为尖锐突出。由于明治维新是以西方近代国家为样本展开的自上而下的近代化活动,因而如何处理西方模式与日本固有传统之间的矛盾,如何走出一条符合日本国情的城市化道路,也是日本社会在一段时间内热议的话题。近代社会是民主化的社会,民众的自觉动员在近代城市化以及解决城市矛盾方面至关重要。所以本章主要分析介绍近代日本地方自治体制的建立以及日本近代城市规划制度演变与实施的过程,以揭示日本近代城市管理体系的形成与特点。

第一节 近代地方自治体制的建立

一个国家的民主化工作需要循序渐进,不能一步登天,否则欲速则不达,反而不利于民主化与近代化的实现,过犹不及的例子在近代世界各国屡屡发生,中国晚清立宪运动的失败就是一个典型的反面例证。地方自治属于基层民主化,是整个国家乃至社会民主化的第一步骤。日本正是通过地方自治夯实了民主的基础,而后一步一步地向前推进,最终实现了整个国家在政治体制上的转型,基本确立了君主立宪的政治体制。而且地方自治制度使民众有了高度的自主与自觉意识,这一自主与自觉的意识在之后尤其是第二次世界大战以后日本的城市建设与管理当中发挥了巨大的作用。

一、自由民权运动

明治维新是一场自上而下的改革,改革的目标是实现国家的近代化,既包括经济、文教方面的近代化,更包括政治的民主化。明治维新的领导人基本上都有这样的思想。

大久保利通在1873年提交的《立宪政体建议书》中对日本将来在民主化方面应该采取什么样的体制已经有了基本的设想。大久保利通比较了共和制度与君主专制制度这两种体制的优缺点,认为:共和政体"不以天下为一人之私,广图国家宏益、人民自由;不失法政之主旨,不违首长之责任,实为最得天理之政体";君主专制体制也并非一无是处,君主政体,"其法政出自于人",如果"上有明君、下有良辅",也能够出现"一时之大治"。但是,如果出现暴君以及贪官污吏乱政,就会出现"废立篡夺",导致天下大乱。放眼世界各国,政体各有不同,究其原因,主要是"土地、风俗、人情、时势不同之缘故也"。民主体制只适合像美国那样"无宿弊"的"新立之国,新徙之民",而君主专制则适合民众都"愚昧无知"的国家。就日本的情况而言,日本民众"久安封建压迫",养成了"愚陋偏僻之性";而且日本有贵族、有天皇,传统思想影响甚大,因而无法实施美国那样的共和体制。尽管当时日本只能实施专制政体,但是放眼将来,随着风气的开化,人民知识水平的提高,大家都会向往欧美文明,所以"君主政体不可守",但是共和政体"也不适用"。综合日本的情况,大久保认为,最适合日本的政治体制是"君民共治"。要"君民共议,制定不拔之国宪","上定君权,下限民权","依之决断万机"。还要实施三权分立,使立法、行政、司法"互不干犯"。日本必须保留天皇制,但是"天子大权,其外貌愈重,其实权愈轻",所以,天皇只能作为国家的象征,而不能掌握实权,未来日本政体的设计,要以国情有似于日本的普鲁士、

俄国两国实施的政治体制作为参考。①

这就是说,明治政府的领导人对于日本未来政体的设计也没有以实行君主立宪制的英国为榜样,而是在专制与民主之间进行了折中,选择了普鲁士与俄国。肤浅的激进民主分子可能要批判他们保守,其实这恰恰反映了明治政府领导人高度务实,一步一个脚印,从不空谈误国,这才有了明治维新的辉煌成就。

大久保利通认为,由于日本的封建社会已经延续"千年之久","一旦急剧变动,必不能保国",所以,一定要根据"将来我国人情、风俗、时势的变化,渐树立宪之根基"。将来走向民主政治,必须像普鲁士那样,首先"从实施地方自治开始"②,以渐进的方式完成政治民主化。本着这一方针,大久保率领权力高度集中的明治政府全力以赴地开展了各项近代化事业。③

与此同时,一部分下野政客与利益受损的没落不平士族,再加上一批纸上谈兵的激进知识分子却发起了要求从速民主化的"自由民权运动"。

1873年大久保政权建立后,政府要员主要由萨摩、长州两藩的人员组成,藩阀色彩比较浓厚。下野的政客板垣退助、后藤象二郎、副岛种臣、江藤新平等前政府参议数人,再加上一些激进知识分子于1874年1月结成了"爱国公党",并于1月17日向左院递交了要求建立民选议会的建议书。建议书中说:"察方今政权之归所,上不在帝室,下不在人民,而独归有司官僚",诚属不合理不合法之至。文书从天赋人权的角度,认为"人民既然有义务向政府缴纳租税,也就有权力参与管理政府事务",而要想实现人民主权,只有建立议会民主制,即所谓"伸张天下之公议,唯在设立民选议会而已"。④ 该建议书的提出是日本自由民权运动的发端。

这一建议书在朝野引起了很大的争议,但是这时普通民众尚无民主意识,所以争论主要在士族知识分子之间展开。明六社的大部分士族知识分子如福泽谕吉、西周、森有礼等人都认为日本民智未开,尚不具备实行普选

---

① 大久保利通:『大久保利通文書』,東京:日本史籍協会,昭和三年,第五冊,第182—210頁;第四冊,第484頁。

② 前引大久保利通:『大久保利通文書』,東京:日本史籍協会,昭和三年,第五冊,第203—209頁。

③ 详见姚传德:"用俾斯麦的强权、创英国式的富强——评大久保利通的近代化思想",《学术界》,1994年6期,第54—62页。

④ 日本国立公文書館藏:「民撰議院設立建白書」,『上書建白書・建白書』(一),明治七年一月—明治七年四月。

的条件,而且即便是西方先进国家,大部分也都没有实行全民民主。由于日本当时确实不具备行宪的条件,所以板垣后来辩解说,他的本意也不是要搞普选,而是主张实行贵族议政,在士族以及大地主、大商人中选举国会议员,也就是要搞贵族寡头政治。但是,由于当时明治政权刚刚建立,立足不稳,又迅雷不及掩耳般地进行了各种除旧布新的工作,因而,国家局势动荡,士族到处作乱。此外,政权机构也非常不完备,百废待兴,所以即便搞贵族民主也很难做到。

心怀不满的士族,一派如西乡隆盛、江藤新平等人选择了武力夺取政权的道路,另一派如板垣退助等人则选择了和平争权的道路。但是板垣等人成立的政党团体也非常不稳定,爱国公党存在不过两个月便烟消云散。1875年2月,以板垣退助所在的四国的士族为中心,外加石川、福冈、大分、鸟取、岛根等县来的10多名士族成员在大阪集会,又成立了爱国社,本部设在东京。他们办报、演讲,组织结社,同作乱的士族遥相呼应,给了明治政府相当大的压力。

明治政府对于作乱士族的态度是严厉镇压,对于民权人士则是软硬兼施。在硬的方面,制定了《谗谤律》《新闻纸条例》,对集会以及报纸的言论进行了严格的管理与限制,很多报纸的主笔都受到了处分。软的方面,于1875年2月举行大阪会议,在伊藤博文等人的斡旋之下,大久保利通、木户孝允、板垣退助三人在大阪举行"三头会议"。会议决定木户与板垣重新回到政府担任参议,并议定了走向民主化的方案。随后,以天皇的名义发布了建立立宪政体的诏书。宣布设置元老院、地方官会议、大审院,其中元老院相当于上院,地方官会议作为将来下院的准备机构,而大审院就相当于司法机构,再加上行政机构,从而形成一个三权分立的政府。这样,民权派失去了其核心人员,而政府又先声夺人地公布了民主化方案,使民权分子无所借口,爱国社很快作鸟兽散。

在司法方面,从1875年到1877年,明治政府逐步制定了大审院的章程,统一了全国的司法权,并在大审院下设立了各级裁判所,逐步排除了司法省以及地方官对于司法权的干预,实现了司法独立。

1875年7月5日,元老院举行了成立仪式,明治天皇亲自出席。主要由原来的大名、公卿以及部分上层武士组成的元老院一直存在到1890年10月,也就是国会正式成立的前一个月。上层民权活动家基本都被网罗于此,像后藤象二郎、山口尚方、由利公正、陆奥宗光等人都担任了元老院的议官。

该院在制定法律方面享有很大的权力,但是并不完全。其在某种程度上起到了对行政机关的制约作用。贵族在中央以及地方都有很强的影响力与号召力,贵族院的成立给贵族提供了一个议政的场所,贵族的利益也由此得到了保障,因而,他们逐渐脱离了自由民权运动,成为政府利益的捍卫者。明治政府这样做确实有利于社会的稳定,而且大部分贵族也比较理性,视野开阔,具有较高的文化水平以及较强的参政议政能力,尽管元老院同政府在权限方面有些摩擦,但就总体而言,该院在明治政府的施政过程中起到了帮忙而不是添乱的作用,这也是贵族院能够存在到1890年的主要原因。所以,后进国家在现代化初期,在民智尚未开化之际,为了对行政机构的独断专行予以制约,实行贵族绅士议政是一个不错的选择。

作为未来下院的预备,1875年6月20日在东京召开了地方官会议,明治天皇又亲自出席了开幕式,木户参议就任会议议长。有关各地方设立民会的问题,在地方官会议成员之间出现了分歧,有主张民选者,也有主张官定者,还有人认为设立民会为时尚早,根本不需要。不过会议总体态度是渐进论。这以后各地都相继建立了民会,其中也包括町村会。第二次地方官会议于1878年4月召开,此时木户议长已经去世,由伊藤博文接任议长,此次会议制定了重要的"三新法"。第三次会议召开于1880年2月5日,此次会议对三新法做了修改,制定了诸如区町会法等。地方官会议由于成员皆来自政府内部,功用同政府机构没有太大的不同,官员的意见主张都通过政府机构得到了及时反映,存在的必要性不大,所以总共只召开了三次会议之后就停止了。①

二、地方自治的前奏——"三新法"的实施

为了缓解自由民权运动对政府的压力,同时也为了给将来的民主化打下良好的基础,明治政府以渐进的手法,在不影响政局稳定、不致导致政局失控的前提下,逐步开展地方自治工作。

明治维新初期,在废藩置县后实行的是集权体制。当时为了打破地方割据,在县下面完全无视以往的町村格局,设置了大区、小区。大区设区长,小区设户长,由政府任命,属于准官吏的地位。以前作为町代表的庄屋、名

---

① (日)信夫清三郎:《日本政治史》(中译本)第三卷,上海:上海译文出版社,1988年。

主、年寄等全被废除,以示除旧布新、加强国家的统一。最小的行政单位是小区,小区户长的职责是向人民传达上级的指示,向上级汇报下面发生的事情。区长由官方任命,因而经常有非本地出身的人担任区长的情况,这些人与居民的关系自然非常疏远冷淡。

明治十一年(1878),日本全国的大区有907个,小区有7699个,依各府县的大小,大小区的数量都不尽相同。青森县有10个大区、72个小区。这种高度集权的体制也导致了很多矛盾与不满。①

日本的地方自治起源于明治十一年(1878)颁布的"三新法",即《郡区町村编制法》《府县会规则》《地方税规则》。②

《郡区町村编制法》决定废止大区与小区,在府县之下设立郡区(市)町村,恢复以往的名称,各町村的户长由居民选举产生后,须由府县知事批准认可。至于町村会的议员数与议事规则则由町村居民自行决定,町村会议员由本地户籍且居住于本地的有产男性选举产生。新法也强化了郡长的责任,郡长有权中止町村会议。政府阐明这样做的宗旨是:"第一,废除大区小区的重复、以节省费用;第二,恢复郡町村旧制,以便民俗;第三,重郡长之职任以便施政。"在恢复旧制方面,鉴于以往的矛盾,规定:"町村为一形体,大不需削之,小不需并之,各町村人民的利害关系如一家一室,而共有财产,犹如同个人之权利。因此,以府县为行政区划,以町村为一自然部落,户长属民而不属官,且为该町村之代言人,町村之事皆由户长承担,政府不做丝毫牵制。"③

《府县会规则》规定,各府县设立府县议会,议员由公选产生,凡是年缴纳地税在5日元以上且年满20岁的本地籍男子拥有选举权;年缴纳地税在10日元以上且年满25岁并在本籍地居住3年以上的男子有被选举权。所以,当时全日本拥有选举权与被选举权者总共也不过总人口的4%。议会可以向府县知事提出议案并就议案进行表决。府县议会拥有征收地方税的权力和审批通过地方政府财政预算的权力,但是府县议会不具有立法权。而

---

① 辻清明:『日本の地方自治』,東京:岩波書店,1982年,第168—169、170—172页。另见安冈昭男:《日本近代史》(中译本),北京:中国社会科学出版社,1996年,第249页。
② 国立公文書館藏:「郡区町村編制法・府縣会規則・地方税規則」,『説明録』第二局。大島美津子:『明治国家と地域社会』,東京:岩波書店,1994年,第106—122页。
③ 内務省地方局自治振興中央会編:『府県制度資料』上卷,東京:歴史図書社,1973年,第110—111页。

且,内务卿握有解散府县议会的权力,"当会议被认定妨害国家之安宁或者触犯法律或者规则时,内务卿无论何时均可命令会议解散"①。总之,府县知事和内务卿有监督议会的权力,这样可以保证民主制度在运行初期不致失控。

《地方税规则》主要确定地方税的数目,府县税与民费都统一到地方税当中,不超过地税的五分之一。地方税主要有地税附加税、营业税和杂税、户数税三种。但是区町村的财政支出不由地方税支付,而是单独开列出来,并交由町民议决。这样,地方政府的财政得到了保障,而自治的町村财政则失去了保证。地方财政主要支付警察费、公务员薪水以及各种公共工程,这其中公务员的薪金支出占地方财政的70%。②

"三新法"颁布并实施的意义在于:第一,这是日本迈向地方自治的开端。尽管对府县议会的权力有诸多限制,但是终究赋予了由民选产生的议会以审批通过预算以及其他权力。第二,导入了居民参与体制,将地方有影响的人物纳入到统治体系之中,加强了官民合作,有利于地方政局的稳定。第三,使地方财政从来源到支出都做到了规范化。地方财政自此以后结束了官僚的随意性,只要是开支,就必须列出年度预算以及临时预算,然后交由府县议会审核通过,从而使地方财政公共化、透明化,有效地遏制了地方的腐败以及行政机构的权力膨胀。第四,重新承认了传统的町村自治。如选举产生町村户长以及将以前打乱的基层组织重新按照自然的町村布局进行恢复,继续利用以前邻保互助的体系等,这样做有利于发挥基层民主,有利于地方行政的运作。

由于地方自治是对传统地方组织机构的一种改革,很多措施带有探索性质,所以也存在不少缺陷,如对选举权与被选举权有很多限制、对府县议会的权限也有诸多限制等,不过,总体而言是历史的进步。

自由民权运动比较活跃的福冈县在1878年举行了首次县议会选举,根据规定,在小区议会的组成上,每个町村选举1名议员组成小区议会,超过50户以上的较大町村,多出户数只要满50户即可以增加1名议员;在大区议会的组成上,每个小区选举7名议员组成大区议会,选举方法是小区议会

---

① 内务省地方局自治振兴中央会编:『府県制度資料』,上卷,東京:歴史図書社,1973年,第124頁。

② 藤田武夫:『日本地方財政制度の成立』,東京:岩波書店,昭和十六年,第84—85頁。

议员间互相选举;在县议会组成上,每个大区议会议员通过互选方式选举出3名议员组成县议会。福冈县有19个大区,共选举出了57名议员。议长与副议长在议员之间互选产生。首任议长中村耕介、副议长十时一郎都是九州地区著名的民权活动家。1881年,县议会开始设置常委7名,凡是由地方税支持的事业,均由县议会就其内容、实施方法等进行审议,并将意见向县议会上报。这些常委基本都是自由党的人物。由于这个常委会的议长是县令岸良俊介,所以,该委员会的会议室就设在县令办公室的隔壁。但是在1886年,政府认为岸良县令过于迁就民权势力,遂迫其辞职。岸良的后任是安产保和,此人是明治初年(1868)一个著名的强势地方官,曾任福岛县令、爱知县令。他到任后,多次无视常委会的意见,经常在县议会否决预算后向内务卿请示,从而执行原案。安产还同当地著名的社团玄洋社的头山满等人合作打击自由党人,并出版由玄洋社把持的《福陵新报》,与自由党的报纸《福冈日日新闻》争夺舆论阵地。1892年议会大选,安产干涉选举,因而福冈县的自由党没有获得优势。但是,在帝国议会中,自由党与改进党仍然占有优势,因而对安产进行了弹劾,安产不得不辞职。在第二次县议会选举中,自由党占据了优势,以后便经常同伊藤博文组织的立宪政友会交替主掌议会多数。①

府县议会开设之后,由于系新鲜事物,在运行初期也出现了很多弊端,比如议员缺乏义务观念,动辄缺席乃至辞职,如前文说的石川县议会。福岛县议会在开设的最初几年经常是"在会期而不开会,即便开会,由于出席的议员也居于少数,则要等到过半数出席才能开会议事。而且还经常延会或者延期"。当时的议会规则也不完善,对议员不参会也没有制定相应的处罚措施。议员们在审理议案时总是在枝节上斤斤计较,浪费时间,往往耽搁大事的处理。议会对于政府的预算也总是百般刁难,"专门倾向事件之存废于削减费额"②,连主张民权的福泽谕吉都说府县会多"放纵恣意横暴"。他说:"今年来民权论喧嚣而且矛头指向政府,求其近因副因,第一在府县会的开设……,如府县会,初衷是欲利用民意,而今反成民意多端之阶梯。"虽然总体而言这是一种进步现象,但是"目下之现状却连智者也皱眉"。同时很多议员最热心的不是解决问题,而是百般刁难,给政府出难题,以致福泽谕

---

① 平野邦雄、飯田久雄:『福岡県の歴史』,東京:山川出版社,昭和四十九年,第257—261頁。
② 转引郭冬梅:《日本近代地方自治制度的形成》,北京:商务印书馆,2008年,114页。

吉一气之下便辞去了府县会议员的职务。①

更让明治政府感到困扰的是，各府县议会变成了自由民权分子活动的合法舞台。各县都出现了结社组织，这些组织的成员在各地的县议会中都有很强的实力，甚至把持了县议会。这些组织开始越出单纯的县域范围，向其他县、向全日本发展，如土佐的立志社、熊本的相爱社、出云的尚志社、名古屋的羁志社。各组织开始互通声息、互相联合，逐渐形成了以自由党为主的政党集团。这些结社组织一般关注的都是诸如早日召开国会、国利民福、民力修养、保障言论集会结社自由等一类问题，以致很多县的县政府同县议会关系紧张，如福岛县的县令三岛通庸与以民权领导人河野广中为主导的县议会之间的矛盾就非常激烈，双方的矛盾日趋尖锐，最后发展到县议会通过了弹劾县令的决议。这种情况使得政府的施政方针在不少地方难以顺利进行，对明治政府全力以赴进行的近代化工作产生了不利影响。同时，一些激进民权分子还在各地制造暴力恐怖事件，如福岛事件、高田事件、群马时间、加波山事件、秩父事件等。一时间，满城风雨，全国局势动荡，明治政权面临着生存危机。于是便有一部分政府官员主张废除府县议会，右大臣岩仓具视的观点就非常典型。他认为：府县议会无非是"所以启人民犯上之道、生藐视政府之心者，卑职以为主要由于开府县会犹早、失进步之序所致也。故今日欲恢复政府之权威、挽民心之颓丧，必先察今明两年之实况相机行事。须断然暂时终止府县议会，上至陛下、下至百官，都要统一主意而不动，目的趋同而不变，更要奋勉万机一新之精神，以陛下之爱信为纮股，以国家倚重的海陆军以及警视力量左右全局，以凛然之威君临天下，使民心战栗……若如此，虽一时有嗷嗷不平之徒，亦何足虑哉？"②

面对这种严峻的局势，明治政府对"三新法"进行了一些修改调整。

首先，调整府县议会与地方政府的关系。1881年太政官布告第4号针对府县议会经常否决府县政府的预算导致施政无法进行的情况，规定"如果府县议会没有议定通过法律上应该议定通过的议案时，府县知事可以直接将该议案呈报内务卿，得到内务卿认可后，可以直接付诸实施"。③ 政府为

---

① 福沢諭吉：「時事小言」，富田正文、土橋俊一編集：『福沢諭吉全集』第五卷，東京：岩波書店，1958年，第124頁。

② 岩倉具視：「三條太政大臣への意見書」，見山中永之佑監修：『近代日本地方自治立法資料集成1·明治前期編』，東京：弘文堂，平成三年，第690—692頁。

③ 山中永之佑：『日本近代地方自治制と国家』，東京：弘文堂，1999年，第116頁。

此特地设立了一个专门机构——审理局,规定府县议会与地方官必须服从该局的仲裁。这样做看似限制了府县议会的权限,却也保障了行政体系的正常运作。而且,由于府县知事不可能事事都上报内务卿,在制定政策时,不得不考虑议会的意见态度,所以,应该说这一规定并没有在实质上损害府县议会的权力。此外,条令还在府县议会内设立了常委会,以保持经常性的议事。并规定对于无故不参会的议员,可以令其退职等。当然,针对民权运动的高涨,条令对于各府县议会间议员的交往也做了一定的限制。

其次,修改了地方税规则。规定对于新设立的预备费,在府县会未议定或者内务卿命令闭会或者解散时,根据府县知事的呈报,内务卿可以按前年度的预算额进行征收。将原来由国库支付的府县馆舍修建费、府县监狱费与府县监狱修缮费等转归地方税支付;停止了对地方土木建筑费、小学补助金的财政转移支付。当然,相应地也提高了地方税容许征收的额度,将其由地税的五分之一提高到了三分之一。这样一来,中央政府的负担虽减轻了,民众的负担却加重了。不过,由于地方税源主要依赖工商业税收,随着殖产兴业政策的推进,各地的工商业都开始蓬勃发展,这方面的税收已稳步增加,所以,总体而言影响并不大。

第三,对町村户长的任用制度进行了改革。针对户长由于有职无权,有能力者皆辞而不就的情况,决定首先提高户长的待遇,规定其待遇相当于准10等到17等官吏的水平。其次,规定户长由政府任命,先由町村居民选举三到五人,再由府县知事从中选任。为了节省财政开支,明治政府实施了联合户长制度,从而大大减少了户长的人数。通过这些措施,户长就被纳入到了官僚体系当中,成为政府行政机构的末端成员。

第四,缩小了区町村议会的权限。规定区町村会议定的事务限于由町村费支付的事件及其实施方法的讨论。规定区户长为町村议会的议长,有停止、解散、改选町村议会的权力,经过县知事许可即拥有原案执行权等。此外还通过税则改革加强了区町村的公共财政基础等。①

很多学者对于明治政府的这些政策调整颇有非议,认为它使地方自治彻底消失、是近代化过程中的一种反动等。甚至连明治政府内部的成员——

---

① 大岛美津子:『明治国家と地域社会』,東京:岩波書店,1994年,第140—144、160—169頁。

井山毅也认为,户长官选以及户长任町村会议长有悖地方自治的精神。①

"三新法"的出台确实存在理想的成分,脱离了当时日本的实际国情,而且很多政策也欠完善,随后明治政府进行了一系列的修正。修正后除了个别政策之外,总体而言,地方自治的实质尚在。历史的经验表明,在近代化初期,在民智未开之际,需要一个强有力的开明专制的政府。明治政府的这些调整对于正在迅猛展开的近代化工作而言是必要的,它保证了施政效率,维护了国家的稳定。事实胜于雄辩,从实践上来说,明治维新能够在数十年的时间内取得成功,使日本成为基督教文化圈外的后进国家中最早完成现代化任务的国家,正是得益于这些务实的政策。

三、地方自治制度的确立

1881年,明治政府以天皇的名义发布诏书,决定开始加紧制订宪法,10年后,正式颁布宪法,开设国会,将日本建设成一个君主立宪制国家。其后,以伊藤博文、山县有朋为首的政府要员开始考察欧洲国家的政治制度与地方体制,并参酌日本国情,进行宪法的拟定以及地方自治体制的组建工作。

有关地方自治的规章制定由山县有朋主持,他聘请了来自德国的专家组,经过数年时间的反复研究,经内阁、元老院以及地方官会议审议后,于1889年4月25日正式颁布。

曾经担任过普鲁士宰相的斯坦因(Karlvon Stein,1757—1831)认为,地方自治制度在"唤起公德心和协同心,使民众的思想及希望和官衙的方针及期待一致"方面,成效极大。山县有朋也认为:"自治制度之成在于开启民众之公共思想,使之获得参政之智识,以资立宪政治之运用。而且,还可以使中央政局异动之余波不致波及地方行政之利益。"②

日本的地方自治制度分为町村自治、市自治与府县自治,其中府县自治规则晚至1890年5月宪法颁布之后才出台,至于全面实施则更延至1899年。

---

① 井上毅:《地方政治改良意见案》,转引自郭冬梅:《日本近代地方自治制度的形成》,北京:商务印书馆,2008年,第137—138页。

② 山县有朋:「征兵制度及び自治制度確率沿革」,见日本国家学会编:『明治憲政経済史論』,東京:国家学会,1919年,第397—398頁。

(一) 町村与市的自治制度

1. 町村自治法明确规定了町村的地方法人资格,町村为一个独立的地方个体,而非政府的行政机构。这是一个进步,也是实现民主制度的基础。

2. 将町村民众按照财产资格分为町村居民与町村公民。所有居住于本町村的民众都是本町村居民,都有"遵从法律使用公共设施和町村财产的权利,而且有义务分担町村事务";凡是町村的居民并分担町村的事务,且交纳地税或直接税在2日元以上者为町村公民。町村公民可以参加町村的选举,并有被选举担任町村名誉职位的权利。

显然,明治政府尚不打算实行全民民主,当然,如前文所说,当时即便是发达的西方国家也尚未实施全民民主。这样的差别做法从今天的角度看虽然有失公平,但在当时是现实的、富有操作性的,有利于政局的稳定与近代化大业的进行。

3. 町村会议是町村的议决机构,其作用相当于立法机构,可以议决"町村条例及规则的设定和改造之事、町村费的支付事业、年度预算、预算外支出以及超过预算外的支出、议定决算报告"等。但是,町村会议行使这项权力的前提是不违背国家宪法。町村会议实行二级选举制度,"选举人中纳税多者合起来达到町村税总额二分之一者为第一等级,余者为第二等级"。两级各选出数目相等的议员组成町村议会。议员的任期是6年,每3年改选其中的一半。町村议会的议长则由町村长担任。

二级选举制可以保障豪农、豪商的利益,确保他们的政治权利,从而笼络他们,并依靠他们发展地方经济,再利用他们的影响力来稳定地方政局。当时绝大部分都是文盲的普通下层民众确实也不具备参政议政的能力,而且也缺乏这样的要求。

4. 町村行政由町村长负责。町村长由町村会选举产生,但是要得到府县知事的认可,任期4年。

以上做法既显示了一定程度的民主,又保障了乡村秩序不致失控。明治政府依旧保持着控制局势的能力,虽然有悖民主精神,但却是务实的。

市级自治制度的内容同町村基本一样,只是在市议会的选举方面实行三级选举制,按缴税额度将公民分成三级,每级选举出相同数量的议员。至于市政机构,自然比町村规模要大一些。另外还设置了名誉职的参事会,按照市的规模决定参事会议员的数量,其中东京市参事会有86名议员,京都与大阪都是9名,其他地区的市参事会为6名议员。市长都是有薪职员,由市议会推荐3人经天皇裁决任命,任期6年。至于名誉职的参事会成员也由市议会选举,经府县知事认可。市长出任参事会的议长,市参事会必须由市长以及名誉职的参事会成员三分之一以上出席才可以议决事务。如果市长无暇召开参事会,参事会亦可自行决断事务。

应该说在市町村自治方面,此时的体制在"三新法"的基础上前进了一步,降低了选举人的财产资格限制,同时将市町村法人化。市町村议会的权力比以前扩大了,变成了市町村的最高议决机构,并拥有预算编成、争议决定、选举执行、行政监察、意见提出等权力。尽管依旧采取财产资格限制,但这些限制措施的存在也是历史的必然,它有利于稳步地、可控地迈向民主政治。这一方案是务实的,社会反响甚佳,促进了日本近代政治的民主化,是历史的进步。当时的新闻媒体如《读卖新闻》《东京日日新闻》等大型报刊都对这一制度的实施表示欢迎。[1] 著名学者德富苏峰如是评价:"市町村制度的实施将给政治运动带来极大的变化",而这个变化正是"吾人所希望的所谓平民主义的变化,也就是国民参与国政"。[2]

(二) 府县自治制度

同市町村制不同,对于府县的性质,法律条文没有明确规定府县为法人机构,也就是说府县只是政府的行政机关。

1. 府县议会

府县议会为府县的最高议决机构,府县议会拥有府县年度预算的编制权、认定决算报告权,有权决定府县税的征收方法、决定府县不动产的处理、从事府县其他财产的管理与维持等。府县仪会议员由在该府县内每年缴纳直接国税相当于10日元以上的公民选举产生,任期4年。府县议会每年开会一次,由府县知事负责召集。府县议事规则也要经过内务大臣的认可才可以实施。这样,府县的财政收入与支出基本上就被控制在府县议会手中,从而可以有效地避免开支的无限增加、官僚机构的无限膨胀以及滥用民众与国家财富,也可以有效地制约腐败。

2. 府县参事会

府县参事会为副议决机构,议决受府县议会委托的事项。成员由府县

---

[1] 東京市政調査会編:『自治五十年史』第1卷(制度篇),東京:良書普及会,1940年,第357—364頁。

[2] 海野福壽、大島美津子:[家與村],加藤周一(ほか)編:『日本近代思想大系』(20),東京:岩波書店,1991年,第300—306頁。

知事等官员 2 名以及名誉职参事会员 8 名组成。府县知事为参事会议长，名誉职参事会员任期为 4 年。参事会成员皆由府县议会推举而出。这样做，既可以保证府县行政与府县议会间的配合，又可以有效地制约行政当局，从而尽可能地避免专断与腐败。

3. 府县行政机构

府县知事由中央政府委派任免，不是由民众选举产生。内务大臣对府县会以及府县参事会有监督权。这样做，主要是为了保证政府对于地方局势的控制力度，以免极端民主导致国家政局失控。

在财政方面，经府县议会同意后，府县行政当局有募集公债的权力，但是必须在 3 年内偿还。

显然，到府县一级，鉴于"三新法"实施初期的经验教训，明治政府担心局势失控，于是加大了政府在行政方面的干预管控力度。但是，由于府县议会被赋予了很大的权力，能够对府县行政当局进行一定力度的监督与制约，所以，应该说日本的地方管理体制在民主化的道路上迈进了一大步，这是值得肯定的，而且这样做也是务实的。无数的历史经验表明，激进、冒进的政策或措施只会妨碍民主化与现代化工作的顺利进行。比如英国革命与法国革命，英国采用选举权与被选举权逐步扩大的方式走向民主化，而法国大革命则试图一步迈向全面民主，最终欲速则不达走向了失败。如前所述，在民主化方面搞得比较"彻底"而又激进的法国，在现代化方面的成就，不要说不及英国，甚至还不及后来居上、与英国同样实施渐进政策的普鲁士。

在实施市町村自治以及府县自治的同时，明治政府还实行了郡的自治。郡是介于府县与町村之间的组织。郡的自治规则基本上等同于府县规则，只是增加了对大地主阶层的倾斜。但是，对于郡自治的必要性自始至终都存在争议，而且郡自治制度确实也没有取得应有的成效。1923 年，日本最终废止了郡的自治制度，但是，作为一个行政区划，郡仍然存在。

(三) 地方自治的实施过程

1. 町村大合并与市町村自治的实施

在实行町村自治制度之前，明治政府首先在地方进行了町村大合并工作，史称"明治大合并"。据 1887 年的调查，该年全日本有 71573 个町村，其中有町村之名而无人居住的町村有 801 个，人数少于百户的小町村有 40820

个,占町村总数的58%,平均每个町村的人数不足550人。① 彼时,明治政府逐步开展近代化事业,在町村兴办小学、办理警备、实施救济、进行乡村公共设施与道路的建设,而町村规模小,往往容易导致重复建设以及资源浪费,因此,明治政府早有进行町村合并的打算。为了在将来实行地方自治之后能够让地方有效地分担很多行政事务,减轻国家的财政负担,明治政府在经过一番准备之后,于1888年6月开始实施町村合并,即"明治大合并"。内务卿山县有朋说:"为了全国的统治,除政府本身应该处理的事务之外,地方也应该负担一部分行政事务"。② 明治政府决定以300到500户为标准,在全国范围内强制实施町村合并。合并政策于1888年底正式实施,到1889年全日本的町村数量减少为15859个,只相当于原来的四分之一左右。③ 尽管这次合并属于强制,在一定范围内造成了地方秩序的混乱,但就总体而言是符合历史发展潮流的,对日本地方经济的发展与地方自治制度的实施都有积极的意义。

1889年4月1日,在町村合并基本完成后,市町村自治制度正式在各地实施。据日本政府的统计数据,由于有了"三新法"实施的经验,市町村自治制度执行得相当顺利,2府33县都在指定日期内完成了自治体制的建设,而且除了香川县以外,其他地区都是在一年内渐次完成。

在具体实施自治制度的过程中,也有个别地方对于町村合并一时不太适应,诸如共有林地、町村财产的处理等问题,因为较难协调,出现了不少纠纷。很多地区因为存在地域之争、政党之争等问题,在选举方面也出现了一些纠纷,不过这些情况的出现也是在所难免,无碍大局。④

2. 东京与大阪自治制度的建立

(1) 东京

进入明治时代后,东京发生了巨大的变化,但是这些变化也是逐渐发生的,如同明治维新是自上而下的渐进改革一样。江户改称东京后,1868年7月设置了镇守府,同年10月天皇驾临东京,实现了迁都。次年,由于版籍奉还,国家机关随之扩大,各种官厅纷纷在东京建立,东京真正成了全国的

---

① 市町村自治研究会:『逐條解説市町村合併特例法』,東京:ぎょうせい株式会社,2004年,第2頁。
② 川村匡由:『市町村合併と地域福祉』,東京:ミネルウア書房,2007年,第10頁。
③ 戸所隆:『地域主権への市町村合併』,東京:古今書院,2003年,第43頁。
④ 大石嘉一郎、西田美昭:『近代日本の行政村』,東京:日本経済評論社,1991年,第118頁。

中心。

在城市管理的基础组织方面,1869年3月,东京废除了幕府时代的基层组织——名主制度,设置了中年寄、添年寄。又废除了五人组,设置了町年寄。同时将东京分成50个区,每区设1名中年寄、添年寄,每5区设置1位"世话挂"(主管)。很多地区虽然制度有所变化,人员却依旧是往昔的面孔。不同的是,以前的名主在选举产生后多为世袭,现在改为由官方任命,不再世袭。1871年4月,不再分武家地、寺社地、町地,一律按照居住地进行了户籍登记。1871年11月,将东京府分为6大区,每个大区内分16个小区,大区设总长1名,小区设户长、副户长数名。

1878年"三新法"发布后,东京府依据《郡区町村编制法》将东京府下辖地区分成15个区(曲町、日本桥、京桥、神田、下谷、浅草、芝、麻布、赤坂、四谷、牛入、小石川、本乡、本所、深川)和6个郡——东多摩、南丰岛、北丰岛、南足立、南葛饰、荏原。区长、郡长虽然都由官方任命,但是府县会议员由公选产生。尽管在选举权与被选举权方面对参选人有财产资格限制,仍对有产阶级有利,但相对官僚个人的独断而言,这确实是历史的进步。1879年12月之后,随着《区会规则》《町村会规则》的制定,各区都举行了选举,府会、区会、町村会普遍建立起来。议员数量根据各地的居民数量而定,地方自治由此发足,它意味着东京在基层管理方面逐步走向了近代化。

1888年,《市町村制》发布,承认市町村的法人资格及其拥有制定条例规则的权力。市执行机关为参事会,由市长、助理、名誉职参事会员组成。市长由内务大臣推荐3人,然后上奏天皇裁决。名誉参事在市会中由有选举权的市民进行复选,再由府知事认可产生。在选举权与被选举权的财产资格限制方面,同"三新法"时期相比都有一定程度的放宽,而且以缴纳国税的数量取代了地租数量,这些都反映了政治体制的改革与进步。[①]

明治二十二年(1889),东京市诞生。日本政府为维持对政局的控制,同时也是为了谨慎起见,特地在三个最重要的城市——东京、大阪、京都实施了与其他城市不一样的特别市制,即府市一体,市政府不设市长与助理,由府知事与书记官兼任。区长在府知事的领导下,辅佐处理区内事务。由于这样做有悖地方自治的原则,所以受到新闻界一片攻击,而且三市的市议会都要求撤销特别市制。东京市的反对尤其强烈,从市制颁布次年一直到明

---

① 矢崎武夫:『日本都市の発展過程』,東京:弘文堂,昭和四十九年,第309—311頁。

治三十年(1897),市议会主张撤除特别市制度的请愿有8次之多,但是最终都被帝国议会予以否决。市议会在诸多事务方面同东京市持不合作态度,给市政运行造成了很多麻烦。1897年在市区改造过程中发生了腐败事件,到1898年,事态发展到市议会自动解散的境地。明治政府担心危及自身的威信,这才同意取消特例,东京终于实施了市区自治制度,在府厅内另外建立了东京市役所,设置了专门的市长以及助理,从而成为一个名副其实的自治都市。首任东京市长为公选产生,是著名的民权活动家松田秀雄。因为有财产资格限制,各级议员都由有钱人出任,并不完全反映大多数民众的利益。但同以前的官僚独裁相比,其进步意义是毋庸质疑的。

市会议员不同于国会的众议员(以地主与大财主为主),如明治三十二年(1899)5月1日的《时事新报》所说,市议会"是浪人与贫穷商人的集合体,无固定职业者以及律师在中间所占的比例最大"。在市议会中,工商业者占4成,而无固定职业者以及律师则超过4成,如果加上浪人与贫困商人,则接近6成,它反映了城市议会的特征——平民化。

日本在试行民主体制的初期也出现了很多混乱现象。比如东京市议会就存在自由党系的都市恳和会与进步党系的东京市公民会的斗争,双方的斗争还发展到了出现暴力与伤害事件的地步。可见,走向民主不是一件一帆风顺的事情,即使当时日本是由讲道德体面的贵族精英主导政局也不能幸免。所以,在任何国家,民主制度顺利运行都需要一个相当长时间的磨合过程。①

(2) 大阪

大阪行政区划的演变因地区而有不同,主要是由于大阪与堺市有些差异。

大阪城区在维新后将原有的三乡改为东、南、西、北四大组。明治八年(1875),又将东、南、西、北四大组改称为第一、第二、第三、第四大区,并将大区下辖的79个小区改编为80个小区。

堺市同大阪不同,它有广大的农村区域。堺在1868年成为堺县,1869年合并河内县。废藩置县后,管辖原来和泉国的4个郡、河内国的14个郡,到1876年又合并了整个奈良县。1872年,将河内分为29个区,将和泉分为25个区,各设区长、副区长。之后又设大区、小区。

---

① 石塚裕道、成田龍一:『東京都の百年』,东京:山川出版社,1986年,第52—54页。

大阪城以外大阪府所辖的原摄津国的郡的部分,1872 年被分为七郡 23 区,1873 年,东成、西成、住吉、岛下、丰岛、能势等数郡被整编成第五到第十一大区。

1879 年"三新法"实施之后,大区、小区制度被废除,原来的町村复活。各郡设立了郡役所,郡下面的每个町村都设有户长。

在大阪城内的四大区,各自设有区长和区役所。大阪府的各郡也都设置了郡长和郡役所。在堺县城区,1879 年,专门成立了堺区,并设置了区长与区役所。1881 年 2 月,堺县与大阪府合并,堺的区役所与各郡役所各自原封不动地加入大阪府,由大阪府管辖。

1889 年,市町村自治法正式实施。在大阪府的范围内,以大阪城区为中心成立了大阪市,以堺区为核心成立了堺市。但是大阪由于被定位为特别市,因此没有专门的市长与助理等职,同东京一样,由府知事与书记官兼任市长与助理。这种情况一直持续到 1898 年特别市制度的废除才得以改变。

大阪在实施市町村自治制度之前也进行了一次市、町、村大合并,合并过后,大阪府下辖 12 个町 310 个村庄。12 个町包括天保、西浜、东平野、玉造、平野乡、安立、岸和田、岸和田浜、池田、贝塚、守口和枚方。

依据自治法,大阪市行政机构是参事会,参事会会员是名誉职务,由市议会选举产生,同市长一起构成参事会。由于大阪是特别市的关系,在很长时间内,府知事与书记官也是参事会的一员,所以官治的色彩相当浓厚。[1]

在进行第一次市域扩展后的第二年,大阪废止了特别市制,从 1898 年 10 月 1 日起成为普通的自治城市,第一任市长为田村太兵卫,助理是曾任大阪高等商业学校教务主任的平沼淑郎。

1911 年,明治政府针对市町村自治实施过程中出现的一些问题,又对市町村自治制度进行了一些调整,比如扩充了市町村以及市町村首长对于委任事务的各项规定,强化了市町村首长对于市町村议会的权限,规定市町村会的召集权以及开会、闭会的权力都由市町村首长掌握,而且还规定在针对某一市政事务产生纠纷时,只有在三分之一以上的议员请求开会时,首长方才可以召集议员开会议事。调整后的市参事会由议决机关变成了咨询机

---

[1] 藤本笃、前田豊邦、馬田綾子、堀田暁生:『大阪府の歴史』,東京:山川出版社,2006 年,第 265—267 頁。

构,还增加了带薪职员的比例,并强化了町村的财政力量等。

日本的这种市町村自治体制在一定程度上体现了民主精神,地方自治既是民主化的的基础,也是全面民主化的第一步,不实施地方自治制度也就不可能有现代民主化。没有地方自治制度,就无法遏制官僚政府的腐败,更无法抑制官僚机构的日益膨胀。

(四) 府县、郡自治制度的实施

府县、郡自治制度的实施同市町村自治相比,要复杂、迟缓得多。在府县、郡自治制度发布之后,原计划规定在1891年开始实施,但由于牵涉郡的区划问题,到1897年尚有26个县未能实施。个别的如高知县,由于此地系自由民权运动的发源地之一,自由党在此县力量甚大,在以前的"三新法"实施时也积累了丰富的经验,因而无论是选举还是议事都比较顺利。自然,该县的议会长期为自由党所控制。

有鉴于此,明治政府于1899年对府县制与郡制进行了修改。明确了府县的公共法人资格,但府县要"接受官的监督,在法律命令的范围内,处理其公共事务及原来依法律命令或惯例及将来依法律敕令属于府县的事务"。这一改变虽然比以前有所进步,但是权力依旧受到很大的制约,"仍然是不完全的地方自治体"。在府县议会议员的选举方面,废除了复选制,采用直接选举制度,规定交纳国税3日元以上并具有市町村会议员选举权的市町村公民有参加府县议会议员选举的权利;缴纳国税10日元以上者拥有被选举权。同时适当缩小了府县议会的权力。在府县行政方面,强化了府县知事的权力,如对下属职员的领导、原案执行权力以及主务大臣许可事项专决处分等。在府县财政方面,承认其有权征收使用费与手续费,地税附加税也从原来地税的四分之一扩大到三分之一。而且还特别规定,即便附加税扩大到地税的二分之一,也不需要经过内务、大藏两大臣的许可。

在郡自治制度方面,也承认了郡的法人资格,同时废除了大地主议员制与复选制。在选举方面,被选举权的纳税资格限制降为每年5日元。

修改后的府县自治规则在1900年开始实施,此次比较顺利,除了冲绳县迟至1909年实施之外,其他府县都按期完成了自治体制的建设工作。郡自治制度虽然实施了,但是作用不大、争议大,最终在1923年被正式废止。这主要是因为介于町村与府县之间的郡并不是一个经济实体,在实施的过程当中反而出现了很多弊病。而且随着经济的发展与交通通信的发达,其功能几乎都被町村与府县替代吸收。所以在郡制实施后不久,帝国议会里就出现了主张废除郡制的提案。在第21届议会上,首先由议员尾见浜提出,随后在第22、第23届议会上,由西园寺公望内阁提出。帝国议会为此展开了激烈的争议,由于牵涉党派以及藩阀的利益,因而难以定夺。争议一直持续到1921年藩阀势力遭到削弱的大正民主时期,郡自治制度方才被正式废除,但郡役所一直存在到1925年。①

在《府县制》《郡制》公布之后,大阪虽然没有马上实施该法规,但是在1896年4月进行了郡的合并工作,目的是为即将实施的郡自治制度做些准备。大阪府将摄津地区的7个郡合并为4个郡,将河内地区的16个郡合并为3个郡,将和泉地区的4个郡合并为2个郡。

1899年3月府县规则被修改之后,大阪府在同年7月正式实施。早在1879年"三新法"实施时代就设立的府会,此时变成了立足于府县自治制度之上的府议会。另外还新设立了副议决机构——府参事会。

大阪府在1898年实施了郡自治制度,也设立了议决机构——郡议会以及副议决机构——郡参事会。在郡会里,由于实施大地主议员制度,所以大地主在郡会的势力很大。

随着府县自治制度的实施,日本的地方自治体制就全面建立了起来,这也意味着日本在地方管理体制方面基本完成了近代化工作。

到大正时代的1926年,府县町村的议会选举实现了所有成年男子的普选。到1929年,又进一步扩大了地方自治权,此乃后话。

总之,经过明治维新三四十年的努力,日本终于全面建立起了地方自治体制。同欧美国家相比,尽管行政当局的权力较大,但是它符合日本国情,有利于政局的稳定,也有利于地方民主的发挥,在那个时代,是亚洲最进步的地方管理体制,对国民党统治时代的中国以及朝鲜半岛影响很大。日本的这一地方自治体制一直维持到二战后的改革。

四、君主立宪体制的基本确立与演变

1881年,在德国顾问的协助下,岩仓具视同伊藤博文反复协商后,向天皇提交了一份有关未来宪法制定框架的《大纲领》。主要内容有:未来宪法要采用钦定,而非召开制宪会议议定;天皇拥有统率陆海军以及宣战、媾和、

---

① 大島美津子:『明治国家と地域社会』,東京:岩波書店,1994年,第268頁。

缔约、造币、任免文武官员、召集与解散议会等权力；实行大臣对天皇负责制；议会实施两院制，议员选举设置财产资格限制；政府预算如果未被议会通过，可执行上一年度的预算等。这些内容几乎完全照搬了普鲁士的宪法。随后，天皇下达了有关制定宪法的诏书，要求在1890年召开国会。此后，明治政府以伊藤博文为核心开始了宪法的制定工作。

1882年3月，日本政府派遣以伊藤博文为首的"宪法考察团"赴欧洲，由于向普鲁士学习几乎是明治政府要员们的一致意见，所以伊藤博文一行主要考察德国，直接到柏林以及维也纳向德国、奥地利两国的宪法学者求教。在柏林，伊藤博文等人受到了俾斯麦的会见。在驻德国公使青木周藏的安排下，由德国宪法学者格奈斯特和其学生莫塞对日本考察团一行进行了有关宪法知识的系列讲座。另外，考察团还到维也纳向奥地利宪法学者斯坦因求教。经过反复讨论，伊藤博文等人对宪法的制定方法与内容逐渐明晰。一直到1883年8月，日本宪法考察团方才回到日本。此后，日本政府一边进行宪法的草拟工作，一边为即将到来的立宪体制做一些准备工作。

（一）颁布"华族令"，授予贵族群体以参政、议政的特权

由于即将到来的议会政治在日本是新鲜事物，明治政府的领导人担心会导致政局不稳以及施政难以进行，而贵族阶层理性务实、富有包容性、参政议政的经验丰富，自明治维新以来，该阶层虽然大都在野，但总体而言同政府基本保持一致，是政府的支持与依靠力量，所以明治政府决定通过壮大贵族阶层并授予其特权的办法来维持国体与国家的稳定。而且当时欧洲的很多国家也存在贵族院，保持贵族有参政、议政的优先权利。所以，1884年明治政府制定并公布了"华族令"。华族是明治维新后对旧大名以及公卿的称呼。该法令根据华族原先领地的石高（收获量）以及门第将华族分为五等爵位——公、侯、伯、子、男，爵位由家族男子一人世袭。除原有的509名华族外，由于该法令还规定明治维新的功臣亦可列入华族，这样又增加了26名新华族即功勋华族，其中萨摩12名、长州8名、土佐3名、肥前2名。公爵有11家，原公卿五摄家（由古代担任摄关的藤原家族演化而来），公卿并维新功臣三条实美、岩仓具视，超级大名并维新功臣岛津（两家）、毛利，还有旧将军德川家族。维新功臣、已经过世的大久保利通与木户孝允两家以及旧琉球藩主尚泰被授予侯爵爵位。其他的维新功臣，诸如伊藤博文、黑田清隆等被授予伯爵爵位。政府中的非主流派大隈重信、后藤象二郎、板垣退助等也被授予了伯爵头衔。将前幕府将军德川家族以及政府当中的非主流派

纳入华族体系,主要是为了安慰反对势力以维护社会稳定,这反映了明治维新的领导人——贵族政治家的理性与包容性,此举确实有利于社会的和谐与稳定,德川家达后来还担任了贵族院议长。新华族后来还有一定数量的增加。为了保障华族队伍的稳定与尊严,政府在1886年4月又颁布了"华族世袭财产法",规定华族的财产凡是经过宫内省批准作为世袭财产的部分,国家给予法律保护,第三者不能取代或者决定其所有权并将其抵押。

(二) 扩大皇室的资产

明治政府领导人为了防范未来在宪法实施时出现难以驾驭的局面而导致政局失控,事先采取了很多预防措施。1882年2月,岩仓具视在阐述制定宪法的基本原则时强调要扩大并稳定皇室的资产,主张"把皇室财产丰富到和全体国民财产差不多的地步"。这样做主要是考虑到万一国会否决政府预算时,为了使国家机构不致崩溃,可以动用皇室资产,以支付政府官吏的薪俸以及陆海军的基本经费。

在德川幕府时代,天皇只有10万石的土地。1872年时,拥有的土地仅剩1000町步。据《皇室财政沿革记》记载,皇室的财产不过10多万日元,现金不过黄金500两。政府决定扩大皇室的资产之后,国有地尤其是国有林地被纳入皇室的资产。到1885年,皇室的土地增加到3.2万町步,到1894年又增加到365.45万多町步,其中可耕地为1.02万町步,分布在1道17个县。十几年后,仅皇家林场就达到3260万町步。在财产方面,1875年为51万多日元,到1884年增加到192.76万余日元。1884年,政府持有的日本银行的股份500万日元、横滨正金银行的股份100万日元也被算作皇室资产。1887年又把日本邮船会社的股份260万日元算作皇室资产。到1887年底,皇室资产已经达到788.5万多日元。到1889年《大日本帝国宪法》颁布之时,皇室资产更激增到1000万日元。① 之后,随着日本经济的发展,皇室财产还在不断增加,但是真实的具体数额一直是个谜。

明治政府希望当立宪政治实施过程中议会同行政部门出现不合作的局面时,皇室资产可以成为政府的倚仗,能够起到稳定政局的作用。事实上,皇室资产同国库已经没有区分,皇库通国库,二者的所谓区别不过是用来混淆视听的。明治政府这样做不失为万全之策,也可谓用心良苦。

---

① 冈田章雄等:「明治の日本」,『日本歴史』第11卷,東京:読殻新聞社,1865年,第63頁。

（三）建立内阁制度与文官制度

废藩置县后设立的太政官制度比较松散，太政大臣类似名誉职务，实权在参议手中。权力最大的内务省是政府的权力中枢，但是从官位上而言，内务卿同其他各省没有区别，因而名不正言不顺。为了建立近代管理制度，并为即将到来的立宪政治打下良好的基础，明治政府决定废除太政官制，实施同近代西方国家相同的内阁制度。1885年12月，明治政府正式废止了太政大臣、左右大臣、参议、各省卿，改而设置总理大臣，除宫内大臣外，由总理大臣率领各省大臣构成内阁，各省大臣向内阁总理大臣负责；而内阁只对天皇负责。首届内阁总理大臣由兼任宫内大臣的伊藤博文担任。伊藤博文之后，宫内大臣不再由总理大臣兼任，这样可以明确区分国家事务与宫内事务。第一届内阁有大臣10名，年龄最大的为51岁，最小的为39岁，平均年龄为46岁，应该说是高度年轻化的内阁，基本都是明治维新的开国骨干。其中长州藩4名，萨摩藩4名，所以，第一届内阁又被外界称为"萨长藩阀内阁"。虽然说是对天皇负责，但实权由在明治维新中诞生的功臣们集体掌握。他们希望在立宪政治实现之后依旧由他们控制政府大权，掌握国家的发展方向。从客观效果来看，这也确实是一种比较稳妥的办法。

为了提高官僚队伍的素质、避免任人唯亲，使官僚的任用与晋升能够制度化，1887年明治政府颁布了《文官任用令》，规定官员的任命与晋升均由考试决定，而帝国大学法科毕业生则可以免除文官高等考试所需要的预备考试。这一制度的实施，使政府实现了由藩阀官僚制度向近代公务员制度的转变，是日本吏制的进步。

（四）成立枢密院，将其作为天皇的最高咨询顾问机构

1888年设置枢密院时规定，该机构主要负责回答天皇的咨询，同时审议重要的国务。具体而言，可以负责有关宪法的草拟、疑问的解释、戒严令的颁布等，还负责有关皇室内部事务的咨询、对外条约的签订等。枢密院成员主要由元老与高级官僚担任。

（五）加强思想统治，颁布《军人敕谕》与《教育敕语》

为了加强思想控制，军队内部早在1878年就颁布了《军人训诫》，强调军人必须遵守三德即"忠义、勇敢、服从"。1881年在军队中建立了宪兵制度，以加强对军队的控制，有时也兼管地方治安，有对一般国民进行搜查逮捕的权力。1882年，又以天皇的名义颁布《军人敕谕》，该文件明确规定，日本军队"世世代代由天皇统率"，是天皇的军队；军人必须具备忠节、礼仪、武

勇、信义、素质这五项基本道德标准,并且不得干预政治。《军人敕谕》①将儒家思想、武士道的信条结合当时的实际需要进行了高度的凝炼,使之成为日本军队的特色。每个下士官兵所持有的手册上都印有《军人敕谕》,虽然它只是一种军人的道德规范,很多人对此都持批判态度,认为是封建思想,但从实践效果来看,它对日本近代军队的建设以及军队的近代化影响极大,也是日本军队在学习西方的过程中能够青出于蓝而胜于蓝的根本。自此日本军队兼具了东西方文化的长处,成为极具战斗力的一支队伍。

《教育敕语》②的颁布是在1890年,这已经是宪法颁布之后。它是作为国民的基本道德信条发布的,其意义不可小觑。该敕语列举了十大德行,即孝、友、和、信、恭俭、博爱、学习、成德、公益、守法,要求在学校举行各种仪式时必须进行诵读,同时又向各校分发了"御真影"(天皇与皇后的照片)以供参拜之用。在奉读《教育敕语》时,还要齐唱仪式歌曲、升国旗等,明治政府希望以此加强国家主义教育与臣民化教育。应该说明治维新进行到此,日本人已经找到了一条将日本建设成为近代国家的东西合璧的道路,他们对此充满了自信。

(六)《大日本帝国宪法》③的颁布

1886年秋天,经过多年的酝酿准备,明治政府开始着手起草宪法。以伊藤博文为首,由井上毅、伊东已代治、金子坚太郎等为核心成员,以秘密的形式进行起草工作。1889年2月11日,明治政府举行了隆重的宪法颁布仪式,参加仪式的除了文武百官外,还有受邀的外国使节。

有关天皇的部分占了整部宪法条文的四分之一。宪法规定:"大日本帝国由万世一系之天皇统治","天皇神圣不可侵犯",从而否决了主权在民的主张。宪法规定天皇是国家的最高元首,依据宪法总揽统治权,并在帝国议会的协助赞同下行使立法权,天皇统率陆海军等。也就是说行政权与陆海军都由天皇总揽,但是在立法方面需要议会的协助赞同,而且天皇也需要依据宪法办事。但是,由于日本天皇只是虚君,所以,具体的行政事务必须通过内阁总理大臣来行使。而且,虽然规定天皇的敕令可以代替法令,但是需要向议会提出,若议会不同意,政府可以宣布其失效。另外,天皇不得以命

---

① 国立公文書館藏:『太政官無号達・軍人敕諭』,明治十五年一月二十七日。
② 国立公文書館藏:『教育敕語』,明治二十三年十月三十日。
③ 国立公文書館藏:『大日本帝国憲法』,『公文類聚』第十三編,明治二十二年。

令来更改法律等。这样规定的目的,实际上是将行政权与陆海军的统辖权集中在当时明治维新的一批开国功臣手里。但同时,这批官僚的权力也受到了议会的制约,如在立法权方面,没有议会的同意,以天皇为首的行政部门不能颁布任何法律。所以,只能说天皇拥有不完整的立法权。

宪法规定日本国家议会称为帝国议会,帝国议会由贵族院与众议员组成。贵族院由皇族、华族以及天皇"敕任"的议员组成。众议院的议员由年满25岁并每年缴纳直接税在15日元以上的成年男子选举产生。按这一规定,日本当时只有45万名成年男子拥有选举权,而且只有年满30岁以上的男子才拥有被选举权。议员的任期为4年。天皇有解散众议院的权力,但没有解散贵族院的权力。

在议会权力方面,帝国议会有审议并通过政府预算的权力,但是一切决议须经过两院同意后才能成立发布。不过,在立法权方面,由于需要经天皇同意,所以议会的立法权也是不完整的。

按照这样的规定,贵族院的地位显然高于众议院。这样做的目的,主要是想利用成熟理性的贵族对民选的众议院进行制衡,同时也有利用贵族院来制约以天皇为代表的行政部门与陆海军势力的意图。在立法权方面,所谓没有天皇同意便不能颁布法律,实际上是法律的制定需要经由明治开国功臣的同意。伊藤博文等人的目的是想给议会加上紧箍咒,以避免民主失控,即既要限制议会的自由,同时也要限制政府的专断,让二者互相制衡。这在当时的情况下,确实不失为老成谋国之策。

另外,议会对政府的财政预算有审议通过的权力,这对政府的所作所为是一种强大的制约,前文说过,议会拥有此种权力,能够有效地应对官僚机构的膨胀以及化公为私,对政府公务员是一种强大而有效的监督。当然,为了防止议会内部的党派之争导致政府预算无法通过,从而影响国家利益,宪法也规定,若是当年度财政预算没有被议会通过,政府可以执行上一年度的预算。这样的规定对议会与政府双方都有制约,可谓深谋远虑。

明治宪法还规定陆海军的统帅、编制、兵力等的决定权属于天皇,议会与内阁不得干预。军部有直接上奏天皇的权力,而且陆海军大臣皆由现役军人担任,这使得军部拥有了很大的权力。[1] 在明治时代,由于明治开国功

---

[1] (日)升味准之助:《日本政治史》(中译本)第一册,北京:商务印书馆,1997年,第212—224页。另见前引伊文成、马家骏:《明治维新史》,沈阳:辽宁教育出版社,1987年,第609—624页。

臣的威压,军部势力尚不敢跋扈。但是到第一次世界大战结束之后的大正时代中后期,随着明治元老的逐渐凋零,军部势力开始日趋嚣张,逐渐变成了日本政治生活中主要的不稳定因素,应该说这是明治宪法最大的瑕疵。

和现代民主国家的宪法相比,日本的这部宪法虽然存在很多不足,如对选举权与被选举权的财产资格限制、议会不完整的立法权、贵族的特权、天皇的特权、军部的特权等,但是,它终究结束了日本的专制制度,给予了部分日本民众以选举权与被选举权,也给予了民选议会部分立法权以及审核通过政府财政预算的权力,是日本在民主化道路上的一大进步,也是日本走向三权分立的民主化过程中的一个里程碑。放眼世界,当时即便是最民主的西方国家,对民主也还存在诸多限制,所以,明治宪法虽然不够现代,但确实是符合日本当时国情的一部宪法。它的实施,标志着日本从经济基础到上层建筑的各个方面基本完成了近代化,成为世界上为数不多的几个近代国家之一,为日本以后的顺利发展、为日本的城市化奠定了坚实的基础。

这部宪法没有好高骛远,为了既保证民主,同时又能够避免政局失控,宪法的制定者煞费苦心,让议会与行政部门互相制衡,并且使贵族在一段时间内成为国家的稳定力量,这同中国晚清新政激进的改革导致举国大乱形成了鲜明的对比。

明治宪法虽然有不少缺陷,但它是一部有弹性的宪法。在明治开国功臣存在期间,由于他们的威望与能力,他们可以借天皇的名义相当独立地行使行政权力。但是,一旦这些功臣也就是藩阀相继辞世,天皇下属的内阁为了顺利施政,就必须同议会协调好关系,而要想真正协调,就只能让议会多数党党魁组阁。这就为大正时代政党内阁的诞生创造了条件。不过,军队统帅权的独立也为后来对外扩张时代法西斯势力的嚣张埋下了祸根,以致葬送了日本的民主。

但是,尽管存在上述诸多缺陷,这部宪法的诞生仍然是划时代的大事,是日本历史的进步,它也意味着明治维新所担负的近代化任务基本完成!

(七) 大正民主与政党内阁

明治宪法虽然规定内阁不对议会负责,但是明治元老们很快就发现,没有议会的合作,政府办事越来越艰难,于是开始逐渐吸收部分政党成员加入内阁,以此取得议会中政党的合作。1898年,作为尝试,成立了第一届由宪政党组成的政党内阁。虽然该内阁因为军部的压力以及内部的权力斗争,只存在了4个多月的时间,但是却预示了未来政治发展的趋势。伊藤博文等人为了使议会能够配合内阁工作,认为必须要成立自己能够操控的政党。因此,他广泛网络政界要人与社会名流,在1900年成立了"立宪政友会"。该党与宪政本党演化而来的民政党发展成为日后日本政坛的两大政党。1900年10月,伊藤博文第四次组阁时,除陆、海、外交三省之外,政府要员全部由"立宪政友会"的人士出任。虽然很多人认为该内阁还不是纯正的政党内阁,但是政党对内阁的影响增大了却是确凿的事实。此后,军部在军阀的操纵下,经常搞垮受政党影响的内阁。进入大正时代之后,随着日本近代化的进一步发展,新闻、结社越来越健全,民众的文化教育水平越来越高,参政议政的要求也越来越强烈,出现了各种民主运动,史称大正民主时代。日本政府也顺应历史的潮流,陆续扩大了选举权。1918年"米骚动"后,平民出身的政友会总裁原敬组阁,史学界认为这才是真正的政党内阁。到1924年5月,加藤高明再度成立政党内阁。自此开始,到1932年犬养毅首相被刺杀,日本内阁一直由议会多数党控制,这一时期被称为政党内阁时代。在这一时期,日本政府将选举权扩大到了所有年满25岁的男子。

　　以上是近代日本地方自治体制建立与中央政府组织民主化的过程。总之,基层组织与中央政府组织的民主化,有利于发挥民众的创造力与自主性,使民众自觉参与到城市发展的管理当中。决策的民主化,也使日本的城市发展避免了官僚主义,使其城市发展政策更有科学性、代表性与长期性,从而为日本近代城市化的顺利进行提供了秩序上的保证。日本走向立宪政治的历程也昭告了世人:走向民主化必须循序渐进,这样才能"止于至善"。如果急于求成,违反历史发展的规律,那么,欲速则不达,结果只能是适得其反!

第二节　日本近代城市规划制度的演变与城市改造

　　明治维新之后,日本政府在文教、政治、经济等各方面展开近代化改造的同时,于城市建设方面也采取了改造政策,逐渐形成了一套城市规划体制。同其他领域一样,在城市规划与改造的过程中,也存在着全盘西化与东西合璧这两条道路的争议。从明治初期东京银座炼瓦街全盘西化式的改造,到日本本土型的东京防火改造,再到东西合璧的东京市区改造计划,在这一探索的进程中,日本逐渐走出了一条自主的城市化道路。1919年,日本政府正式发布了《城市规划法》,它标志着日本在城市规划与建设方面向近代社会的成功转型。

一、近代城市规划的开端——东京银座炼瓦街的改造

日本的城市转型是从明治维新以后开始的。在转型的初期,由于崇尚西洋近代的城市格局,日本政府不顾国情搞起了全盘西化的试验,东京银座炼瓦街改造就是这一思想的具体体现。分析该工程的背景、实施过程、成败利钝以及对近现代日本城市转型的影响,可以明了日本人在城市化过程中的探索足迹。

(一)旧的城市格局无法适应近代社会经济的发展

明治维新初期,原先德川幕府时代的城下町以及城市被继承下来,但是这些城市无论在结构、功能还是在居住以及交通等方面都无法适应近代社会经济发展的要求,这一矛盾在东京表现得最为突出。

1. 拥挤、破旧的居住区导致火灾频发

东京原来是德川幕府将军的驻扎地,是日本最大的城市。如前文所述,全盛时期拥有130万左右的人口。到明治初年(1868),由于武士集团的瓦解归乡,1872年东京人口一度下降至52万人。但是,普通市民居住区的人口并没有多少变化,仍然非常密集,每平方公里的人口密度达到539人,有些地区甚至达到2857人。① 建筑物以板房为主,其中板壁茅草顶及板壁柿板顶等易燃房屋(日本人称之为"烧家")占57%,如果加上板壁瓦顶,则占所有房屋的97%。至于夯土瓦顶房、石造瓦顶房以及炼瓦房(使用烧制的砖瓦)等耐火住房可谓微乎其微。这样的居住区极易发生连片的火灾,一次火灾往往会延烧成千上万家,让数十平方公里的住宅区瞬时化为灰烬,所以人称"火灾是江户的精华"。进入明治时代以后,频发、惨重的火灾就成为让新政府最挠头的问题之一。②

2. 拥挤狭窄的道路难以开展现代生产与生活

日本的城下町同中国以及欧洲的城市有很大不同,它是没有城墙的城市。城下町大多自然产生,缺乏人为的规划,所以建筑混乱,道路狭窄弯曲。很多小巷只有0.9米到1.8米宽。主干道虽然有6到12米宽,但是沿街的房屋都伸出了很长的房檐,房檐下还堆放着商家的各种货物以及普通民众

---

① 內藤昌:『江戸と江戸城』,東京:鹿島出版社,1965年,第48頁。
② 石田頼房:『日本近代都市計画の百年』,東京:自治体研究社,1987年,第27頁。

的杂物。道路的路面也全无铺设,下雨时一片烂泥,天晴时则凹凸不平,大风扬起尘土时甚至看不清对面的来人。更有甚者,为了加强对中心城堡即大名驻地天守阁的防范,防止外敌长驱直入,统治者还在原本就不便通行的道路上修造各种障碍工事,如在道路上挖壕沟、修石墙、设陷阱、做土坝、装木门,使宽路成窄巷、使直路变弯曲等等,不一而足。进入明治年间后,随着近代化工作的进行,车马人流急剧增加,这种道路与时代需要之间的矛盾更加突出。1882 年,东京府知事芳川显正说:德川时代的城市道路太过狭窄,弊端甚多,"然当时车马稀少,虽觉不便,尚能勉强维持。但现在欧洲文明东渐,马车、人力车、电信以及铁道马车日渐盛行,道路之狭窄已经到了实在不堪忍受的地步"。每当马车来临时,"路旁的行人无处躲避,极易为车轮马蹄碾压践踏,非常危险",常常酿成事故。①

3. 残破的上下水道导致传染病频发

如前所述,当时东京的居民供水一般分两类,水道供水和掘井取水。东京的水道供水来自多摩川上游,水质优良。供水通过木制管道或者石头砌成的水沟通向城市各地,用户通过在水渠上方开挖的"上水井"取水。但就当时整个东京而言,能够使用"上水井"的用户不过 14.7%,绝大部分居民必须就地掘井取水。而上水道以及各处水井,由于没有规划,很多靠近茅厕、排污阴沟以及垃圾池,再加上年久失修,污染严重,这些都成为当时屡屡爆发传染病的重要原因。东京的供水也严重不足,每当火灾发生时基本无法提供充足的消防用水,以致人们对于肆虐的火灾往往只能干瞪眼。下水设施更是简陋,污水、雨水一般都是通过小巷两边的阴沟导向大路两旁的侧沟,然后直接排放到河道之中。由于经常堵塞,所以污水横流,臭气熏天,卫生状况极为恶劣。②

由此,如何改造让人难以容忍的、破败混乱的东京,使东京实现由古代城市向近代城市的转型,就成为明治政府面临的诸项当务之急中的一项重要内容。

(二)近代城市改造的最初尝试——东京银座炼瓦街的改造

东京银座炼瓦街改造方案是在明治政府全力以赴地开展近代化改革过

---

① 藤森照信:『明治の東京計画』,東京:岩波書店,1982 年,第 127、111 頁。
② 石塚裕道:『日本近代都市論—東京:1868—1923』,東京:東京大学出版会,1991 年,第 84—90 頁。

程中诞生的城市区域改造计划,是一个完全欧化的城市区域转型方案,也是城市化过程中的一种探索。

1. 银座炼瓦街改造方案的产生

1868年日本明治政府建立后,以近代化为目标,实施了"殖产兴业"、"文明开化"、"富国强兵"等一系列的近代化政策,整个日本开始发生急剧的变化。新政府陆续完成了版籍奉还、废藩置县,消除了藩镇割据,建立了一个中央集权的国家机构。之后,为了探寻日本今后的近代化道路,明治政府派出由政府首脑层要员组成的庞大的使节团,开赴西方进行实地考察。①

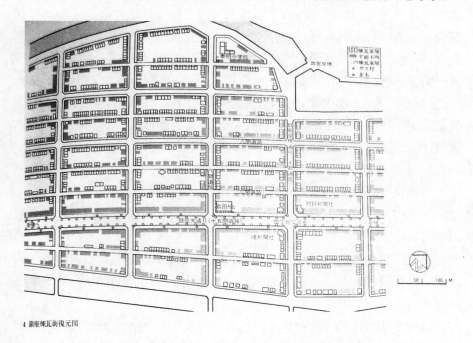

东京银座炼瓦街改造图

在考察过程中,使节团对西方各国的城市建设非常赞赏,尤其对巴黎雄伟的城市规划、宽阔的道路、壮丽的街景、完备的基础设施最为赞叹。他们认为这就是日本城市的未来,于是产生了以西方城市为标准来改造日本城

---

① 姚传德:《改变东亚的历史巨人》,(中国台湾)传胜出版社,2000年版。

市的设想。①

1872年2月26日,东京银座地区发生了一场大火灾,烧毁了34个町,烧毁户数达2926家,火灾导致5万多人无家可归,这是进入明治以来的第二场大火。当时主持政府工作的参议兼外务大臣大隈重信会同大藏省大辅井上馨、大藏省少辅涩泽荣一等人,极力主张像欧洲那样修建宽阔的马路,认为宽阔的马路除了可以作为火灾隔离带之外,还有利于发展商业,更方便民众生活。此外还要用烧制的砖瓦来建造防火的房屋等等,这样可以一劳永逸地解决困扰人们的火灾问题。此前大藏省已经雇佣英国人修建了若干栋炼瓦建筑,如大藏省分析所、大阪造币寮等,因而大藏省官员深知炼瓦建筑的好处,同时也拥有这方面的建设经验。银座地区地理位置特殊,周围有皇宫、商业区日本桥、外国使馆区、新修的火车站等,在这儿从事建设,示范效应明显。他们打算在银座炼瓦街改造成功后,再向全东京乃至全日本推广,使整个日本的城市欧洲化。在他们的推动下,火灾后的第二天,市政当局就决定在银座修建欧洲式的道路,第四天决定修建欧洲式的房舍。第六天,有关银座炼瓦街建设的决定就向东京府民公示了。②

2. 东京银座炼瓦街改造方案的具体内容

东京银座炼瓦街改造方案从最初的测量到方案的制订完全是依靠日本政府雇佣的西方技术人员完成的。至于方案的内容更是照搬西方尤其是英国的建筑模式。

在银座大火后的第三天,井上馨、大隈等人就派出工部省雇佣的数名西方测量师到银座开始进行实地测量,3月7号就完成了平面测绘,拿出了完整的平面图纸。

随后工部省开始向政府雇佣的相关西方技术人员征求方案。当时有数人应征,其中有号称日本台灯之父、时任工部省台灯首长并设计了横滨外国人居留区的布兰登(Richard Henry Brunton),时任工部省测量首长的马库宾(Colin Alexander Mcvean),身为横滨建筑工程人员的斯梅德勒(J. Smedley),设计建造了幕府时期横须贺制铁所的福罗兰特(Louis Felix Fleaulant)等,最后英国人沃特斯(Thmoas James Waters)的方案入选。此人是19世纪

---

① 久米邦武編:『特命全権大使米欧回覧実訳』(全五冊),東京:岩波書店,1977年—1982年,第一冊,第195—199頁。

② 藤森照信:『明治の東京計画』,東京:岩波書店,1982年,第7頁。

末活跃于东方的著名设计师,此前已经在中国的上海、香港和日本的长崎等地留下了为数众多的建筑设计,如工场、兵营、住宅、大使馆、官厅、桥梁、道路、铁路、港湾等。沃特斯甚至对耐火砖瓦、水泥等建筑材料的制造也非常内行,而当时的日本正需要这样的多面手。3月13号,沃特斯的银座炼瓦街方案正式公布。速度如此之快,说明新生的明治政府确实拥有很高的工作效率,充满朝气。

在道路设计方面:第一,将道路按宽窄分为三等。一等道路,也就是主干道,宽为10到15间(1间为1.8米),不过只有银座大道宽达15间,其他一等道路都是10间,也就是18米宽。二等道路宽为8间,三等道路宽为3间。这些道路的设计一改以往日本城市道路狭窄、不利于行的弊端。第二,在银座大道两旁设置人行道。人行道宽为3间,左右人行道相加共6间,中间车道为8间,从而实现了车道步道分离,加强了交通的通畅性与安全性。第三,种植行道树。在银座大道的人行道与车道之间种植行道树,如樱花树、枫树、松树等等,起美化、清洁以及遮荫作用。第四,在银座大道安装煤气路灯以亮化街道。此举除了能够促进夜市的发展,有利于商业的繁荣之外,也有利于城市治安。

在建筑设计方面:第一,所有的房舍都使用烧制的砖瓦(统称炼瓦)建设,以有效地防止火灾的发生。第二,房舍的高低应随道路的宽窄而变化。一等道路两侧兴建三层房舍,高度为10到13米;二等道路两旁兴建两层建筑,高度为6到10米;三等道路两旁兴建平房,高度为4到6米。不在道路两旁的为四等平房,高度一律在4米以下,此类房舍一般用作仓储。第三,连屋化。以往日本的商铺都是独立建筑,但是银座的设计为了充分利用空间,发挥最大的经济效益,采用了连屋设计,相互间使用砖墙隔离。至于街道后面的房舍,则按照方案规定的统一标准独立建设。第五,设置沿街步廊。按规定,一等房舍的步廊可以有1.8米的深度,其他等级房舍的步廊不得超过4.5尺。这主要是供顾客避雨遮阳之用。第六,房屋按照统一的图纸建设,采用18世纪在英国诞生而后遍及英国各殖民地的乔治式建筑设计。[①]

[①] 藤森照信:『明治の東京計画』,東京:岩波書店,1982年,第12—14頁。乔治式建筑风格:18世纪末诞生于英国乔治王朝时代,该建筑形式讲究对称,箱型建筑的门前与窗口上方使用三角型装饰,门廊均采用托斯卡纳式立柱,一般不加雕饰,显得简洁有力,是19世纪英属殖民地最流行的建筑风格。

由此可见,东京银座炼瓦街改造方案是一项彻头彻尾的欧化工程,是移植到日本的大英帝国首都伦敦的"迷你"版。①

3. 东京银座炼瓦街改造方案的实施过程

在建筑施工的组织方面,涩泽荣一最初提出的方案是成立"借家会社",这是一个股份公司,其中也有一部分政府资金,目的是以官民合作出资的方式进行营造。房屋建筑完毕之后,再按15年分期付款的方式卖给经营商。公司可以利用不断回笼的资金进行滚动发展,从而将炼瓦街向全东京、向全日本推广。应该说涩泽不愧是日本著名的企业家,他的这一设想符合经济发展规律。现代日本学者也认为这是非常理想的方案。但当时由于政府内部的政争,涩泽荣一的意见被否决。涩泽荣一只好退而求其次,成立官办的营缮会议所,承担街道改建计划。大藏省又成立建筑局进行直接管理,利用以前幕府时代町会议所用来防火的公积金从事炼瓦街的建设。后来政争愈演愈烈,导致井上馨与涩泽荣一不得不先后辞去了大藏省的任职。这就使炼瓦街计划在政治与经济方面的支持大打折扣。缺乏大藏省这个强有力的后盾支持的涩泽荣一只能以营缮会议所负责人的身份从事炼瓦街的街道建设,很多事情自然就不能做主了。

房舍工程分官筑与自筑两种,其中官筑又分为官费官筑与自费官筑两种。官筑一般严格按照原来的设计图纸进行,建成之后,以分期付款的方式卖给经营者。自筑就是资金以及建筑商都由个人解决。在建筑要求上,前述方案的第一项和第二项是强制项目,所有自筑者都必须执行。至于连屋、步廊、统一样式则是指导性的项目。由于炼瓦街是新兴事物,大部分自筑者也想看看效果,所以,基本上还是按照统一样式进行,但是也出现了很多日本的特征。至于土地所有权,除了道路的土地所有权为政府收购之外,房舍的土地所有权仍然由原土地所有者拥有,房舍购买者或经营者要按期支付土地使用费。政府也曾经想购买银座整个区域的土地所有权,但是由于在价格问题上与原土地所有者无法协商,只好退而求其次,仅购买道路用地。当然在进行过程中也存在有部分地主不肯让地搬迁的问题,最后都给政府软硬兼施地解决了。

在建筑材料供应问题方面,当炼瓦街的方案确定之后,主要建筑材料——烧制的砖瓦与水泥却非常缺乏。日本人此前惯常营造的主要是板房

---

① 石塚裕道:『日本近代都市論—東京:1868—1923』,東京:東京大学出版会,1991年,第7頁。

与夯土房,很少使用烧制的砖瓦,尽管当时的东京一带也有少量烧制砖瓦的土窑,但是质量很差,不符合沃特斯的要求。为此沃特斯特地在东京郊外的小菅自制了两孔当时西方最流行的新式霍夫曼窑,由新兴商人川崎八右卫门经营烧制,砖瓦问题才得以解决。至于水泥,在此前都是舶来品。为了银座炼瓦街的修建,建筑局在洋技师的帮助下于东京郊外的深川开设了水泥制造厂,从而满足了炼瓦街的施工需要。小菅与深川也因此而成为现代日本砖瓦与水泥工业的诞生地。①

工程在艰难中向前推进,1873年银座大道建成。之后,各项工程陆续展开,1877年5月整个工程结束。1875年12月,总工程师、英国人沃特斯在工程尚未完成之际便因为合同期满离开了日本。

东京银座炼瓦街改造工程从1872年3月着手策划,经过5年的岁月才基本结束。由于明治初期政府内部的政争、资金的困难、房屋出售出租困难等,再加上社会各方面的异议,最后工程只完成了原计划的三分之一,建成了2400多栋房舍。②

4. 东京银座炼瓦街建设中存在的问题以及积极意义

从银座炼瓦街诞生开始,对它的评价在日本一直是众说纷纭。有人认为该方案是失败的,因为不要说在东京府,即便在银座地区,该方案的目的也没有完全达到,而且建成后很长时间内房舍出租难、空屋多,造成了资金与资源的浪费。但也有人认为该方案是成功的,理由是银座后来发展成为东京最繁荣的商业街就是明证。

客观地看,对于银座炼瓦街方案不能简单化地以成功或者失败一概论之,它在很多方面是成功的,但是也存在不少严重的问题。

(1) 东京银座炼瓦街改造工程存在的问题

第一、该计划的目标没有完全实现。首先是在银座,第一期计划完成后,因为租金高以及生意不佳等原因,出现了很多空置现象,房舍租不出去,而且有些人虽然入住,但不久又退租,尤其是官筑的部分,整个入住率不足一半。由于担心资金难以回收,因而计划大大缩减,最后只完成了原计划的三分之一。其次,这一改造方案更没有能够在全东京、全日本得到推广。此后很长时间内,在东京乃至全日本流行的还是土藏造(夯土房)和涂屋造

---

① 藤森照信:『明治の東京計画』,東京:岩波書店,1982年,第18—22頁。
② 石塚裕道:『日本近代都市論—東京:1868—1923』,東京:東京大学出版会,1991年,第65頁。

（外层涂上很厚的泥灰以防火的房屋）。第三，没有全部实现炼瓦造。据完工之后的统计，房舍部分的炼瓦造比例只有52.2%，加上石造也只有55%，而35%的房舍是日本原有的土藏造和涂屋造。尽管三令五申禁止木造，但是，在三等道路两旁以及四等房舍修建中，还是有9.6%的木造板房；当然全然板壁板顶的只有4%。至于作为仓储的平房部分，藏造的比例更达到96%。①

第二、建筑设计与工程质量方面存在问题。日本是一个冬冷夏热，多雨、潮湿的地区，与西欧的气候迥异，而沃特斯的设计几乎照搬了阴冷、缺乏阳光的欧洲的建筑风格，房舍的门窗较小，没有注意防潮，所以通风不良、潮湿，物品容易发霉，居民易患脚气病等等，不如日本原有的建筑更适合日本的气候以及居住习惯。炼瓦造在日本是新鲜事物，建筑技术尚不成熟，不少房舍存在质量问题，漏雨现象普遍。

第三、不符合当时日本人的审美观念，若计划全部实现，将毁灭日本独有的建筑文化。② 长期生活在多雨、潮湿这种气候之中的日本人很早就形成了自己的建筑特色与文化，比如板房、门窗大、长屋檐、通透性好等等，从而形成了日本建筑特有的美感。银座炼瓦街如果真像提案者设想的那样在日本全面推行的话，日本独有的建筑审美将消失殆尽，这将是人类文化的一大损失。某些西方人也认为，从文明的角度来看银座炼瓦街是"无聊至极的东西"。③ 尽管从建筑材料上看，板房确实已经不适应现代城市经济生活的需要，且容易引发火灾，即便日本原有的土藏造与涂屋造建筑，由于承载有限，也不适合经济与社会发展的需要，但是如果在保存原有审美格局的基础上，使用新材料进行建设，则不仅可以适应近代生活的需要，而且可以使城市格局体现日本的文化特色。

第四、该计划只是一个区域改造方案，具有局限性，而且超出了日本当时的经济承受能力。该计划只是解决了防火、道路狭窄等问题，对于城市转型的诸多领域都未涉及。同时该计划不具有普遍性，当时的日本处于明治维新初期，百废待兴，财政困难，有很多大事需要政府去做，如殖产兴业、教育近代化、军备近代化等，而且这些事情比之于城市改造而言更加急迫，对

---

① 藤森照信：『明治の東京計画』，東京：岩波書店，1982年，第25頁，表(1)、表(2)。
② 鈴木博之：『都市へ』，東京：中央公論社，1999年，第148頁。
③ Moraes, Bon'odori em tokishima, 1916. モラエス著，花野富蔵訳：『徳島の盆踊り』（定本『モラエス全集』第四巻，東京：集英社，昭和四十四年刊，第146頁。

富国强兵而言更具有实质意义。如果在当时的国情下把大量的资源消耗到类似炼瓦街建设的城市改造活动当中,实在是不利于其他方面近代化工作的展开。也正因为此,当时的炼瓦街工程被内务卿大久保等人讥讽为是学习西洋的"皮相"工程。①

第五、该计划在实施过程中没有照顾到原来的商人与居民的利益。工程方案确定后,基本都是政府一言堂,对于民众而言,根本没有协商的余地,对于没有烧掉的房舍以及尚在经营的商店,政府严令50天内一律搬迁,否则将强行拆除。后世日本学者认为这是"非常冷酷的命令"。工程完工之后,因为卖出价格非常高,原先的居民不得不含泪搬离祖祖辈辈生活的地方。好在当时民众的思想观念尚停留在封建时代,缺乏维权意识,该计划才得以实施。

第六、炼瓦街改造方案原本计划集商店街、办公街、住宅区于一体,但最后仅仅是商店街取得了成功。所以从住宅建设以及商务经营的角度来看这一方案是失败的。②

总之,日本学者认为,银座炼瓦街计划是一朵"不合时令的"、非"自然的、人为勉强催开的花",③所以此后的日本城市发展并没有完全沿着这一轨道前进也是必然的。

(2) 东京银座炼瓦街改造工程的积极意义

东京银座炼瓦街改造工程虽然存在上述诸多问题,但其积极意义也是不容否定的。

第一,实现了防火的目标。由于使用烧制的砖瓦盖房,新建的建筑物具备了基本的防火功能。尽管没有全部实现炼瓦化,但是在东京似海洋一般存在的板房,在银座地区却只有不到十分之一,而且板房都属于平房、仓储一类,只是零星地存在。再加上宽阔的道路所形成的隔离带,改造后的银座地区即便失火,也不会再像以前那样四处蔓延,难以控制,形成火灾。

第二,街道建设开启了日本城市道路建设的新时代。宽阔的大道使后来的新型交通工具如马车、铁路马车、路面电车、地铁等都能连通或者通过银座地区。步道车道分离,不仅有利于交通的畅通与安全,也有利于银座地

---

① 大久保利通:『大久保利通の文書』第35巻,東京:日本史籍協会,昭和十年,第74—84頁。
② 鈴木博之:『都市へ』,東京:中央公論社,1999年,第150頁。
③ 石田頼房:『日本近代都市計画の百年』,東京:自治体研究社,1987,第43頁。

区商业的发展,有利于大流量顾客的光顾。而路灯、行道树、平整坚实的路面等在日本城市发展史上都是新生事物,直接影响了后来日本其他城市的发展。银座大道的格局变成了日本近代道路建设的范式,是日本"近代街道的始祖"。①

改造后的银座大街

第三,建筑风格与特点也有值得称道之处。炼瓦街建筑物的高度与道路的宽窄相呼应、风格统一、连屋化等在日本城市发展史上都是前所未有的,所以日本著名城市学专家石田赖房说,银座炼瓦街工程"远远超过了以往东京市街地的水准",具有"划时代"的意义。②

第四,促进了银座地区的繁荣。尽管银座在最初的数年生意清淡,不及传统商业区日本桥,但是随着工业经济的发展、人们生活水平的迅速提高以及人们消费习惯的改变,银座居中的地理位置与便利的交通条件,合理的、适应时代需要的店铺布局等长处,使之迅速成为繁荣的小商品市场,并很快超过了日本桥。当时新兴的、具有近代意识的消费群体多选择在银座消费。所以,在银座工程完工 5 年后,空屋问题不再存在,10 年后,银座便跃升为全

---

① 藤森照信:『明治の東京計画』,東京:岩波書店,1982 年,第 24 頁。
② 石田賴房:『日本近代都市計画の百年』,東京:自治体研究社,1987 年,第 43 頁。

东京地价和房租最高的地区。①

此外,东京银座炼瓦街工程还促进了日本近代建筑工业的发展,为日本的城市转型培养了一批土木人才。

综上所述,东京银座炼瓦街改造工程作为全盘西化的方案是失败的,但在引进近代城市建设新的元素方面却是成功的,在日本城市转型历程中,其积极意义还是主要的,虽然它只是一个区域性改造计划,却是近代日本城市转型的开端。

二、东京防火改造以及民间区域开发活动

在通过东京银座炼瓦街的建设方式对东京进行全盘西化式的改造难以为继之后,至19世纪80年代,随着社会经济的进一步发展、城市人口的增多,以前老的城市格局同社会发展需要的矛盾——火灾、传染病、交通拥堵等更加突出。在诸多问题中,火灾问题尤为严重。进入明治年代以后,随着人口的增加,矛盾更显突出,大火每年都要发生,而且规模越来越大,损失也越来越惨重。1868年以后的23年间,烧毁百户以上的火灾发生了121起,其中烧毁千户以上的火灾有18起,1879年12月发生的东京箔屋町大火烧掉了上万户人家。从1880年12月到1881年2月,在短短的3个月间,烧毁千户以上的大火多达4次,其中神田松枝町的大火烧毁了10637户,神田柳町的大火烧毁了7751户,"是东京火灾史上最黑暗的一年"。② 解决频发的火灾问题成为明治政府的当务之急。

为了解决诸多矛盾,日本政府决定继续进行城市转型的摸索与尝试,这一阶段最突出的事例就是东京防火改造以及民间区域开发所带来的城市面貌的变化。它是日本政府在改造旧城过程中的一次成功尝试,为日后的城市改造与规划积累了丰富的经验。

(一)东京防火计划的产生

楠本正隆早在担任东京府知事期间(1875—1879)就提出了面向整个东京的城市改造与转型方案。为此他成立了一个委员会,专门从事东京市区改造的调查与研究。他主张制定一个长期的东京城市发展计划,当时的社

---

① 藤森照信:『明治の東京計画』,東京:岩波書店,1982年,第36页。
② 石田頼房:『日本近現代都市計画の展開:1868—2003』,東京:自治体研究社,2004年,第38页。

会舆论也呼吁进行城市改造。但是，明治政府此时正忙于镇压武士的叛乱，稳定新生的政权，尚无进行城市改造的精力和财力。

1879年12月12日，号称内务省杰出官员的松田道之就任东京府知事仅4天，在日本桥箔屋町就爆发了进入明治年间以来最大的火灾，大火烧掉了79个町，受灾的人家超过了万户。松田在灾后立即着手实施治本计划，经过调查研究，于第二年的正月提出了改造方案，也就是《东京中央市区改造计划》。他主张：第一，要确定公共建筑物的位置。第二，要对街道、河道、桥梁、煤气管道、上水道等城市基础设施继续进行规划改造。第三，要进行火灾预防改造并制定相应的住宅建设规则。第四，兴修海港。第五，要对工厂、仓库、市场等的区位进行规划等。松田认为所有项目中修建防火带是第一要务。这个中央市区改造计划除了现代城市规划中的公园绿地、下水道等没有提及之外，其他内容基本都有所涉及，所以，这是一个城市全面转型的计划。

该计划在提交审议时，被政府以时机尚不成熟为由否决了。应该说当时明治维新刚开始10余年，产业革命尚未开始，政府仍然缺乏城市全面改造的能力。

但此后东京的火灾愈演愈烈，给政府造成了很大的经济负担，同时也引起了整个社会的不安。为此政府开始立足于日本传统的防火方法，试图探索出一条日本式的城市改造道路。

日本传统的防火办法主要是利用河道与较宽的街道设置防火带，建设瓦顶、夯土造等防火建筑，成立各种消防组织等。幕府末年的学者本多利明与明治初年的学者田口卯吉都主张推广铁制的瓦片以及石造房屋。

在1873年神田福田町火灾后，当时银座工程尚未完工，但是政府决定另辟蹊径，在重建区域的大道上建夯土造的房子，小路胡同两旁的房屋屋顶一律用瓦顶，这样做的目的是为了形成防火带，但执行不力。1878年神田黑门町火灾后，政府决定建两条炼瓦造、夯土造的防火带，其他地区则进行屋顶改铺瓦片的工程以防火，但防火带虽建成了，屋顶防火工程却因居民反对、拖延未成。1880年，日本桥箔屋町火灾后之后，东京府决定在该区域拓宽道路，开凿运河，以此作为防火带，仍然遭到反对。1881年，因为神田松枝町大火，政府决定结合铺设瓦顶的防火工作进行贫民区的全面改造等。从上述工作可以看出，东京市政当局的防火方案逐渐倾向于线路防火与屋顶防火，而且方案日渐成熟，只是因为措施不力，缺乏资金，改造才未竟全功。但正是在前此所积累的经验与教训的基础上，才诞生了成熟而全面的

《东京防火令》。同时,该方案的产生也意味着明治政府终于抛弃了代价高昂的全盘西化的政策,转向了踏踏实实的、本土化的防火道路。①

(二)《东京防火令》的内容与实施过程

1.《东京防火令》

1881年2月25日,松田道之就以流产的东京中央区改造计划中的防火与建筑规则内容为核心制定了《东京防火令》。全文总共9条,主要内容有:第一,线路防火。计划在东京中心的四个区——日本桥、京桥、神田、曲町沿街道与河道设23条防火带,其中主要干线道路7条,主要河道16条,防火带沿线的房屋一律改造成防火住宅,也就是板顶、草顶等易燃的屋顶一律换成瓦顶,板壁等易燃墙壁一律换成"炼瓦造、石造、藏造(夯土墙)",门窗都必须用防火材料改造。第二,屋顶防火。为防止大风携带火星飘过防火线落在草房顶上导致连片火灾,上述四区中的所有建筑物无论是正房还是披屋、储物室、厕所等,所有草顶、板顶一律限期改造为不易燃的瓦顶或金属板等。第三,分期进行。在路线防火方面分两期进行,第一期为1年,主要是板顶、草顶的替换以及火灾善后地区的房屋建设;第二期为3年,主要为板壁瓦顶房以及涂屋造(墙壁外层涂有厚厚的泥灰)瓦顶房的墙壁替换工作。在屋顶防火方面,同样分两期,第一期为1年,主要解决火灾地的屋顶改造工作;第二期为2年,主要解决区域内的板顶、草顶的替换工作。第四,加强监督。鉴于以往有令不行的弊病,此次改造规定凡要改造的房屋必须制定好计划送交府厅备案,改造完毕后的3天内由政府派员核查,如果不合要求,必须重新改造。需要改造的房屋如果到期仍然不改造,则令其拆除。若仍抗拒不拆,则由政府派人强行拆除,并向当事人追缴拆除费用等。

应该说这是一项规模庞大而又艰巨的工程,但也确实是一项治本的工程。

2. 东京防火改造计划的实施

在实施方面,由东京府与警示厅联合设立防火建筑委员局,以伊藤正信为干事,展开防火改造。显然,此次东京府是要借助警示厅的力量来强行推行防火改造规划。

当时东京15个区中,板顶、草顶的房子有75万栋,防火计划所涉及的

---

① 藤森照信:『明治の東京計画』,東京:岩波書店,1982年,第62—77頁。

中心区(日本桥、京桥、内神田、曲町)就有3万多栋。在路线防火方面，第一期改造目标为732栋，第二期为770栋。在屋顶防火方面，第一期的改造目标为1000栋，第二期为30300余栋。

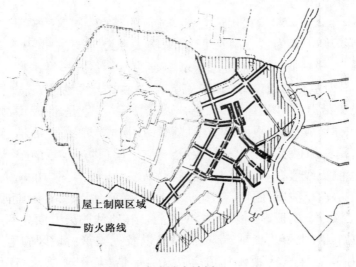

东京防火计划

在执行过程中，有相当数量的民众由于资金等方面的原因没有能力按期改造自己的房屋，为此政府适当地进行了延期。在防火线上的第一期700多栋房屋中，有291户因为实在缺乏资金而自行拆除。在屋顶改造的第一期1000栋当中，有120户自行拆除。但在空地上马上就有精明的商人按照防火要求兴建了符合标准的房舍。

第二期改造时使用了积金法，解决了很多人的资金问题，因而进展顺利。

积金制是在各种融资途径碰壁之后改在民众头上想出的一种办法。具体做法是：先将每家每户的改造资金进行总核算，然后分成数月按月在区政府存一定数额的款项(最长为60个月，最短为24个月)，期满后，将积金下拨，充作改造费用。此法非常有效，尤其对于资金薄弱者。如果有不按期缴纳积金者，所在地警察署就要将其拘留问讯，直至缴纳为止。也有因家中无人不能交纳积金者，最后，其房屋被政府强行拍卖。

在改造过程中，由于政府的措施得力，民众也具备防火意识，能自觉地相戒相守，所以指定区域内的建筑违规现象大大减少。虽然其中也有"钉子户",但是最终敌不过政府的决心与力量。

尽管防火令规定期满仍未改造的房屋将由政府强行拆除,但是在实施过程中,无力改造的民众大多自行拆除。显然,很多贫民的利益遭受了很大的损失。①

(三) 东京防火改造的成效评价

东京防火改造历时6年,在付出了巨大的努力后取得了很大的成效。

第一,防火带改造以及区域屋顶改造工作基本完成了预期的任务。据1884年的统计:在线路防火方面,第一期木造板顶、草顶房的改造完成了98%;第二期板壁瓦顶、涂屋造瓦顶的墙壁替换工作完成了62%。这样东京主要街道与河道沿线的木造、涂屋造(板芯内外均抹上厚厚的泥灰)房子有八成换成了夯土造、炼瓦造、石造;在屋顶防火方面,第一期、第二期合在一起,完成了预定目标的41%。

1884年路线防火房屋改造实绩

			日本桥区(栋)	京桥区(栋)	神田区(栋)	合计(栋)
第一期建筑物	法定期限内	改造完毕	267	119	73	459
		拆除完毕	106	110	75	291
	积金期限内	改造完毕	0	0	0	0
		拆除完毕	1	0	1	2
		积金中	9	4	6	19
	小 计		383	233	155	771
第二期建筑物	法定期限内	改造完毕	227	233	16	476
		拆除完毕	69	4	3	76
	积 金	改造完毕	1	0	2	3
		拆除完毕	1	5	4	10
		烧 毁	5	0	1	6
		积金中	173	87	95	355
	小 计		476	329	121	926
总 计			859	562	276	1697

---

① 石田赖房:『日本近代都市計画の百年』,東京:自治体研究社,1987年,第56—60页。

1884年屋顶防火房屋改造实绩①

			日本桥区（栋）	京桥区（栋）	神田区（栋）	曲町区（栋）	计（栋）
第一期建筑物	法定期限内	改造完毕	494	0	386	0	880
		拆除完毕	55	0	65	0	120
	小 计		549	0	451	0	1000
第二期建筑物	法定期限内	改造完毕	2851	1978	1051	906	6786
		拆除完毕	156	178	132	65	529
	积金期限内	改造完毕	1102	683	616	466	2867
		拆除完毕	162	141	99	104	506
		烧毁垮塌	312	78	82	0	472
		积金中	6404	5648	4306	1445	17839
	小 计		10987	8742	6286	2986	29001
总 计			11536	8742	6737	2986	30001

　　明治二十年（1887），防火改造工程全部结束，尽管缺乏具体的统计资料，但是据后任知事芳川显正（松田道之于1882年病逝）的最终报告书，在屋顶防火方面，"没有一人违背政府的命令……四万户悉数改造成了瓦房"；在线路防火方面，"其当线路者，率皆改造成了夯土造"。②

　　第二，防火改造后，东京的市容市貌发生了很大的变化。到1887年8月，东京的主要街道由以前的板房草房变成了以夯土造为主，外加炼瓦造、石造的房屋，东京旧三十六门以内都变成了瓦顶的海洋。日本桥商业区由原先只有3成的夯土造建筑，演变成了清一色涂着黑色涂料的夯土建筑，充满着日本特色。

　　第三，基本解决了火灾肆虐的问题。在改造进入中期以后，其防火功效就逐渐显现了出来，大面积火灾急剧减少。待到整个工程完工后，在消防组织与设施方面没有明显变化的情况下，东京再没有发生过大面积的火灾。这确实是了不起的成绩。

　　不过，在肯定东京防火改造取得巨大成就的同时，也要看到其中存在的不足。

---

① 两图表均来自藤森照信：『明治の東京計画』，東京：岩波書店，1982年，第68、69頁。
② 藤森照信：『明治の東京計画』，東京：岩波書店，1982年，第72頁。

第四章　日本近代城市管理机制的演变

明治时代东京土藏造房屋与街道

第一，夯土房存在明显的缺陷。以夯土藏造为中心的防火建筑，虽然价格低廉、技术成熟，而且也实现了防火的目的，但是承载能力以及坚固程度终究不及炼瓦建筑，所以建筑物的高度受到了制约，不利于发挥土地的最大经济效益，尤其是在人多地少的日本。夯土房的抗地震能力不如炼瓦建筑，甚至不如板房，而日本恰恰是一个多地震的国家。

第二，板壁房与涂屋房不能应对特大灾难。改造完成后在屋顶防火区域还存在大量的板壁房与涂屋房，这些房子尽管有瓦顶，或者外壁涂有泥灰，在严格的消防管制下，具备基本的防火能力，但由于系板壁，在1923年关东特大地震时，这些房屋在倒塌后，尤其是涂屋造的房子在倒塌后，涂抹的泥灰剥落，露出了内层的木质板心，因而造成了严重的火灾。此外，这些房屋同夯土房一样，承载有限，占地面积大。

第三，了无新意。东京防火改造基本上是立足于传统的防火手法上的一种改造，它只是原有江户时代街道的延续，与其说是新时代的街道，倒不如说是对江户时代街道的完善，没有像银座炼瓦街那样形成超越。

第四，没有照顾到弱势群体的利益。尽管实施了积金制，但是改造费用对于特困家庭仍然是一笔无法承受的开支，所以，为避免遭到惩处，很多民众只能忍痛自己拆除赖以栖身的房屋,流徙别处,而且政府没有给予任何补贴,这在今天是难以想象的。

不过,尽管东京防火改造工程存在不少缺陷,但是在当时的技术和资金基础上,能够以较小的代价有效地解决东京的防火问题,改变东京的面貌,维护民众的生命财产安全,维护社会的稳定,促进社会经济的发展与城市转型,其积极意义是显而易见的。此外,在防火改造时,日本明治政府所体现出的脚踏实地、认真办事的精神也是值得称道的。同时,防火改造也锻炼了日本政府在城市改造方面的策划能力与组织能力。

(四)涩泽荣一与兜町的开发

兜町位于东京东南隅田川岸边,幕府时代是大名宅邸。幕末时期,从事贸易的三井家族开始在此地经营,并设立了岛方会所与物产会所。幕府灭亡后,在三井的动员下,大隈重信、井上馨、涩泽荣一等人代表新政府在此地建立了商法局、收税局、通商司,又以三井为核心成立了半官半民的商法会所以及类似银行的"为替会社",着意于商业的振兴。但好景不长,随着政府机构撤往大手町,此地遂趋荒芜。之后在井上与涩泽的主持下,该地被半卖半送地处理给了以三井为首的几家公司。明治四年(1871),该地被命名为兜町,又逐渐恢复生气。经过一番纵横捭阖之后,明治五年(1872),三井以高于原价两倍半的价格将此地转给了掌握大藏省大权的涩泽荣一。涩泽在此开设了由其任总裁的、股份制的第一国立银行。其后,由涩泽荣一亲自策划,会同一批企业家日夜经营,使兜町以及附近的南茅场町、坂本町迅速发展起来。

涩泽荣一按照银座的格局以及东京防火改造的要求,在兜町修建了棋盘式的宽阔的街道,还在马路两边设置了路灯。房屋建筑方面,他们聘请在横滨外国人居留地的各项建筑工程中学会了洋房设计与施工的清水喜助与工部大学校的高材生辰野金吾等人为工程师,按照东西合璧的建筑格调进行设计施工。他们成功地设计了一批带有和风的高大洋房,如带有日本天守阁色彩的、著名的第一国立银行等。由于兜町地理位置好,基础设施完备,通讯便利,各公司便争相进驻。岛田组公司、三菱会社、三井物产会社、东京海上保险会社、明治生命保险会社、股票交易所、银行集会所、东京会议所、东京商法会议所、中外物价新报社、东京经济杂志社等一批公司在这儿兴建了大批的办公大楼,使兜町、南茅场町、坂本町在1887年前后变成了日本最繁华的商务街。无疑,它是另外一个银座,但是一个带有日本色彩并融通东西建筑风格的作品,是继银座之后日本在城市化道路上的一次较为成功的探索。①

总之,这一阶段明治政府的东京城市转型分两方面进行,一是通过东京防火改造,用传统的方式解决了整个城市的防火问题;二是通过民间公司以东西合璧的方式对兜町进行开发,实现区域转型。应该说这种方式是成功的,它使东京的面貌出现了很大的变化,也解决了一些迫在眉睫的实际问题,为下一阶段城市化的顺利进行积累了经验、打下了基础。

三、自主城市化道路的形成——东京市区改造计划

东京市区防火计划取得了成功后,上水道、下水道问题与交通问题却愈演愈烈,尤其上下水道不健全导致的传染病流行问题更是触目惊心。

19世纪80年代产业革命之后,随着东京人口的增加,"从江户时代继承下来的老旧的城市同新时代城市生活的矛盾进一步激化"。从国外传入的霍乱再加上原有的传染病如天花、伤寒等大规模爆发,1886年达到了顶峰,这一年,东京有1万多人死于霍乱,以致东京各传染病医院与隔离病医院均人满为患,运送患者的车辆多得经常堵塞交通。东京周边各火葬场尽管昼夜开工,仍然不堪重负,未及处理的尸棺堆积如山,其状惨不忍睹。而霍乱、伤寒系水系传染病,因此将病菌输往千家万户的上水道以及肮脏的水井就成为恐怖的焦点。②连日本军国主义的创始人山县有朋都不得不承认:"鉴于频年霍乱流行之惨状,除了改良上水道之外,别无其他更好的预防方法。"③由此,进入80年代后期,随着政府财政收入状况的逐渐改善,明治政府决心对东京进行根本性的改造,由此也就诞生了东京市区改造计划。

东京市区改造计划是一个全方位的城市改造方案,该计划从1889年正式实施,一直延续到1919年城市法制定为止,是"日本最初的城市规划"。④该规划按照近代社会经济发展的要求首次对整个城市进行了规划改造,成功地使东京由古代城市嬗变为现代城市。该规划的制定与实施,意味着日

---

① 鈴木博之:『都市へ』,東京:中央公論新社,1999年,第153—154頁。
② 山本俊一:『日本コレラ史』,東京:東京大学出版会,1982年,第31頁。
③ 石塚裕道:『日本近代都市論—東京:1868—1923』,東京:東京大学出版会,1991年,第71、69、84—90頁。
④ 石田頼房:『日本近代都市計画の百年』,東京:自治体研究社,1987年,第52頁。藤森照信:『明治の東京計画』,東京:岩波書店,1982年,第78頁。

本自主的城市化道路的形成,为《城市规划法》的颁布奠定了基础。

(一) 东京市区改造计划的提出

1884 年 11 月,内务省大辅兼东京府知事芳川显正在进行了两年的测量筹划之后,向内务卿山县有朋上呈了著名的东京《市区改造意见书》,自此,东京城市规划的制定工作正式发足。

1. 改造目的

要使东京"呈现宏大壮丽之貌,市街道路平坦整齐,人来车往不相碰撞、马驰牛奔不相挤伤,使万客云集、百货辐辏,成为东洋一大都会"。

2. 改造手段

芳川显正认为用革命的手段,使东京一下子出现根本性的变化,"从理论上而言,甚为理想,但是实行起来则困难重重","改良的方法虽然不免姑息之嫌,但是实施起来却甚为容易",所以,从实效而言,"采用改良办法为优"。① 这里应该称赞明治政府的务实精神,也正是这种精神,使明治维新创造出了世界现代化史上的奇迹。

3. 改造内容

(1) 规模。该计划根据当时东京的人口增长情况,以 150 万的人口、1740 万坪(一坪约 3.3 平方米)的面积作为计划的基础,将东京改造成为与巴黎、伦敦并列的世界级都会。

(2) 地区用途划分。将东京按功能分为三部分:町地(商业区)、官省地、邸宅地。

(3) 道路计划。将东京的道路分为六个级别,第一等第一类宽 15 间(每间为 1.8 米),第一等第二类宽 12 间,第二等宽 10 间,第三等宽 8 间,第四等宽 6 间,第五等宽 4 间。计划兴修第一等道路 10 条,第二等道路 22 条,第三等道路 10 条,再加上四等和五等道路,总共有 300 余条。三等道路以上允许铺设马车铁路的路轨,但是只有一等道路才能铺设轨道复线。

(4) 铁路计划。将上野火车站与新桥火车站相连,使铁路从东京市区纵贯而过。在靠近传统商业区日本桥附近的锻冶桥建中央车站(今天东京站的位置)。

(5) 运河计划。准备新开挖 15 条运河,重点发展当时经济与商业欠发

---

① 芳川顕正:「市區改正意見書」,藤森照信:『明治の東京計画』,東京:岩波書店,1982 年,第 111 頁,注 23。

达的下谷地区的水上交通。

(6) 桥梁计划。根据道路的宽度，一、二、三等道路一律架设铁桥，四等以下的道路架设木桥。其中，一等道路的桥梁宽度为 10 间，以后逐步递减，四等道路的宽度被缩减为 3 间。

按计划，东京要修建 2 条环城道路、2 条纵贯道路、4 条起自市中心皇居前广场的放射状道路，再加上其他道路、铁路、运河，东京就形成了一个四通八达的水陆交通网络，并成为全国道路网的中心，从而彻底改变东京封闭的旧面貌，以确立东京名副其实的首都地位。日本学者认为这是"首个打开封建都市江户的、让人瞠目结舌的方案"。预算资金方面，市区改造费为 2348 万余日元，兴建海港费为 1256 万日元。

此外还有兴修上下水道、兴建海港等计划。

应该说该方案规模虽然宏大，但是内容范围未免狭窄，主体仅是交通计划，诸如现代城市规划中的公园、市场、商店街、游乐场等都未提及。该方案虽然也进行了城市功能分区，但是没有设置在近现代城市规划中占有重要地位的工业区。

芳川显正的方案提出后，内务省马上成立了东京市区改造审查会对之进行审议，各省以及警视厅、东京府派出 14 名委员，东京工商总会派出著名企业家涩泽荣一、益田孝两人作为民间委员参加审议。从 1885 年 1 月到 10 月，审查会开了 13 次会议，并就各种具体项目又专门召集专家进行了认真的研究，各方人士从更广的角度对建议书进行了全面认真的审议，补充了大量的内容。审查会的委员们以法国拿破仑三世时代的巴黎城市改造计划为蓝本，认为未来东京的交通应该以陆路为主，于是削减了原建议书中的运河开挖部分，转而增加了更多的道路兴修计划，并提出要按人口密度兴修城市公园、商法会所、公共交易所、菜市场、屠宰场、歌剧院等。同时，还大大扩充了规划所涉及的区域，新计划涉及的区域面积比原计划扩大了三分之一以上，超出了以前江户全盛时代的范围，从而形成了"非常宏大壮美"的委员会提案，在日本城市发展历史上堪称"前无古人"，日本学者认为以后也很难再现。①

(1) 公园。计划按东京市的面积与人口密度，并参考欧洲各国的标准，修建 10 所大公园、43 所小公园，计 53 所，总面积近 1128020 坪，平均每人可

---

① 藤森照信：『明治の東京計画』，東京：岩波書店，1982 年，第 115、126、172 頁。

以享有的公园面积接近 1.3 坪。计划通过公园来净化空气、美化城市,同时供人们聚会、休息、游玩、锻炼之用。发生火灾、地震时,还可以作为民众暂时的避难场所。①

(2) 市场。鉴于东京原有的 6 所鱼鸟市场、9 所蔬菜市场、1 所屠宰场均系露天市场,且位于人口稠密区,也没有完善的下水设施,经常导致交通不畅,造成环境污染,影响公共卫生,因此,计划在城市周边修建 1 所大型中央市场、2 所蔬菜市场、1 所鱼鸟兽肉市场、1 所屠宰场。这些市场都是室内市场,商贩一律在室内进行交易。

(3) 歌剧院。高雅的音乐舞蹈有助于国家的文明开化,计划修建 2 座大型歌剧院、2 座普通剧场,前者表演现代音乐歌舞,后者表演日本传统歌舞剧。

(4) 筑港计划。由于涩泽荣一等工商界代表的坚持,计划在东京隅田川入海口修建新的海港码头,建 12 个泊位,面积为 242400 坪,填海 100 万坪。

(5) 商法会议所、公共交易所。为了鼓励实业的发展,计划在繁华区域修建 1 所工商业者聚会场所、1 所股票与米谷交易市场,都采用西洋风格,突出其壮丽,这些建筑都要修建在交通便利之处。

(6) 城市功能区划分。计划将日比谷公园、皇居前广场、北之丸公园作为官省用地,将丸之内、大手町作为商业用地,将霞关作为邸宅地,将城市边缘的本所与深川作为工业用地(但是后来公布的成案中删除了这一条)。

(7) 运河计划。由于大部分委员会成员都认为陆上运输比水上运输重要,所以,计划将芳川方案中的运河开挖由 15 条减少到 7 条。

(8) 铁路方案。铁路仍然按芳川法案实施不变,铁路轨道从东京市中心穿过。

(9) 道路计划。基本维持芳川原来的方案,但是,新计划将一等一类道路加宽到 20 间(约 36 米),一等二类道路加宽到 15 间,其他各等级道路均依次增加 2 间,总共要修 315 条道路。

此外还要建 5 个火葬场、6 片公墓以及开挖河濠等。

在预算资金方面,市区改造费增加了近乎 1 倍,达到了 4377 万余日元。

---

① 藤森照信:『明治の東京計画』,東京:岩波書店,1982 年,第 149 頁,注 33,図 35。

海港兴建费增加到了 1893 万日元。①

应该说这个方案是一个全面的城市转型方案,它吸收了几乎所有西方城市建设中的近代因素,同时又保留了日本城市的基本特征。

正当以山县有朋为首的内务省准备将该计划付诸实施的时候,遇上了以井上馨为首的外务省欧化派势力的阻挠。

(二) 欧化道路——以日比谷官厅计划为核心的城市改造方案

19 世纪 80 年代以来,日本开始了修改不平等条约的谈判。原本热衷欧化的外务卿井上馨在帮助政府整理国内法律的同时,希望在日比谷集中修建雄伟壮丽的官衙,并以此为契机对东京进行全面欧化的改造。他凭借自身对政府的影响力,于 1886 年促使伊藤博文内阁成立了隶属于内阁的临时建筑局,由井上馨兼任总裁,另外又委派拥有丰富的土木工程与拆迁经验的东京警视厅总监三岛通庸为副总裁。②

在设计方面,为了表现欧化的彻底性,井上馨聘请德国著名设计师贝克曼(Whilhelm Bockmann)带领德意志专家组于 1886 年 2 月来日,花了两个多月的时间,拿出了日比谷官厅设计草图。

该方案中所有的建筑设计都是欧洲式的,非常壮观华美,可以说是当时世界上最先进的设计,尤其是国会议事堂的设计水平超过了四年前刚刚竣工的德国国会大厦。该方案"是一个跨越官厅街的、试图对东京进行整体改造的、壮丽的巴洛克式的城市规划"③。但是该计划基本不考虑日本的实际情况,而"把东京市街视为殖民地"④,随心所欲地进行欧化设计,甚至连竣工不久还十分繁荣的银座都要被拆除,代价极其高昂。

在官厅街计划拟定之后,三岛通庸与井上馨又给总理大臣伊藤博文上了一道《秘密建议书》,明确提出要掌管东京市区改造事业,理由是内务省的方案换汤不换药。他们计划除了日比谷官厅建设之外,还准备开通面向东京东、南、西、北的四条放射状的大道,道宽 36 米,其中车道为 18 米,左右步道各 9 米,路面下埋设下水管道。还要兴修公园等。为了制定欧化的东京全市的改造计划,他们又聘请了号称"柏林之父"、闻名于德国乃至西欧的德

---

① 内務省:「市区改正、築港関係予算案支払い総額」,石塚裕道:『日本近代都市論—東京:1868—1923』,東京:東京大学出版会,1991 年,第 45 頁,表 1—5。
② 鈴木博之:『都市へ』,東京:中央公論新社,1999 年,第 158 頁。
③ 藤森照信:『明治の東京計画』,東京:岩波書店,1982 年,第 231 頁。
④ 石田頼房:『日本近代都市計画の百年』,東京:自治体研究社,1987 年,第 47 頁。

国著名设计师赫伯雷特(James Hobrecht),后者于1887年3月来到日本,主持这项工作。①

正当欧化派在政府内部占据了上风,欧化的设计开始紧锣密鼓进行的时候,1887年7月,井上馨因为对外修改不平等条约失败辞去了外务卿以及建筑局总裁的职务,离开了内阁,"有殖民地心态"②的欧化派顿时轰然坍塌。9月,临时建筑局转归内务省管辖,德国设计师在日本方面支付赔偿金后被解除聘约。这样自主派最终取得了胜利。最后,日比谷官厅计划只留下了数栋政府办公楼。

其实,日比谷官厅计划从一开始就遭到了批判。内务省的官员认为此举好高骛远,社会则批判为耗费民财等等,当时批判的声浪连支持井上馨的伊藤博文都压不住。自此以后,随着市区改造计划的稳步推进,欧化主义势力一蹶不振。③

实际上,自主派与欧化派的方案都参照了法国巴黎的城市改造方案,都主张修建放射状大道与环状大道,讲究透视与空间立体感,都主张建设地标性建筑等等。不同的是,自主派是有机地吸收了欧洲城市建设的现代元素,不脱离日本特色,经济、务实、全面;而欧化派是全盘照搬西方的设计,形成了一个彻头彻尾的欧化方案,其设计也不如自主派成熟全面,而且一味讲究豪华壮丽还脱离了日本的实际国情与财政基础,所以失败是必然的。

1888年2月,内务省将东京市区改造计划提交元老院审议,但是被元老院以"为时尚早"、"非当务之急"、"劳民伤财"等理由否决。④

内务和大藏两省首脑山县有朋、松方正义联名呈文伊藤博文内阁,逐条反驳了元老院的意见,认为东京城市改造已经刻不容缓,要求断然付诸实施。山县有朋说:"沟渠之规、家屋之制,皆未制订,污水四积,垃圾成堆,有害气体笼罩市区……如此,非行市区改正不可",鉴于历年虎烈拉(霍乱)流行之惨,为根治这一祸害,"除断行该事业之外,无复它法"。⑤

由于元老院当时只是一个咨询机构,最终在内阁的支持下,《东京市区

---

① 藤森照信:『明治の東京計画』,東京:岩波書店,1982年,第241页。
② 鈴木博之:『都市へ』,東京:中央公論新社,1999年,第164页。
③ 石田頼房:『日本近代都市計画の百年』,東京:自治体研究社,1987年,第48页。
④ 石田頼房:『日本近代都市計画の百年』,東京:自治体研究社,1987年,第61、62、77—80页。
⑤ 日本国立公文書館蔵山縣有朋:『東京市区改正水道利子輔助之件』,1888年11月5日《公文類聚》第14编。

改造条令》以天皇敕令的形式公布。1888年8月16日,日本近现代"最初的城市规划就此诞生"。①

(三)《东京市区改造条令》的内容

《东京市区改造条令》②称东京改造的目的是"为图东京市区商业、卫生、防火以及运输等永久之利"。全文总共16条,核心内容是组织系统、财政支持。

第一条,为了议定东京市区改造的设计以及每年度应该实施的事业,特设置东京市区改造委员会,由内务大臣统率监督,其组织权限根据内阁指示决定。

第二条,东京市区改造委员会在议定市区改造设计时,要向内务大臣呈文,在内务大臣审查完毕之后,经内阁同意,下达给东京府各区,并向社会公告。

第三条,为筹集市区改造费用,在东京府各区特征收以下税种:(1)地租税。(2)营业税以及杂税。(3)房屋税。(4)清酒税。

第四条,若有滞纳特别税者将依法处理。

第五条,为补助市区改造费用,将下拨现在不供官用的东京府各区的官有河岸地,作为东京府各区所属资产。这些土地的出卖、出租收入归市区改造使用。

……

第十一条,所有措施由市区改造委员会议定后,经过内务大臣认可,方可实施。

第十二条,如果产生临时应急费用,可以以特别税为担保发行公债。

…………

第十六条,市区改造具体事务由东京府负责执行实施。

由以上规定可知,城市改造的权力由内务大臣掌握,城市改造的财源来自特别税、官有河岸地的出卖、出租费用以及公债。③

作为附属条例,日本政府还颁布了《土地建筑物处理规则》,该条例以

---

① 藤森照信:『明治の東京計画』,東京:岩波書店,1982年,第195頁。
② 日本国立公文書館蔵:「東京市區改正條例」,明治二十一年八月十六日,敕令第六十二号。
③ 日本国立公文書館蔵:「土地建築物処分規則」,『公文類聚』第十三編,明治二十二年,第五十一卷。

1852年法国颁布的巴黎改造敕令为模本,同时结合日本的国情制定,虽然只有短短的5条,但在日本近现代城市规划的技术史上"可称得上是开创性的规则,其意义非常重大"。①

该条例的主要内容有:第一,市区改造所需的国有土地及其附属建筑物,一律无偿征收。市区改造所需的民有地以及附属建筑物,经官民协商后,官方必须给予一定的补偿。协商不成者,交双方委托的第三方评估仲裁。第二,市区改造所需民有土地,如果出现与建筑物连带的剩余土地,由官方一并购买。第三,市区改造中闲置不用的土地,应优先原价卖返原主,若原主不愿购买,则公开拍卖。第四,自公告之日起,对于在市区改造范围内的一切房屋建筑的扩大、改建一律予以限制。若有必要,须得到东京府知事的许可。第五,土地建筑物拍卖所得一律充作市区改造的费用。②

土地处理条例的第2条、第3条源于巴黎街道改造敕令第2条的第1项与第3项,在世界范围内还是比较新颖的,也比较公平公正。

作为附属条例,当时内务省还拟定了一个《家屋建筑条例》,内容有153条之多,对于建筑线、防火路线、宅基地内的空地、建筑物高度、卫生、公害等方面做了详细的规定,比如规定了建筑物窗户的大小,邻里房屋彼此间合理的采光距离,市街地面积的三分之一应该规划为道路、公园、广场等等。该条例可以说吸收了欧美最新的城市规划理念,细致周详。但是因为各方面的因素,该条例最终胎死腹中,从而给以后一段时间内东京以及日本其他城市的发展带来了诸多消极的影响。③

尽管《东京市区改造条令》不顾元老院的反对强行通过,但为了照顾元老院的颜面,减轻今后的阻力,同时也是为了节省经费,最后公布的改造方案对于原来的方案有一定的改动,比如缩减了公园计划、运河计划,因为内务省认为购买土地有困难,而且在运输方面陆路比水路更加重要。此外,还取消了东京筑港计划、商法会所、公共交易所与歌剧院计划。由于横滨方面也准备兴修港口,所以东京筑港计划遭到了来自横滨方面的激烈反对,而且

---

① 石田頼房:『日本近現代都市計画の展開:1868—2003』,東京:自治体研究社,2004年,第50頁。

② 鈴木栄幸、石田頼房:「東京市区改正土地建物処分規則の成立について」,『建築学会計画論文集』,第376号,1987年,第86—94頁。

③ 石田頼房:「森鷗外と東京市建築條例」,『森鷗外の都市論とその時代』,東京:日本経済評論社,1999年,第95—182頁。

兴建隅田川海港的费用比改造横滨港要高出 14 倍，因而，从节省经费的角度考虑，内务省最终选择了横滨港的改造计划。不过最后公布的法案在某些方面也有扩大的部分。扩大的内容有原计划所涉及的面积以及屠宰场、火葬场等等，涉及的区域远远超出东京原有的 15 区，扩展到了东京的郊外。其他如铁路、公路、市场虽然也做了一些调整，但基本维持原案。另外，由于上下水道计划、城市有轨电车计划尚在研究，所以暂时没有出现在公示的方案中。由于取消了东京筑港计划并压缩了其他工程，最后总预算资金为 2308 万余日元。而且由于新方案不包括水道改造费等费用，所以，后来实际支出大大超出这一数字，达到了 5000 多万日元。计划实施时间为 46 年至 70 年。

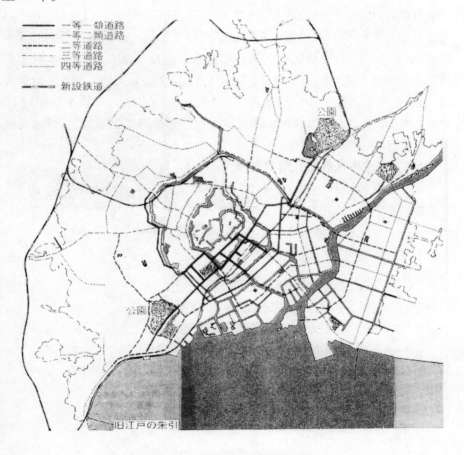

1903 年经过修改后的市区改造图

明治二十二年(1889)5月,东京市区改造设计方案经内阁同意后,正式向社会公示,并走向实施。不过,1903年以后,由于社会经济的发展以及局势的变化,方案又做了些调整,道路与城市有轨电车建设大大增加,公园等项目的规模再度缩减。新方案将旧计划中的马路从316条压缩为88条,很多道路被降格,削减最显著的是五等道路,由170条压缩到15条。此外,运河由30条压缩到4条,公园由49处压缩到15处。市场、火葬场、墓地保持不变。铁路则有所增加,除了原先的一条通过市中心的铁路之外,在郊外修7条联络线。之所以如此,主要是因为铁路项目由民营公司经营,委员会不过是接受申请进行线路调整安排而已。所以,比较原先的计划而言,新设计方案的后退是显著的,不过仍然维持了基本框架。①

作为市区改造的辅助政策,1907年东京警事厅颁布了《长屋构造制限若干规定》等条例,对贫民窟以及出租屋进行了规范。由于这些条例的颁布实施,从日本桥到新桥路线两侧的长屋都被改造成了炼瓦、石造、土藏造的建筑。条例还规定,大道两旁的小巷宽度要达到6尺以上。为了防治传染病与失火,改善出租屋的居住条件,条例规定长屋居住的户数不能超过12户。此外,条例对于通风、排水、采光以及便所等都有严格的规定,对违者要予以处罚。

(四)东京市区改造计划的实施

东京市区改造计划实施的时间为1888年到1918年,为时长达30年。重心主要放在上水道的改良以及道路交通的改善方面,其他方面着力有限,这一点由东京市区改造各项事业费用一览表即可知道。

---

① 藤森照信:『明治の東京計画』,東京:岩波書店,1982年,第217頁。

东京市区改造各项事业费用一览表①

	道路	桥梁	河壕	公园	沟渠	下水道	上水道	合计
第1期上水道 (1888—1899)	297.93万日元 (30.2%)	8.86万日元 (0.9%)	1.43万日元 (0.2%)	1.97万日元 (0.2%)	23.6万日元 (2.3%)	—	651.90万日元 (66.2%)	985.16万日元 (100%)
第2期道路事业 (1900—1910)	1568.21万日元 (79.9%)	8.25万日元 (0.4%)	127.81万日元 (6.5%)	3.01万日元 (0.2%)	75.12万日元 (3.8%)	—	179.60万日元 (9.2%)	1962.00万日元 (100%)
第3期下水道 (1911—1918)	730.26万日元 (57.8%)	7.70万日元 (0.6%)	21.58万日元 (1.7%)	1.28万日元 (0.1%)	93.41万日元 (7.4%)	285.55万日元 (22.6%)	123.97万日元 (9.8%)	1263.76万日元 (100%)
合计	2596.40万日元 (61.7%)	24.81万日元 (0.6%)	150.82万日元 (3.6%)	6.26万日元 (0.1%)	191.59万日元 (4.5%)	285.55万日元 (6.8%)	955.47万日元 (22.7%)	4210.90万日元 (100%)

① 東京市区改正委員会編:『東京市區改正事業誌』,第112頁。

改造工程根据其重点的不同,分为以下三个阶段。

1. 上水道事业期(1889—1899)

早在 1872 年银座、筑地大火时,由于消防用水不足,无法有效灭火,当时居住在筑地的外国人便向日本政府提议修建标准化的上水道。与此同时,横滨外国人居留地的外籍居民也提出了同样的要求,大阪、神户、长崎等地的外国人在传染病肆虐之际也纷纷提出了类似的要求。实际上,早在 1862 年幕府时代,横滨因为火灾与鼠疫的流行,英国领事馆就提出了修建上下水道的建议,但是由于幕末局势动荡,未能付诸实施。明治维新以后,新政府聘用驻横滨的英国陆军军官 H. S. 巴马主持规划,于 1887 年完成了修建上水道的工作。① 神户在 1890 年也成功建成了上水水库,开始向城市供水。

在东京,传染病的流行严重威胁到民众的生活,再加上居留地的外国人的压力,上下水道等市政设施的修建也成为明治政府的燃眉之急。明治初年,有关上水道事业交由东京府管理,内务省曾经委托荷兰设计师 V. 都伦进行过上水道的改造设计,但是由于财政紧张,最终未能实施。这个方案由于颇有可取之处,便成为东京市区改造计划中上水道改造计划的蓝本。②

计划开始执行时,重点放在同产业、商业以及军事有关的道路建设上,从 1888 年开始计算的市区改造事业费中,最初 3 年,道路事业费占总支出的 89%,而上水道改良费则很低。但在 1891 年以后,道路建设费大大缩减,上水道改良费急剧增加,尤其在 1895 年以后增加更快。其中 1896 年到 1899 年 4 年期间,上水道改良费占整个市区改造经费的 7 成以上,达到了 879 多万日元。③ 这主要是因为社会舆论认为提供卫生的用水以防止霍乱流行以及供给充足的消防用水是当务之急。

计划以东京未来发展至 150 万人的规模作为基础,按每人每天 111 余升的用水需要量进行设计,在淀桥建净水工厂与供水工厂,使用加压水泵,通过钢筋混凝土管道以及铁管向城市供水,这项工作于 5 年内完成。费用方面,由于原先的改造费中没有列入该项费用,所以根据条令规定,作为临时特别费,5 年间政府总共发行 1000 万日元公债,其中 650 万日元用于水道

---

① 横浜市役所編:『横浜市水道七十年史』,横浜市役所,1961 年。
② 石塚裕道:『日本近代都市論—東京:1868—1923』,東京:東京大学出版会,1991 年,第 98 頁。
③ 石塚裕道:『日本近代都市論—東京:1868—1923』,東京:東京大学出版会,1991 年,第 68 頁。

的改造兴修,350万日元用于其他方面,公债以特别税来偿付本息。不足的部分,通过国库补助以及逐步收取的自来水费抵偿。鉴于日本产铁管质量不过关,且价格高昂,东京市会遂通过公开招标的方式向英国格拉斯哥的一家公司订购铁管。但是在工商界强大的压力之下,东京市会最终不得不毁约,将铁管生产重新承包给国内民营日本铸铁公司。由于日本铸铁公司的产品质量不能满足要求,而且一再以次充好,官方后来又不得不临时以相对较高的价格进口部分铁管应急。此外在生产商和东京市会之间又发生了一系列的腐败事件,即"水道疑案",多人被判刑。这导致预算大大超支,东京市会被迫追加了200万日元,而且工期一再拖延,比预定完工日期推迟了4年才完工。其他方面的工程如道路、河川、桥梁方面的修建改造等也受此拖累,因缺乏资金不得不压缩规模。[①] 整个上水道工程在1899年完工。

1898年12月,新修建的上水道开始向东京各区提供合乎卫生标准的用水。次年8月,日本桥、神田、下谷三区全区实现通水。麴町、本乡、浅草、本所、京桥等5区部分供水。到明治末期,东京市内各贫民窟的水道普及率也超过了4成。[②]

2. 市街有轨电车时期(1900—1910)

这一阶段的重点放在道路、桥梁等的建设方面。由于殖产兴业大见成效,日本工商业经济蓬勃发展,交通已经成为制约经济发展以及市民生活的瓶颈。明治维新以来,东京路面上出现了人力车、马车,而且马车逐步成为公共交通工具。如前所述,1882年,东京马车有轨铁路开始营业,这种车快捷舒适,非常受普通市民的欢迎,因而马车铁路急剧发展。1893年后,开始使用电动机拖曳。由于这种交通工具的发展前景以及巨大商机,多家企业集团一哄而上,纷纷提出了铺设电车轨道的申请,这就越发加剧了和狭窄道路之间的矛盾。1894年,东京府不得不向内务省建议,在市区改造以及街道电车轨道改造安排完毕之前不再发放新的电车轨道铺设许可证。由此可以说明,当时的日本社会对道路改造的要求已经非常迫切。由于上水道工程的延误以及资金超支,尽管1897年东京市区改造委员会提出将道路改造列为当务之急,但最终也因资金缺乏而没能实施。1900年,上水道工程完

---

① 石塚裕道:『日本近代都市論—東京:1868—1923』,東京:東京大学出版会,1991年,第26—79頁。

② 『朝日新聞』,1899年8月22日。

竣之后，在工商界的压力下，东京府同意新铺设29条有轨电车线路，这就给市区改造工作造成了更大的压力。1902年，市区改造委员会决定将今后的工作重点转往交通道路建设方面，并将该年度的道路建设资金扩大到100万日元。同年10月，通过了市区道路改造的新设计方案，发展有轨电车成为核心工作。

由于筹资困难，市区改造委员会决定向电车公司征收电车纳付金，用以抵偿道路的修建费用。每修通一条道路，便向租用该线路的电车公司征收该项费用，此举大大缓解了资金困难的问题。从1903年到1910年，此项资金征收额达到393.6万日元，年平均为49.2万日元。而这期间特别税与河岸税的年收入也不过88万日元而已。为了加快道路建设，1907年政府在英国发行债券融资，从而使该年度的改造预算达到了764万日元。由于有充足的资金保障，道路建设第一期计划顺利完成。

这一阶段总共投入了1962万日元资金，其中道路改造资金占79.9%。

3. 下水道事业期（1911—1918）

这一阶段实际上还是以道路改造为重心，因为在预算方面，道路改造费用仍然占总预算的57.7%。1912年，又追加了26条有轨电车线路，还规定电车线路宽度不少于9间（约16米）。但由于呼吁很久的下水道事业在这一时期终于着手，所以日本学术界将这一阶段命名为下水道事业期。

市区改造初期，由于认为人粪尿是宝贵的肥料，应该经营售卖，而下水道的主要功能只是排出雨水与污水，因而改造委员会对于下水道的建设不太重视，其预算费用也只占整个市区改造费用的几个百分点。相对于上水道建设与道路建设的工期而言，下水道的工期被大大拖延。

最终经过各方的呼吁，1907年11月，市区改造委员会通过了下水道设计方案，并于1908年4月向社会公示。该方案由号称"日本水道之父"的中岛锐治设计。鉴于1900年以后东京人口暴涨的情况，方案的计划人口为300万人，预算资金为3366万日元，在当时而言，这是一笔非常庞大的资金。筹资方面，一半靠国库补助，另一半则来自河岸地出卖、下水税、自来水费涨价、市营粪尿处理收益费等等。1911年7月，下水道改造事业在东京浅草区以及神田、下谷的部分地区正式动工。由于国库补助金迟迟不到位，工程一直缺乏资金，举步维艰。后来，在大部分工程尚未完工的情况下，整个市区改造事业便宣布结束了。当局之所以对下水道如此轻视，日本学者认为主要是因为传染病的防治方法有了进步。以前，全世界采用的防疫方式主要是英国式的环境治理法,也就是整治上下水道以及城市环境,消灭病菌传染的根源。进入20世纪以后,占主流的防疫方式是德国式的疫苗防治法。由于该方法疗效显著,日本很快就普及了这种预防方法。在北里柴三郎等人的努力下,日本成为继德国之后世界上第二个全面接种疫苗的国家。由于传染病的发病率大大降低,政府、社会渐失改良水道的紧迫感,东京下水道的问题一直延续到了昭和年间才得以解决。①

(五)东京市区改造工程的积极意义与存在的问题

延续了30年的东京市区改造计划,是明治维新以后近代日本的第一个城市规划,它在产生了诸多积极效应的同时也存在不少问题。

1. 市区改造计划的积极意义

第一,解决了交通问题。相对原来江户时期的街道而言,东京市区改造计划兴修的环状道路、纵贯道路、放射道路以及其他各种等级的公路、有轨电车、铁路,使东京形成了一个四通八达的交通网络,彻底改变了东京的道路面貌,使东京由一座封建的、闭塞的城市成功嬗变为一座近代的城市,为东京未来的经济繁荣打下了良好的基础。在道路改造修建方面,当局前后总共投入了2812万日元,购买了381445坪的土地,改修的道路长度为170公里,新修的道路长度为70公里,架设桥梁13座。传统商业区日本桥变化极大,中间的大道宽度由5间扩大到15间,两旁都栽了行道树,设置了步道。日本桥在东京防火改造之后变成土藏造,此次改建之后,洋风与和风各占擅场,日本桥迎来了它的全盛期,所以日本学者说"市区改造是日本桥中兴之母"。② 尤其值得赞赏的是有轨电车的大量兴建,即节省了能源,又减轻了污染以及交通方面的压力。后来轻轨电车以其方便、快捷、准时的优势发展成为东京乃至日本各大城市主要的公共交通工具,深受民众喜爱,并闻名世界。

第二,基本解决了上水道问题,有效地遏制了霍乱等传染病的发生。由于密封加压水管的铺设,东京市民终于摆脱了容易传播病菌的恐怖的上水设施,使用上了清洁安全的生活用水,自上水道工程完成之后,霍乱的发病率明显减低。③ 另外,加压水管的使用也为消防提供了充足的水源,这对东

---

① 藤森照信:『明治の東京計画』,東京:岩波書店,1982年,第215頁。
② 藤森照信:『明治の東京計画』,東京:岩波書店,1982年,第220頁。
③ 石塚裕道:『日本近代都市論—東京:1868—1923』,東京:東京大学出版会,1991年,第99頁。

京大面积火灾的减少起到了重要作用。

第三,修缮、新建了很多方便生活的设施。随着日比谷、御茶水等一批公园的兴建以及很多寺院转化为公园,东京市民有了休息、娱乐的场所,东京的城市环境也得到了较大的改善。宽敞、卫生的市场,方便了民众的日常生活;火葬场、墓地等的兴建,也改善了东京市民的生活面貌。

第四,东京市区改造计划的示范作用,对日本其他城市的改造产生了很大影响。在东京市区改造紧锣密鼓地进行的同时,大阪、京都等地也开始了改造。大阪府由于财力不足,特别是拓宽街道方面的资金匮乏,一直到1918年,大阪以及其他城市才开始按照东京市区改造计划的方式,正式进行城市改造工作。

第五,作为日本近代城市化过程中的第一个城市规划,东京市区改造计划虽然没有完全实现其预定的目标,但是对后来日本城市法的制定以及城市规划产生了深远的影响。

2. 市区改造工程所存在的问题

第一,计划目标与实施结果之间存在很大差距。在1884年芳川提出以改善东京交通为中心的市区改造计划之后,审查委员会以巴黎的城市改造方案为蓝本,提议对东京进行全面改造,并添加了大量的内容,制定出了日本近代史上第一部城市规划。该方案非常全面、壮美,但是在实施时,考虑到元老院的反对以及财源等问题,对很多项目做了压缩乃至取消,只保留了基本的框架。计划的实施执行延续了30年,这期间日本政府连续发动多场侵略战争,占用了大量的经费与资源,导致市区改造的费用捉襟见肘,最后除了上水道、道路、市场、墓地、火葬场方案变动幅度较小之外,其他都大打折扣。比如公园原来计划修建40多座,最后只完成了2座。颇为重要的下水道建设最终连方案的十分之一都未完成,可谓雷声大、雨点小。

第二,下水道问题的存在使东京仍然面临着严峻的防疫问题。尽管上水道实现了成功改造,再加上其他方面的进步,鼠疫、霍乱等传染病确实得到了有效的遏制,但是由于下水道改造最终虎头蛇尾,人粪尿的处理依旧沿袭传统的方法,东京脏乱的现象没有根本改观,伤寒、痢疾等传染病依旧肆虐。①

第三,方案不够完善。土地区划问题没有解决,建筑条例也没有制定,

---

① 石塚裕道:『日本近代都市論―東京:1868―1923』,東京:東京大学出版社,1991年,第100頁。

导致了无秩序开发。尽管正式出台的改造计划也谈到了区划问题,但是没有进行严格的规定,尤其是没有规划工业区的位置。这导致了三个恶果,其一是工业区分布混乱,东、南、西、北皆有污染企业,噪音与煤烟严重影响着普通市民的生活。其二是房地产开发混乱。明治末期,由于产业大发展,东京的工业化与城市化过程大大加速,八方人口像潮水般地涌向东京,地价以每年 20% 的速度增长。由于城市的膨胀,出现了近郊农村的无秩序开发问题,因为住宅地的无计划扩张,山林与农地遭到普遍侵蚀。以东京北部、西部为首,住宅地开发急剧增加,随后这一状况蔓延到其他地区。其三,建筑物的兴建也非常混乱。由于建筑条例还未颁布,建筑物的高度以及相互间的距离都没有科学的界定,引发了很多纠纷。因为上述问题的存在,尽管有一个长期的市区改造计划,但是正如石塚裕道先生所说:"可以说,这段时期,是城市'无'计划时代。"①日本城市规划专家饭沼一省的意见更是激烈,他说:"从城市规划的角度而言,明治到大正年间是一个黑暗时代。"②

第四,没有解决区域改造问题。日本学者认为,"所谓市区改造,……实际上只停留在道路与水道之上——城市中的线状设施的整理之上"。"市区改造只是在城市中画图,而没有改变构成城市的土地,土地部分仍然沿袭江户以来的形态"。比如政府主导的东京银座炼瓦街改造工程、民间主持开发的丸之内商务街等等,不过是极小的一部分。③

第五,过于功利主义。日本政府尽管制定了一个较为全面的、长期的计划,但是在执行实施时,主要是着眼于眼前的经济发展以及重点解决燃眉之急,因此将道路的修建以及上水道问题作为了市区改造工作的中心,而关系到市民生活质量提高的下水道、公园、歌剧院等,不是压缩规模,就是干脆取消。

综上所述,尽管东京市区改造计划存在不少问题,但它终究是日本进入近代社会以来的第一个城市规划,在很多方面不够完善成熟也是自然的,它反映了日本人在城市化道路上不断探索的轨迹,它的积极意义远远大于它所表现出的不足,是后来日本城市规划不断完善并走向成熟的一块奠基石。

(六)三菱集团对丸之内等区域的开发

在东京市区改造期间,政府负责对整个城市的发展进行规划并承担基

---

① 石塚裕道:『日本近代都市論—東京:1868—1923』,東京:東京大学出版会,1991 年,第 16 頁。
② 飯沼一省:『都市計画』,東京:常磐書房,1934 年,第 73 頁。
③ 鈴木博之:『都市へ』,東京:中央公論新社,1999 年,第 166—168 頁。

础设施的建设,而民间在政府所颁布法令的规范下负责区域开发的模式也得到了普及、强化。这期间最引人注目的区域改造就是三菱集团对丸之内等地的开发。

1890年,政府决定公开拍卖两处军用土地——丸之内(27平方公里)与三崎町(7.5平方公里)。丸之内位于东京火车站以及皇居附近,周围尚有大量未开发的土地,未来发展前景极好。三菱财团的主要负责人庄田平五郎等人当时正在欧洲参观,在英国,他们目睹了伦敦商务街的繁华,所以,当知道丸之内拍卖一事之后,便联名写信给三菱家族的领导人岩崎弥之助,力主三菱要不惜一切代价拿下丸之内。最后,三菱公司战胜涩泽荣一集团,以128万日元的天价买下了丸之内与三崎町。

在开发丸之内方面,道路的拓宽与兴修由市区改造委员会负责,三菱主要着眼于房地产的开发。三菱聘请英国技师康多鲁与他的日本弟子曾弥达藏从事测量、设计工作,工程于1892年开始动工,经过20年的开发,在丸之内兴建了大批带英伦风格的写字楼。1912年后又向北拓展,在东京火车站站前大道旁建造了大量的美国式写字楼。

三菱对丸之内的开发极其成功,不出10年,此地便逐渐发展成为东京最繁华的商务街,成为东京的中枢。与丸之内的开发相形见绌的是,在明治前期"起着新经济摇篮作用"①的兜町由于没有港口、没有铁路、区域狭窄、距离政府机构较远等原因,急剧衰落,最后各家公司纷纷撤出,转向丸之内以求发展。连涩泽荣一的大本营——第一国立银行在涩泽荣一辞职后也迁入了丸之内。②

三崎町则由三菱独自进行规划,建设住宅楼与出租屋。三菱在穿过整个区域的水道桥大道上设立了两处放射状的六叉路口,还在大道上架设了弧光灯。所有道路下都开挖了下水道(暗渠),沿路都是三菱开发的出租房,而且都是砖瓦结构。1900年,山崎町的几乎全部土地都被建设了房屋。由于此地引领了时代潮流,因此很快就聚集了很多新兴的群体。③

除了上述开发项目之外,尚有阿部家族对西片町、渡边家族对日暮里渡边町的开发以及三井、峰岛、安田、酒井、德川等家族的区域房地产开发活

---

① 藤森照信:『明治の東京計画』,東京:岩波書店,1982年,第214頁。
② 三菱地所株式会社編:『丸の内今と昔』,東京:三菱株式会社,1952年;稲垣栄三:『日本の近代建築—その成立過程』(上),東京:鹿島出版会,1979年,第135—140頁。
③ 鈴木理生:『明治生まれ街神田三崎町』,東京:青蛙房,1978年。

动。这些区域开发同市区改造事业相结合,使东京的面貌焕然一新。①

四、《都市计划法》的诞生

(一)《都市计划法》的诞生背景

东京市区改造计划进行到后期,日本国内以及国际城市建设都出现了很大的变化,形势的发展迫切需要日本政府就城市发展问题制定一部内容周全并具有普遍意义的规划。

1. 日本国内各城市的改造经验

由于东京执行市区改造计划之后城市面貌发生了重大变化,其他城市便也强烈要求进行城市改造。1918年,日本政府决定《东京市区改造条令》适用于大阪、京都二市,这两个城市便相继开始了城市改造。实际上,其他城市如横滨、神户、名古屋也被准许使用该条例。

在东京进行市区改造之际,日本其他城市在城市转型方面也并非无所作为,也试验性地颁布了很多具体而富有创造性的法令、法规,这些都为制定城市规划法创造了条件。

1887年,广岛县的港口城市——吴市为了规范城市建设,避免城市发展的混乱,颁布了《吴港家屋建筑限制法》,该法将吴市分为两个区进行建设,并对道路与人行道的宽度等都进行了规定。与此同时,吴市的民间也进行了很多成功的城市改造尝试。为了适应城市的发展并使土地实现最大限度的增值,该市四个村庄的村民进行协商,决定展开土地整理,如道路下水道铺设用地由土地业主无偿提供、施工费用由沿线业主负担、既有房舍的迁移在10年内自费进行、换地导致的纠纷由新旧所有者协商解决等。改造计划于1898年竣工,相当成功。②

大阪虽然很晚才使用《市区改造条例》,但是,面对市域的急剧扩张,也陆续制定了一些行之有效的规则。如1897年大阪在进行第一次市域扩张时就制定了《新设市街设计书》(1899年公布)。1909年又颁布了内容相当全面的《大阪府建筑管理规则》,对于道路与人行道的定义、人行道的最低宽度、建筑物距道路以及人行道的距离等都做了具体要求。

---

① 铃木博之:『都市へ』,東京:中央公論新社,1999年,第169—179页;日笠端编著:『土地問題と都市計画』,東京:東大出版会,1981年。
② 吴市役所编:『吴市史』第一卷,广岛:吴市役所,1924年,第28—51页。

日本很多农村在城市化的过程中为了使土地增值也采取了土地整理措施。很多土地所有者自发成立协会,进行道路、上下水道、住宅地、公园等土地使用规划,通过协商,由土地所有者或者出让部分土地、或者交换土地、或者出卖一部分土地,以从事房地产等的开发。尽管从表面上看,土地所有者的实际土地拥有面积有所下降,但是由于整理过的土地拥有齐整的道路与上下水设施等,大受房地产开发者的欢迎,土地等不动产大大升值,因而实际拥有的财富也就大大增值了。这些土地整理中的方法符合日本国情,后来就被《都市计划法》吸收采用。①

在地域用途方面,早在1880年,东京府知事松田道之在《东京中央市区画定之问题》中就主张将有危险、有公害隐患的工厂、仓库、设施以及有伤风化的店铺安排在特定的区域。1888年,大阪府发布府令,不许在大阪旧城区建有烟囱的工厂。1890年,东京市区改造委员会也考虑过对工厂用地进行规范,但是对郊外新建的住宅地没有制定严格的规则,而且也没有在住宅地严格排除非住宅用途的建设。

2. 欧美各国城市规划政策和法制的发展与健全

与此同时,针对近代城市的发展,欧洲各国也在陆续制定各种法案,以使城市的发展走向有序化。欧美各国的城市规划政策也为日本制定全面的城市规划法提供了有益的启示。意大利早在1865年就制定了《强制购买法》,对城市发展进行了分区,其中控制规划区适用于市中心区的重建与改建,扩展规划区适用于城市外围发展地区。1869年,北德意志颁布了营业法等规则,规定必须将危险或者有害的工厂同住宅区域以及其他市街地相隔离。1892年,柏林发布了郊外建筑令,对郊外建筑用严格的法规加以制约,以期形成人民所期望的住宅市街地。1900年,萨克森议会颁布了《综合城市发展法》,授权市政当局负责建成区以及新开发地区的综合规划。1909年美国洛杉矶发布居住地地域规则,目的是保护住宅地的良好环境,严格排除非住宅地的建设施工。1904年波士顿制定规则,要求根据地域的不同对市中心地区的建筑高度进行限制。1875年,普鲁士州议会通过了《建筑线法》,规定政府有权强制购买修建新道路所需土地,道路、下水道以及照明设施建设费用由临街的地主承担。英国由于最早实现工业化与城市化,所以,在城市管理方面也领先于世界各国。英国早在1845年就颁布了《土地条例

---

① 鈴木博之:『都市へ』,東京:中央公論社,1999年,第236—237頁。

联合法》，该法规定拓宽新修道路时，市政当局可以强征土地和建筑。1847年又颁布了《卫生法》，规定凡新建住宅区必须铺设下水道与排水管。之后，又相继颁布《消除污害法》《工人阶级住房法》《伦敦建筑法》等。

1909年，英国诞生了第一部近代意义上的城市规划法——《住房与城市规划诸法》，该法授权市政当局对城市道路、工业与居住区域、公共空间、建筑密度与房屋类型等进行规划设计。与此同时，在政府机关内部则相应地出现了专门负责城市规划发展的部门。①

1906年，德国的建筑师与工程师在曼海姆举行会议，提出了城市规划的一些原则性问题，如城市规划要有统筹性，要将技术、美学、卫生、社会与经济利益结合起来，进行通盘的规划；在安排方面，要确定所有可能的交通路径，包括有轨街道、车道、自行车道、人行道、铁路、水路等；在街道方面，要对干道与支道进行细节的设计；在广场方面，要考虑到样式、分隔、建筑物、绿化等的设计。此外，对于建筑形式、产权关系、费用补偿等方面也都做出了一些规定。1910年，英国伦敦组织了首次国际城市规划会议，专题讨论城市住房问题。1912年，德国在杜塞尔多夫也召开了有关城市政策研究的国际会议。②

3. 日本国内一批专家学者的推动

积极推动制定日本城市规划法的主要人物是后藤新平与佐野利器。后藤新平于1916年出任寺内正毅内阁的内务大臣兼铁道院总裁；佐野利器是一名工程技术人员，他在世界上首次建立了抗震建筑的理论体系，并力促日本设立了建筑警察制度。此外，积极推动的还有笠原敏郎、内田祥三、池田宏等人。笠原敏郎与内田祥三还合作起草了"建筑规制"的草案，这就是后来《市街地建筑物法》的前身。1917年，池田宏发起成立了日本首个有关从事城市规划、城市问题研究的团体——都市研究会，会长为后藤新平。该研究会在创办杂志《都市公论》的同时，还经常举办各种讲习会、发行讲义录以及各种书籍，除了从事都市问题的研究讨论之外，也介绍国外最新的城市建设与城市规划思想。他们呼吁为了改变日本城市发展杂乱无章的状态，必须尽快制定有关城市规划方面的法律。英国以及德国的城市规划以及规划思想就是在这一时期被介绍到了日本。所以，可以说，该学会在城市规划法

---

① 曹康：《西方现代城市规划简史》，南京：东南大学出版社，2010年，第78—80页。
② 曹康：《西方现代城市规划简史》，南京：东南大学出版社，2010年，第95—96页。

的制定以及城市规划知识的普及方面做出了重要贡献。

1918年初,关西建筑协会与都市计划研究会、建筑学会三会联合发起了城市规划法立法请愿运动。在他们的努力下,1918年5月,在后藤新平主管的内务省成立了都市计划调查会,并在大臣官房成立了都市计划科,集结了当时日本最著名的一批都市计划专家。在后藤新平的直接参与下,以池田宏为首,开始着手制定"城市规划法"的工作。①

(二)《都市计划法》与《市街地建筑物法》的主要内容与评价

经过一年的研究讨论,《都市计划法》与《市街地建筑物法》终于在1919年4月公开发布,并分别于1920年1月1日和同年的12月1日正式付诸实施。这两部法令的公布实施标志着日本的城市规划从法律规范到组织制度都已基本完备。

1.《都市计划法》与《市街地建筑物法》的主要内容

(1)《都市计划法》

该法令全文共有33条,主要内容有:

第一条:都市计划法不仅涵括市域,也包括与市的发展有关的周边市町村。

第二条:有关都市区域计划要听取相关市町村以及都市计划委员会的意见,然后经过主务大臣决定,最后由内阁认可。

第六条、第七条、第八条、第九条涉及有关改造的费用问题,其内容除了东京市区改造计划中所列举的内容外,增加了诸如受益者负担制度。法案规定,可以向因为都市改造事业受益者全部征收或者部分改造费用。另外,对于各种税收以及费用的征收,也都规定了具体的额度。

第十二条规定在都市计划区域内被定位为住宅地的地区要进行土地区划整理。

第二十八条到第三十三条主要是说明本法案同原先的东京市区改正条例以及土地建筑物处理规则的关系,如规定《东京市区改正条令》和《土地建筑物处理规则》在该法案实施之日起废止等。

(2)《市街地建筑物法》

该法令全文共有26条,主要内容有:

---

① 越澤明:『東京都市計画物語』,東京:学芸文庫,2011年,第16—23頁。

第一条：将改造区域分为居住地域、商业地域、工业地域。

第二条、第三条、第四条规定居住区内的建筑物不得损害居住的安宁，商业地域的建筑物不得妨碍商业的发展，而工业地域内不得建设在卫生以及安全上有危害的建筑物。如果必须，要在经过主务大臣指定的特定区域内建设。

第七条、第八条、第九条、第十条是设立道路建筑线制度以及有关制度的细则。

第十一条规定新建建筑物的高度必须要考虑周边的情况斟酌处理。

第十二条、第十三条、第十四条、第十五条、第十六条、第十七条是有关建筑物在保安、卫生、防火、对环境的影响等规定细则。

第十八条是有关损失补偿、纠纷诉讼的一些规定。

第十九条是有关建筑工程施工的一些规定。

第二十条、第二十一条、第二十二条都是有关产生法律诉讼的一些规定。

第二十三条规定该法案适用区域是敕令指定的市、区以及其他市街地。

第二十六条规定该法案中的道路是指宽度在9尺以上的通道等。①

（3）《都市计划法》与《市街地建筑物法》的特点

这两部法律引进了当时的一些新的规划手法，最重要的是土地区划整理制度、用途地域制度与建筑线制度。

第一，土地区划整理制度。该制度主要是针对即将展开城市化、市街地化的城郊农村地带而言的，是为了因应城市化所需要的道路、公园、上下水道等公共设施以及街区、用地条件，对土地进行整理所采用的一种制度。土地区划整理制度起源于德意志，1902年德国法兰克福市市长阿迪凯斯实施了土地整理。日本早在1899年就颁布了针对农业用地的《耕地整理法》，②之后对这部《耕地整理法》又进行了多次修改，1909年做了全文修订，之后开始被运用到城市建设发展当中。土地区划整理制度以土地所有者组成的组织"组合"为单位，在技术与手法方面几乎完全照搬1909年修订的《耕地整理法》。在耕地整理当中，由于水田比较齐整、平坦，道路与水路都相当规

---

① 日本国立公文書館蔵：「都市計画法◎市街地建築物法を定」，『公文類聚』，第四十三编，大正八年，第二卷。

② 日本国立公文書館蔵：『耕地整理法』，『公文類聚』，第二十三编，明治三十二年，第三十三卷。

整,只需稍加拓宽就可以变成城市的水陆交通孔道,所以整理后的水田比旱田更有利于城市的建设与发展。在耕地整理过程中,由于涉及不同的土地所有者且土地的大小、肥瘠程度等也有很多不同,为了均衡各方的利益,一般采用三种方法。其一,"减步",也就是让地,即缩小自家的宅地面积,出让一部分自有土地作为公共土地。公共土地一般用作公共设施用地。如前所述,业主之所以愿意这样做,主要是因为土地经过整理后,修建了齐整的道路、绿化很好的公园以及上下水道和其他公用设施,土地价值大大提高。其二,换地。经过土地区划整理后,部分宅地需要按计划迁移置换,置换的新宅地面积一般与原宅地面积相等。其三,保留地。通过减步产生的土地,除用作公共设施用地之外剩下的部分就是保留地,这些土地可以由国家统一出售,所获款项充作工程款以及补偿费等。

第二,用途地域制度。这是一个城市分区发展制度,就是对市街地以及将要市街地化的土地进行区分,根据它们的现状与将来的发展,制定建设类别要求各不相同的房屋建筑以及土地利用规划,从而指导引领土地利用的一种制度。1919年颁布的《都市计划法》与《市街地建筑物法》将地域用途分成三种,即居住地域、商业地域、工业地域。如果再加上未明确指定用途的地区,就是四种区域。

《市街地建筑物法》中"用途地域制"的内容①

	用途限制	建筑覆盖率	绝对高度
居住地域	不能建设: 工场(15人以上,2马力以上,使用蒸汽动力)、车库(5台以上)、剧场、电影院等,酒馆、咖啡厅等,仓库业的仓库,火葬场、屠宰场、垃圾焚烧填埋场	十分之六以下	65尺以下
商业地域	不能建设: 工场(50人以上、10马力以上)、火葬场、屠宰场、垃圾焚烧填埋场	十分之八以下	
工业地域	没有用途限制(没有规定必须在工业地域兴建的建筑)*	十分之七以下	100尺以下
未指定地域	除规模大、卫生上有害、生产存放危险品的工场仓库以外,没有限制	十分之七以下	

* 在工业地域内,可以指定特别工业地域。

---

① 石田頼房:『日本近代都市計画百年』,東京:自治体研究社,1987年,第134頁。

用途地域制度是对西方近代城市规划经验的吸取,也是对日本自明治维新以来城市建设经验的一个总结。

第三,建筑线制度。建筑线,在美国称为"Building Line"。日本建筑线制度的摹本来自德国,只是日本将德国的街路线与建筑线合二为一。在日本,所谓建筑线制度,根据《市街地建筑物法》第二十六条、第七条、第八条的规定,就是建筑物必须修建在2.7米宽以上道路两旁的一定距离之外禁止建筑物前出到道路上。建筑物与道路的距离,各地标准不一,大阪的规定是0.45米(一尺五寸)。即使在郊外没有道路的地方,也要事先在图纸上标好道路界限,所有建筑物的修建都必须遵守这一规则。这样做的主要目的是规范城市市街地的发展,使市街地的发展能够按照计划指定的目标有序进行。

建筑线制度在日本后来的城市发展实践中取得了很大的成效,促使日本形成了城市有序发展的良好风气。不仅市郊地区形成了有序开发的局面,连偏远的农村地带也不约而同地开始实施建筑线制度,很多市町村在展开各种房地产建设时,在不能称之为道路的农用道路、小河两旁也按照建筑线制度的规定进行建设。

2.《都市计划法》与《市街地建筑物法》的积极意义及存在的问题

总体而言,这两部法案的成效同《东京市区改造条令》时代相比,应该说有了长足的进步。

第一,将执行范围扩大到了全日本,成为全日本通行的根本大法。《东京市区改造条令》只是面向东京的区域性改造法案,尽管在1918年后准许大阪、京都等地援例进行改造,但是终究普遍性不够。《都市计划法》则不再是针对某一个城市所制定的法案,而是面向日本所有城市的国家法律。《东京市区改造条令》只是行政部门制定的一种政策,而《都市计划法》则是由政府提出、经过众议院和贵族院通过的国家法律,权威性有了很大的提高。

第二,确立了都市计划的区域概念。针对《东京市区改造条令》的不足,《都市计划法》第一条就规定,本法案不仅适用于已经市街化的地区,而且也适用于正在市街化或者将要市街化的地区。就东京而言,《都市计划法》不仅涵盖东京原有的15区,还包括尚未城市化以及正在城市化的市郊地带,周围的町村等农村地带也受该法案的约束,这显然有利于城市的长远、有序发展。

第三,确立了城市规划的机能与规划的内容。根据该法律的规定,有关

城市规划的制定需要履行一定的手续,要经过城市规划地方委员会的讨论,再由内务大臣决定、内阁认可,也就是说,自此日本的城市规划走向制度化。该法令还扩大了城市规划的范围,不仅城市道路、公园用地,诸如土地区划整理、用途地域制、风景旅游地等都被置于《都市规划法》的管理适用范围。

第四,拓宽了城市建设的财政来源。在财源方面,除了《东京市区改造条令》所列举的内容之外,又增加了土地增值税、闲地税、改良税等。土地增值税主要面向城市土地所有者征收,在土地买卖时,对涨价的部分实行征税,以充城市改造之费用。闲地税主要是指对城市中的空闲地征税,以充分利用土地资源、促进城市开发。改良税指的是受益者负担制度,受益者一般是指城市改造时新修或者改造的道路两旁一定范围内的居民,他们的商店因为改造生意兴隆了,而且门面与出租屋的租金也大大提高,因而要负担一部分改造费用。

第五,形成了一批专门从事城市规划的机构以及专家队伍。从1918年起,内务省的官房设置了都市计划课,以池田宏为课长,配有8名职员,之后逐步扩大。其他各地的都市计划地方委员会也设有专门的事务局,这些人在此后的城市规划与发展当中都起到了重要的作用。

作为日本最早的城市规划法,我们在看到其积极意义的同时,也不能忽视其中存在的一些问题。

第一,中央集权的色彩浓厚。《都市计划法》第三条规定:都市计划、都市计划事业以及每年度应实施的都市计划事业"须经过都市计划委员会讨论",而后由内务大臣决定、内阁认可。都市计划委员会由中央委员会与地方委员会组成,一般情况下,都是府县知事任会长,国家一级的官员与学者、府县议会的议员、市会议员、市长等要占委员会成员的一半以上。该法还规定都市计划地方委员会归内务大臣监督,议案由内务大臣提出并由内务省专职官员制作。由此可见,在城市规划中,日本政府起到了决定性的作用。这种现象一直延续到1968年新的《都市计划法》颁布方才有所改变。而欧美各国则有所不同,在欧美,地方的权力很大,虽然由国家制定法律,但具体实施则是地方的工作,财政也依据地方自治条例由地方自行处理。

第二,《都市计划法》同《市街地建筑物法》之间也存在衔接问题。在东京,《都市计划法》涉及的范围不限于东京市原有的已经市街地化的15区,而是已经扩展到了正在或者将要展开城市化的城郊地区;《市街地建筑物》却只适用于已经城市化的原有15区。一直到1930年,随着东京市市区的几度扩大，才勉强同《都市计划法》的涉及区域实现了一致。这种衔接脱节也导致了很多管理方面的矛盾。

第三，在实际执行过程中，受益者负担制度遭到多方抵制。受益者负担制度的设想有其合理之处，但在实际征收时却产生了各种问题。比如土地增值税虽然在众议院获得通过，但在贵族院却遭到了否决，因为贵族院的议员大都是大地主出身。在已成市街地的区域征收该项税款时，也出现了操作问题。按规定，新设道路事业费的三分之一、拓宽道路事业费的四分之一要由道路两旁的受益者负担，道路两旁距离道路界限为道路宽度 5 至 10 倍（京都是 10 倍，大阪是 5 倍）的土地所有者为道路事业的受益者，归受益者负担的道路事业费的一半按受益者土地的面积比例分配，另一半则按照直接面对道路的房舍门面的宽度进行平均分配。这一规定在实际执行过程中出现了很多问题，因为受益的尺度很难把握。比如有些原本繁荣的老街区因为附近新修了一条道路而生意衰退，这里的土地所有者明明是受害者，却也被要求承担改良税。有些房屋所有者在街道两边的房舍土地呈狭长状，按法律要承担很多的改良税，而有些房屋虽然在路边的门面窄，却拥有很长的纵深，适宜开大型商店，实际受益更高，改良税却征收甚少。诸如此类问题，不胜枚举，以致很多房屋所有者因为征税问题要对簿公堂，而且有不少居民胜诉的情况。由于纠纷繁多，二战后，这一制度实际上已很少使用，但是在法律上一直到 1969 年新的《城市规划法》出台方才得到修改。之后只有在修下水道时才使用这一模式。

第四，地域区划整理制度不健全。在市郊，《耕地整理法》与《都市计划法》都适用于土地区划整理，《耕地整理法》是用来整理农地的，农村道路一般很窄，同正规的市街地终究不同，但是打着农地整理的旗号，却可以得到政府的补助款，所以大部分市郊地的整理都按照《耕地整理法》进行，只有那些不适合用作耕地的山林坡地，因无法套用《耕地整理法》，方才按照《都市计划法》进行整理。一直到 1931 年，日本政府才对法案进行了修改，规定凡是市的区域的土地整理都不适用《耕地整理法》。

第五，用途地域制的规定也不够周全。工业区域与未指定区域的差别含混，而且规制宽松。如规定工业区域只能建设那些非工业地域不能建设的建筑物，而对于未指定区域只是规定不能建有害、危险、大规模的建筑等，这里面就出现了很多制度的漏洞。又如东京的江东低地原本被规划为工业区域与未指定区域，但实际有 40.7% 的区域却建设了适用《市街地建筑物

法》的建筑。这一情况在大阪更达到54.9%。用途地域制也并没有被普遍执行,1930年适合使用《都市计划法》的城市有97个,但是真正执行的却只有27个,只占27%。①

此外,《市街地建筑物法》过于整齐划一,抹杀了地方特色,各种规定的统筹综合运用也不到位。

但就总体而言,《都市计划法》与《市街地建筑物法》的颁布意味着日本的城市发展基本做到了有法可依、有章可循,同时也意味着日本在城市管理体制方面基本完成了近代化。这一版的《都市计划法》持续了半个世纪,一直到1968年才被新的《都市计划法》取代。

五、东京震灾复兴计划

关东大地震之后的东京

1923年9月1日,神奈川县附近的相模湾海底发生了里氏7.9级的特大地震,北到北海道、南至广岛,大半个日本有震感。整个南关东地区都被殃及,包括山梨县、茨城县在内的1府5县的受灾家庭总数达到69.46万余户,死亡以及失踪人口达到10.65万余人,受伤人数达到5.2万余人,受灾总人口达到340多万。震源附近的神奈川县以及东京府受灾尤其严重,在

---

① 石田頼房:『日本近代都市計画百年』,東京:自治体研究社,1987年,第134—135頁。

东京,受灾家庭占总户数的 73.3%,在横滨则达到 95%,横须贺为 84%。而且伴随着地震的发生,东京、横滨都发生了特大火灾,东京的火灾面积占城市总面积的 44%,烧死人数占伤亡总人数的 93.8%,溺死的占 5.3%,压死者则占 0.9%。地震造成的经济损失高达 45 亿多日元。地震当中,流言四起,社会混乱,朝鲜人、社会主义者、无政府主义者遭到了自警团、警察、军队有组织的屠杀。地震还引起了经济恐慌,为了稳定金融秩序,银行延期支付、日银救济融资、票据贬值等,这些因素再加上社会救济以及震后复兴导致了严重的通货膨胀。①

(一)东京震灾复兴计划的制定

客观地说,这次大地震给《都市计划法》的大规模实施提供了一次良机。此前,都市计划课虽然成立,但是都市计划难以实施。所以越泽明说,当时的都市计划课已变成了大学研究所一类的研究机构。

后藤新平早在 1920 年 12 月任东京市长之际,就同内务省的警保局长永田秀次郎、社会局长池田宏以及后来出任第二任都市计划课课长的前田多门制定了一份《东京市政纲要》,计划对东京的街道、下水道、港湾、公园、学校等 15 个项目进行彻底改造,总预算资金为 7.5750 亿日元。而当时东京市一年的财政预算也不过 1 亿多日元,日本政府的年度财政预算也只有 15 亿日元。所以,后藤新平的这个方案被人称为"大风吕敷"(好高骛远,吹大牛)。但让他们没有想到的是,原本被束之高阁的庞大城市改造计划在关东大地震之后却得到了实施的机会,变成了震灾复兴计划的蓝本。

关东大地震发生后的第二天山本权兵卫内阁成立,后藤新平被留任内务大臣一职。在他的主持下,当局开始以积极的态度制定东京震灾复兴计划。

后藤新平为震灾复兴计划制定了如下方针:第一,震后的建设不是复旧,而是复兴。第二,计划投入国费 30 亿日元投入震后复兴工作,庞大的费用可以通过发行国内外公债筹措。第三,要采用欧美各国的最新城市规划的理念与技术。第四,要将火灾后的地区全部由政府收购,然后进行彻底的改造。第五,在复兴计划实施的过程中,应该对土地所有者的不当所得采取断然措施,严格禁止其不当收益等。第六,成立"帝都复兴省",同其他各省平级,专门负责震灾复兴建设事宜。

---

① 石塚裕道:『東京都の百年』,東京:山川出版社,第 154—167 页。

实际上,围绕着土地区划整理,复兴院内部也存在争议。以池田宏为代表的现实派主张以道路建设为中心,对道路所需要的土地进行强制收购,理由是这样纠纷较少;以佐野利器为代表的理想派则主张进行彻底的土地整理,连小巷也不例外。最终理想派的意见占了上风,市区土地整理由此走上了一条充满艰难的道路。从执行方面来看,应该说震灾复兴计划同东京市区改造计划的方针基本相同,也是政府起主要作用。当然,面对如此规模的自然灾害,也确实需要政府全面介入。

1923年9月23日,后藤新平将预算高达41亿日元的震灾复兴计划提交内阁讨论,内阁考虑到财政困难,最后按最低预算要求——10亿日元通过。

该计划在由元老组成的帝都复兴审议会审核时,遭到了很多元老的反对。元老们认为该计划不切实际,预算于是被大幅度压缩,只剩下5.750亿日元。该方案在提交帝国议会时又遭到了代表土地所有者利益的议员们的反对,最后预算被削减到4.680亿日元才得以通过。成立"帝都复兴省"的建议以及火灾地全面收购计划都遭到了否决。

对于震灾复兴计划被大幅度压缩一事,担任震灾复兴计划元首代理的昭和天皇在1983年回顾说:"在震灾复兴当中有很多感慨,但最想说的事情是后藤新平制定了一个非常庞大的计划,如果当时能够全面实施,那么二战当中,东京所受的战争灾害应该能够减轻很多。今日思之,当初没有能够全面实施该方案,实在是一件非常遗憾的事情。"①

(二)东京震灾复兴计划的成就

东京震灾复兴计划的执行时间为1924年到1930年3月。震灾复兴省的计划被否决之后,成立了震灾复兴院,由后藤新平任总裁,池田宏任计划局长,佐野利器任建筑局长。该院集中了一批优秀的专家。但是到了1924年,复兴院被降格为复兴局。

东京震灾复兴计划的执行时间为5年,1928年又追加了一部分费用,合计达到了6.4905亿日元。经费的主要部分由中央政府负担,其余部分由中央政府助成,东京市具体负责执行。在震灾复兴的岁月里,东京市政府的财政状况一直非常紧张。

为了应对震灾复兴,1923年制定了《特别都市计划法》,规定中央政府

---

① 越澤明:『東京都市計画物語』,東京:学芸文庫,2011年,第27—37頁。

以及东京市为震灾复兴工作的施行者,组成由土地所有者与租地人选举产生的土地区划整理委员会,通过强制性的换地、建筑物搬迁来修建计划中的街道、公园等。计划总共要迁移20.3万栋总面积为356万坪的房屋建筑。对整理区域内的土地所有者执行"减步"政策,让其无偿出让一成的土地。①

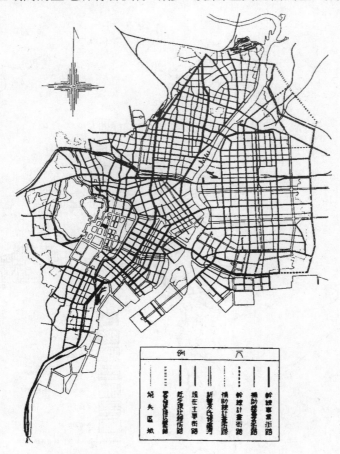

复兴改造之后的东京街道

1. 土地区划整理

震灾复兴计划对火灾区域的1100万坪广大区域进行了土地整理。原先的狭窄小巷以及羊肠似的道路都被改造成为4米以上宽度且四通八达的市街,各处都新修了小公园,并配备了上下水道、煤气管道等市政设施。整

---

① 石田頼房:『日本近代都市計画百年』,東京:自治体研究社,1987年,第156—157頁。

理过的区域同没有进行土地整理的区域如东向岛、东池袋、大久保、东中野等地区形成了鲜明的对比。原先的下町是东京最混乱的贫民区,修整后成为东京最整洁的地区,超过了中产阶级居住的山手地区。如此庞大规模的市区土地整理事业在世界史上当属首例。

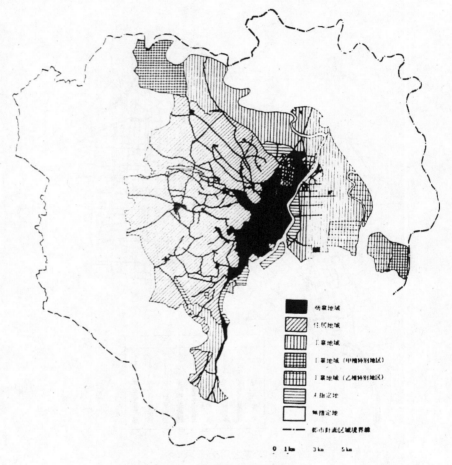

1925年东京地区用途规划

2. 道路桥梁运河的建设

复兴的费用主要用于道路建设。总共修建了52条干线道路(宽22至44米)、121条辅助线路(宽11至22米),以东京站为中心,修筑了环状线和放射线,从而构成了一个庞大的市内交通网络。道路的面积从占市区总面积的11%上升到18%,而且车道、步道分离,街道两旁都种植了行道树。其中横穿市区、贯穿东西南北的昭和大道与大正大道(今靖国大道)是道路改造的标志性成果。

在桥梁方面,新修了424座桥梁,最具特色的是东京主要河流隅田川上修建的驹型桥、藏前桥、清洲桥等,它们造型各异,新颖美丽,是日本桥梁建筑史上的杰作,也是当时东京的新景观与游览场所。

震后修建的桥梁

在运河方面,改修拓宽了11条,新开挖了1条,填埋了1条。

3. 公园建设

公园可以作为地震、火灾后的避难地,平时则是市民的休息娱乐场所。明治时期只新修了日比谷公园,其他公园都由原先的寺院、神社转化而来。在此次改造中,新修了3座大公园(隅田公园、锦丝公园、浜町公园)和52座小公园。小公园一般都设置在学校附近,平均面积为900坪,与学校的绿化结合之后,大受欢迎,大部分都成为所处地域的象征。东京市的公园面积也因此次改造增加了16%,市民人均公园面积增加到1.16平方米,公园总面积占市域的面积也达到了3.57%。经过此番建设后,日本的公园建设思想与技术都有了本质的提升。

震后修建的浜町公园

4. 其他公共设施的兴建

在公共设施的建设方面,新建了121所公立学校,校舍都采用了耐火抗震的钢筋混凝土结构和水冲式厕所。重新修整了中央批发市场,将日本桥鱼市场从市中心迁到原来海军的用地——筑地,并在神田修建了新鲜菜蔬市场。

经过这次震灾改造,东京市中心自明治以来的所有炼瓦建筑、和洋折中的建筑、土藏造建筑都变成了钢筋混凝土结构的建筑。当代日本著名学者石塚裕道评价这一变化道:"城市景观发生了根本性的变化,东京一改江户时代的街景,开始以一个近代都市的面貌出现在了人们的视野里。"①

这次震灾复兴计划的实施也是明治维新后半个世纪以来,日本在城市建设、土木工程、园艺建设等方面所取得的近代化成就的集中展示。

修整一新的街道

值得一提的是,震灾复兴期间,东京市区的人口大大减少,从原先的249万人减少到了153万人,但是东京周边地区的人口却出现了暴涨的局面。位于东京西南部目黑的碑衿村,1925年的人口比1923年增加了3倍以上;

---

① 石塚裕道:『東京都の百年』,東京:山川出版社,1986年,第171頁。

东京东部的本田町、金町，1925年的人口比1920年增加了2倍以上，原来的郊区水旱田在短短数年内就变成了住宅区以及商业街。① 如前文所述，东京开始了郊区化的过程。②

（三）东京震灾复兴计划实施过程中存在的问题

东京震灾复兴计划是日本历史上前所未有的事件，也取得了前所未有的成绩，但是，其在实施过程中产生的纠纷与问题也属前所未有。

1. 土地区划整理招致强烈反对

在火灾地区成立的土地区划整理委员会负责处理区划整理、换地与否、土地减步、补偿金数额以及清算金等事宜，各区的委员会自1924年3月开始工作。但是当地不少民众在震灾中丧失了房屋财产，好不容易才在临时板房中安顿下来，却被命令迁移，地主们还要无偿出让一成土地等，一时间部分民众的情绪反弹，认为侵犯了他们的居住权、生活权、营业权。尤其是一些中小工商业者，他们担心因换地、移居而离开原有区域最终导致丧失客户，因而危机感更加强烈。很多普通民众也要求土地区划整理延期，并结成了土地区划整理延期同盟、区划整理与临时建筑拆除反对协议会等，赴各处发行宣传手册，召开演讲会，多次向政府陈情，批评土地区划整理全然不顾民众死活，不是复兴，而是一场灾难，是"第二次地震"，要求延期5年实施等。另外，租房客因为拆迁或是被迫离开出租屋，或是由于出租屋减少导致房租上涨等原因，也掀起了反对土地区划整理活动，他们结成"借家人同盟"，发行刊物，批判复兴计划不考虑人数众多的借家人的利益。

但是政府对于这一类的反对活动态度非常强硬，毫不妥协。对于拒不迁移者，先由政府予以警告，仍然拒绝者，则由政府强行拆迁。据统计，在实施过程中警告有17376件之多，强制拆迁事件也有445件。

2. 土地减步是否违反宪法

民众一方认为宪法应保护民众的财产权利，如果是出于公共需要，也必须在履行一定手续并给予相应补偿的前提下才能予以收购，而且日本其他城市涉及业主土地的公共设施用地都有补偿，所以，一成减步政策违反宪法。政府一方则辩称，政府缺乏资金，为了复兴，只能靠大家有钱出钱、有地出地、有力出力；而且虽然地震导致民众的家屋受到损失，但是土地仍然存

---

① 児玉幸多：『東京都の歷史』，東京：山川出版社，昭和五十五年，第314頁。
② 石田頼房：『日本近代都市計画百年』，東京：自治体研究社，1987年，第154頁。

在,实施土地整理事业后未来土地将会升值,所以,一成减步的理由是充分的。

3. 道路宽窄与土地的价值计算问题

在修建道路时,日本从美国引进了一种新的土地价值评估方法,也就是越靠近宽阔道路的土地其价值越高,复兴局的这种计算方法也遭到了民众的强烈反对。反对方举出实例,认为道路越宽生意反而越差。应该说这样的观点并非全无道理。对此,政府一方只能辩解说,由于道路宽度与建筑物高度相匹配,因而道路越宽商业前景越好等。

此外,在区划委员会的选举以及补偿等方面也都存在诸多争议。

但是,尽管东京震灾复兴计划存在诸多问题与瑕疵,它的积极意义依旧是不容否定的,人们不能离开历史环境,单纯以今天的眼光去评价历史事件。

(四)同润会的活动

在研究东京震灾复兴计划的相关著作中,大多会谈到这样一个组织——同润会。该组织是一个财团法人组织,是在东京震灾之后依靠捐款成立的,是内务省的外围组织。成立该组织的主要目的是给受灾民众提供安居房,计划从1924年开始两年内为受灾民众建造7000户小木屋、1000户钢筋混凝土房屋。虽然最后没有完成全部目标,但还是成功建造了5653户木造租赁小住宅,对于缓解地震之后的住房难问题起了一定的作用。在灾民得到基本安置后,同润会开始将目标转向永久性住房的建设,从1926年到1933年,建造了15个住宅区共2501户钢筋混凝土建筑。同润会还在其建设的住宅区内兴建了很多公共设施,并植树造林等。除此之外,同润会还在东京进行了针对不良住宅的改造活动,并接续了其他社会团体进行的社会福利事业,如义务诊疗、社会教育与儿童福利以及为民众进行创业就业培训等。① 该组织一直存在到1941年才被住宅营团取代。

以上是近代日本在城市管理与规划方面所走过的道路。

同很多后进国家一样,近代日本也经历了全盘西化与东西合璧的自主城市化路线的斗争。明治初年的银座炼瓦街是全盘西化路线的典型,由于代价高昂,日本政府缺乏持续进行下去的财力,而且改造计划也不符合日本

---

① 石田賴房:『日本近代都市計画百年』,東京:自治体研究社,1987年,第166—173頁。

的国情,最终失败。但是它在客观上也给日本的城市建设与改造输入了新的元素。东京防火改造是立足于本土方法的一种城市改造方案,虽然不像银座改造那样变化巨大,但是有效地解决了火灾肆虐的现实问题,而且省工省费,进展顺利。该项目的成功给日本政府领导人在城市管理方面以极大的启示。1889年东京市区改造计划是在自主派战胜西化派之后,通过东西合璧的方式解决古代城市与近代社会发展之间矛盾的一个宏大方案。该计划虽然有其局限性,但是它毕竟解决了制约东京向近代城市转变的一些瓶颈问题。而且在该计划实施期间,民间力量越来越多地参与到了城市建设当中。该计划的成功实施,意味着日本自主城市化道路的形成。1919年《都市计划法》的颁布,不仅说明日本政府已完全立足于本国国情,同时吸收西方城市建设的一些先进经验,融东西为一炉;而且也标志着日本在城市管理方面完成了近代化。政府不再像以往那样包揽一切,而是转向只负责制定法律规范,充当裁判员,具体的城市建设则由民间自主进行。1923年的东京震灾复兴计划是对《都市计划法》的一次检验,尽管在实施过程中产生了很多纠纷,但就总体而言是成功的。它不仅反映出当时日本作为发展中国家的特点,即政府非常强势,同时也反映出日本政府在城市改造方面具有很强的理想主义色彩。

第五章 日本近代城市化发展的特点与启示

在西方文明到来之前,东亚社会在思想文化、经济、政治等方面已经具有了很强的现代性。所以,当西方殖民者以武力威慑东亚的这些文明古国并向其展示近代文化先进性的时候,日本以其文化与地理环境的独特性,先于东亚其他国家迈开了近代化的步伐,开始了明治维新。在明治政府强有力的领导下,日本社会在很短的时间内就发生了巨大的变化。

城市化是近代化的一个重要内容,所以,在明治维新开始的时候,城市化也随之展开。在经历了明治初期一系列改革调整所导致的城市萧条之后,到19世纪80年代,随着工业革命的开展,日本城市人口迅速回升,城市规模迅速扩大,交通问题、居住问题、土地处理问题、环境污染问题、功能区划分问题等也随之产生。针对这些问题,日本政府由浅入深地采取了诸多措施,做出了大胆尝试,融东西方城市建设文化的长处于一体,形成了日本独特的城市化道路。

第一节 日本近代城市化发展的主要特点

一、政府主导的自上而下的城市化发展道路

对于后发型的现代化国家而言,政府在中间所起的推动作用非常重要。而对于东亚儒家文化圈内的国家而言,当面临西方文明的威迫时,其现代化的愿望尤为迫切。为了避免沦为殖民地,不少国家在政府的强有力领导下,以运动的方式自上而下地走上了现代化道路。事实证明这一模式是成功的,因为东亚国家在认识到现代化的重要性并展开现代化工作之后,一般都会在20到30年的时间内成功完成向现代国家的转型。而要在如此短的时间内调集全国的人力、物力从事现代化活动,一个强有力的政府领导是至关

重要的,也是必不可少的。①

日本是东亚儒家文化圈内最早实现向现代社会转型的国家,其政府主导型的特点尤为突出。大久保利通在明治维新初期就明确指出,在日本的近代化初期必须保持权力的高度集中,"暂行专制政体"。自1873年大久保领导的集权体制建立之后,在政府的领导与筹划下,各方面的力量都被调集起来,日本全境展开了轰轰烈烈的殖产兴业、文化教育改革、军备近代化、地方自治等工作。

同样,由于城市化也是近代化的一个重要目标,政府主导型的特点也非常突出。

在古代东方,城市主要是统治者意志的产物,日本也不例外。日本著名历史学家、城市学家柴田德卫先生说,在古代东方包括日本,"像古希腊那样由自由平等的市民聚集而产生城市的情况是罕见的"②。为了给城市发展创造一个良好的近代环境,日本政府不仅在国内废除关卡、整理道路、兴修全国铁路网、发展近代内河与海洋的航运,而且还废除了封建身份等级制,允许民众有迁徙自由与就业自由等,这些改革为人力、物力在全国范围内的流动创造了条件。此后,随着殖产兴业运动的开展,近代工厂在城市大量出现,人力、物力越来越快地向城市集中。

在为城市发展创造良好环境的过程中,在发展城市经济方面,针对民众普遍缺乏对近代产业的认识、且缺乏资金与技术人才的状况,日本政府采取了多种办法予以扶植引导,如投入国家资金兴办模范工厂,欢迎民众参观等,而且这些模范工厂还承担了为民间兴业培训人才的义务。与此同时,日本政府又以官助民办的方式发展各种产业,其中对三菱公司的扶植就非常典型。在发展城市交通方面,针对近代交通投资巨大、利益回报并不明晰、民众裹足不前的情况,由政府出面组织并投入主要资金予以帮助,还承诺在若干年内支付开发商的投资利息、承担投资风险等;同时实施政策倾斜,如协助土地的购买、征迁等。此外,政府还建立近代银行系统给民众兴业提供低息贷款支持,设立博物馆以开民智,召开国内劝业博览会并参加世界博览会,力图为日本产品走向世界打开销路等。在19世纪80年代,明治政府还

---

① 姚传德:《大久保利通、朴正熙、李光耀的经济现代化思想的比较》,《史学月刊》,1998年1期。

② 柴田德衛:『現代都市論』,東京:東京大学出版会,1976年,第79頁。

向民众低价出售官办企业等。以上这些措施成龙配套,相辅相成,壮大了民营经济的力量,直接诱发了日本的工业革命。

在城市管理组织方面,明治政府废除了德川时代的封建管理体系,创建了近代城市管理机制,将东京划分为15区,将大阪划分为3区,将京都划分为2区;确立了人口登记制度;并在1878年试行地方自治、1889年实行了城市自治制度。这些措施的逐步实施,使日本在城市管理组织方面逐渐走向近代化,提高了民众参与城市建设的自觉性和自主性,有利于城市的健康发展。

在城市建设方面,从德川幕府时代承袭下来的日本城市,存在道路狭窄、上下水设施简陋、居住拥挤、火灾频发、传染病流行等诸多问题。明治政府融合东西方城市建设改造的方法,循序渐进地进行城市改造。从井上馨等人主持的东京银座炼瓦街改造工程到松田道之推动的东京防火改造计划,日本政府对城市改造的认识由浅入深,由欧化走向自主,到1889年颁布东京市区改造计划时,日本政府已正式形成了一套自主的城市化模式。1919年《城市规划法》的颁布,标志着日本在城市管理规划方面基本完成了近代化。而1923年关东大地震后的东京震灾复兴计划,更是政府主导城市发展的典型案例。在政府强有力的领导下,东京的面貌焕然一新,其在城市区划整理、水陆交通、街道建设、住房改造、公园建设、学校兴修、市场建设等方面所进行的前无古人的彻底改造,使东京完成了向近代城市的蜕变。而且,这次改造对日本其他城市的发展也影响深远。

日本在城市发展的过程中,同西方国家有一个显著不同的特点,即权力中心优先发展。这固然是由于权力中心原本就存在于那些交通便利、经济发达、人口集中之地,但更重要的因素是,明治时代的日本政府是一个强势的政府,在支配社会财富的分配与流动方面拥有西方近代国家无可比拟的权力,因而在日本靠近权力中心的地方就成了近水楼台。也正因为此,日本的城市布局基本都同权力布局相匹配,呈现梯级发展的状态,也就是说町村的发展不如县厅所在地,县厅所在地的城市发展不如府城所在地,府城所在地的城市发展不如国都所在地。日本后来形成三大都市圈以及今日东京一极发展的现象,也都与此相关。在城市改造方面,处于中央政府权力保护之下的东京在改造的过程中,为了在世人眼前装潢日本的门面,无论是东京市区改造,还是震灾复兴计划,都投入了大量的国家资金。而其他城市只能依靠自身的力量进行发展,这一点大阪表现得尤其典型。所以,地方城市在改造方面比东京往往要慢一拍,比如大阪直到大正年间,才在经济蓬勃发展的基础上开始依靠自身的财力进行大规模的城市改造,并成功地嬗变为近代城市。其他城市较之大阪而言,改造的节奏又慢了一拍。可见,日本各城市的市政建设与改造如同权力的梯级分布一样,也呈现梯级循序改造的特征。

这种梯级发展的现象直接地诠释了日本城市发展自上而下的特征。当然,这一现象也不是日本所独有,在中国以及东方儒家文化圈内的国家都普遍存在。

二、先经济后民生的城市发展方式

在19世纪中后期,欧洲殖民者倚仗近代化所赋予的强大力量,陆续征服了非洲、美洲以及亚洲的很多地区,不少文明古国先后沦为西方的殖民地。日本在1853年被迫开国后,随着对国际形势了解的加深,危机感越发强烈。以萨摩、长州两藩为代表的近代化派之所以联手倒幕,一个重要的原因就是他们认为依靠幕府难以维持国家的独立。所以,他们在明治政府成立后不久就迫不及待地带领日本展开了近代化进程。1873年,以大久保利通、木户孝允为首的岩仓使节团考察西方回国后在给政府提交的报告书中说道:当今世界事务,"非理论与口舌所能奏效,没有实力,我们就不能达到我们的目的",然而,"要想具备实力,不是只学其皮相、装潢一下门面就能达到的,我们必须整理国政,谋民力之富强,开文明进步之道"。① 大久保利通的说法更是一针见血,"盖实力乃国之精神,政之基础",日本要想"宏强大之威德,扬隆盛之治化",头等大事就在于"实力的培养"。如果"不察宇内之通论达旨,徒求体裁之完美,专务规模之虚饰,唯从皮相之着色","国权何由得扩张,国民何由得安宁?"大久保提出,政府必须将所有力量投入"国本的培养之上"②。因此,自从1874年大久保政权成立后,明治政府就将全部力量投入到了殖产兴业、富国强兵的活动中。从原则上看,在那个时代,应该说明治政府这样的方针没有错误,事实上也收到了巨大的成效。但是这一政策对日本近代城市的发展产生了很大影响,导致城市基础设施建设一直滞后。

---

① 岩倉使節団:「岩倉使節団報告書」,『大久保利通文書』第24卷,東京:日本史籍協会,昭和三年,第110頁。

② 大久保利通:『大久保利通文書』第35卷,東京:日本史籍協会,昭和三年,第74—83頁。

东京市区改造就反映了这一特点。在第一期改造当中,之所以将主要财力投放在上水道的建设上,并不是因为明治政府的施政方针有所调整,实在是因为上水道的水体污染招致的瘟疫导致人心惶惶以及大量青壮年人口的死亡,严重威胁到了政府的富国强兵大业。但是,随着上水道体系建设的完善以及防疫手段的进步,传染病的发病率大大降低,此后,对于下水道的建设,明治政府就失去了改造的紧迫感,他们认为扩张军备远比市政改造更为重要,所以,在大部分下水道工程尚未施工的情况下就草草结束了市区改造工作,以致东京的下水道建设一直延至昭和年间才基本完成。在市区改造以及后来的东京震灾复兴计划中,日本政府最重视的是街道建设,因为这直接关系着产业的发展与商品的流动,关系到富国强兵的大业。从1888年起,日本政府开始执行向大陆扩张的政策,致力于军备近代化,大力加强陆海军,为此投入了大量的人力、物力,这也导致日本的城市基础设施建设缺乏资金,长期滞后。为此,东京震灾复兴计划原来40亿日元的庞大预算被压缩到只剩4亿多日元也就不难理解了。除了街道、桥梁之外,民生设施也多被忽视,如前文所述,各地贫民窟依旧居住拥挤,环境脏乱,疾病流行。

在资本积累时期,为了同不计成本运营的国内家庭手工业以及技术先进的外国产品相竞争,日本的工厂就出现了前文所说的黑暗一幕。日本企业主在政府的保护下,为了降低成本、提高利润,极力压低工人的工资,大量使用童工、女工,生产条件与劳动环境都极其恶劣,且昼夜开工,从而上演了一部纺织业领域的"女工哀史"。说日本近代经济的腾飞是建立在下层民众的血泪之上,一点不为过。

三、民营轨道交通引领城市化

交通是一个城市发展的动脉,同欧美国家不同的是,在日本的都市圈内,轨道交通是人们最主要的出行方式。而且日本的轨道交通主要由民间自主经营、自负盈亏,不像欧美国家的公共交通有国家财政大量的补贴。也正因为轨道交通的发达方便人们的出行,在人多地少、土地资源匮乏的日本才发展起了都市圈经济。

前文说过,轨道交通运量大、安全、环保、经济、快捷,是现代城市最为理想的交通出行方式。日本首先发展起了四通八达的轻轨网络,之后城市的发展沿着轻轨线展开,从而形成都市圈,其中以大阪、神户、京都这一区域的

城市发展最为典型。

日本政府最早修建的几条铁路都是城际铁路,如东京—横滨、大阪—神户、大阪—京都的铁路。这几条铁路为京滨都市圈与京阪神都市圈的形成奠定了基础。但这几条铁路通车时,日本的城市尚未摆脱衰颓的状态,产业经济也刚刚起步。1880年以后,日本开始了产业革命,东京与大阪城市内部的发展逐渐趋向饱和,大阪由于老城区相对狭小,这一现象尤为突出。在工业革命开始后不久的1888年,大阪就修通了连接大阪与堺的轻轨铁路,该铁路后来一直延伸到和歌山,发展成为今天的南海电铁。之后大阪南部地区的经济发展基本上沿着该条铁路进行布局。此后阪神、京阪、阪急、近铁等轻轨铁路陆续出现,在大阪、神户、京都一带,在郊区化即将展开之前,已形成了四通八达的轨道交通网。最为典型的是阪急电铁公司,该公司在大阪西北郊区修建了连接大阪与宝塚的铁路。由于该地区距离大阪城区最近,距离神户也不远,地域辽阔,阪急为了招徕客源,便实行"客源诱至"策略,在阪急沿线开发房地产,并在大阪城区大做广告,结果大获成功,从而在阪神一带率先掀起了郊区化的浪潮。由于阪急公司沿着轨道线开发了不计其数的住宅区、百货店、旅游、休闲、文化娱乐设施等,再加上其他房地产公司的跟进,很快在大阪西北部沿着阪急铁路崛起了数十座卫星城镇,阪急电铁公司也因此成为京阪神地区城市化的急先锋,所以人们称阪急电铁为"殖民的铁路"。在阪急开发模式的影响下,京阪神地区的其他轻轨公司也采取了沿线开发战略。这样,到20世纪30年代,京阪神地区就形成了以8条轻轨为主轴的庞大的京阪神都市圈。

东京因为原有的市域已较为广阔,因而郊区化晚于大阪。东京从1905年开始修建环绕其西北、西南地区的山手铁路。之后民营公司便开始在东京的西北与西南区域修建小规模的电气轻轨。1923年关东大地震以后,东京开始了急速的郊区化进程。1922年效仿阪急公司经营模式的东急电铁成立,在五岛庆太的经营下,东急积极开展沿线开发战略,最后,青出于蓝而胜于蓝,东急电铁成为京滨地区城市化的主要力量。在此前后,东京郊外也纷纷成立了其他铁路公司,修建了小田急、京王、西武、东武、琦玉、京城、北总等铁路,从而构成了庞大的轨道交通网络,东京都市圈的雏形逐渐呈现出来。

同样,名古屋都市圈也是沿着成网络状的郊外电气铁路发展起来的。

综上所述,日本轨道交通与城市化的互相促进关系,确实值得人多地少的发展中国家认真借鉴学习。

四、都市圈发展模式

都市圈发展模式可以节约宝贵的土地资源,节省物流成本,还可以实现资源的共享,是一种比较理想的发展模式,非常适合人多地少的国家。但是都市圈发展模式也有缺陷,比如容易造成交通方面的沉重压力,还会导致生态压力,不利于人们亲近自然。所以各国应该根据自身的实际情况,选择不同的发展模式。

在日本,人多地少的问题非常突出。日本是个由一系列群山组成的岛国,平原面积非常狭小,人口主要集中在太平洋沿岸以及濑户内海地区。因为这种国情,日本走上了都市圈发展的道路,即重点发展京滨地区和阪神地区。明治维新初期,在百废待兴、资金紧张的情况下,明治政府依靠贷款修建了东京到横滨、大阪到神户的铁路,从而奠定了日后这两个地区形成都市圈的基础。工业革命后,除了京滨之间、阪神之间开始高速发展之外,名古屋以及周边地区也开始发展;北九州地区由于筑丰煤炭的开采以及八幡大型钢铁企业的出现,也逐渐发展起来。日本政府优先修通了连接太平洋沿岸这四个工业区的东海道铁路。日本的四大工业地带,除了北九州地形较为复杂之外,其他三大都市圈都座落在面积比较宽广的平原上。这些地区原本人口集中,农业、手工业、商业经济都相对发达。在这些地区发展工业,资金容易筹集,工人也容易招聘,而且具有良好的发展前景。1910年后,由于区域轨道交通网的逐渐形成,这些区域内的城市逐步扩展,到二三十年代,三大都市圈的雏形开始出现。而北日本地区由于交通不便、平原狭窄、人口稀少,历史上就属于日本的经济发展的后进地区。尽管后来日本政府也强调国土均衡发展,但是并没有违反经济规律,勉强发展这些地区。日本的东北地区虽然也有几个较大的平原,但是那里气候寒冷、人烟稀少,交通更加不便,所以,同北日本地区一样,经济呈现点式发展。因为开发的需要,日本政府对北海道地区进行了政策的倾斜,这一区域的城市经济由此得到很大的发展。但是,该地区因为交通、人口、文化等的局限,虽然存在几个较大的平原,却并不具备形成都市圈的条件,所以,日本的北部地区、东北地区、北海道地区都以发展近代农业与近代畜牧业为主。

五、由欧化到自主的探索过程

纵观日本近代城市发展的历程,可以看出其经历了从欧化到自主的发展轨迹。

现代化运动起源于欧洲,所以,现代社会的很多标准来自欧洲,但是现代化并不等于欧化。现代化的主要内容是世俗化、工业化、民主化、城市化等,根据各国自然环境以及文化传统的不同,各国的现代化运动都呈现出了不同的特征,即便同属于基督教文化圈的欧美国家也是如此。所以,非基督教文化圈的国家在遵循现代化共同原则的同时,无须刻意抹杀自己的特色,削足适履,追求代价高昂、吃力不讨好的欧化。

在近代,由于经济、政治与科学文化上的差距,后进国家的人们在接触西方近代城市尤其是壮美的巴黎街景与完备的市政设施的时候,一部分人在交口称赞之余回首故国,不免自惭形秽,从而产生自卑情结,产生全盘西化的思想。

日本也不例外。日本从德川时代承袭下来的城市,街道狭窄且没有铺装,更没有瓦斯灯、行道树以及车道步道分离;房屋低矮、破旧,易于引发火灾;上下水道极不健全,传染病时常发作;其他市政设施,诸如公园、市民广场、体育馆、图书馆、博物馆等更是闻所未闻。所以,1872年东京银座大火后,热心欧化的井上馨、大隈重信等官员主持进行了欧化的银座炼瓦街改造工程。从水平上看,改造后的银座相对东京其他古代街区而言有了质的变化,成为当时东京最近代化的街区。但是这次改造由于代价高昂,最终难以为继。更重要的是,它也不符合日本的地理气候和文化环境。随着近代社会经济文化的发展,古代城市同近代化之间的矛盾越来越突出,从解决实际问题入手,日本政府开始了立足于本土方法的东京防火改造,结果大获成功,基本上解决了东京的火灾肆虐问题。这次改造的成功启发了日本政府:只要是能够解决实际问题的方法,只要行之有效、简便易行,不管是土的还是洋的都要坚定不移地实施。到东京市区改造时,日本政府制定了一个比较全面的市区改造计划,日本近代第一部城市规划也就由此诞生。这部城市规划基本上吸收了西方近代城市建设中的所有先进元素,但又脚踏实地,不失日本特色。尽管由于明治政府执行富国强兵政策优先、改善民生置后的方针,使该方案被大打了折扣,但它还是基本解决了当时的东京所面临的主要问题,是成功的,它意味着日本自主城市化道路的确立。1919年《都市计划法》的制定,标志着日本在城市管理体制方面完成了近代化工作。1923年到1930年期间实施的东京震灾复兴计划,让东京在保持自身特色的情况下蜕变成了近代大都市。

除此之外,日本在城市组织机构等方面的建设也颇值得称道,正是城市自治制度的确立激发了民众的自主性与自觉性,方使日本在二战后的城市管理尤其是环境保护与循环经济方面在国际上步入前列,备受各国的赞扬。而且,日本政府的城市改造并不急于求成,而是量力而行,循序渐进,单是东京市区的改造计划就执行了30年,这样做就避免了在市政改造过程中极易发生的朝议夕迁、重复建设等情况。

第二节 日本近代城市化对中国的启示

中国与日本同为东亚儒家文化圈内的国家,同样是人多地少,而且地理气候条件也有很多类似之处,所以近代日本城市化方面的经验与教训对正处于高速城市化过程中的中国而言更有参考价值,更值得借鉴。

一、城市建设应该本着务实的原则,融合东西方文化的长处

城市化是大势所趋,也是现代化的重要内容与目标之一。要加快城市化的步伐,就不能闭关锁国,必须借鉴各国在城市建设方面的经验与教训。中国作为一个前现代国家,更要以西方发达国家为榜样,唯有如此,在城市化过程中才能少走弯路,节省成本与时间。但是,以西方发达国家为榜样,并不是要全盘西化。中国虽然处于前现代社会,总体落后于西方发达国家,但我们从祖先那里继承的传统文化中也有很多完全可以丰富人类城市文化的优秀而又有价值的内容。另外,现阶段我国的经济实力、民众的文化水平与自觉性同发达国家相比尚有很大的距离,我们人多地少的国情、我们的地理气候等也不同于西方发达国家。这就决定了我国只有立足于目前的实际情况,在继承我国优秀传统文化的同时,有机地吸收西方发达国家在城市建设方面的先进经验,融汇东西,才能走出一条有中国特色的城市化道路。

改革开放以来,中国的城市化过程进展迅猛,至2014年底,中国城市人口的比重已经超过54.77%,应该说取得了很大成绩,但毋容置疑的是,也存在很多不足,其中之一就是不顾国情、盲目照搬西方发达国家的城市建设方

式,无视人多地少、耕地宝贵的事实,浪费、滥用宝贵土地资源的现象非常严重。西方国家多处于高纬度且气温相对较低的地区,相对而言地广人稀,他们有条件大搞城市乡村化活动,在道路两旁搞宽阔的绿化带、广植草坪。由于气候多寒冷,西方国家的城市建筑呈现暖色调,多使用红颜色进行城市装饰,瓦片更喜使用红色。而在中国如果全盘照搬西方城市发展的模式,其一,浪费土地资源,砸子孙的饭碗,没有可持续性。其二,成本高昂。中国还是一个发展中国家,据 IMF 的统计,2014 年中国的人均 GDP 世界排名在 80 位开外,这些钱款原本可以用在救济扶贫以及增加教育经费上。其三,西化产生的很多市政设施是活受罪,既不利于居,也不利于营造安宁的生活环境。在这方面,中国应该学习邻居日本、韩国的经验,立足国情,面向世界,着眼于能够解决实际问题,实事求是。在制定城市规划时,有关道路、上下水道、各种服务设施、功能区的分布等都是各国政府必须考虑的共同问题,但是在具体实施过程中,各国因为自然、人文、历史、财力等方面的差异,却有不同的选择。我们要针对中国作为一个发展中国家的国情,针对中国的气候土壤条件,针对中国人多地少的特点,走土地集约化的发展道路,熔东西文化先进成分于一炉,这才是中国城市发展的正确道路。

二、应以轨道交通作为城市发展的先导

在中国,随着城市规模的扩大,私家车日渐增多,交通拥堵、城市污染问题日益严重,尽管很多城市采取了限制私家车发展的政策,但是收效甚微,而且无法从根本上解决人们出行难的问题,大力发展公共交通是解决目前交通问题的不二选择。但是公共汽车,不要说在中国,即便在西方发达国家,也因为种种不可测的因素,很难做到准点、快捷。因此,发展轨道交通就成为目前各国解决城市公共交通问题的最佳选择。

如前文所述,在近代日本的京阪神地区,城市中心区由市政府发展有轨电车,郊外则由民营公司发展城郊电车。这些城郊电车公司为了吸引客源,纷纷在轨道沿线开展多种经营,如开发房地产、经营百货店、建设娱乐休闲设施等,在郊区化的浪潮中,城郊轨道交通成为城市扩展的急先锋和都市圈交通的骨干。二战后,大阪、京都中心城区的地面交通因为私家车的增长而变得非常涩滞,电车被大部拆除,而代之以地下轨道交通。但是原先的民营城郊电铁并没有受到冲击,原因是其在都市圈内承担长距离交通的功能,而

且各公司对线路都进行了封闭改造,从而使之同地铁一样高速、准点。另外,各轻轨公司还经营短程公共汽车业务,以本公司的轻轨站点为核心部署行驶线路,从而在京阪神地区形成了以轻轨交通为主干、普通公共汽车为辅助的交通格局,很好地解决了世界各国城市发展中普遍面临的交通问题。由于日本轻轨公司基本都是民营,政府不需要像西方国家那样对之进行大量补助,20世纪80年代后,这种模式成为西方发达国家学习的样板。

现阶段的中国正处于高速城市化阶段,目前正是发展郊外轨道交通的最佳时期,相关部门要在科学论证的基础上制订周详细致的轨道交通方案,能够走地面就不要走高架,能够走高架就不要走地下,这样可以节约建筑成本与未来的维护成本。在筹资方面,也要尽可能多样化,要引进民营资本。在经营方面可以学习日本,尽量民营化,这样可以发挥最大的经济效益,避免出现地铁修得越长亏损就越多的现象,从而减轻纳税人的负担。要学习日本的轨道经营策略,鼓励轨道交通公司多种经营,在沿线开发房地产、经营超市商场业务、建设观光旅游项目等,以副业补主业。另外,政府要有计划地将学校、医院、政府机构、大的工厂搬迁至轨道交通沿线。还可以像日本那样,以轨道交通站点为核心安排公共汽车运行路线,从而建成一个以轨道交通为主干、以公共汽车为辅助的区域性公共交通网络,这样就可以基本解决城市交通拥堵以及汽车尾气所造成的雾霾问题。①

三、城市建设规划应该具有长期性

当前中国的各级城市普遍存在重复建设、浪费资源、扰民的现象,往往刚刚投入使用不久的道路,没过几天就又开肠剖肚。而且因人设事,一任地方官一张图纸,一届政府一个方案,面子工程、政绩设施屡见不鲜,城市建设规划朝令夕改,缺乏长期性和稳定性,严重影响了市民的生活,也严重浪费了社会资源。而日本的东京市区改造计划从1889年正式实施,一直到1919年方才结束,持续了30年的时间,经历了多任政府。唯其没有急于求成,方能精益求精,比如东京的上水道设施、道路设施一直使用完好。这样虽然一次性投资较多,但是方便了后人,也更有利于社会财富的不断叠加积累。由此可见,发展一座城市,在基础设施方面一定要下大力气,要考虑未来长远

---

① 姚传德:《日本京阪神地区"私铁"的多种经营模式及其启示》,《上海城市管理》,2015年第1期。

的发展,不能只考虑可以为地方官带来政绩的"面子",而忽视深埋地下的"里子"。

当然,中国城市建设中出现的诸多怪现象也同规划体制有关,很多规划成了官员个人意志的产物,而缺乏科学的论证与社会的支持,结果往往是人在政在、人走政亡。基于此,政府要加强城市规划的立法工作,将城市规划程序制度化、法律化。新的城市发展规划一定要经过各方专家学者的反复论证,要充分发动民众参与,然后还要经过地方人民代表大会的批准,使之成为地方法规,从而具有权威性,只有这样才能对地方官具有约束力。不过,日本在近代制定城市规划时尽管已经确立了地方自治体制,但是在动员大众参与方面却有不足,一直到1969年新的《城市规划法》制定,这一问题才得到解决。①

四、完善社会保障体系

日本近代城市发展正处于资本原始积累时期,下层民众承受的苦难触目惊心。这固然是由于当时的历史条件有限,但也是日本政府先经济、后民生的政策所导致的恶果。以日本为鉴,作为后发现代化国家的中国,在新的形势下,要努力转换增长模式,发展创新型经济,要努力依靠科技进步来实现经济的稳步增长。在融资环境得以改善的情况下,要努力完善社会保障体系,制定一系列的劳动保护法,以提高工人工资以及福利待遇。要转变评估标准,制定新的社会评价机制,不能唯GDP主义,要制定综合的社会进步评价体系等。

此外,还要努力完善城市公共基础设施,建设宜居型城市,倡导生态文明建设等。

总之,只有本着实事求是的原则,吸收东西方城市建设的长处,中国未来的城市发展才会更加美好!

---

① 姚传德:《浅析日本近现代的城市发展历程》,《国外社会科学》,2012年第2期。

主要参考文献

一、日文版

1. 井上清：『日本の歴史』（上、中、下），東京：岩波書店,1978年。
2. 大島延次郎：『日本都市発達史』,東京：宝文館,1954年。
3. 宮本又次：『日本商業史概論』,東京：世界思想社,1954年。
4. 豊田武、原田伴彦、矢守一彦：『日本の封建都市』,東京：文一綜合出版,昭和57年。
5. 関山直太郎：『近世日本の人口構造』,東京：吉川弘文館,1958年。
6. 維新史資料編纂会：『維新史』第五卷,東京：吉川弘文館,1983年。
7. 大久保利謙：『近代史史料』,東京：吉川弘文館,1965年。
8. 大久保利通：『大久保利通文書』,東京：日本史籍協会,昭和三年。
9. 田中彰：『日本歴史』第24卷,東京：小学館,1976年。
10. 大久保利通：『大久保利通文書』第五冊,東京：日本史籍協会,1928年。
11. 藤村通、西江錦史郎：『近代日本経済史』,東京：中央大学出版部,1983年。
12. 山口和雄：『明治前期経済の分析』,東京：東京大学出版会,1956年。
13. 安藤良雄：『近代日本経済史要覽』,東京：東京大学出版会,1980年。
14. 高橋亀吉：『日本近代経済発達史』第三卷,東洋経済新報社,1974年。

15. 正田健一郎、作道洋太郎:『概説日本経済史』,東京: 有斐閣,1978 年。
16. 高橋亀吉:『明治大正産業発達史』,東京: 柏書房,1966 年。
17. 中村隆英:『日本経済: その成長と構造』,東京: 東京大学出版会,1993 年。
18. 山田雄三:『日本国民所得推計資料・国民生産所得』,東京: 東洋経済新報社,1951 年。
19. 本荘栄治郎:『日本人口史』,東京: 清文堂,1972 年。
20. 関山直太郎:『日本人口史』,東京: 四海書房,1942 年。
21. 横山源之助:『日本の下層社会』,東京: 岩波書店,1979 年。
22. 細井和喜蔵:『女工哀史』,東京: 改造社,昭和四年。
23. 土屋喬雄、岡崎三郎:『日本資本主義発達史概説』,東京: 有斐閣,1948 年。
24. 吉野作造編:『明治文化全集・社会編』,東京: 日本評論社,1929 年。
25. 柴田徳衛:『日本都市政策』,東京:有斐閣,昭和五十六年。
26. 鈴木博之:『都市へ』,東京: 中央公論社,1999 年。
27. 石塚裕道:『日本資本主義成立史研究—明治国家と殖産興業政策』,東京: 吉川弘文館,昭和四十八年。
28. 藤村通、西江錦史郎:『近代日本経済史』,東京: 中央大学出版部,1983 年。
29. 隅谷三喜男:『日本石炭産業分析』,東京: 岩波書店,1968 年。
30. 藤原彰:『軍事史』,東京: 東洋経済新社,1961 年。
31. 矢崎武夫:『日本都市の発過程』,東京: 弘文堂,昭和四十九年。
32. 大石嘉一郎、金澤史男編:『近代日本都市史研究』,東京: 日本経済評論社,2003 年。
33. 小路田泰直:『日本近代都市研究序説』,東京: 柏書房,1991 年。
34. 原田敬一:『日本近代都市史研究』,東京: 思文閣,1997 年。
35. 大島美津子:『明治国家と地域社会』,東京: 岩波書店,1994 年。
36. 藤田武夫:『日本地方財政制度の成立』,東京: 岩波書店,昭和十六年。
37. 山中永之佑:『日本近代地方自治制と国家』,東京: 弘文堂,

1999年。

38．辻清明：『日本の地方自治』，東京：岩波書店，1982年，

39．東京市政調査会編：『自治五十年史』第1巻（制度篇），東京：良書普及会，1940年。

40．市町村自治研究会：『逐條解説市町村合併特列法』，東京：ぎょうせい株式会社，2004年。

41．川村匡由：『市町村合併と地域福祉』，東京：ミネルウア書房，2007年。

42．戸所隆：『地域主権への市町村合併』，東京：古今書院，2003年。

43．大石嘉一郎、西田美昭：『近代日本の行政村』，東京：日本経済評論社，1991年。

44．石田頼房著：『日本近代都市計画の百年』，東京：自治体研究社，1987年。

45．飯沼一省：『城市計画』，東京：常磐書房，1934年。

46．久米邦武編：『特命全権大使米欧回覧実訳』（全五冊），東京：岩波文庫版，1982年。

47．山本俊一：『日本コレラ史』，東京：東京大学出版社，1982年。

48．日笠端編著：『土地問題と都市計画』，東京：東大出版会，1981年。

49．関野克：『日本住宅小史』，東京：相模書房，1942年。

50．柴田徳衛：『現代都市論』，東京：東京大学出版会，1976年。

51．大類伸、鳥羽正雄：『日本城郭史』，東京：雄山閣，1977年。

52．坂本太郎：『上代駅制の研究』，東京：至文堂，1928年。

53．矢守一彦：『城下町のかたち』，東京：築摩書房，1988年。

54．立川昭二：『病気の社會史』，東京：日本の放送出版協会，1971年。

55．大日本蠶糸会編：『蠶糸要鑑』，東京：大日本蠶糸会，1930年。

56．石井寛治：『日本蠶糸業史分析』，東京：東京大学出版会，1972年。

57．宮永進：『帝国造船保護政策論』，東京：日本海事学会，1928年。

58．日本郵船株式会社編：『日本郵船株式会社五十年史』，東京：日本郵船，1935年。

59. 畝川鎮夫:『海運興国史』,東京:海事彙報社,1927年。
60. 原田勝正:『鉄道と近代化』,東京:吉川弘文館,1998年。
61. 宮本源之助:『明治運輸史』,東京:運輸日報社,1913年。
62. 南亮進:『長期経済統計・12・鉄道と電力』,東京:東洋経済新報社,1965年。
63. 老川慶喜:『日本鉄道史』,東京:中央公論社,2014年。
64. 原田勝正:『明治鉄道物語』,東京:築摩書房,1983年。
65. 野田正穂、原田勝正、青木榮一等編:『日本の鉄道——成立と展開』,東京:日本経済新聞社,1986年。
66. 中西健一:『日本私有鉄道史研究・都市交通の発展とその構造』,東京:ミネルヴァ書房,昭和五十四年。
67. 青木栄一、老川慶喜、野田正穂編:『民鉄経営の歴史と文化・東日本編』,東京:古今書院,1992年。
68. 宇田正、浅香勝輔、武知京三編:『民鉄経営の歴史と文化・西日本編』,東京:古今書院,1995年。
69. 南海電気鉄道株式会社編:『南海電気鉄道百年史』,大阪:南海電気鉄道,1985年。
70. 阪神電気鉄道株式会社開業百周年編集室:『阪神電気鉄道百年史』,大阪:阪神電気鉄道,2005年。
71. 京阪電気鉄道株式会社:『京阪百年のあゆみ』,大阪:京阪電気鉄道株式会社,2011年。
72. 京阪神急行電鉄株式会社:『京阪神急行電鉄株式会社五十年史』,大阪:京阪神急行電鉄株式会社,昭和三十四年。
73. 近畿日本鉄道株式会社:『近畿日本鉄道100年の歩み』,大阪:近畿日本鉄道株式会社,平成二十二年。
74. 广岡友紀:『阪急電鉄』,東京:毎日新聞社,2011年。
75. 三木理史:『水の都と都市交通—大阪の20世紀』,東京:成山堂書店,平成十五年。
76. 小林一三:『逸翁自叙伝』,大阪:阪急電鉄株式会社,昭和五十四年。
77. 喜田貞吉:『帝都』,東京:学術普及会,1939年。
78. 沢田吾一:『奈良朝時代民政経済の数的研究』,東京:柏書房,

1972 年。

79. 大井重二郎:『上代の帝都』,京都:立命館出版部,1944 年。

80. 千田稔監修:『平城京』,東京:平凡社,2010 年。

81. 村山修一:『平安京』,東京:至文堂,1966 年。

82. 豊田武:『堺:商人の進出と都市の自由』,東京:至文堂,1957 年。

83. 赤秀俊松、山本四郎:『京都府の歴史』,東京:山川出版社,昭和五十六年。

84. 高橋伸夫、谷内達:『日本の三大都市圏—その変容と将來像』,東京:古今書院,1994 年。

85. 藤森照信著:『明治の東京計画』,東京:岩波書店,1982 年。

86. 石塚裕道:『日本近代都市論　東京:1868—1923』,東京:東京大学出版会,1991 年。

87. 児玉幸多・杉山博:『東京都の歴史』,東京:山川出版社,昭和五十五年。

88. 石塚裕道、成田龍一:『東京都の百年』,東京:山川出版社,1986 年。

89. 越澤明:『東京都市計画物語』,東京:学芸文庫,2011 年。

90. 内藤昌著:『江戸と江戸城』,東京:鹿島出版社,1965 年。

91. 山口義三:『東都新繁昌記』,東京:京華堂書店,1918 年。

92. 東京市役所:『東京市史稿・変災篇』,東京:臨川書店,1974 年。

93. 東京都編纂:『東京市史稿・市街編』,第 65 巻,東京:東京都,1992 年。

94. 都市文化研究会:『東京の発達史』,東京:都市文化研究会,1983 年。

95. 石塚裕道:『東京の社会経済史』,東京:紀伊国書店,1977 年。

96. 小木新造:『東京庶民生活史研究』,東京:日本放送協会,昭和六十一年。

97. 鈴木理生:『明治生まれ街神田三崎町』,東京:青蛙房,1978 年。

98. 三菱地所株式会社編:『丸の内今と昔』,東京:三菱株式会社,1952 年。

99. 横浜市役所編:『横浜市水道七十年史』,横浜市,1961 年。

100. 横浜市役所編:『横浜市要覧』,横浜:横浜市役所,1927 年。

101. 中丸和伯:『神奈川県の歴史』,東京：山川出版社,昭和五十六年。
102. 川崎市役所:『川崎市史』,川崎：川崎市役所,1968 年。
103. 小笠原長和、川村優:『千葉県の歴史』,東京：山川出版社,昭和五十七年。
104. 小野文雄:『埼玉県の歴史』,東京：山川出版社,昭和五十五年。
105. 大槻功:『都市の中の湖：千波湖と水戸の歴史』,東京：文真堂,2001 年。
106. 瀬谷義彦、豊崎卓:『茨城県の歴史』,東京：山川出版社,昭和五十六年。
107. 榎本守恵、君尹彦:『北海道の歴史』,東京：山川出版社,昭和五十六年。
108. 三鬼清一郎:『愛知県の歴史』,東京：山川出版社,2001 年。
109. 藤本篤、前田豊邦、馬田綾子、堀田暁生:『大阪府の歴史』,東京：山川出版社,2006 年。
110. 横山三好:『大阪都市形成の歴史』,京都：文理閣,2011 年。
111. 日本経済新聞社編:『大阪』,東京：日本経済新聞社,1996 年。
112. 日本経済新聞社編:『日経城市シリーズ・大阪』,東京：日本経済新聞社,1996 年。
113. 大阪市役所編纂:『明治大正大阪市史』,第 4 巻,大阪：清文堂,1980 年。
114. 作道洋太郎:『阪神地域経済史の研究』,東京：御茶の水書房,1997 年版。
115. 八木哲浩、石田善人:『兵庫県の歴史』,東京：山川出版社,昭和五十六年。
116. 赤松俊秀、山本四郎:『京都府の歴史』,東京：山川出版社,昭和五十六年。
117. 平野邦雄,飯田久雄:『福岡県の歴史』,東京：山川出版社,昭和四十九年。
118. 印牧邦雄:『福井県の歴史』,東京：山川出版社,昭和五十一年。
119. 下出積與:『石川県の歴史』,東京：山川出版社,昭和五十二年。
120. 谷口澄夫:『岡山県の歴史』,東京：山川出版社,昭和五十五年。

二、中文版

1. 姚传德:《东亚现代化之路》,中国台湾:传胜出版社,2000年。
2. 王茂湘:《西方城市经济管理》,大连:大连出版社,1991年。
3. 沈玉麟:《外国城市建设史,》北京:中国建筑工业出版社,1989年。
4. 宋则行、樊亢:《世界经济史》(上、中、下),北京:经济科学出版社,1994年。
5. 王章辉、黄柯可主编:《欧美农村劳动力的转移与城市化》,北京:社会科学文献出版社,1999年。
6. 王章辉、孙娴:《工业社会的勃兴》,北京:人民出版社,1995年。
7. 王渊明:《历史视野中的人口与现代化》,杭州:浙江人民出版社,1995年。
8. 林玲:《城市化与经济发展》,武汉:湖北人民出版社,1995年。
9. 李其荣:《对立与统一——城市发展历史逻辑新论》,南京:东南大学出版社,2000年。
10. 张承安:《城市发展史》,武汉:武汉大学出版社,1985年。
11. 沈玉麟编:《外国城市建设史》,北京:中国建筑工业出版社,1989年。
12. 日知主编:《古代城邦史研究》,北京:人民出版社,1989年。
13. 曹康:《西方现代城市规划简史》,南京:东南大学出版社,2010年。
14. 王旭:《美国城市发展模式:从城市化到大都市区化》,北京:清华大学出版社,2006年。
15. (美)刘易斯·芒德福著:《城市发展史》(中译本),北京:中国建筑工业出版社,2005年。
16. 万峰:《日本资本主义史研究》,长沙:湖南人民出版社,1984年。
17. 周启乾:《日本近现代经济简史》,北京:昆仑出版社,2006年。
18. 孙志毅:《日本铁路经济发展模式研究》,北京:经济科学出版社,2012年。
19. 祝曙光:《铁路与日本近代化——日本铁路史研究》,北京:长征出版社,2003年。

20. 柴彦威：《中日城市结构比较研究》，北京：北京大学出版社，1999年。

21. 杜建人：《日本城市研究》，上海：上海交通大学出版社，1996年。

22. 赵光瑞：《日本城市化模式与中国的选择》，北京：中国古籍出版社，2007年。

23. 江波、史晓婷：《日本城市与城市文化》，北京：中国社会科学出版社，2011年。

24. 高佩义：《中外城市化比较研究》，天津：南开大学出版社，1991年。

25. 杨栋梁：《日本近现代经济史》，北京：世界知识出版社，2010年。

26. 万峰、沈才彬：《日本近现代史讲座》，兰州：甘肃人民出版社，1987年。

27. 伊文成、马家骏：《明治维新史》，沈阳：辽宁教育出版社，1987年。

28. 郭冬梅：《日本近代地方自治制度的形成》，北京：商务印书馆，2008年。

29. 吴廷璆：《日本史》，天津：南开大学出版社，1994年。

30. （日）守屋典郎：《日本资本主义发展史》（中译本），北京：世界知识出版社，1950年。

31. （日）楫西光速：《日本资本主义的发展》（中译本），北京：商务印书馆，1863年。

32. （日）安冈昭男：《日本近代史》（中译本），北京：中国社会科学出版社，1996年。

33. （日）升味准之助：《日本政治史》（中译本）第一册，北京：商务印书馆，1997年。

34. （日）信夫清三郎：《日本政治史》（中译本）第三卷，上海：上海译文出版社，1988年。

35. （日）井上清、铃木正四等：《日本近代史》（中译本），北京：商务印书馆，1959年，第70页。

36. （日）小林一三：《我的生活方式》（中译本），沈阳：辽宁教育出版社，2010年。

37. （俄）加尔别林主编：《日本近代史纲》（中译本），北京：三联书店，1964年。

38. 王新生:《日本简史》,北京:北京大学出版社,2005年。

39. 陈路:《日本明治时期城市化剖析》,苏州大学2011年硕士学位论文。

40. 程玲:《城市规划制度确立期日本城市化剖析(1912—1935)》,苏州大学2013年硕士学位论文。

41. 王振声:《日本战后高速发展时期城市化剖析(1955—1970)》,苏州大学2012年硕士学位论文。

42. 何炜:《论战后日本的国土开发政策与城市化》,苏州大学2009年硕士学位论文。

43. 刘芸菲:《二十世纪七八十年代日本城市化剖析》,苏州大学2014年硕士学位论文。

44. 陈馨:《日本平成市町村大合并剖析(1999—2006)》,苏州大学2015年硕士学位论文。

45. 黄腾:《日本京阪神地区轻轨交通发展研究》,苏州大学2016年硕士学位论文,已经成稿。

三、英文版

1. A. H. M. Jones. The Greek City, Oxford University Press, 1940.

2. Ian Scargill. Urban France. New York: Croom Helm London & Canberra St. Martin's Press, 1983.

后 记

我在北师大就读日本史专业研究生的时候,从事的是中日比较研究,硕士论文是《李鸿章与大久保利通的近代化思想的比较》,主要是想通过中日两国近代化领导人的思想比较,来揭示两国近代化运动成败的原因。到南京大学就读博士研究生的时候,开始将比较的范围扩大到了整个东亚,对日本、韩国、新加坡、我国台湾现代化的领导人的现代化思想进行全面比较,以图揭示东亚现代化的普遍规律。形成博士论文之后,经过扩充,成为《东亚现代化之路——大久保利通、朴正熙、李光耀、蒋介石现代化思想比较》一书,于 2000 年在我国台湾由传胜出版社出版。我来到苏州大学工作后,由于地方院校的资料条件所限,原先的比较课题研究难以为继。我一边从东亚现代化比较的角度展开对中国近代化思潮的研究,一边也在思考下一步的研究课题。这时,我的好友、城市学研究专家宋言奇先生建议我搞日本城市化研究,他把世界城市学研究以及中国城市学研究的状况给我做了一番介绍,认为搞日本城市化研究,无论是学术意义还是现实意义都十分重大。我藉此对国内有关日本城市化研究的状况做了一个摸底,发现由于城市学是一门比较新的学科,国内从历史学的角度研究日本城市学的论著非常稀少,几乎等于空白;而且中国目前正处于高速城市化阶段,作为发达国家的日本同中国是近邻,同属于东亚儒家文化圈,同西方发达国家比,日本的城市化经验更值得中国学习。虽然如此,国内尤其苏州地区有关日本城市化研究的资料非常之少,所以,我心下也颇为纠结。事有凑巧,正好 2005 年我受邀去日本关西学院大学任客座教授,从事为期半年的讲学活动。同时,又受江苏省教育厅派遣,赴位于日本石川县的金泽星稜大学做访问学者,为期半年。如此,便可以到日本实地收集有关日本城市发展的资料,同时也可以实地观摩日本城市的发展状况。因此之故,我决定从事日本城市化的研究,而且这一研究与我的现代化研究在方向上也基本吻合,只是更具体一些。

后　记

赴日本之后，在从事讲学与研究之余，我开始大量搜集有关日本城市发展史研究方面的资料，并对日本城市发展的现状做了一些考察。回国后，逐渐将研究方向转往日本城市史研究领域，陆续发表了一些有关日本城市史研究的学术论文，同时也指导自己的研究生从事近现代日本城市发展的研究。数年来，我安排陈路研究了明治时期日本城市的发展，程玲研究了日本大正、昭和初期的城市发展，王振声研究了二战后五六十年代日本的城市发展，何炜研究了战后日本的国土开发与城市发展，刘芸菲研究了八九十年代的日本城市发展，陈馨研究了21世纪初日本市町村的合并问题，黄腾研究了京阪神民营轻轨公司的发展与经营模式等，从而对日本近现代城市发展的框架有了一个基本了解。

自2013年本课题被苏州大学城镇化研究中心列为资助项目后，我便开始了本书的写作。在写作本书的过程中，我发现虽然我一直在从事现代化研究，但是城市学的研究思路同我以前的所学并不完全一致，而且涉及的范围极广，几乎涵括了人类社会的方方面面，需要搜集、阅读大量的资料，难度甚大，写作也非常艰辛。

由于日本近现代城市化的内容非常广泛，在写作过程中，我决定改变写作方案，将本书分成上下两册，上册主要研究近代日本的城市发展，下册将研究现代日本的城市发展。

现在上册虽然完工，但是尚有很多问题需要进一步研究，尚有很多资料需要发掘。所以，这只是一个粗浅的成果，权当作抛砖引玉吧。有了写作上册的经验与教训，我希望下册——有关现代日本城市化的研究，能够做得更好些，能够让读者更满意一些！

在本书付印之际，要感谢苏州大学副校长、苏州大学苏南研究院院长田晓明教授以及城镇化研究中心的主任胡玉鸿教授、副主任徐维英女士，本书正是在他们的支持下，才得到了城镇化研究中心的出版资助。

我还要特别感谢好友、苏州大学城镇化研究中心副主任宋言奇教授，他对本项目的研究提供了很多有力的支持，而且还为我提供了大量的有关城市学研究的学术著作。

在本文写作的关键时刻，苏州大学外国语学院的潘文东教授正在日本从事讲学活动，他不辞辛劳，给我实地搜集了大量的、关键性的日文资料，在此要特别感谢他！

另外还要感谢日本的大野健一先生，他也帮助我在日本搜集购买了很多相关资料。

现在新加坡国立大学留学的尹瑶同学不辞劳苦,在新加坡也为我复制了大量的日文资料,在此特别表示感谢!

我的研究生刘芸菲、陈馨、黄腾、于利民、张艳婧、庾荷宵多次随我去上海搜集资料,来去皆披星戴月,劳顿异常!本书能够顺利完成并出版,也有他(她)们的一份辛劳!师者,解惑传道也,我在解惑传道方面所为不多,倒让他们随我吃了不少苦,心中也颇歉疚。我算不上良师,但他们都是我的好学生!

最后,特别感谢负责本书出版的编辑刘海女士,这是我们的第二次合作。她是拙著《国运十字路口的知识分子》一书的责任编辑,当时,她认真负责的态度给我留下了很深的印象。此次合作,她为小书付出了很多劳动,在此要特别感谢她!

姚传德

2015 年 12 月 6 日于

姑苏独墅湖畔